세속도시

세속도시

현대 문명과 세속화에 대한 신학적 전망

하비 콕스 **지음** | **이상률** 옮김

문예출판사

차 례

《세속도시》 출간 후 25년

나는 베를린에서 일 년을 산 다음 《세속도시》를 썼다. 베를린에서 나는 교회가 후원하는 어느 성인 교육 과정에서 가르쳤는데, 이 교육 과정은 가시철조망 양편에 지부를 두고 운영되었다. 장벽은 그곳에 도착하기 몇 달 전에 세워져서 나는 체크포인트 찰리Checkpoint Charlie[동·서 베를린 경계에 있는 외국인 통행이 가능한 검문소]를 통해 출퇴근을 해야 했다. 베를린은 히틀러 암살 음모에 모종의 역할을 했다는 이유로 게슈타포에게 살해된 목사이자 신학자인 디트리히 본회퍼Dietrich Bonhoeffer의 고향이었다. 그래서 나는 그해 본회퍼의 저작을 많이 읽었으며, 특히 신의 숨어 있음이라든지 인류의 역사에서 '탈종교' 시대의 도래에 대해 인생의 마지막 몇 달 동안 그가 적어둔 사색록을 많이 읽었다. 1960년대 초의 긴장되고 피로한 베를린에서 그 경험은 많은 생각을 일깨웠다. 물론 돌이켜 생각하면 인간의 종교성이 본회퍼가 생각했던 것보다 훨씬 더 끈질긴 것임은 쉽게 알 수 있다. 우리는 오늘날 세계에서 마주치는 거의 모든 곳에서 전통 종교의 예상하지 못한 부활을 목격한다. 문화와 정치에서 이슬람의 부흥, 일본에서 신도神道의 부활, 이스라엘, 인도 및 미국에서 강력하게 출현하는 유대교, 힌두교, 기독교 '근본주의' — 이 모든 것은 이른바 불가피한 세속화 과정에 대해 중요한 질문들을 제기한다. 그러나 그 질문은 우리를 어디에 데려다놓는가?

어쨌든 나는 이러한 사태들이 《세속도시》의 중심 논제를 더욱 신뢰하게끔 만든다고 믿는다. 그 당시 나는 세속화가 — (내가 "세속주의"라고 부른) 이데올로기로 딱딱하게 굳어지지 않는다면 — 언제 어디서나 악은 아니라고 주장했다. 그것은 종교 집단들을 그들 나름의 신정주의적인 주장에서 해방시키며, 아울러 사람들에게 더욱 폭넓은 윤리적·정신적 선택권을 제공한다. 오늘날 그 점과 더불어 세계에서 종교의 부활이 언제 어디서나 **좋은** 일이 아니라는 것도 분명해 보인다. 오랫동안 고통받고 있는 이란의 국민들은 그들의 무자비한 왕Shah이 제거된 다음에 들어선 유사 신정주의적인 이슬람 공화국이 완전히 긍정적인 움직임이었다고 생각하겠는가? 요르단 강 서안 지구의 유혈 충돌이 평화적으로 해결되기를 갈망하는 저 이스라엘 국민과 팔레스타인 사람들은 유대교나 모슬렘의 종교적인 정당들이 도움을 주고 있다고 생각하겠는가? 진실은 종교 부흥과 세속화, 이 둘 모두가 도덕적으로 모호한 과정이라는 것이다. 우리에게는, 아직도 내가 1965년에 윤곽을 그리려고 노력한 것, 즉 허무주의로 변질되지 않는 세계관의 다원주의를 환영하는 법이 절실히 필요하고 또한 종교와 세속적인 운동들은 도덕적으로 모호하다고 냉정하게 인정하는 것도 절실히 필요하다. 그 둘 모두는 해방의 사자使者가 되거나 비참의 화신이 되거나 아니면 두 가지 역할을 조금씩 다 할 수 있다. 세속화를 조심스럽게 흩뿌리는 것, 문제들을 비종교화하는 것은 북아일랜드에서 환영받는 구원책이 되지 않겠는가? 또 카슈미르[인도 북서부 지방]와 가자 지구의 잔혹한 긴장을 해결하는 데 도움을 주지 않겠는가?

나는 오늘날 종교의 세계적인 부흥에 고무되어 있는 사람들을 이해할 수 있다. 무신론적이며 반종교적인 체제의 희생자들은 교권주의 공포의 희생자들과 마찬가지로 생기가 없다. 그러나 사람들에게 존엄과 연속의 감각을 주는 의례나 가치의 재출현을 환영하는 사람들 — 바르샤바의 유대교 성인식, 스몰렌스크에서 다시 문을 여는 교회들, 비교종교학을 신중하게 탐구하는 몇천 명의 미국 대학생들 — 은 때때로 종교의 부활이 결코 순수한 축복이 아니라는 것을 잊는다. 스탈린주의가 지배하던 겨울 내내 또 그 뒤에도 수많은 사람들을 버티게 해준 바로 그 음울한 러시아의 성상聖像들은, 또한 현재의 많은 러시아 반反유대주의자들에게 주요한 상징들을 제공한다. 우리는 미국의 수많은 젊은이들 사이에 생겨나는 유대교에 대한 유망하고 새로운 관심과 랍비 메이어 카하네Meyer Kahane[신은 이스라엘이 이슬람 사원을 파괴하기를 원한다고 주장한 이스라엘의 유대 교회 성직자]의 독설을 어떻게 비교해야 할까? 신도는 또 하나의 적절한 예다. 과거 존중과 국토 숭배라는 주목할 만한 정신은, 일본인들로 하여금 환경을 파괴하지 않고도 현대 과학기술을 받아들일 수 있게 해주지만 또한 그것은 일본인이 특별한 운명을 지녔다는 불길한 감정과 천황 숭배의 부활을 부채질한다. 물론 민주주의 성향을 지닌 일본인들은 매우 걱정스럽게 바라본다.

《세속도시》의 논제는, 신은 삶의 종교적인 영역과 마찬가지로 세속적인 영역에 현존하는데도 우리는 신의 현존을 어떤 특별하게 구획된 정신 또는 교회의 영역에 한정함으로써 부당하게 제한한다는 것이었다. 이러한 생각은 두 가지 함의를 갖는다. 첫째, 신앙인들이 이른바 신이 없는 현대 세계에서 도피할 필요가 없다는 것을 시사한다. 그렇지만 둘째, 또한 모든 종교가 인간 정신에 좋은 것은 아니라는 의미를 지닌다. 물론 이러한 논제가 나만의 독창적인 생각은 아니었다. 실제로 세속적인 것 속에 거룩한 것이 존재한다는 견해는 성육신론成肉身論[신이 인간의 모습으로 나타나는 것]을 통해 시사되고 있으며 최근에 나온 혁신적인 생각이 아니다. [모든 종교가 인간 정신에 좋은 것은 아니라고] 종교를 의심하는 경우의 예로는, 예수와 헤브라이 예언자들이 주변에서 본 어떤 종교에 대해서는 비난을 퍼부은 것을 들 수 있다. 신이 세속적인 것 **속에** 있다는 생각은 독창적인 것이 아니며 몇 번이고 다시 진술할 필요가 있다. 그리고 오늘날에도 확실히 예외는 아니다.

사반세기가 지난 후 《세속도시》를 다시 읽으면서, 나는 마치 제멋대로인 아이의 허튼소리에 낄낄거리며 웃는 아버지처럼 때때로 그 오만함에 웃었음을 인정한다. 《세속도시》에서는 다루지 않은 것이 없을 정도다. 서론만 읽어도 독자는 부족부터 기술도시까지, 소포클레스에서 루이스 멈퍼드까지, 석기시대에서 막스 베버에 이르기까지 인류 역사 전체를 여행한다 해도 좋을 어지러운 여행을 잠시나마 할 수 있었다. 게다가 이 모든 것이 1장 이전에 행해졌다. 그 다음에는 세속도시의 '도래'에 대한 신학적인 묘사가 나오는데, 여기서는 바르트, 틸리히, 카뮈, 존 F. 케네디가 모두 조금은 이상할 정도로 가까이에서 서로 경쟁하고 있다. 책의 다음 부분은 내가 "혁명신학"이라고 부른 것에 할애되는데, 이 "혁명신학"이라는 표현은 적어도 당시에는 사람들에게 세계적으로 보기 드문 모순어법이라는 인상을 주었다. 그 다음에는 (내가 "반反성적anti-sexual"이라고 말한) 《플레이보이》에 대한 공격이 뒤따르는데, 이 공격은 나와 그 잡지의 발행인을 (처음에는) 격렬했지만 결국 지루해지고 만 논쟁에 휘말리게 했다. 244쪽으로 된 한 권의 책에 담기에는 많은 영역이었다.

마지막 부분은 그 당시에 인기가 있었던 이른바 "신의 죽음"을 주장하는 신학자들에 대한 논박이다. 나는 그들이 형이상학적 유신론의 고전적인 신에 — 비록 부정적인 뜻에서이긴 하지만 — 사로잡혀 있다고 묘사했는데(나는 지금도 이러한 묘사가 옳았다고 생각한다), 반면에 나는 어떤 다른 자Someone Else, 즉 예상하지 못하는 곳에 살고 있지만 자크 브렐Jacques Brel처럼 아주 생생하게 살아 있어서 신비롭고 파악하기 힘든 예언자들과 예수라는 타자Other에 대해 말하고 있었다. 나는 신의 죽음을 말하는 자들과 이 펜의 전쟁을 시작한 후 유행에 민감한 사람들이 끈질기게 나를 그들 속에 포함시킨 이유를 결코 이해할 수 없었다. 어쨌든 신의 죽음 이데올로기는 아주 잠시 동안 반감기半減期를 가졌다. 한편 내가 젊은 열정을 품고 씨름하려고 한 문제들 — 종교와 세속화 간에 계속되는 싸움이 신앙인들에게 지니는 의의 — 은 당연히 논쟁과 분석에 계속 불을 지핀다. 나 자신의 기독교 전통에서 겪은 딜레마를 비유하건대, 짐과 태미 베이커 목사 부부[짐 베이커는 1980년대부터 1990년대 초까지 미국을 떠들썩하게 만든 유명한 방송 설교자. 동성 연애와 간통, 성폭행 의혹을 받으며 공금 횡령으로 8년간 감옥살이를 함]와 균형을 맞추는 데 얼마나 많은 테레사 수녀들과 오스카 로메로 신부들이 필요할까? 그리고 우리는 국경 없는 하나의 유럽이라는 교황요한 바오로 2세의 용기 있는 비전과 그의 세계적인 피임 반대 운동을 어떻게 비교하여 평가할 것인가? 매우 많은 선과 매우 많은 해악이 — 언제나 그랬던 것처럼 — 신의 이름으로 행해지기 때문에, 내가 《세속도시》를 끝맺으면서 한 제안은 — 이 제안이 당시의 몇몇 독자에게는 급진적으로 들렸지만 — 여전히 괜찮아 보인다. 그것은 우리가 하느님의 이름을 입 밖에 내지 않는 고대 유대교의 전통에서 무언가를 배워 종교 언어를 경건하게 삼가면서 한 시대를 살아내고, 또 평범화trivialization와 오용에 더럽혀지지 않는 새로운 언어를 알려줄 성령을 기다려야 한다는 것이었다.

나는 실제로는 그보다 조금 더 말했는데 책의 마지막 단락은 상기할 가치가 있을지 모른다. 왜냐하면, 그것은 《세속도시》가 빠뜨린 곳을 찾아내기 위한 신학계의 움직임에 길을 마련해주었기 때문이다. 그 마지막 페이지에서 나는 다음과 같은 당황스런 사실의 의미에 대해 심사숙고했다. 즉 〈출애굽기〉에 따르면, 불타는 가시덤불에서 들려온 목소리가 모세에게 이스라엘 노예들을 이집트 포로 상태에서 구해내라고 말했을 때, 모세는 당연히 이 엄청난 일을 명하는 자의 이름을 청했지만 신은 이름을 말해주기를 간단히 거부했다는 사실이다. 모세는 그의 민족을 해방시키는 일을 하라는 말을 들었다. 그 목소리가 한 말은 "그들에게 '나는 내가 하고자 하는 바를 하겠노라'고 말한 자가 너를 보냈다고 말하라"였다. 그것으로 분명히 충분했다. 이름은 신이 때가 되었다고 생각하는 시간에 올 것이다. 1965년에 이 놀라운 에피소드를 곰곰이 생각하면서 나는 다음과 같이 썼다.

〈출애굽기〉는 유대인들에게 이전 경험에서 나온 명칭들을 대체할 새로운 신의 이름이 필요했을 정도로 대단히 강력한 전환점이 되었다. 오늘날 우리의 이행도……그에 못지않은 동요를 일으킬 것이다. 낡은 명칭들에 완고하게 집착하거나 아니면 불안스레 새로운 명칭들을 종합하기보다는, 아마도 우리는 모세처럼 단순하게 포로들을 해방시키는 일에 착수하면서 미래의 사건들이 새로운 이름을 가져다주리라는 신념을 가져야 할 것이다.

그 당시에는 단지 어렴풋하게 의식했지만 이 단락에서 나는 실제로는 다음 단계의 신학을 위한 의제를 제시하고 있었다. 그런데 그것을 처음에는 남미 신학자들이, 그 다음에는 전 세계 여러 신학자들이 내 희망을 훨씬 넘어설 정도로 훌륭하면서도 대담하게 채택했다. 왜냐하면 책 전체의 본뜻을 구체화한 이 끝맺는 행들 사이에서 해방신학의 두 가지 기본 전제가 되는 것을 찾아낼 수 있기 때문이다.

첫 번째 전제는 모세에게 그랬던 것처럼 우리에게도, 신학적 반성을 위한 중지가 아니라 세계의 정의를 위한 참여 행위가 신에 대한 적절한 응답의 첫 번째 '순간'이 되어야 한다는 것이다. 포로들을 해방시키는 일을 시작하라. '이름'은 그 다음에 올 것이다. 신학은 중요하다. 그러나 그것은 행하는 것, 즉 몇몇 사람들이 아직도 "제자도 弟子道(discipleship)"라고 부르는 것에 헌신하기 이전이 아니라 그 다음에 온다. 이것은 올바른 행동은 정확한 관념에서 나와야 한다는, 즉 생각이 생활에 앞선다는 서양의 기존 가정을 뒤집는다. 이러한 전복은 해방신학이 이룬 가장 유익한 공헌 중 하나다. 왜냐하면, 해방신학은 사고는—신학적 사고를 포함해서—모래투성이 같은 현실 생활에 뿌리박아야 한다고 주장하기 때문이다. 해방신학의 두 번째 전제는, 가난한 사람들 또는 포로들의 순례에 '함께하는 것'은 윤리적인 책임일 뿐만 아니라 신학적 반성에 가장 유망한 맥락을 제공한다는 것이다. 남미 가톨릭 주교들이 영향력이 컸던 1968년의 선언에서 표현한 바와 같이 "가난한 사람들을 우선시하는" 관점에서 신학적으로 생각해야 한다. 당시에는 거의 알 수 없었지만, 《세속도시》 다음의 논리적인 발걸음이 해방신학이었다는 것을 이제는 알기가 어렵지 않다. 그러나 그 둘 사이의 연관은 단순하지도 않았고 직접적이지도 않았다.

처음에는 나도 스페인어 번역판 《세속도시 La Ciudad Secular》가 남미 신학자들한테서 받은 많은 관심에 어리둥절했다. 그들은 그 책을 큰 소리로 비판했지만 또한 의지하기도 했다. 그들은 토론을 위해 나를 페루, 멕시코, 브라질로 초청했다. 그러나 비판을 들으면서 나는 그들이 그 책을 누구보다도, 어쩌면 나 자신보다 더 잘 이해했다고 확신하게 되었다. 게다가 그들은 내가 예상하지 못한 쪽으로 그 책을 이용했다. 논쟁을 불러일으킨 구스타보 구티에레즈Gustavo Gutiérrez의 《해방신학 Teología de La Liberación: Perspectivas》은 내 책보다 몇 년 뒤에 나왔는데 그 연관성을 매우 분명히 드러냈다. 경제적으로 발전한 자본주의 사회에서는 세속화가 문화적인 형태를 취하는 경향이 있다고 그는 설명했다. 세속화는 전통적인 종교적 세계관들이 가진 주도권에 도전하며, 인간으로 하여금 역사를 만들어나가는 데 정당한 역할을 맡도록 요구하고 상징 세계의 다원주의에 문을 연다. 그렇지만 가난한 나라들에서는 세속화가 아주 다르게 표현된다. 세속화는 자신들의 특권을 신성화하기 위한 지배 엘리트의 종교 오용에 도전하며, 아울러 세속화는 강력한 신앙의 상징들에서 도움을 얻어 전제주의와 갈등을 일으킨다. 구티에레즈가 그의 유명한 진술에서 표현한 바와 같이 제3세계에서 신학자의 논쟁 상대는 "비신자"가 아니라 오히려 "비인간"이다. 이것은 리마와 상파울루의 판자촌에서 신학의 대화 상대는, 종교가 사상을 질식시킨다고 여기는 다소 회의적인 '현대인'이 아님을 뜻한다. 오히려 그들은 희망이 끝나가는 배고픈 사람들과 노숙자들이다. 왜냐하면, 어떤 종교적 또는 비종교적인 신화에 근거를 둔 폭군들이 그들을 질식시켜 일찍 죽도록 하기 때문이다. 구티에레즈의 구분은, 내가 다른 종교적·정치적 환경에서 주장한 것과 똑같은 실천 지향적인 신학의 접근 방식을 그가 적용하고 있음을 보여준다. 해방신학은 비록 예상하지는 못했지만 《세속도시》의 정당한 후손이다.

물론 후손들은 그들 나름대로의 길을 갔고, 내 책 일부가 나의 소망대로 제3세계 해방신학들의 발전을 이어나가는 데 큰 역할을 했다. 어느 구절에서 나는 소비에트가 지배하는 동유럽 국가들에서 '세속화할' 필요가 있는 것은 종교가 아니라 공산주의라고 주장했다. 이 부분은 내가 직접 관찰한 것에 근거를 두고 썼다. 나는 견진성사를 대체하는 예식, 결혼식, 장례식을 새로 만들어낸 공산주의 체제의 기이한 시도를 직접 보았다. 나는 강제된 소비에트 문화에 질식한 폴란드에서 '문화 다원주의'의 가장 거리낌 없는 주창자가 가톨릭계 지식인이라는 점을 주목했다. 나는 프라하의 봄이 있기 4년 전인 1964년에 체코의 젊은 목사가 내게 한 말을 아직도 기억한다. 그는 "공산주의가 합리주의적이기 때문이 아니라 충분히 합리적이지 않은 데다가……너무 형이상학적이기 때문에" 공산주의를 반대한다고 말했다. 그의 말에 따르면, 기독교인들은 당시에 나라를 운영한 마르크스주의자들과 솔직한 대화를 시도하면서 공산주의자들을 "그들이 말한 대로 사회주의자이며 과학적이 되게 하려고, 또 그들이 새로운 거룩한 정통성을 만들어내려는 것을 멈추게 하려고" 노력했다고 한다. 이 용기 있는 기독교인들은 결국 1989년에 자신들 인내의 열매가 꽃피는 것을 보았으리라고 나는 믿는다. 다른 신자들과는 달리 그 기독교인들은 서방으로 도피하거나 체제에 굴복하거나 '내적 이민'으로 후퇴하기를 거부했다. 그들은 머물면서 참여하고 비판하며 대화가 가능해지는 때를 준비하는 선택을 했다. 그들도 또한 해방신학의 한 형태를 실천했다. 즉 어려운 상황을 견디며 자유를 위한 기나긴 추구 과정에서 억압받는 사람들과 함께했다. 1989년 11월의 동독 혁명을 위한 장소이자 또한 영감과 준비를 제공한 라이프치히 어느 교회 목사에게, 한 탐방 기자가 어떤 신학적 기반을 갖고 있는지 물었을 때, 그 목사는 "디트리히 본회퍼와 남미 해방신학"이었다고 대답했다.

　연속성도 많지만, 《세속도시》에서 그 전조를 거의 찾아볼 수 없는 중요한 현대 신학의 흐름도 많이 있다. 우선 1990년에 책을 다시 읽으면서 나는 'man'이라는 말이 누구나 또 모든 사람을 가리키는 데 마구 사용되는 것을 볼 때마다 움찔했다. 서론 첫 페이지의 "세계는 인간man의 과제요 인간man의 책임이 되었다. 현대인Contemporary man은 코스모폴리탄이 되었다"라는 표현을 비롯해서 말이다. 그것이 결국 얼치기 대명사blunderbuss pronouns에 지나지 않으며 오늘날의 내 언어는 성을 아우른다고 주장할 수 있다면, 나는 좀 마음이 편해질 듯하다. 그러나 나는 그것이 더 깊숙한 단면을 파고든 점을 알고 있다. 진실은 이 책의 출간 직후 시작되어 20년간 여성주의 신학이 이룬 성과의 도움을 받지 못하고 《세속도시》가 쓰였다는 사실이다. 만약 그랬다면 어떤 차이가 생겨났을까?

많았을 것이다. 사실 지금 아는 것을 알았더라면 나는 모든 장을 사실상 고쳐 쓰지 않을 수 없었을 것이다. 도입부에서 했던 대로, 나는 어떻게 그토록 심하게 탈주술화와 비신성화라는 주제들에 의지할 수 있었을까? 내가 긍정적으로 보았던 이 역사적 과정들이, 헤브라이와 기독교의 종교 상징화 과정에서 여성들과 매우 밀접하게 동일시되어온 자연 세계에 대한 일정한 가부장적 지배를 시사한다는 명백한 사실을 잘 처리하지 않고서도 말이다. 게다가 '세속도시의 일과 놀이'라는 제목을 붙인 장에서 나의 논의는 그 당시만 하더라도 일터에 몇백만 명의 여성들이 있다는 점을 잊고 있는 것 같다. 1965년 이래로 나는 이따금 내 학생들에게, 성서가 이미 심하게 고쳐지고 삭제되었으며 더 나아가 남자들의 권위를 영속화할 목적으로 편집된 채 전해졌다는 점을 인정하지 않고서는 우리가 더는 성서를 읽을 수 없다는 것을 배웠다. 나는 성 아우구스티누스에서 틸리히에 이르기까지 그토록 많이 의지하라고 배웠던 고전적인 전거들 중 많은 것이, 여성 문제를 염두에 두면서 읽는다면 매우 다르게 생각된다는 것을 배웠다. 그리고 이 책 마지막 장 '신에 대해 세속적인 방식으로 말하기'에 대해서는, 신에 대해 전적으로 남자 언어를 사용하는 것이 이 세상 절반의 사람들을 주변화하는 데 한몫했음을 참작해야 할 것이다.

나 자신을 방어하기 위해 어떤 할 말이 있을까? 아마도 나의 한 가지 희망이라면 놀랍게도 가장 널리 논의되고 인용된 《세속도시》의

한 장을 가리키는 데 있을 것이다. '성과 세속화'라는 제목의 그 장에는 《플레이보이》에 대한 앞서 언급한 맹공격이 들어 있다. 《플레이보이》는 에어브러시로 수정한 접는 화보로 된 가짜 성pseudosex, 즉 아무런 요구도 하지 않기 때문에 여드름투성이 청소년들이 좋아하는 이상적인 여자를 보여준다. 그들은 원할 때면 언제나 그녀를 마음대로 접을 수 있다. 이는 진짜 기사로는 불가능하다. 그 장에서는 또한 미스 아메리카 축제를 남자의 환상과 상품 마케팅을 위해 다시 가공되고 재현된 옛 풍요의 여신 숭배라고 비아냥거렸다. 나는 이 두 사례에서 스스로를 적어도 최초의 여권주의자protofeminist로서 드러내고 있다고 생각하고 싶다. 현재의 여권주의 문화 비판과 동등한 수준은 아니지만 25년 전치고는, 또 남자치고는 너무 나쁘지 않다고 생각한다.

처음엔 이상하다는 생각이 들 만큼 《세속도시》에는 빠져 있는 또 하나의 중요한 신학적 흐름이 있다. 그것이 없는 점은 돌이켜보면 용서할 수는 없지만 이해할 수는 있다. 미국 도시는 아프리카계 아메리카인 신학의 주요 중심지다. 그러나 흑인 신학자들이 그 사실을 광범위한 신학 공동체에 분명히 보여주기 시작한 것은 내 책이 발행된 후 몇 년이 지나서였다. 개인적으로 인권운동에 적극적으로 관여했던 내가 1965년에 아프리카계 아메리카인의 종교를 간과한 것은 더욱더 놀라운 일이다. 나는 1956년 몽고메리 버스 보이콧 운동이 전개되던 여름 마틴 루터 킹 목사를 처음 만났다. 당시에 나는 오하이오 주에 있는 오벌린 대학 예배당 목사였는데 그에게 연설을 해달라고 초청했다. 킹 목사는 몇 달 후 왔으며 그것이 1968년 그가 죽을 때까지 계속된 친교의 시작이었다. 나는 킹 목사의 남부기독교지도

자회의Southern Christian Leadership Conference 회원으로 남부와 북부 모두에서 행진도 하고 시위도 했다. 나는 셀마에 오라는 요청에 응했다가 체포되어 노스캐롤라이나 주 윌리엄스타운에서 짧은 기간 투옥되었다. 그 후 플로리다 주 세인트 오거스틴에서 인종차별을 철폐하려는 남부기독교지도자회의의 노력을 조직화하는 책임의 일부를 맡았다. 이 시절 동안 줄곧 가족과 나는 보스턴에서 주로 아프리카계 아메리카인들의 구역인 록스베리에서 살았다.

그런데도 현대 미국 도시가 아프리카계 아메리카인에게 갖는 의미를 내가 진지하게 받아들이기 시작한 것은 흑인 인권운동의 도래와 아울러 흑인 신학이 탄생한 다음이었다. 다시금 말하지만 만일 그 당시에 이 점을 매우 신중하게 생각했다면, 나는 흑인 신학자들이 《세속도시》에 대해 보류했던 의견의 일부를 예측할 수 있었을 것이다. "거대한 스위치보드에 있는 인간"과 "입체 고속도로에 있는 인간"처럼 내가 사용한 지배적인 은유들은 현대 대도시의 커뮤니케이션 망과 이동 네트워크를 상징하려 한 것이었다. 그런데 이동성과 커뮤니케이션 모두 거부당해왔으며, 도시가 확대된 자유의 장소가 아니라 교묘해진 굴욕의 장소가 된 사람들은 이를 받아들이기 어려운 것 같았다. 상대적으로 혜택을 받는 도시인의 시각에서 《세속도시》를 썼음이 나에게 분명해진 것은 시간이 지나서였다. 세속적이건 그렇지 않건 간에 도시는, 그 약속이 잔인한 현혹이었음이 밝혀지는 사람들에게는 매우 다르게 느껴진다.

《세속도시》가 출간되고 세월이 흐르는 동안 미국 도시들을 포함해 세계의 도시들에는 많은 일이 일어났으며 그중 대부분은 좋지 않은 일이었다. 해방 과정에 기여하는 대신에 많은 도시들은 인종적ㆍ

종교적·계급적 적대감으로 파괴되어 인간의 비참함이 퍼져나가는 중심지가 되었다. 심지어 베이루트, 캘커타, 사우스브롱크스 및 벨파스트 같은 이름들은 폭격과 게으름, 죽음의 이미지를 불러일으킨다. 아이러니하게도 세계의 도시들은 이따금 자기 선전self-promotion의 희생자가 되는 동시에 농촌 환경에서 생활을 유지하는 데 실패한 결과 그 희생자가 되었다. 희망적이든 절망적이든 몇백만 명이 황폐화된 시골에서 참을 수 없는 생활을 견디다 못해 도시들로 흘러들어온다.

멕시코시티가 도시의 미래를 의미한다면 그 미래는 우울해 보인다. 루이스 멈퍼드는 진정으로 도시적인 생활의 가능성을 예찬하면서 자신의 삶을 시작했는데, 1990년 죽기 전에는 환멸을 느꼈다. 그는 한때 도시가 전 세계가 되면 도시는 더는 존재하지 않을 거라고 썼다. 그 예측은 이제 점점 더 가능성이 있어 보인다. 2000년까지는 멕시코시티의 인구가 거의 3,200만 명이 될 텐데 그중 1,500만 명은 슬럼가와 판자촌에서 최저 생활을 꾸려나갈 것이다. 캘커타, 리우데자네이루, 자카르타, 마닐라, 리마도 크게 다르지 않을 것이다. 그곳 모두 인구가 1,000만에서 2,000만 사이일 것이며, 각 도시 인구의 절반은 빈곤한 게토 지역에 갇혀 지낼 것이다. 아디스아바바와 이바단 같은 아프리카의 몇몇 도시에서는 분명 인구의 75퍼센트 내지 90퍼센트가 슬럼 지대에서 비참하게 살 것이다.

미국의 도시라고 해서 훨씬 더 나은 것은 아니었다. 부동산 가치는 소용돌이를 치면서 선택된 소수에게 엄청난 돈을 벌어다주는 반면에, 아이들과 함께 점점 늘어나는 여성들을 포함한 집 없는 사람들은 교회 지하실과 임시 보호소로 몰려든다. 최근 아시아인들과 남미인들의 이주가 점점 늘어나면서 우리 도시들은 이미 기적과도 같은 문화적인 혼합을 겪었다. 이 현상은 우리로 하여금 인종의 다양성이 마이너스가 되기는커녕 오히려 플러스가 된다는 것을 세계에 증명할 수 있게 했다. 그러나 적어도 몇몇 도시에서는 총천연색으로 **만인에 대한 만인의 전쟁**이 펼쳐지기 직전인 것 같다. 백인 대 흑인 대 황인 대 갈색인. 그리고 전체 그림을 보면, 중산층이 감소하고, 너무 많이 가진 사람들과 너무 적게 가진 사람들 사이의 간격이 점점 커짐으로써 더욱 나빠지고 있다. 때로는 그냥 도시를 단념하고 싶은 생각이 든다.

그래서는 안 된다. 《세속도시》를 쓸 때 나의 주된 목적 중 하나는 미국 종교(적어도 백인 교회 생활)를 감염시키고 있는 반反도시적인 편견에 도전하는 것이었다. 내가 어릴 적에 "신은 농촌을 만들었고 인간은 도시를 만들었다"고 얼마나 많이 들었는가? 이는 신에 대한 교리로서 대단히 결함이 많다는 것이 1965년의 내 주장이었으며, 지금도 그러하다. 우리에게는 신의 현존을 분간해낼 수 있는 영성이 필요하다. 옛날 개신교 찬송가의 표현대로 "정원에서"만이 아니라, 다음과 같은 좋은 찬송가가 말하는 곳에서 신을 찾아야 할 것이다.

사람들로 붐비는 생활양식들이 교차하는 곳에, 인종과 씨족의 비명이 울려 퍼지는 곳에……

성서가 묘사하는 신은, 갈등과 뒤죽박죽 급변하는 현실에 현존하면서 신앙인들을 고통과 새로운 탄생의 소용돌이에서 멀리 있지 말고 **안으로** 들어오라고 부른다. 방송 전파를 타고 넘쳐나면서 종교 분위기를 오염시키는 내면적인 고요함의 숭배나 일확천금식 구원 계획들은, 이러한 성서의 신과 더할 나위 없이 멀리 떨어진 것들이다. 이 점에서 본회퍼는 정확하게 옳았다. 감옥에 있던 그는, 우리는 인간으로서 "세상에서 신의 고통을 나누어 갖도록" 명을 받았다고 썼다. 성서의 이미지들과 이야기들(이집트 종살이부터 예수의 공식적인 사형에 이르기까지)이 끊임없이 우리에게 상기시키는 것처럼, 신의 신비가 그의 또는 그녀의 자녀들 중 가장 가난하고 학대받은 자들 속에 특별한 방식으로 현존한다면, 자신들을 도시와 격리하는 이른바 종교적인 사람들은 스스로를 상당한 위험에 빠뜨리고 있는 것이다. 우리 자신을 무시당하고 버림받은 자들과 멀리 두는 것은 곧 신에게서 우리 자신을 격리시키는 것이다. 이들 '가장 하찮은 자들'을 찾을 수 있는 곳은 도시다.

　　나는 거의 30년이 지나서 깨달은 바에 따라 《세속도시》를 다시 쓸 생각이 없다. 게다가 내가 원한다 하더라도 그것은 무의미할 것이다. 책이 나온 다음 나는 개인적으로 문학 비평가들의 논문을 읽은 경험에서 배웠는데, 그것은 어떤 예술 작품도 ─ 시, 그림, 심지어는 신학 책도 ─ 창조자의 손을 떠나는 즉시 고유한 생명을 갖는다는 것이다. 초판(10,000부)이 평범한 부수로 나온 지 몇 개월 안 되어, 그것도 평론가들의 주목을 거의 받지 못했는데도 책이 빠르게 팔리기 시작했고, 출판사는 재판 부수를 늘리기로 했다. 곧 책은 베스트셀러 목록에 올랐는데 그 당시 신학 책으로는 전례가 없는 일이었다. 책은 독일어, 네덜란드어(네덜란드에서도 베스트셀러가 되었다), 프랑스어, 스페인어, 스웨덴어, 이탈리아어, 포르투갈어, 일본어, 한국어, 심지어는 바르셀로나 주변 지역에서 쓰는 말인 카탈루냐어로도 번역되었다. 몇십만 부가 팔렸다. 내가 놀랐던 것처럼 출판사도 놀랐다.

나는 처음 몇 년 동안 원치 않게 악명을 얻었는데 이를 즐기지 않았다고 말할 생각은 없다. 나는 공격받기도 했고 찬양받기도 했고 추천받기도 했고 분석되기도 했고 반박당하기도 했다. 내가 원고를 처음 넘겼을 때 거절한 어느 출판사는 속편을 쓸 계획이 있는지 친절하게 전화를 걸어 물어보기도 했다. 로마 가톨릭 신자들이 특히 이 책을 좋아한 것 같다. 아마도 책이 제2차 바티칸공의회가 끝나고 바로 나왔기 때문인 것 같은데, 그들은 자유로운 탐구가 허용되는 새로운 분위기를 몹시 시험해보고 싶어 했다. 고故 교황 바오로 6세도 그 책을 읽었는데, 나중에 그분을 알현한 자리에서 교황은, 자신은 내가 쓴 것에 동의하지 않지만 "대단히 흥미롭게" 읽었다고 내게 말했다. 교수들은 수업 시간에 내 책을 읽도록 요구하기 시작했다. 교회의 스터디 모임에서도 그 책을 읽기로 결정했다. 2, 3년 만에 책의 판매량이 번역판을 합쳐 모두 백만 부에 이르렀다.

이 모든 것에서 나는 무엇을 배웠는가? 첫째, 대부분의 신학자들이나 출판사들이 종교에 대한 진지한 책에 기꺼이 돈을 쓸 준비가 되어 있는 사람들의 수를 지나치게 과소평가했다는 것이다. 《세속도시》는 성직자와 대학의 엘리트주의라는, 신학에서 도전받지 않은 영역의 종말을 드러냈다고 해도 될 것이다. 평신도들은 분명히 토론할 준비가 되어 있었다. 사실 그들은 토론의 구성원이 되기를 요구했으며, 신학자들이 계속 서로만을 위해서 책을 쓰도록 내버려두는 걸 원하지 않았다. 《세속도시》에 있는 생각들에 대해서 뭐라고 여기건 간에 그 생각들은 단순하지도 않고 명백하지도 않다. 이 책은 텔레비전을 보면서 읽을 순 없다. 나는 평신도들이 큰 소리로 외치며 비판적이 된 것이 나의 공로라고는 생각하지 않는다. 지금은 그런 평신도들이 모든 교회에, 특히 가톨릭 교회에 존재하는 듯한데 교회 지도자들에게는 굉장한 골칫거리가 되고 있는 것 같다. 그렇지만 나는 《세속도시》가, 교회나 신학 전문가들로 하여금 그들의 연구실 밖으로 나와, 세계 교회와 종교 단체의 99퍼센트를 이루는 보통 사람들과 진지하게 이야기하도록 분위기를 만드는 데 도움을 주었다고는 생각하고 싶다.

물론 지금이라면 《세속도시》를 쓰는 방법뿐만 아니라 내 생활의 실질적인 모든 영역에서도 다르게 했을 것들이 있다. 독일계 펜실베이니아인의 격언이 말하듯이 "우리는 너무 빨리 늙고 너무 늦게 똑똑해진다." 유대인의 종교 전통에 대해 내가 지금 알고 있는 것만큼 알았다면, 나는 루돌프 불트만과 독일 신학자들의 전통 전체가 가르쳐준 것처럼 율법과 복음을 과거의 속박 대 미래의 개방성으로 맞서게 하지 않았을 것이다. 율법 또한 은총의 선물이라는 것을 나는 배우게 되었다. 또한 의심할 바 없이, 나는 현재의 세계사에 대한 신학적 해독의 기초를 매우 좁게 나 자신의 전통에 두려 하지 않고 다른 사람들의 통찰에 의지하려고 했을 것이다. 세계 종교들이 팔꿈치를 맞댈 정도로 전례 없이 가까워지는 시대이니만큼 우리 모두는 점점 더 다른 사람들의 통찰에 의지하지 않으면 안 된다. 따지고 보면, 서양의 기독교 세계가 아직도 시골 마을들로 이루어져 있을 때 이슬람 신도들, 불교 신도들, 힌두교 신도들은 이미 코스모폴리탄적인 세계 도시들을 만들어냈다. 도시 전쟁터를 삶을 옥죄기보다는 삶에 영양분을 제공하는 공동체로 변화시키기 위해서 우리가 그들에게 배울 것이 있을 것이다. 멈퍼드의 디스토피아적인 악몽 — 하나의 거대한 도시적인 비도시noncity로 변형된 지구 — 을 피하려면 우리에겐 가능한 모든 도움이 필요하다.

　　몇몇 사람들은 《세속도시》가 포스트모더니즘의 전조라는 말을
했다. 당시에는 포스트모더니즘이라는 말 자체가 없었으며, 그 말이
오늘날 뜻하는 바를 내가 알고 있는지 자신이 없다. 그렇지만 그 말
이 어느 정도의 실용성이나 일시적인 것과 기꺼이 함께 사는 것, 모
든 것을 아우르려는 계획들에 대한 의심, 너무 많은 질서 대신에 약
간의 무질서를 감내하겠다는 마음 자세 등을 뜻한다면, 나는 그 말을
써도 된다고 생각한다. 《세속도시》가 나온 지 거의 10년 후에 조나단
레이밴Jonathan Raban이 《부드러운 도시Soft City: The Art of Cosmopolitan
Living》라는 책을 냈다. 오늘날 그것은 최초의 분명한 포스트모더니스
트 텍스트postmodernist text로 가끔씩 인용되고 있다. 만일 그렇다면
출간 몇 년 후에 내가 그 책을 읽고 나서 바로 동료를 찾았다고 느낀
것은 의미 있을지도 모른다.

　　도시와 책은 형태가 반대다. 즉 한 이야기의 빈틈 없는 전개 속에 도
　시의 확산, 우발적인 사건, 목적 없는 동작 등을 억지로 끼워 넣으면
　통째로 거짓말이 될 위험이 있다. 우리가 도시를 하나의 전체로서 파
　악할 수 있는 단일한 관점은 없다. 그것이 실제로 도시와 작은 마을
　간의 차이다. ……대도시 생활을 제대로 유효하게 정의하려면 그 본
　질적인 읽기 어려움에 집중해야 할 것이다.(원서 219쪽)

　　이 "읽기 어려움"은 또한 우리가 오늘날 살도록 부름받은 새롭
고도 세속적인 세계 도시, 즉 우리의 조상들을 지탱해준 포괄적인 이
미지와 모든 것을 아우르는 세계상이 사라진 도시를 특징짓는다. 우

리에게는 이미지들이 필요하며 언제나 그럴 것이다. 그러나 오늘날 우리는 그 이미지들이 깨졌다는 것을 알고 있으며 그러므로 그 이미지들의 가치를 새로운 방식으로 인정하는 법을 배워야 한다. 우리에게는 우리의 종교 전통들이 필요하다. 그러나 종교 전통들 중 어느 하나로는, 심지어는 그것들 모두를 합쳐도 전체를 파악하는 관점을 제공할 수 없다는 것을 이해할 때에만 필요하다. 요컨대 도시에서 사는 것은 포스트모던의 '읽기 어려운' 세계에서 살기 위한 학교가 되어야 한다. 그것은 '시민권', 즉 세계 도시에서 사는 법에 대한 계속적인 수업이 되어야 한다. 그러나 우리는 아직도 배우지 못했다. 레이밴이 말하는 바와 같이

> 우리는 도시에서 잘못 살고 있다. 우리는 죄책감을 느낄 정도로 순진하게 도시를 세웠는데, 이제는 우리 자신이 건설한 인공 황무지에서 어쩔 줄 몰라 조바심을 낸다. 우리는……시민권의 성질을 이해할 필요가 있으며 자아와 도시 간의 그 특별한 관계, 즉 도시의 독특한 유연성, 프라이버시, 자유에 대해 신중하면서도 상상력 넘치는 평가를 할 필요가 있다.

그것은 사실이다. "우리는 도시에서 잘못 살고 있다." 그러나 우리는 도시에서 사는 법을 **배우지 않으면 안 된다.** 그렇지 않으면 우리는 살아남지 못할 것이다. 우리는 큰 기회, 즉 신이나 운명이 우리에게 제공했으며 만일 이를 그르친다면 결코 다시는 오지 않을 기회를 놓치고 있다.

《세속도시》 개정판 원서 145쪽에는 거의 주목받지 못한 구절 하

나가 있는데, 아마도 나는 그것을 이 책의 제명題名으로 사용하든지 아니면 그 중요성을 강조하도록 이탤릭체로 표현해야 했다. 나는 다음과 같이 썼다. 세속화는 **"메시아가 아니다. 그렇다고 해서 세속화가 반反그리스도도 아니다. 그것은 오히려 위험한 해방이다. 세속화는 위험부담을 높이면서 인간의 자유와 인간의 책임의 범위를 엄청나게 늘린다. 세속화는 그것이 대체하는 것보다 더 큰 수준의 위험을 제기한다. 그렇지만 앞으로의 기대가 위험보다 더 크며, 아니 적어도 한번 모험해볼 만한 가치가 있다."**

오늘날 내가 오로지 덧붙일 수 있는 말은 우리에게는 실제로 모험을 하느냐 마느냐의 선택권이 없다는 것이다. 우리는 이미 세계 도시 안에 살고 있다. 우리는 그곳에서 잘못 살고 있지만 뒤로 돌아가는 길은 없다. 이것이 신에 대한 믿음을 요구할 것이라고 말하면 이상하게 들릴지 모르지만 나는 그렇게 되리라 믿는다. 변화가 가져다주는 복잡성과 혼란을 피하려 들거나 아니면 마치 우리 자신의 개념화로 단단히 묶어두지 않으면 우주가 붕괴할 것처럼 경험의 모든 부분을 어떤 위안이 되는 포괄적인 전체와 연결하려고 끊임없이 종종 걸음을 해야 한다면, 그것은 신앙이 아닌 불신앙의 특성이다. 우리는 큰 열쇠Big Key에 대한 필요를 느끼지 않고도 읽기 어려운 도시의 생활에 접근하는 것을 배워야 한다. 그렇지만 이것이 우리가 허무주의자가 되었음을 뜻하지는 않는다. 결코 그렇지 않다. 몇 년 전에 한 친구는, 《세속도시》 밑에 깔려 있는 암묵적인 개념이 건전하고 오래된 칼뱅주의의 섭리론이라고 생각했다는 말을 내게 했다. 처음에는 주저했지만 나는 그의 말이 옳다고 믿게 되었다. 우리는 오늘날 우리의 선조들이 그토록 신뢰했던 지도나 시간표 없이 살아간다. 잘못 살지 않고 잘 살려면, 단편적이고 비연속적인 경험일지라도 어쨌든 결국에는 그 의미를 이해하게 된다는 약간의 이상한 확신이 우리에게는 필요하다. 그러나 우리는 그 **방법**을 알 필요는 없다. 세속도시에서조차 그것을 맡아 처리하는 다른 어떤 분Someone Else이 있다.

만일 어떤 사람이 내가 《세속도시》를 쓰고 있는 중에 언젠가는 개정판이 필요할 것이라고 말했다면, 나는 우스꽝스런 생각이라고 여겼을 것이다. 나는 특별히 제한된 목적을 위해서 이 책을 썼다. 그 목적이란 전국기독교학생연맹National Student Christian Federation이 1965년 계획한 일련의 회의를 위한 연구 자료로 쓰는 것이었다. 나는 이 젊고 똑똑하며 주로 개신교 신자인 평신도 독자층을 끊임없이 염두에 두면서 썼다. 나는 그들에게 성서 신앙에 비추어보면, 세속화와 도시화가 피해야 할 불길한 저주가 아니라 받아들여야 할 획기적인 기회를 나타낸다는 것을 설득하고 싶었다. 나는 그 이상의 독자층도, 그 이상의 문제들도 마음에 두지 않았다.

하지만 책이 훨씬 더 폭넓은 독자층의 마음을 움직였다는 것이 곧 분명해졌으며, 이러한 사실은 나에게 기쁨과 후회가 뒤섞인 감정을 가져다주었다. 나는 도시 세계를 인간의 책임이라는 시각에서 바라보는 긍정적인 견해가 오늘날 매우 많은 사람에게 목소리를 내고 있는 점에 흐뭇해한다. 그렇지만 더 신중한 추론에 따라 명료한 진술을 하지 못했다는 점을 유감으로 생각한다. 미국과 외국의 신학자들이 이 책에 대해 논의하기 시작하고 사회학자들과 도시계획가들이 토론했으며 또 예상하지 못한 많은 가톨릭 독자층의 관심을 끌면서 인쇄가 거듭되었을 때, 나는 신학자라면 누구나 마음속으로 그러하듯 후대가 기억할 만한 정제되고 학술적인 작품을 내가 썼더라면 하고 바라기 시작했다.

그러나 마음이 진정되면서 나는 더 위대한 학문적인 존경을 받을 묵직한 책 한 권이라면, 설사 내가 쓸 수 있었다 하더라도, 그 정도 독자층을 얻지 못했으리라는 점을 인정했다. 즉 내가 《세속도시》를 써야 했던 것은 아마도 내가 바랐기 때문일지도 모른다. 물론 혼합 지식 경제에서는 두 종류의 책이 설 자리가 충분히 있다. 그리고 오늘날 본질적인 문제들을 논의하는 데 약간은 경솔한 직접성이나 선택적 초점이 필요하다면, 나는 《세속도시》가 이러한 역할을 한 것을 유감으로 생각하지 않는다. 실제로 이 책을 신학자들과 평신도들 양쪽 모두가 읽었다는 사실은 신학적 대화의 분위기를 확대하는 데 도움을 주었을지도 모르며 이는 확실히 잘된 일이다. 결국 이 두 번째 판에서조차 《세속도시》는 여전히 소책자다. 이 책이 학문적으로 균형을 갖추었다거나 전반적으로 완벽하다고 주장하진 않는다. 소책자들은 결코 그럴 수 없다. 그러나 두 번째 판은 나로 하여금 몇몇 터무니없는 과장된 설명들을 수정하고, 가끔 있는 강렬한 문장의 어조를 누그러뜨리며, 또 경우에 따라서는 그 책이 불러일으킨 유익한 비판에 응답할 수 있게 해준다.

나는, 예를 들면 '종교의 종말'에 대한 몇 구절을 부드럽게 했다. 왜냐하면, 나는 '복음의 비종교적 해석'이라는 본회퍼의 요청이, 종교가 독일에서와는 조금 다른 역할을 한 미국에서는 때때로 오해를 불러일으킬 수 있다는 것을 배웠기 때문이다. 마찬가지로 '형이상학'을 논의하면서, 나는 세속 시대라고 해서 형이상학적인 **질문들**을 하지 않는 것은 아니지만 형이상학적인 **체계들**이 이전처럼 사회 전체를, 또한 여전히 사람들의 끊임없는 질문들을 통합해내지도 못하리라는 점을 분명히 하려고 했다.

나는 일과 놀이에 관한 장과 대학에 관한 장에서 몇 가지를 크게 수정했다. 앞선 장에서 나는 삼중혁명Triple Revolution 사상가들의 종말론적인 경제학에서 후퇴하여, 과학기술의 변화를 더 철저하게 정치적인 문맥에 따라 봐야 한다는 견해를 표명했다. 그렇지만 그 장에서 나의 주된 논제, 즉 사이버네이션cybernation이 우리에게 사회적 성숙에 필요한 전례 없는 훈련을 요구한다는 견해는 조금도 바뀌지 않았다. 대학에 관한 장에서는, 대학에서 환영받지 못하는 것은 조직화된 교회 자체가 아니라 그것이 지닌 제도 지향적이고 제국주의적인 태도라는 점을 분명히 하고자 내 생각의 흐름을 바꾸어 말했다. 그밖의 장들에서 조금 수정을 한 것은, 나의 기본적인 주장을 바꾸기 위해서가 아니라 분명히 하려는 것이었다. 요약하면 나는 아직도 《세속도시》의 주요 논제들을 무조건 지지한다.

나는 하버드 대학 출판부의 내 친구 앤 오를로프에게 이 책의 수정에 관해 많은 현명한 제안을 해준 것에 감사를 드린다. 나는 또한 《공공의 복지 Commonweal》의 다니엘 캘러핸과 《기독교와 위기 Christianity and Crisis》의 웨인 코완에게도 고마움을 전하고 싶다. 이들은 각자의 저널에서 토론을 벌이며 나로 하여금 내 주장을 다시 생각하게 하는 중요한 역할을 했다. 마지막으로 나는 학생들과 독자들, 회의주의자들과 수녀들, 선교사들과 목사들, 무신론자들, 가톨릭 신자들, 개신교 신자들, 유대인들, 슬럼가 거주자들과 교외 거주자들에게서 받은 수없이 많은 편지들과 질문들에 대해서 감사하고 싶다. 그들이 없었다면 지난 일 년이 훨씬 더 지루했을 것이다. 그중 많은 이들이 이 새로운 판에서 자기 생각의 반향을 발견할 것이다.

하비 콕스

록스베리, 매사추세츠
1966년 2월 20일

세속도시의 시대

서론

세속도시의 시대

도시 문명의 발생과 전통 종교의 붕괴는 우리 시대의 두 가지 주요 특징이며, 서로 밀접하게 관련되어 있는 움직임이다. 도시화는 사람들이 함께 살아가는 방식의 거대한 변화를 이뤄내는데, 현대의 도시화 형태는 전통적인 세계관의 잔해에서 솟아난 과학과 기술의 진전으로써만 가능해졌다. 세속화 역시 마찬가지로 획기적인 움직임인데, 이는 사람들이 자신들의 삶을 파악하고 함께 이해하는 방식의 변화를 나타낸다. 그리고 세속화는 도시 생활의 전 세계적인 대립 사태들이 예전에는 사람들이 의심할 여지가 없다고 생각한 신화들의 상대성을 노출시키자 비로소 발생했다. 사람들이 공동생활을 해나가는 방식은 자신들의 생활의 의미를 이해하는 방법에 강력한 영향을 주며, 그 반대도 마찬가지다. 마을과 도시는 천국 도시의 유형, 즉 신들의 거주지를 반영하도록 설계된다. 그러나 일단 설계되어 펼쳐지면 그 폴리스의 유형은 후속 세대들이 생활을 경험하고 신들의 모습을 상상하는 방법에 영향을 준다. 사회들, 그리고 사회가 의지해서 살아가는 상징들은 서로 영향을 준다. 오늘날 세속의 대도시는 우리의 공동생활 유형과 세계관의 상징 모두를 나타낸다. 그리스 사람들이 우주를 광대하게 확대된 도시국가로 인식했고 중세인은 무한히 확장된 봉건 영지로 보았다면, 우리는 우주를 인간의 도시로 경험한다. 그 도시는 신들이 피해서 달아난 인간의 탐험과 노고의 현장이다. 세계는 인간의 과제요 인간의 책임이 되었다. 현대인은 코스모폴리탄이 되었다. 세계는 그의 도시가 되었으며 또한 그의 도시는 세계를 포괄할 만큼 뻗어나갔다. 이것을 일으킨 과정의 이름이 **세속화**다.

세속화란 무엇인가? 네덜란드 신학자 판 푀르선C. A. van Peursen은 세속화란 "처음에는 인간의 이성과 언어에 대한 종교적인 통제에서, 그 다음에는 형이상학적 통제에서"[1] 인간이 구원되는 과정이라고 말한다. 세속화는 세계가 자신에 대한 종교적인 또 유사종교적인 이해에서 느슨해지는 것, 모든 폐쇄된 세계관을 일소하는 것, 모든 초자연적인 신화와 신성한 상징을 깨뜨리는 것이다. 세속화는 '역사의 탈운명화', 즉 세상이 자기 손에 맡겨져 있다는 것, 다시 말해 자신이 하는 일에 대해서 더는 행운의 신이나 복수의 신을 탓할 수 없다는 인간의 발견이다. 세속화는 인간이 저 너머 세상에서 이 세상과 지금saeculum(이 현재의 시대)으로 주의를 돌릴 때 일어난다. 그것이 디트리히 본회퍼가 1944년에 "인간의 어른됨"[2]이라고 부른 것이다.

어떤 사람들에게는 본회퍼의 말이 아직도 충격적으로 들리겠지만 사실 그럴 일은 아니다. 그는 단지 시인, 소설가, 사회학자, 철학자들이 이미 몇십 년 동안 주목한 것에 대해 뒤늦게 신학적인 해석을 감행하고 있었을 따름이다. 세속도시의 시대는 반성직주의나 열렬한 반종교적인 광신의 시대가 아니다. 반기독교적 열성분자는 오늘날 시대착오적인 면이 있다. 바로 이 사실은 왜 버트런드 러셀의 책들이 종종 대담하기보다는 별나 보이는지를, 그리고 왜 공산주의자들의 반종교적인 선전이 때때로 오래전부터 쉬고 있던 "저 밖에 있는 하느님"에 대한 믿음을 쫓아내는 데 여념이 없어 보이는지를 설명해준다.

세속화의 세력은 종교를 박해하는 데 진지한 관심이 없다. 세속화는 단지 종교를 우회하고 약화시키며 다른 것으로 옮겨갈 뿐이다. 그것은 종교적인 세계관들을 상대화시켰으며, 그렇게 함으로써 그 세계관들을 해롭지 않은 것으로 만들었다. 종교는 사적인 것이 되어 버렸다. 종교는 특정한 개인이나 집단의 고유한 특권이나 관점으로 받아들여지게 되었다. 세속화는 불과 쇠사슬로는 할 수 없는 것을 성취했다. 즉 세속화는 신자에게 그가 틀릴 **수 있다**는 것을 확신시켰으며, 아울러 열렬한 신자에게는 신앙을 위해 죽는 것보다 더 중요한 것들이 있음을 설득시켰다. 전통적인 종교의 신들은 사사로운 미신이나 마음 맞는 사람들끼리의 후견인으로 살아남아 있을 뿐, 세속적인 대도시의 공동생활에서는 의미 있는 역할을 하지 못한다.

물론 세속화가 과연 전통 종교의 신들을 끌어내리는 데 성공하고 있는가에 대해서 잠시 의문을 제기할 만한 사건들과 움직임이 있다. 어느 불교 승려의 분신 희생, 일본의 창가학회 같은 광신적인 종파들의 발생, 미국에서 블랙 모슬렘의 출현, 심지어 로마 가톨릭의 새로운 활력―이 모든 것은 종교의 사망 선고가 성급했다는 것을 보여주는 듯하다. 그러나 더 주의 깊게 살펴보면, 이러한 현상들을 현대 세계에서 빠르게 진행되는 특정한 세속적인 흐름과 따로 떼어놓아서는 이해할 수 없음을 알게 될 것이다. 이러한 흐름은 유사종교 형태로 표현되기도 하고, 종교 제도에서 수정을 유도해내기도 한다. 이러한 수정은 그 흐름이 세속화 과정에 실제적인 위협이 되지 못할 만큼 종교 제도를 근본적으로 변화시킨다. 이와 같이 고대 동양 종교의 부흥은, 낡아빠진 상징을 간직하고 있지만 그 상징들을 순전히 새로운 목적으로만 사용하는 사람들의 민족주의적인 정치적 갈망을 표출시킨다. 다원주의와 관용은 세속화의 자녀다. 그것들은 사회가 시민들에게 특정한 세계관을 강요하려 들지 않는다는 것을 보여준다. 제2차 바티칸공의회에서 절정을 이룬 로마 가톨릭 교회 안의 움직임은 가톨릭이 모든 방면의 진리에 문호를 개방할 의지가 커져가고 있음을 보여준다. 다원주의는 한때 폐쇄적인 제도가 서 있던 곳에서 나타나고 있다.

이것이 세속도시의 시대다. 그 풍조가 초음속 여행과 순식간의 통신instantaneous communication을 통해서 지구의 모든 구석에 퍼지고 있다. 세계는 도덕이나 의미를 종교적인 규율과 의식에 점점 덜 의지한다. 종교는 어떤 사람들에게는 취미며, 어떤 사람들에게는 민족적 또는 인종적 동일성의 표시를, 어떤 사람들에게는 심미적 즐거움을 제공한다. 종교가 포괄적이며 위풍당당하게 개인과 우주의 가치 체계와 설명 체계를 제공한다고 받아들이는 사람들은 점점 더 줄어들고 있다. 사실 현대는 그 나름의 세속적인 종교, 정치적인 성인聖人, 불경스런 사원을 갖고 있다고 주장하는 사람들도 일부 있다. 어떤 의미에서는 그들이 옳다. 그러나 예를 들어 나치주의나 공산주의를 '종교'라고 말하는 것은 그것들과 전통 종교 간의 매우 중대한 차이를 간과하는 것이다. 그것은 나치주의는 잃어버린 부족주의로 후퇴한 것이며 공산주의는 나날이 더욱더 '세속화'하여 따라서 덜 '종교적'이 되었다는 사실을 알기 어렵게 한다. 우리 시대의 세속적이고 정치적인 운동들을 '종교적'으로 강화함으로써 **우리의** 종교에 매달리는 것이 정당하다고 느낄 수 있도록 하는 노력은 결국 지는 싸움이다. 세속화는 계속 밀어닥친다. 우리의 현시대를 이해하고 또 그것과 의사소통하고자 한다면 우리는 현시대의 끊임없는 세속성을 사랑할 수 있어야 한다. 본회퍼가 말한 바와 같이, 우리는 하느님을 세속적인 방식으로 말할 수 있어야 하며, 성서의 개념들을 비종교적으로 해석하는 법을 찾아야 한다. 언젠가는 종교나 형이상학이 다시 구심력을 회복할 것이라는 안일한 희망 속에서 기독교에 대한 종교적 · 형이상학적 해석에 매달리는 것은 아무런 도움이 되지 않을 것이다. 종교나 형이상학은 훨씬 더 수변화할 것이며, 이것은 우리가 이제는 해방되어 세속도시라는 새로운 세계에 깊이 몰두할 수 있음을 뜻한다. 이러한 몰두의 첫걸음은 그 독특한 성격에 대해 무언가를 배우는 것이다. 하지만 먼저 우리는 현대의 풍조를 기술할 때 우리가 사용한 또 하나의 주요 용어, 즉 **도시화**에 대해서 더 정확하게 묻지 않으면 안 된다.

세속화가 인간의 어른됨의 내용을 가리킨다면, 도시화는 그것이 일어나는 배경을 기술한다. 도시화는 새로운 사회의 '형태shape'이며, 그 사회의 독특한 문화양식을 지원한다. 그러나 도시화라는 용어를 정의하려고 할 때, 우리는 사회과학자들 자신도 그 의미에 대해서 완전히 일치하지 못하고 있다는 사실에 직면한다. 그렇지만 도시화가 양적인 용어에 그치지 않는다는 것은 분명하다. 도시화는 인구의 규모나 밀도, 지리적 넓이 또는 특정한 형태의 정부를 가리키지 않는다. 분명히 현대 도시 생활의 특징 중 어떤 것은 막대한 인구가 광활

하고도 인접한 땅에 집중해 있지 않으면 불가능할 것이다. 그러나 도시화는 단지 도시만을 가리키는 어떤 것이 아니다. 비디치A. J. Vidich 와 벤스먼J. Bensman이 《대중사회의 작은 마을 Small Town in Mass Society》[3]에서 보여준 바와 같이 높은 이동성, 경제 집중, 대중매체는 농촌의 마을마저도 도시화의 망 속으로 끌어당겼다.

　도시화는 다양성과 전통 해체가 최고에 이르는 공동생활의 구조를 뜻한다. 그것은 기능적 관계가 늘어나는 비인격성을 의미한다. 도시화는 어느 정도의 관용과 익명성이 전통에 따른 도덕적 제재나 오랜 안면 관계를 대신하는 것을 뜻한다. 도시의 중심부는 인간 통제, 합리적인 계획 수립, 관료적 조직의 장소이며, 이러한 도시의 중심부는 워싱턴, 런던, 뉴욕, 베이징에만 있는 것이 아니다. 그것은 어디에나 있다. 과학기술의 대도시는 전통 종교의 장악력이 느슨해지는 세계, 즉 우리가 세속적인 양식이라고 부른 것에 없어서는 안 되는 사회적 배경을 제공한다.

　세속적·기술적 도시의 시대는 이전의 모든 시대와 마찬가지로 그 나름의 특징적인 **양식**style을 갖고 있다. 자신을 이해하고 표현하는 독특한 방식, 그 특이한 성격이 도시 생활의 모든 면을 물들인다. 13세기의 시인, 건축가, 신학자, 연인들〔절대자와 절대자를 찾는 이의 관계를 사랑하는 이와 사랑받는 이의 관계로 묘사한 사람들〕 모두가 공통된 문화적 실체를 함께 지녔던 것처럼, 오늘날 우리 모두는 많은 무언의 전망을 공유한다. 전형적인 18세기 정원의 쭉 뻗은 통로와 고르게 다듬은 울타리가 자연신학과 신고전파의 시 양식에서도 나타난 것처럼, 세속적인 도시 문화는 우리의 지적 계획, 예술적 상상력, 기술적 성취 어디에서나 느껴진다.

프랑스 철학자 모리스 메를로퐁티Maurice Merleau-Ponty(1908~1961)는 같은 뜻에서 특별한 "존재 방식manière d'être"에 대해 말한다.

철학과 영화가 정말 합의한다면, 즉 숙고와 작업 기술이 공통된 의미를 나눠 갖는다면, 그것은 철학자와 영화 제작자가 특정한 존재 방식, 즉 한 세대의 특정한 세계관이라고 할 수 있는 것을 공유하기 때문이다.[4]

편의상 여기서는 세속도시의 존재 방식을 그 **형태**(사회적 구성 요소)와 **양식**(문화적 측면)으로 나누고 그 내용을 2장과 3장에서 각각 다룰 것이다.

이제는 **세속시대**가 무엇을 뜻하는지를 더 충실하게 기술해야 한다. 그러기 위해서는 인간 공동체의 각 유형들을 표현한 다른 두 문화적 시대와 대조해보는 것이 도움이 될 것이다. 비교의 목적을 위해 조금 부자연스러운 **기술도시**technopolis라는 말을 사용할 것이다. 이 기술도시라는 말은 여기서는 기술적이고 정치적인 요소들이 혼합되어 이를 바탕으로 새로운 문화양식이 출현했다는 것을 가리키는 뜻으로 사용될 것이다. 이 용어가 인위적이긴 하지만, 그것은 지금의 세속사회가 현대의 과학기술 이전에는 가능하지 않았다는 것을 상기시킨다. 현대의 로마와 현대의 런던은 아우구스티누스나 초서G. Chaucer 시대의 선조들이 과장했던 크기 **이상**이다. 양적 발전이 질적 변화를 일으키는 시점이 있는데, 도시 발전에서 그 시점에 도달한 것은 오로지 현대 서양의 과학혁명 이후였다. 맨해튼은 건축용 철강과 전기 엘리베이터 없이는 생각할 수도 없다. 기술도시는 새로운 종種의 인간 공동체를 나타낸다. 기술도시가 하나의 신조어라는 사실은 그것이 아직은 완전히 실현되지 않았음을 우리에게 상기시킬 것이다.

기술도시와 대조시킬 목적으로 이전 시대의 양식들을 그 특징적인 사회 형태에 따라서 임의대로 **부족**tribe과 **마을**town이라고 부르겠다.

부족, 마을, 기술도시의 양식이나 시기는 결코 단순히 연속적이지 않다. 또 서로 배타적이지도 않다. 현대의 파리가 단순히 중세의 파리가 더 커진 것이 아니라면, 그 비연속성도 과장되어서는 안 된다. 루이스 멈퍼드가 보여준 바와 같이, 현대 도시의 뿌리는 석기시대로 거슬러 올라간다.[5] 그때까지 철의 몇 가지 문제는 도시의 크기를 제한해왔는데 현대의 대도시는 기술 발전이 이 문제를 해결한 다음에야 가능해졌다. 그러나 기술 대도시는 어떤 의미로는 아테네와 알렉산드리아에 이미 태아같이 존재했던 것을 강철과 유리라는 속도와 개성 속에 현실화한 것에 지나지 않는다. 또한 부족주의가 단지 역사적인 범주인 것만은 아니다. 오늘날에도 우리는 여전히 부족적인 삶을 사는 사람들을 아프리카와 남태평양에서 찾아볼 수 있으며, 부족적인 심성을 지닌 뉴욕의 거주민들을 볼 수 있다. 마을 문화는 부족에서 기술도시로 나아가는 일종의 과도기를 대표하는데, 이것은 도심지 안에서 또 그 주변에서 여전히 존속한다. 그 잔재는 어린 시절에 작은 마을과 농촌의 가치를 새겨둔 모든 사람들의 관점에 영향을 미친다. 어린 시절에 그렇지 않았던 사람이 있겠는가?

우리 모두는 어느 정도는 부족적이고 마을 사람이며 기술도시인이지만, 기술도시의 문화는 미래의 흐름이다. 이 점에 주의하면서 이세 시대의 양식의 특징을 살펴보자.

인간은 역사에 나타날 때 이미 군집을 이루어 사는 사회적 동물이다. 루소나 로크의 다양한 사회계약 이론이 개인의 권리를 향상시키는 데에는 어떠한 용도로든 쓰였지만, 그것들은 이제는 순전한 허구, 즉 어떠한 역사적 근거도 거의 없는 사회신화로 간주될 수 있다. 부족은 인간이 인간이 되는 배경이다. 부족은 혈통과 친족 관계의 확장을 대표하며, 부족민은 자신들 모두의 공동 조상에 대한 노래를 부르면서 이 가족적인 유대를 찬양한다. 이처럼 아프리카의 피그미족, 오스트레일리아의 부시맨, 미국의 인디언 등 부족 구조의 잔재가 보존된 곳이면 어디에서나, 종종 반半신적인 존재로 여겨지는 공경받는 조상들이 술과 춤, 민요의 의식을 통해 떠올려진다.

부족사회와 원시인들은 주기적으로 현대인의 관심을 끌어왔다. 그것은 아마도 인간 사회가 어떻게 생겨났는가에 대한 호기심으로, 특히 인간의 기원에 대한 신학적 해석보다는 합리적 해석을 발전시키고 싶었던 프랑스 철학자들 사이에서 시작되었다. 이러한 관심은 북미 대륙과 남태평양의 이른바 덜 문명화된 사람들에 대한 발견과 조사에 힘입어 더욱 커졌다. 노블 새비지Noble Savage[고결한 야만인. 문명을 모르는 사람을 이상화한 개념]의 낭만적 신화는 이러한 매료의 열광적인 단계를 보여준다. 좀 더 최근에는 그러한 매료가 문화인류학이라는 학문으로 진화했다.

부족사회라고 하면, 우리는 토템적이고 문자 사용을 모르며 원시적인 데다가, 심지어는 야만적이거나 논리 관념이 없다고 다양하게 기술되어온 인간 사회 발전의 한 단계를 생각한다. 이처럼 여러 가지 말로 표현되는 것 자체가 문제점을 분명히 보여준다. 왜냐하면, 그러한 말들은 현대 기술도시에 사는 우리와 점차 멀어져 보이는 사람들의 생활의 여러 측면을 비추는 용어일 뿐만 아니라, 꼬리표를 다는 서술과 경멸적인 어법도 포함하기 때문이다. 어떠한 말도, 심지어는 **부족적**이라는 말도 그것들을 정확하게 기술하지 못한다. 예를 들어, 클라이드 클럭혼Clyde Kluckhohn의 나바호족[6], 로이드 워너 Lloyd Warner의 검은 오스트레일리아 먼긴족[7], 브로니슬라브 말리노프스키Bronislaw Malinowski의 트로브리안드 섬 사람들[8]을 생각할 수 있다. 이 사람들은 모두 어떤 의미에서는 '원시적'이지만 서로 상당히 다르다.

　게다가 원시사회들은 서로 적잖이 다를 뿐만 아니라, 이들 사회 내부에서조차 학자들이 처음에 추측했던 것보다 퍼스낼러티들 간의 더 큰 차이를 발견할 수 있다는 점이 프레이저J. G. Frazer, 테일러G. Taylor, 뒤르켐E. Durkheim 등의 초기 연구 이래로 점점 더 분명해졌다. 폴 래딘Paul Radin은 후속 세대에게, 어느 사회에서든, 예를 들어 종교를 다른 이들보다 더 진지하게 받아들이는 사람들을 찾아볼 수 있다고 상기시켰다. 그가 말하듯이, 믿음을 체계화하고 정리하는 "사상가로서의 사제"뿐만 아니라 자신의 종교가 "효과를 내기"를 바라는 단순한 실용주의자들은 언제나 있다.[9]

　그러나 하나의 합의가 현대 인류학 연구에서 분명하게 나타났다. 그것은 한 사회의 종교와 문화는 그 경제적·사회적 배경을 떠나서는 연구될 수 없다는 것이다. 종교는 의식적으로 성문화되기 전에 행동과 제도 속에 깊이 파고들며, 사회적·경제적 양식의 변화는 언제나 종교의 변화를 수반한다. 폴 래딘이 말한 바처럼, "사회의 주어진 경제적 수준과, 대체로 부족이나 특히 종교적인 개인이 근거로 삼는 초자연적 존재의 연관성보다 더 분명하거나 확고한 것은 없다."[10]

인간이 그의 도구와 기술, 생활 재화의 생산 및 분배 방법을 바꿀 때, 인간은 또한 그의 신들도 바꾼다. 부족, 마을, 기술도시의 존재는 무엇보다도 사회적·경제적·정치적 공동체의 각 형태들을 반영한다. 그러한 형태들은 각자의 종교들 또는 신앙 체계를 상징한다.

이러한 이유에서 부족사회들은 그들 각자의 특이성을 가지면서도 어떤 공통된 특징들을 드러낸다.

부족 생활은 친족 관계의 유대에서 생겨난다. 그것은 사실상 확대된 가족이다. 이 집단 안에서는 사람이 보통 한 생애 동안 만나게 될 사람과의 적절한 관계를 전통이 규정짓는다. 부족사회는 규모가 작고 폐쇄적이다. 외부 세계와 장기간에 걸쳐 접촉하면 혼란이 일어나기 마련인데, 그러한 혼란은 조만간 모든 부족에게 일어난다. 우리의 쪼그라든 지구상에는 고결한 야만인Noble Savage이 숨을 만한 곳이 남아 있지 않다. 인디언 보호 지역에서는 유전이 여기저기서 파헤쳐지고 아프리카에서는 산업주의가 행진한다. 우리가 미개인들을 직접 연구할 수 있는 마지막 세대인지도 모른다.

따라서 부족 생활은 하나의 과정으로 연구되어야지 고정된 범주로 연구되어서는 안 된다. 부족은 인간이 귀신과 악마에 대한 믿음에서 신에 대한 믿음으로, 주문과 주술에서 기도로, 무당과 마술사에서 성직자와 교사로, 신화와 **마술**에서 종교와 신학으로 넘어가는 단계를 나타낸다. 이 모든 것은 사회의 경제구조가 자의식적인 종교 전문가 집단이 출현하는 것을 허용할 때에만 일어난다. 모든 사람의 정력이 생존하는 데에만 쓰인다면 종교를 성문화할 시간이 없다. 의문이 제기되거나 다른 신들을 지닌 다른 부족들과 만날 때까지는 신화의 영웅들과 신들 간의 관계를 정의할 필요가 전혀 없다. 부족이 더 정착된 생활로 나아감에 따라 야영지, 촌락, 마을 등이 나타나기 시작한다.

부족에서 마을로의 이행은 인류 역사의 결정적인 돌파구 중 하나를 나타낸다. 그것은 그리스의 **폴리스**polis 출현으로 가장 잘 요약된다. 폴리스는 호전적인 씨족들과 경쟁적인 가문들이 여기저기서 만나 새로운 유형의 공동체를 형성했을 때 나타났다. 그 새로운 공동체에서 법과 신에 대한 충성은 이전까지 힘을 행사했던 더 근본적인 친족적 유대를 대체했다. 부족들의 신은 격하되었고 이따금 공동의 신적인 조상을 중심으로 삼는 새로운 종교가 생겨났다. 19세기 프랑스 학자 퓌스텔 드 쿨랑주Fustel de Coulanges가 고전적인 연구《고대 도시 The Ancient City》[11]에서 주장하는 바와 같이, 폴리스 건설은 종교적인 행위였다. 새로운 숭배 대상이 만들어졌으며, 이때 숭배하는 신들은 폴리스를 구성하는 씨족들의 신보다 높았다. 도시의 시민이 되는 것은 흔히 아이네이아스Aeneas[트로이 전쟁의 용사]와 같은 반半신적인 창시자를 중심에 둔 새로운 숭배 집단의 일원이 되는 것이었다.

그러나 가족 관습과 마을의 법, 즉 혈연 유대와 폴리스의 객관적인 정의 사이에 벌어진 충성의 갈등은 고대 그리스인의 정신을 깊이 혼란스럽게 했다. 소포클레스의 비극《안티고네》는 이러한 갈등을 무대에 연출한다. 《안티고네》에서 우리는, 왕 크레온으로 상징되는 질서와 평등에 대한 점차 높아가는 폴리스의 요구와 안티고네로 대표되는 깊은 혈연 유대 사이의 투쟁을 목격한다. 안티고네는 폴리스에 반란을 일으켰다가 실패한 오빠 폴리네이케스를 땅에 묻어야 한다고 생각한다. 크레온은 반역자 폴리네이케스는 땅에 묻지 말고 들판에 내버려두어 개와 새들이 그 시체를 뜯어먹어야 한다고 명했다.

가족과 폴리스 간의 치명적인 모순에 사로잡힌 안티고네와 크레온은 충돌하며, 결국 양쪽 모두 서로에게 파멸적인 영향을 준다. 이 연극은 흔히 종교와 하느님의 율법(안티고네)과 폭군과 인간의 법(크레온)의 대결을 그린 것으로 해석되고 또 그렇게 연출되지만, 그 대결을 가장 먼저 목격한 아테네 사람들은 더 잘 알고 있었다. 아테네 사람들은 그들이 자신들의 가슴속에서 진행되는 괴로운 투쟁, 신들과 가치들이 양쪽에 서서 벌인 투쟁의 재현을 보고 있음을 깨달았다. 《안티고네》는 부족에서 마을로 나아가는 문화의 고통스러운 이행을 알리는데, 이러한 변신의 무시무시한 범위와 위협적인 불확실성은 마을에서 기술도시를 향한 현재의 이행에 견줄 만한 것이다.

부족은 확대된 가족이었다. 그 뿌리는 공동 신화상의 과거로 거슬러 올라가며 구성원들은 혈통으로 서로 얽혀 있었다. 부족은 구성원 모두에게 의문의 여지가 없는 위치와 안정된 정체성을 주었다. 부족은 결혼, 직업, 인생의 목표 같은 인간 삶의 커다란 문제 대부분에 관해 거의 대답을 갖고 있었다. 부족의 전통이 이미 대답을 주었다. 전통은 그것이 춤추는 것이든 노래를 부르는 것이든 아니면 가면이나 작은 상像을 세우는 것이든, 이미지, 정체성 및 가치의 풍부하고 복잡한 그리고 거의 완벽한 목록을 제공했다.

부족인은 현대적인 의미의 개인적인 '자아'라고 보기 힘들다. 그가 부족 안에서 산다기보다는 부족이 그의 안에서 산다. 부족인은 부족의 주관적 표현이다. 그는 초월적인 관점이나 비판적인 초연함〔공평〕을 허용하지 않는 빽빽한 의미들의 폐쇄된 체계 안에서 자신을 파악한다.[12] 인간과 자연, 동물과 신, 이 모든 것이 하나의 연속된 삶의 과정을 이루며, 그 의미는 표면 아래로 흐르다가 주술이나 종교의 힘이 뚜렷하게 나타나는 순간에는 어디서든 분출할 수 있다.

화폐의 출현과 문자의 발전은 부족에서 마을로 충격적 이행을 하는 데 두 개의 본질적인 요소가 된다. 화폐와 문자라는 두 장치는 개인들을 전통적으로 규제된 관계에서 해방시키고 인간 접촉의 가능한 기회를 엄청나게 확대시키는 경향이 있다. 양을 가지고 빵과 교환하려는 사람은 빵을 가진 동시에 양털이나 양고기 요리를 원하는 사람을 찾아야 한다. 가능성의 범위는 작으며 전통의 지시를 받는 경향이 있을 것이다. 양을 기르는 일과 빵을 만드는 일은 아버지에서 아들로 계승될 것이다. 경제적 접촉과 가업 계승은 구분될 수 없을 것이다. 그러나 양을 팔아 돈으로 빵을 살 수 있는 사람은 움직이기가 쉬운 동시에 더욱 독립된 활동을 할 수 있는 사람이 된다. 동전의 짤랑거리는 소리는 부족 생활의 종말을 알리며 한층 더 비인격적이고 합리화된 공동생활 방식의 시작을 알린다.

마찬가지로 글쓰기가 발전함에 따라 무당이나 신의 계시에 대한 인간의 의존이 줄어든다. 이제 인간은 문서를 직접 검토할 수 있다. 신성한 불의 희미한 테두리 밖에서 책과 양피지가 유통되고 읽힐 수 있다. 그 테두리 안에서는 세상에 대해 알고자 한다면 이야기꾼의 말 한마디 한마디에 매달리고 자신의 전통적인 역할을 따라야만 했다.

다시 한번 말하지만 경제 체제는 결정적인 것이다. 글쓰기는 상업의 도구로 시작되었지만, 곧바로 지식을 획득하고 그럼으로써 권력을 얻는 수단이 되었다. 따라서 글쓰기는 정치적이고도 종교적인 결과를 가져왔다. '외부'와의 접촉, 곧 부족 안에서는 접근할 수 없는 생각이나 가능성과의 접촉은 마을 문화의 발전에 하나의 열쇠를 제공했다. 낯선 사람들이 마을의 일부가 되는 것은 어려웠지만 불가능하지는 않았다. 루이스 멈퍼드가 정확하게 보았듯이, 출생이나 혈연이라는 우연에 따라서만 사람은 부족의 일부가 되었던 데 반해, 마을은 이방인들도 동료 시민이 될 수 있는 장소를 제공한다.[13]

이렇게 '이방인과 국외자'가 '동료 시민과 상호 구성원'으로 변화하는 현상은 물론 신약성서의 핵심에 가까운 한 표현을 떠올리게 해준다(《에베소서》 2장을 보라). 그것은 왜 초대 교회가 그 시작부터 "더는 유대인이나 그리스인이 없는" 탈부족화 운동을 전개하여 마을과 도시에서 가장 빠르게 퍼져나갔는가 하는 데 대한 좋은 이유 하나를 제시한다. 이 문제에 대해서는 나중에 다시 다루겠지만, 이 점은 왜 역사적으로 유명한 그리스의 폴리스조차도 마을 사회의 이상들을 결코 충분히 실현하지 못했는가라는 흥미로운 질문을 제기한다. 그리스의 폴리스는 결코 충분히 개방적이거나 보편적이지 못했다. 그것은 언제나 부분적으로는 부족에 머물러 있었다. 아테네와 로마는 시민 모두가 공동의 한 조상의 자식으로 태어났다는 허구를 보존할 필요를 느꼈다. 그 두 도시는 보편적인 시민권이 노예제도 및 제국주의와 양립할 수 없다는 것을 알지 못했다. 사실 아테네가 현대 도시와 같은 인구 규모, 복잡성, 익명성 또는 엄청난 방대함을 얻지 못한 데는 두 가지 이유가 있다. 첫 번째는 이러한 요소들은 현대 과학기술이 등장하기 전에는 불가능했다는 것이다. 그런데 두 번째는 부족주의 잔재를 쫓아낼 기독교의 보편성과 급진적인 개방성이 아직 존재하지 않았다는 것이다. 퓌스텔 드 쿨랑주는 그리스와 로마의 '도시들'이 갖추지 못했던 것은 기독교의 보편적인 하느님이었다고 믿는다. 고대인들은 "하느님을 전 세계에 영향력을 행사하는 유일한 존재로 생각하지 않았다. ……종교는 완전히 지역적이었으며……

도시마다 달랐다"[14]고 그는 말한다. 전체를 포괄하는 주장이 복음에 없었기 때문에 고대인의 마을들은 어느 정도 부족에 머무를 수밖에 없었다. 서력기원이 시작된 뒤에야 비로소 포괄적인 도시의 **개념**을 가질 수 있었으며, 그렇다고 해도 그것을 실현하는 데는 거의 2천 년이 걸렸다. 퓌스텔 드 쿨랑주는 계속해서 "기독교는 어떤 가족의 가정 종교, 어떤 도시나 인종의 국교가 아니었다. ……그것은 어느 한 계급이나 단체에 속하지 않았다. 기독교는 맨 처음 출현할 때부터 인류 전체를 향했다"[15]고 말한다.

안티고네는 부족에서 마을로, 혈연에서 시민적 충성으로 나아가는 고통스러운 이행을 상징하는 비극적 인물이다. 어떤 의미에서 소크라테스는 폴리스에서 세계적인 폴리스로, 도시의 신들에서 인류의 보편적인 공동체로 이행하는 데서 그에 못지않은 비극을 대표한다. 그는 고발자들이 주장했던 것처럼 '도시의 신들'을 배격하지 않았다. 오히려 소크라테스는 그 신들을 절대적인 것으로 받아들이기를 거부했을 뿐이다. 소크라테스는 그 신들이 하나의 자리는 차지하지만 그것이 제한되고 임시적인 자리라고 보았다. 그의 처형은 아테네가 지역적인 도시에서 보편적인 대도시로 발전하기를 거부했다는 것을 보여준다.[16]

아마도 우리가 "마을"이라고 불러온 것은, 결국에는 부족과 기술도시라는 공동 집단의 두 가지 존재 형태, 즉 문자가 없던 동굴 벽화 시대의 인간과 문자 이후에 나타난 전자 영상 시대의 인간 사이의 과도기 단계에 지나지 않는 것으로 간주될 것이다. 부족 생활과 기술도시 생활 사이에는 정말로 두드러진 유사점들이 있다. 사실 마르크스주의 이론에서는 (실제로 '마을 거주자의 시대'를 뜻하는) '부르주아' 시대가 원시 공산주의에서 사회주의적 공산주의로 향하는 길고도 갈등에 찌든 이행기에 불과하다.

그러나 우리 대부분에게는 마을 문화가 단지 이행기로만 간단히 처리될 수 없다. 그것은 우리의 일부다. 마을 시대는 우리에게 인쇄술과 책, 합리적 신학, 과학혁명, 투자 자본주의와 관료제를 주었다. 마을 문화는 또한 우리에게 다른 많은 것도 주었는데, 그것들은 막스 베버가 그 시대를 특징지으면서 "합리화"[17]라고 부른 것과 밀접하게 관련이 있다. 특히 많은 면에서 그 시대의 원형적인 종교였던 칼뱅파의 청교도주의에서, 베버는 자신이 "카리스마의 관례화"라고 부른 것의 고전적인 실례를 보았다. 이것들은 또한 부족과 기술도시 모두와 가장 명백한 대조를 제공하는 측면들이다. 무당은 부족인의 상징이다. 그는 춤을 추며 자신의 종교를 노래한다. 마을 문화를 대표하는 그의 상대자는 청교도이거나 어쩌면 뉴잉글랜드인일 것이다. 마을 사람은 말씀에 대해 곰곰이 생각하며 설교를 듣는다. 부족인은 그의 수호신과 집단에 몰두한다. 마을 사람은 《로빈슨 크루소》를 읽는 신중한 개인이다. 부족인의 신들은 감각이 황홀해진 밤에 부족인과 함께 빙빙 돈다. 마을 사람의 하느님은 무한히 멀리 떨어진 곳에서 그를 불러 자기 훈련의 시간인 대낮에 엄숙하게 일하도록 한다. 이러한 비교가 마을 사람을 인색하고 엄격한 사람으로 보이게 할지 모른다. 하지만 우리는 그를 너무 엄하게 다루어서는 안 된다. 왜냐하면 첫째, 마을 사람은 우리가 묘사한 이미지에 따라 사는 경우가 드물었으며, 둘째로 그는 기술도시 문명의 길을 준비하고 있었기 때문이다. 그가 없었다면 기술도시 문명은 결코 시작될 수 없었을 것이다.

주

1 찰스 웨스트Charles West 교수가 1959년 9월 스위스 보세이 에큐메니컬 연구소Ecumenical Institute of Bossey에서 열린 회의에 관해 모은 보고서의 등사물에서 인용했다. 판 퍼르선의 언급은 부록 1부에 들어 있다. 그의 저작에 대한 더 많은 논의를 보고 싶으면 이 책 3장을 보라.

2 본회퍼의 진술은 Bonhoeffer, *Ethics*(New York: Macmillan, 1959)와 *Letters and Papers from Prison*(New York: Macmillan, 1962; London: SCM Press, 1953)에서 볼 수 있다.

3 Arthur J. Vidich and Joseph Bensman, *Small Town in Mass Society* (Garden, N. Y.: Anchor Books, 1958).

4 Maurice Merleau-Ponty, *Sens et non-sens*(Paris: Nagel, 1948), p. 309(필자의 번역).

5 Lewis Mumford, *The City in History*(New York: Harcourt, Brace & World, 1961; London: Secker & Warburg). 특히 1장부터 3장을 보라.

6 클라이드 클럭혼은 나바호족 문화에 대해 많은 책과 논문을 썼다. 레이톤 Dorothea Leighton과 함께 쓴 *The Navaho*(Harvard University Press, 1946)를 보라.

7 W. Lloyd Warner, *A Black Civilization*(New York: Harper and Row, 1958).

8 Bronislaw Malinowski, *Magic, Science and Religion Other Essays* (Garden City, N. Y.: Doubleday, 1954).

9 Paul Radin (ed.), *Primitive Religion*(New York: Dover, 1957).

10 같은 책, p. 192.

11 Numa Denis Fustel de Coulanges, *The Ancient City*(Garden City, N. Y.: Double Day, 1956; London: Mayflower Books), Book Three, Chaps. 3~5.

12 "빽빽한compact" 상징 체계와 "분화된differentiated" 상징 체계의 대조에 관한 논의는 다음을 보라. Eric Voegelin, "Israel and Revelation", *Order*

and *History*, Vol. I(Baton Rouge: Louisiana State University Press,
1956), pp. I~II.

13 Lewis Mumford, 앞의 책.

14 Fustel de Coulanges, 앞의 책, p. 151.

15 같은 책, p. 391.

16 Maurice Merleau-Ponty, *Eloge de la Philosophie*(Paris: Gallimard,
1953), pp. 48~57.

17 Max Weber, *The Protestant Ethic and the Spirit of Capitalism*(New
York: Scribner, 1958; London: Allen & Unwin).

1부
세속도시의 도래

chapter 1

세속화의 성서적 원천

세속화는 종교적·형이상학적 감독으로부터 인간의 해방, 즉 인간의 관심이 저 세상에서 이 세상으로 향하는 것이다. 그러면 이 해방은 어떻게 시작되었는가? 그 원천은 무엇인가?

세속화란 독일 신학자 프리드리히 고가르텐Friedrich Gogarten이 예전에 언급했듯이 성서적 신앙이 역사에 끼친 영향의 정당한 결과다.[1] 이 점은, 역사를 통해 성서적인 종교들이 가장 두드러진 영향을 미치는 동안, 이른바 기독교의 서양 문화 안에서 세속화가 가장 먼저 나타났다는 것이 단순한 우연이 아닌 이유다. 자연과학, 민주주의 정치제도, 문화적 다원주의의 발생 — 이 모든 발전을 우리는 보통 서양 문화와 관련시킨다 — 은 성서의 원초적인 자극 없이는 거의 이해될 수 없다. 의식적인 연관성은 오래전부터 사라졌지만, 관계들은 아직도 남아 있다. 문화적 충격은 그 원천이 잊힌 후에도 오랫동안 계속 작용한다.

이 장에서는 세속화의 성서적 원천을 다시 한번 다룰 것이다. 우리의 목적은, 세속화를 대하는 어떤 태도에 의지해서 성서에 대한 감사나 비난을 유도하는 것이 아니다. 오히려 세속화의 기원을 기술함으로써 세속화를 다루는 우리의 능력을 강화한다.

성서 신앙에는 세 가지 중추 요소들이 있는데, 저마다 세속화의 하나의 측면을 발생시켰다. 즉 **자연의 탈주술화**는 천지창조와 더불어 시작되고, **정치의 비신성화**는 출애굽과 함께 시작되며, **가치의 속화**俗化는 시나이산의 언약, 특히 우상 금지로 시작된다. 세속화는 기독교인들이 반대해야 할 어떤 것이 결코 아니라 성서 신앙의 진정한 결과를 보여준다. 기독교인들의 임무는 세속화를 반대하기보다는 오히려 그것을 지지하고 육성하는 데 있다. 그러나 이 문제를 다루기 전에 먼저 세속화라는 말 자체를 간단하게 살펴보자.

세속화 대 세속주의

영어의 세속secular이라는 말은 '지금 이 시대'를 뜻하는 라틴어 새쿨룸saeculum에서 유래한다. 서양 사상에서 이 말이 겪어온 역사 자체는, 성서의 메시지가 시대를 거치면서 오해되고 남용되어온 정도를 보여주는 하나의 우화다. 본래 새쿨룸은 '세상'을 뜻하는 두 개의 라틴어 가운데 하나다(다른 하나는 문두스mundus다). 세상을 뜻하는 두 개의 라틴어가 존재한다는 사실 자체가 심각한 신학적 문제를 예고했다. 왜냐하면, 그것은 성서와는 매우 이질적인 어떤 이원론을 드러냈기 때문이다. 그 두 말의 관계는 복잡하다. 새쿨룸은 시간의 뜻을 가진 말로 이따금 그리스어 '이온aeon'을 번역하는 데 쓰였으며, 그 말 또한 시대 또는 시기를 뜻한다. 반면에 문두스mundus는 공간의 뜻을 가진 말로 우주나 창조된 질서를 뜻하는 그리스어 코스모스 cosmos를 번역하는 데 가장 많이 쓰였다. 라틴어의 모호함이 깊은 신학적 문제를 일으킨다. 그것은 현실에 대한 그리스인의 공간적 견해와 헤브라이인의 시간적 견해 사이의 중대한 차이로까지 거슬러 올라간다. 그리스인들에게 세상은 장소이자 위치였다. 흥미로운 일들이 세상 **안에서** 일어날 수 있지만, 의미 있는 일은 세상**에** 결코 일어나지 않았다. 세계사 같은 것은 없었다. 반면에 헤브라이인들에게 세계는 **본질적으로** 역사이다. 즉 천지창조로 시작해서 종말을 향해 나아가는 일련의 사건들이다. 따라서 그리스인들은 존재를 공간적으로 인식한 반면에 헤브라이인들은 시간적으로 인식했다. 그 둘 사이의 긴장은 기독교 신학을 시작 때부터 괴롭혔다.

초기 기독교인들을 통해 헬레니즘 세계에 전해진 헤브라이 신앙은 현실에 대한 지배적인 인식을 '시간화하는' 데 영향을 끼쳤다. 세계는 역사가 **되었다**. 코스모스는 이온이 되었고, 문두스는 새쿨룸이 되었다. 그렇지만 그 승리가 완전하지는 못했다. 2세기 교부 시대부터 그 이후 기독교 신학의 역사 전체는, 부분적으로는 급진적인 헤브라이 충격을 반대하거나 약화하려는 지속적인 시도, 즉 공간 범주 속에 역사적인 것을 흡수하려는 시도로 이해할 수 있다. 반대되는 압력과 반대되는 경향은 항상 있어왔다. 그러나 우리 시대에 들어와서야 비로소 신학자들은 자신들이 저질렀던 기본적인 잘못들을 알아차리기 시작했다. 이는 주로 구약성서를 새롭게 연구하면서 헤브라이의 공헌을 대대적으로 재발견한 덕분이다. 최근에 와서야 비로소 신학의 역사적 · 시간적 행로를 복구하는 작업이 시작되었다. **세속**이라는 말은 헤브라이의 역사성의 전폭적인 도전을 그리스가 받아들이려 하지 않은 데서 일어난 초기 희생물의 하나였다.

　세속이라는 말은 그것이 사용되기 시작할 때부터 막연하게나마 무엇인가 열등한 것을 뜻했다. 그 말은 영원한 '종교적 세계'와 반대되는 것으로서 변화하는 '이 세계'를 뜻했다. 이 용법은 이미 성서적 범주에서 불길한 이탈을 보여준다. 그것은 진정한 종교 세계는 초시간적이고 변화가 없으며 따라서 일시적이고 변하기 쉬운 '세속' 세계보다 우월하다는 것을 암시한다. 이렇게 해서 '세속의 교역자', 즉 '세상'에서 봉사하는 교역자의 소명은, 실제로 같은 전문성을 지니면서도, 거룩한 진리의 변함없는 질서를 명상하며 수도원에서 생활하는 '종교적인' 교역자의 그것보다 조금 덜 축복받은 것으로 생각되었다.

　중세적 종합medival synthesis은, 공간적 세계를 높거나 종교적인 세계로, 역사의 변화하는 세계를 낮거나 '세속적인' 세계로 만듦으로써 그리스와 헤브라이 사이의 긴장을 해소했다. 하느님 아래서 모든 생명이 역사 속으로 흡수되며 코스모스는 세속화된다는 성서적 주장은 일시적으로 사라졌다. **세속화**라는 말이 처음에 널리 퍼져 사용될 때에는 매우 좁고 전문화된 의미를 지니고 있었다. 그 말은 '종교적' 교역자가 교구를 책임지게 되는 과정을 가리켰다. 즉 교역자가 세속화되었다. 점점 그 말의 뜻은 넓어졌다. 교황과 황제의 분리가 기독교 세계에서 부인할 수 없는 사실이 되었을 때, 정신적인 것과 세속적인 것의 구분은 제도적으로 구체화되었다. 이윽고 몇몇 책임이 교회 당국에서 정치 당국으로 넘어가는 것을 '세속화'라고 불렀다. 이러한 용법은 계몽주의와 프랑스 혁명 시대를 통해 계속되었으며, 가톨릭 문화유산을 지닌 나라들에서는 오늘날에도 널리 쓰인다. 결국,

예를 들어 학교나 병원의 운영권이 교회에서 공공 행정기관으로 넘어갈 때 그 과정은 '세속화'라고 불린다.

최근에는 세속화라는 말이 정치적인 것과 병행된 문화적인 차원에서 한 과정을 기술하는 데 사용되었다. 이 경우는 문화적 통합의 상징들에 대해서 종교의 결정력이 없어졌다는 것을 뜻한다. 문화적 세속화는 정치적·사회적 세속화의 불가피한 부수물이다. 때때로 역사적인 상황에 따라서는 전자가 후자에 선행하기도 하지만, 사회적 세속화와 문화적 세속화의 큰 불균형은 그리 오래 지속되지 않는다. 미국에서는 상당한 정도의 정치적 세속화가 오랫동안 이어졌다. 공립학교들은 교회의 감독에서 자유롭다는 의미에서 공식으로 세속적이다. 동시에 미국의 문화적 세속화는 더 천천히 일어났다. 1960년대 초에 대법원이 그때까지 필수였던 기도를 불법화한 결정은 몇 년 동안 계속된 불균형을 명확하게 보여주는 것이었다. 반면에 동유럽에서는 역사적인 과정이 정반대였다. 급진적인 세속 문화가 체코슬로바키아와 폴란드에서는 매우 세차게 강요되었지만, 미국인들이라면 헌법에 크게 위배된다고 여길 만한 종교적 관행들이 여전히 널리 행해지고 있다. 예를 들어, 체코슬로바키아에서는 모든 목사와 사제가 국가의 봉급을 받는다. 폴란드에서는 공립학교에서 종교 교육이 아직도 허용되는 경우도 있다. 이러한 비연속성은 사회적 세속화와 문화적 세속화가 일어나는 속도가 서로 다른 데서 일부 생겨난다. 이 주제는 4장에서 논의할 것이다.

어쨌든 기술적記述的인 용어로서 세속화는 넓고 포괄적인 의미를 가진다. 그것은 관련 지역의 종교적·정치적 역사에 따라 많은 다른 모습으로 나타난다. 그렇지만 어디에서 나타나든 간에 세속화는 세속주의secularism와 조심스럽게 구별해야 한다. 세속화는 사회와 문화가 종교적 지배와 폐쇄된 형이상학적 세계관의 감독을 벗어나는 거의 되돌이킬 수 없는 역사적 과정을 의미한다. 우리는 그것이 기본적으로 해방시키는 발전이라고 주장했다. 반면에 세속주의는 하나의 이데올로기, 즉 신흥종교와 비슷한 기능을 매우 많이 하는 새로운 폐쇄적 세계관의 이름이다. 세속화는 그 근거를 성서 신앙 자체에서 찾으며 어느 정도는 성서 신앙이 서양사에 끼친 영향의 진정한 결과인데 반해, 세속주의의 경우는 그렇지 않다. 세속주의는 폐쇄된 주의ism다. 그것은 세속화가 낳은 개방성과 자유를 위협한다. 그러므로 우리는 그것이 새로운 기득권 세력의 이데올로기가 되지 않게끔 조심하고 경계해야 한다. 특히 세속주의가 세계관이 아닌 양 가장하면서도, 국가의 기구들을 통해 그 이데올로기를 강요하려는 것을 막아야 한다.

세속화는 대부분 성서 신앙이 세계를 만들어가는 영향력에서 생겨나는데 이 영향력은 처음에는 기독교 교회를 통해, 나중에는 일정 부분 교회에서 유래하는 운동을 통해 발휘된다. 그렇다면 세속화의 근본적인 구성 요소들은 무엇이며, 그것들은 어떻게 생겨났는가?

세속화의 차원

자연의 탈주술화로서 창조

세속화 이전의 인간은 마법에 걸린 산림 속에서 산다. 계곡과 수풀에는 정령들이 우글거린다. 바위와 시내는 친구 같거나 악마 같은 귀신들로 가득 차 있다. 현실은 인간을 위협하거나 이로움을 주기 위해 여기저기서 돌출하는 주술적인 힘으로 채워져 있다. 적절하게 관리하고 이용하면 이 눈에 보이지 않는 힘에 기대거나 그것을 피할 수 있으며 또는 그 힘을 일정한 방향으로 돌릴 수 있다. 효력이 있는 기술과 비법을 발휘하면 보이지 않는 세계의 힘을 가족의 원수나 부족의 적에게 사용할 수 있다.

인류학자들은 이제는 주술이 그저 원시생활의 한 측면인 것만은 아니라는 점을 인정한다. 그것은 하나의 세계관이다. 어떤 피트족 인디언은 학구적인 한 질문자에게 다음과 같이 대답했다. "모든 것은 살아 있습니다. 그것이 바로 우리 인디언들이 믿는 것입니다. 백인들은 모든 것이 죽어 있다고 생각하고 있습니다." 주술은 세속화 이전의 유형, 즉 부족인을 만들어낸다. 게다가 수풀과 짐승들은 그의 형제들이다. 그는 세계를 포괄적인 우주론적 체계로 인식한다. 그 체계에서는 자신의 친족 집단이 뻗어나가 모든 현상을 어떤 방법으로든 아우른다. 위대한 인류학자 래드클리프 브라운Radcliff-Brown(1881~1955)이 이해한 바처럼, 토테미즘은 자연 세계의 피조물들을 부족이라는 기본적으로 가족적인 조직 안으로 편입시키는, 친족 관계의 방대한 조직망이다.[2]

많은 종교사가들은 이 주술적인 세계관이 비록 매우 궤변적으로 발전하고 조직되었지만, 성서 신앙이 출현할 때까지는 결코 진정으로 깨어지지 않았다고 믿고 있다. 수메르인, 이집트인, 바빌로니아인의 종교 체계들은 엄청나게 복잡한 신학과 굉장히 세련된 상징 체계를 지녔는데도 여전히 고도의 주술 형태에 머물러 있었으며, 그 체계들의 결속을 위해서 인간과 우주의 통합된 관계에 의존했다. 따라서 해마다 있는 나일강의 홍수, 예측할 수 있는 별들의 회전, 태양과 달의 위풍당당한 존재는 사회를 결합하는 틀을 제공했다. 태양신, 강의 여신, 별의 신이 수없이 있었다. 역사는 우주론 속에, 사회는 자연 속에, 시간은 공간 속에 포함되었다. 신과 인간 모두 자연의 일부였다.

천지창조에 대한 헤브라이인의 생각은 이 닫힌 원으로부터의 눈에 띄는 이탈을 나타낸다. 그것은 자연을 하느님과 분리하고 인간을 자연과 구분한다. 이것이 탈주술화 과정의 시작이다. 사실 헤브라이인들은 천지창조 이야기의 재료를 신화에 순응된 고대 근동 지역의 이웃들에게서 빌려왔다. 주제와 모티프는 결코 독창적인 것이 아니다. 그러나 헤브라이인들이 이 신화들을 가지고 무엇을 했는지, 그들이 그 신화들을 어떻게 변형시켰는지는 주목해야 할 중요한 점이다. 바빌로니아인들의 이야기에서는 태양과 달, 별들이 반半신적인 존재이며 신들이 지닌 신성神性에 참여하는 데 반해서 헤브라이인들은 그것들의 종교적 지위를 완전히 거부한다. 〈창세기〉에서 태양과 달은 야훼의 창조물이 되었으며 인간을 위해 세상을 밝히고자 하늘에 매달렸다. 그것들은 신도 아니고 반신적인 존재도 아니다. 별들은 인간의 생활에 대한 지배력을 갖고 있지 않다. 그것들도 역시 야훼에 의해 만들어졌다. 하늘에 있는 어떠한 물체도 종교적인 경외나 숭배를 받을 권리를 주장할 수 없다.

천지창조에 대한 〈창세기〉의 설명은 진실로 '무신론적 선전'의 한 형태다. 〈창세기〉의 설명은, 자연을 반半신성한 힘으로 보는 주술적 시각이 사실상 아무런 근거가 없다는 것을 헤브라이인들에게 가르쳐주려는 의도를 가지고 있다. 자연 과정 바깥에 있는 존재로서 그 자연 과정을 존재하게 하고 그 부분들의 이름을 짓는 창조가 야훼는, 사람으로 하여금 자연 자체를 있는 그대로 인식하도록 한다. 몇몇 현

64

대의 저술가들이 지적한 바처럼, 탈주술화된 자연에 대한 현대인의 태도가 때때로 보복적인 요소들을 보여주었다는 것은 사실이다. 마치 부모의 속박에서 갑자기 풀려난 아이처럼 현대인은 자연을 부수고 거칠게 다루는 데서 최고의 자부심을 지닌다. 이것은 아마도 죄수가 이전에 자신을 잡아들인 사람에게 가하는 일종의 복수일 것이다. 그러나 그것은 본질적으로 어린애 같은 일이며 의심할 나위 없이 한때의 국면이다. 성숙한 세속인은 자연을 숭배하지도 복수하지도 않는다. 그의 임무는 자연을 돌보고 이용하는 것이며, 그는 최초의 인간 아담에게 맡긴 책임을 떠맡는다.

또한 인간은 자연과 친족의 유대로 맺어져 있지 않다. 성서에서 친족의 계보는 시간적인 것이지 공간적인 것이 아니다. 그 계보는 캥거루와 토템 나무들을 포함할 만큼 뻗어나가는 것이 아니라, 뒤로는 선조들의 무용담까지 거슬러 올라가고 앞으로는 후손들의 번성으로까지 나아간다. 헤브라이의 친족 구조는 직선적이다. 그것은 역사적인 것이지 우주론적인 것이 아니다. 성서에는 한두 가지 이상한 예외(이브의 뱀, 발람의 나귀)를 제외하면 주술적인 민족들의 전설과 신화에 많이 나오는 동물 우화가 없다. 인간은 창조된 후 곧 동물들의 이름을 짓는 중요한 책임을 받는다. 인간이 동물들의 주인이자 명령자다. 땅을 정복하는 것이 그의 의무다. 자연은 그의 형제도, 그의 신도 아니다. 자연 그 자체는 인간에게 어떤 구원도 주지 못한다. 헤브라이인은 언덕을 쳐다보고는 고개를 돌려 어디서 힘을 얻을 수 있는지 묻는다. 그 대답은 언덕이 아니라 야훼에게서 온다. 야훼가 하늘과 땅을 **만들었기** 때문이다. 성서에서는 인간도 하느님도 자연과의 관계에 따라 규정되지 않는다. 이것이 역사를 위해서 그 둘을 해방시킬 뿐만 아니라 또한 자연 자체를 인간이 이용할 수 있게 해준다.

막스 베버는 자연이 이처럼 종교적인 함의含意에서 해방되는 것을 "탈주술화disenchantment"라고 불렀다. 이 말은 환멸disillusionment이라는 뜻이 아니라 즉물성matter-of-factness이라는 뜻을 암시하기 위한 것이다. 인간은 실제로 자연을 직시하는 주체가 된다. 그래도 그는 자연을 즐기고 그 속에서 기쁨을 얻을 수 있다. 어쩌면 그는 자연에 대한 두려움이 줄어들었기 때문에 예전보다 더 많이 즐길지도 모른다. 그렇지만 인간은 자연의 단순한 표현이 아니며, 자연은 신적인 존재가 아니다.

자연 세계의 탈주술화는 자연과학의 발전을 위한 절대적인 전제 조건을 제공한다. 현대 과학이 없었다면 오늘날의 기술도시가 불가능했을 것이기 때문에, 탈주술화는 또한 현대 도시화의 본질적인 전제 조건이기도 하다. 과학은 기본적으로 하나의 관점이다. 한 문화의 관찰력이 제아무리 고도로 발달해도, 그 측정 장비가 제아무리 정밀하다 해도 인간이 자연 세계를 두려워하지 않고 직시할 때까지는 진정한 과학의 진전은 불가능하다. 자연이 어느 곳에서나 인간 자신이나 인간 집단의 확장으로 또는 신적인 것의 구현으로 인식되면, 우리가 이해하는 바의 과학은 배제된다. 이것은 아시리아 문화를 보면 명백하다. 아시리아에서는 천문학의 관찰이 엄청난 정확성을 갖고 발전했지만, 그곳에서는 천체가 여전히 인간의 운명을 결정하는 것으로 경험되었다. 따라서 진정한 과학적인 천문학이 출현하지 못했다.

단순히 현대적인 기술 장비와 절차를 도입하는 것만으로는 과학 문화를 만들어내기에 결코 충분하지 않다는 것은, 오늘날 이른바 저개발 문화권에서는 여전히 사실이다. 어떻게든 자연은 탈주술화되어야 하며, 이는 많은 전통 종교의 침식을 낳는다. 이러한 침식은 지난 세기에 주로 기독교 선교의 후원 아래 일어났다. 최근에는 그것이 공산주의 이데올로기가 확장된 결과로 일어났다. 이 경우 기독교와 공산주의는 서로 차이가 있음에도 과학과 기술 변화에 대한 전통 종교의 제약을 제거하는 데 거의 같은 역할을 했다. 기독교와 공산주의 모두 자연을 현실로 인식하는 역사 지향적 방법이다. 그 둘 모두 주술적 정령들을 내쫓고 과학을 위해 자연을 개방한다. 아주 최근까지는, 막연하게 설계된 복지국가의 덜 정밀한 사회주의 이데올로기들이 똑같은 작용을 해왔다. 자연의 탈주술화는 세속화의 본질적인 구성 요소들 중 하나다.

정치의 비신성화로서 출애굽

세속 사회에서는 어느 누구도 신성한 권리로 통치하지 않는다. 세속화 이전의 사회에서는 모두가 신성한 권리로 통치한다. 부족인은 자연을 가족의 일부로 또 종교적 힘의 소재지로 인식하듯이, 정치적 권력 구조도 가족 권위의 확장으로, 아울러 신들의 명백한 의지로 받아들인다. 정치 질서와 종교 질서의 동일시는, 추장이 동시에 마법사이기도 한 원시 부족에서나, 황제가 정치 지배자이면서 동시에 최고 사제이기도 한 로마 제국에서나, 모두 정치권력의 똑같은 신성한 합법화를 드러내게 된다.

종교와 정치를 '완전히' 동일시한 것은 찾기 어렵다. 모든 사회는 일찍이 역할과 책임을 분화시키기 시작한다. 이러한 권력 분리가 성공적인 결과에 이를 정도로 완성될 수 있는가는, 오로지 문화의 기본적인 상징 체계가 그러한 분화를 허용하는가에 달렸다.

통치 체제가 종교적 상징에 의해 직접적으로 합법화되어 있는 사회, 즉 통치자가 신성하다거나 아니면 신의 의도를 직접 표현한다고 믿어지는 사회에서는 의미 있는 정치적·사회적 변화가 거의 불가능하다. 정치적 변화는 선행된 정치의 비신성화에 달려 있다. 그 과정은 자연의 탈주술화와 밀접하게 관련되어 있다. 때와 계절이 있는 자연은 언제나 반복된다. 역사는 결코 그렇지 않다. 따라서 하느님의 행위의 소재지라 할 자연보다는 오히려 역사의 출현이, 정치적·사회적 변화가 가능한 전적으로 새로운 세계를 연다.

정치의 비신성화를 그 성서적 뿌리를 따라 추적할 때 출애굽이 연구의 초점이 되어야 한다. 헤브라이인들에게 야훼는, 천둥소리나 지진 같은 자연 현상 속에서가 아니라 역사적인 사건, 즉 이집트로부터의 구출을 통해 결정적으로 말했다. 이것이 사회 변화라는 한 사건, 즉 우리가 오늘날 "시민 불복종"이라고 부를 수도 있는 크나큰 행위였다는 점은 특히 의미심장하다. 그것은 정당하게 임명된 한 군주, 즉 태양신 레Re와 관계를 맺음으로써 정치적 통치권에 대한 주장을 성립시킨 파라오에 대한 반란의 행위였다. 그전에도 비슷한 탈출이 있었다는 것은 의심할 바 없다. 그러나 헤브라이인들의 출애굽은 평범한 사람들에게 일어난 하찮은 사건 그 이상이 되었다. 그것은 헤브라이인들이 현실에 대한 인식 전체를 구성할 때 중심을 이루는 사건이 되었다. 출애굽은 그 자체로서 인간이 신정 질서를 벗어나 역사와 사회 변화로 인도되는 것, 종교적으로 합법화된 군주를 벗어나 특정한 사회적 목표의 성취 능력으로 얻어지는 권력이 정치 지도력의 기초가 되는 세계로 인도되는 것을 상징했다.

출애굽은 헤브라이인들을 이집트에서 구해냈다. 그렇지만 신성 정치로 돌아가려는 끊임없는 유혹이 있었으며, 왕국 시대에 특히 그러했다. 그러나 언제나 선지자의 무리가 일어나서 그 퇴보를 막았다. 선지자들은 늘 왕의 인정과는 별개로 권위를 얻었기 때문에, 왕이 제사장을 겸하는 것이 결코 다시는 가능하지 않았다. 출애굽은 어떤 군주의 제재든 무조건 받아들이는 것을 영원히 불가능하게 했다. 야훼는 언제든지 새로운 출애굽을 연출할 수 있거나 또는 과대망상증에 걸린 군주를 역사를 통해 무너뜨릴 수 있었다. 어느 왕가도 그 후에는 자신의 왕위에 대해 안심하지 못했다.

중세 때의 교황과 황제 간의 경쟁은, 세속화 과정이 일단 시작되면 단순한 신성 정치로 돌아가려는 어떤 시도도 무의미함을 말해주는 하나의 우화다. 황제는 서양의 정치적 통치자뿐만 아니라 종교적 통치자도 되고 싶어 했을 것이다. 신성한 기능을 지닌 군주가 이끄는 '신성로마제국'에 대한 아쉬움에 찬 갈망은 이러한 욕망을 나타낸다. 이와 비슷하게 많은 교황들도 성 베드로의 열쇠뿐만 아니라 제국의 칼을 휘두르고 싶어 했을 것이다. 세속적인 영역을 정신적인 영역 밑에 포함시키려는 신학적인 노력은 이 끊임없는 갈망을 증명한다. 어느 쪽도 이기지 못했다. 교황은 결국 교황령[1870년까지 교황이 지배한 중부·북부 이탈리아 지역]과 함께 속세의 권력을 잃어버렸으며, 황제는 제국 자체가 해체될 때 모든 것을 잃어버렸다. 그렇지만 그 후로 교황의 정신적·도덕적인 권위는 커졌다. 이와 동시에 서양의 정치 지도자들은 대개 자신들이 시민들에게 잠정적이고 제한된 요구만을 할수 있다는 사실을 받아들였다. 어떤 정치 지도자가 종교적이거나 전체주의적인 주장을 할 때, 히틀러나 스탈린 같은 사람이 또다시 자신이야말로 시대정신이나 변증법의 순수한 표현이라고 주장하려 들 때,

자유인들은 이것을 정치에 대한 그들의 깊은 신념을 모독하는 것으로 간주한다. 우리의 정치적 양심은 모두 세속화되었다.

유대적 기독교와 정치적 절대주의 간의 긴장은 아우구스티누스 이래로 서양 정치철학의 전통에서 인정된 요소였다. 사실 교회와 국가 간의 갈등은 성서 신앙이 마련한 토대 위에서만 실제로 가능하다. 만일 신앙이 비교比較 종파들처럼 반反정치적이면, 또는 로마의 제국 종교가 그랬던 것처럼 신앙이 정치제도와 알아차릴 수 없을 정도로 합쳐진다면 갈등은 없다. 비교 종파들은 '이 세상'을 등짐으로써 정치 체제로 하여금 그 어떤 전제정치도 할 수 있는 장을 열어놓았다. 제국 숭배는 간단히 기득권 세력을 신들의 의지와 동일시했다. 오로지 기독교 교회로 말미암아 진정한 긴장이 가능해졌는데, 이 긴장의 근거를 성 아우구스티누스는 분명하게 설명했다. 아우구스티누스는 국가가 그 나름의 선善을 갖고 있지만 이 선이 최고의, 또는 가장 참된 선은 아니라고 말했다. 국가는 하나의 질서지만, 그것은 인간이 죄인인 한에서만 좋은 질서다. 국가는 인간의 구원에 어떤 기여도 하지 않는다. 국가에 **잠정적인** 가치를 부여하는 것은 국가를 완전히 평가절하하는 것보다 전제정치에 더 강한 타격을 준다. 그렇게 하면 교회는 국가 안에 자리 잡은 자기만의 영토로 철수할 수 있기 때문이다.[3]

기독교 교회의 초기 시대는 이 정치의 비신성화가 실제로 어떻게 실행되었는가에 대한 특히 좋은 예를 제공한다. 그것은 정치적 권위에 대한 전적인 거부가 아니라 조건부 수용에 따라 이루어졌다. 초기 기독교인들은 황제를 위해서 기꺼이 기도했지만 그의 제단에 향을 피우지는 않았다. 이 두 행위의 차이는 대단히 중요하다. 황제를 위해 기도하는 것은 그에게 특정한 제한된 영역, 즉 황제가 아니라 기도하는 자가 정한 영역 안에서 권위를 행사할 수 있는 권리를 주는 것이다. 황제의 제단에 향을 피우기를 거부하는 것은 황제의 그 어떠한 신성한 종교적 권위도 부정하는 것이다. 초기 기독교인들은 이렇게 해서 정치의 비신성화에 뚜렷한 기여를 했다. 이러한 의미에서 그들은 집요하면서 일관된 세속화의 실천자들이었다.

디트리히 본회퍼의 말로 표현하면, 초기 기독교인들은 일종의 "신성한 세속성holy worldliness"을 드러냈다. 그들은 시벨레Cybele, 이시스Isis 및 미트라Mithra에 대한 숭배를 거부했다. 왜냐하면 이 비교 집단들은 도피적이었지만, 기독교인들은 하느님이 만든, 또 그들 믿음대로 주님께서 곧 눈에 보이게 승리하여 돌아올 이 세상을 버리고 싶지 않았기 때문이다. 그러나 그들은 또한 황제에 대한 숭배를 거부했다. 왜냐하면 그 숭배가 세속적이긴 해도 충분히 신성하지는 않기 때문이었다. 황제에 대한 숭배는, 그들이 예수를 유일한 참다운 주님 Kyrios이라고 부르며 고백했으니 이 거룩한 분과 정치제도는 뚜렷이 대립했다. 그것은 출애굽과 함께 시작해 계속해서 모든 신정 체제를 문제 삼은 비신성화된 정치와 맞지 않았다. 신성함과 세속성 사이의 긴장을 유지했기 때문에, 기독교인들은 따라서 로마 제국의 전제정치에 대한 위협이 되었다. 이것이 일련의 잔인한 박해를 불러왔지만 결국은 제국 자체의 와해로 끝났다.

콘스탄티누스의 개종은 초기 기독교인들에게 새로운 시험을 제기했다. 몇몇 신학자들은 기독교를 제국의 이데올로기로 고쳐 쓰려고 시도했다 — 한때는 거의 성공했다. 그러나 정치를 재신성화하려는 그들의 시도는, 성서 신앙이 인간의 의식 속에 심어놓은 하느님과 정권 사이의 긴장을 결코 제거하지 못했다. 이제부터는 어떤 정치제도도 직접적이며 이의 없는 신성한 합법성을 안전하게 주장할 수 없었으며, 군주보다 더 높은 권위를 알게 해준 신민 생활의 바로 그 측면을 어떤 군주도 침해할 수 없었다. 실제로 기독교 신앙과 정치적 권위 사이의 긴장은 모든 세대의 서양의 정치 사상가들을 계속해서 고민하게 할 만큼 매우 첨예했다. 르네상스 시대의 철학자이자 정치가인 니콜로 마키아벨리(1469~1527)는 기독교인들 사이에서 강력한 국가를 세우는 것은 불가능하다고 주장했다. 왜냐하면, 기독교는 강력한 국가에 필요한 민족주의를 파괴하는 보편주의적 감정을 이끌어 내기 때문이라는 것이다.[4] 파두아의 마르실리우스Marsilius(1342년에 죽음)는 그의 《평화의 수호자 Defensor Pacis》에서 교회가 관습적인 주장을 내세우는 곳에서는 국가를 세우는 것조차 극도로 어렵다고 주장했다. 한 영토 안에, 일종의 초국가적인 충성을 요구하면서 세속의 군주에게는 단지 조건부 충성만을 바치는 집단이 있다면, 국가는 그 시민들을 어떻게 보호할 수 있는지를 그는 알고 싶어 했다. 이러한 경향의 생각은 프랑스 철학자 피에르 벨Pierre Bayle(1647~1706)에게서 명료하게 표현되었다. 벨은 한층 더 나아가서 바로 그 긴장을 다루려고 했다. 그는 무신론자들의 국가가 가능할 뿐만 아니라 어쩌면 바람직할지도 모른다고 믿었다. 왜냐하면, 무신론 국가는 그 시민들에게 하나의 특정한 세계관이나 형이상학을 강요하는 유혹에 빠지지 않을 것이기 때문이라는 것이다. 벨은 광적인 정치적 무신론, 즉 과거의 유신론적 종교들과 마찬가지로 억압성을 드러내는 세속주의 종교의 발생이 임박했다는 것을 예견하지 못했다. 여기서 주목할 가치가 있는 것은, 카를 마르크스에게 큰 영향을 미친 저작을 쓴 루트비히 포이어바흐Ludwig Feuerbach(1804~1872)가 자신의 첫 번째 책을 피에르 벨에게 바쳤다는 점이다. 마르크스 자신은 결국에는 종교와 국가가 모두 사라질 것이라고 시사함으로써 그 긴장을 해소했다. 그의 예상이 실현될 것 같지는 않지만, 그것은 정치 사상가라면 정치권력의 비신성화를 통해 서양 문화 속에 형성된 정치의 내재적인 제약성을 어떤 방법으로든 다루지 않을 수 없다는 사실을 예증한다.

물론 신성 정치의 유물과 잔재는 아직도 우리의 현대 세계에 남아 있다. 캔터베리의 대주교는, 영국의 통치자를 **신앙의 수호자** 자리에 앉히면서 대관식 내내 그가 **신의 은총**으로 군주가 되었다고 읊조린다. 신성 사회의 이러한 흔적들은 영국 사람들을 대단히 즐겁게 하며 그들에게 군주제의 역사와 위엄을 떠올려준다. 그러나 누구도 그 사실들을 조금도 심각하게 받아들이지 않는다. 영국에서 신성 정치는 순전히 장식적인 것이 되었다. 사실 영국 공산당마저도 자신들이 정권을 잡더라도 군주제를 없애지 않겠다고 엄숙하게 약속했다.

미국에서는 대통령이 성서에 손을 얹고 선서를 하면서 취임한다. 가톨릭 신부, 유대교 랍비와 개신교 목사는 일종의 성직 수임식 형태로 기도를 드린다. 그러나 여기에도 또한 본질적인 효과는 조금도 없다. 성서를 손에 쥔 대법원장이 공립학교에서는 성서 읽기를 요구할 수 없다고 판결을 내린 집단의 수장이라는 사실은 의미심장하다.

신성 정치가 완전히 소멸되지는 않았다. 세속화는 하나의 과정이지 상태가 아니다. 스페인에서는 유사 신성 국가가 아직도 지속되고 있으며, 네팔과 같은 아시아의 작은 나라들도 마찬가지다. 더욱이 신新신성 정치로 퇴보할 위험이 항상 존재한다. 독일의 국가사회주의와 이탈리아 파시즘은 파멸적일 정도의 퇴보를 보여주었다. 스탈린주의의 개인숭배 역시 또 하나의 퇴보였다. 가나의 크와메 은크루마Kwame Nkurmah 정권은 일종의 신부족 정치에 해당했을지 모른다는 지적들이 있다. 그러나 세속화시키는 대항 세력은 오늘날 거의 어디에나 존재하므로 결국에는 정치의 비신성화 경향을 강화할 것이다. 공산주의 사회 이론은 이미 언급한 바처럼, 국가기구는 지배 엘리트의 의지를 표현하는 것에 불과하다고 가르치기 때문에, 결국 계급 없는 사회에서 국가는 소멸한다고 상상한다. 이것은 현실에서는 있을 법하지 않아 보일지라도, 정권으로 하여금 신성 사회에 유용한 근본적인 합법화를 할 수 없게 만든다. 그것은 스탈린 숭배가 공산주의 본질의 표현이기보다는, 실제로는 공산주의의 본질에서 중대한 이탈을 드러냈다는 최근의 마르크스주의의 주장을 강화한다. 어쨌든 오늘날 비신성화를 지향하는 성서 신앙의 흐름과 거기서 유래하는 운동의 존재는, 내일의 도시화된 기술 세계에서는 세속화 경향에 대한 의미 있는 반전을 기대할 수 없다는 것을 시사한다.

가치의 속화로서 시나이산 언약

부족인과 세속인은 모두 특정한 관점, 즉 사회적으로 또 역사적으로 조건 지어진 관점에서 세계를 본다. 그러나 현대 세속인은 그것을 알고 있지만 부족인은 그렇지 못했다. 거기에 중대한 차이점이 있다. 자신의 관점이 상대적이며 조건 지어진다는 자각은, 세속인의 그 관점이 달고 다니는 불가피한 구성 요소가 되었다. 그의 의식은 상대화되었다. 그는 자신의 언어, 관습, 옷차림뿐만 아니라 과학, 가치 그리고 자신이 현실을 인식하는 바로 그 방법도, 개인적인 생애와 자기 집단의 역사에 따라 조건 지어진 것을 안다. 우리 시대에는 코페르니

쿠스적인 혁명이 모든 것을 그 범위 안에 포섭해낼 만큼 퍼져나갔다. 모든 것은 상대적이다. 모든 것은 '당신이 그것을 보는 방식에 달려 있다.'

폴 틸리히Paul Tillich는 확고한 근거를 가진 가치들의 소멸로 특징지을 수 있는 이 시대를 "상징이 깨어진 땅"이라고 말한 적이 있는데, 이는 적절한 이미지다. 세속인의 가치들은 속화되었으며 궁극적이거나 최종적인 의미에 대한 어떠한 주장도 할 수 없게 되었다. 자연이나 정치와 마찬가지로, 가치들은 더는 신의 의지의 직접적인 표현이 아니다. 가치들은 특정한 시간과 장소에서 살아가는 어떤 사람들이 좋다고 주장하는 것이 되었다. 그것들은 이젠 가치가 되지 못하고 평가가 되어버렸다. 세속인은 세계를 인식할 때 이용하는 상징과 결정을 내리게 하는 가치가 특정한 역사의 산물이라는 것을 안다. 그만큼 상징과 가치는 제한적이고 부분적이다. 부족 문화나 마을 또는 부르주아의 여운을 넘어선 사람은, 그 시대 사람들이 결코 지지 않았던 짐을 져야 한다는 것을 안다. 그는 조상들의 일부 관행들이 지금의 그에게 시대에 뒤져 보이는 것처럼, 자신의 윤리 생활을 이끈 규범들도 후손들에게는 마찬가지로 보이리라는 깨달음을 갖고 살아야 한다. 이전 세대는 이처럼 확연한 자각의 빛 속에서 살아야 하지는 않았다. 단순한 윤리적 확실성, 즉 한때 인간에게 유용했던 것이 다시는 결코 가능하지 않을 것이다.

그러한 상황에서 어떻게 하면 순전히 무질서한 상대주의로의 아찔한 하락을 피할 수 있을까? 세속화가 가치의 속화와 그에 따른 상대화를 가져온다면 결국 허무주의로 끝나지 않겠는가?

그 대답은, 자신의 태도와 관점이 상대적임을 기꺼이 인정하는 것과 자신의 태도와 가치가 향해 있는 현실을 통째로 부인하는 것 사이에는 중대한 차이가 있다는 점이다. 그 둘은 똑같은 것이 아니다. 가치의 상대화가 개인이나 집단의 유아론唯我論(solipsism)이 될 필요는 없다. 그것은 훨씬 더 건설적인 결과를 얻을 수 있다. 즉 모든 사람의 관점이 제한되고 조건 지어져 있기 때문에 누구도 다른 사람에게 그의 가치를 강요할 권리가 없다고 인정할 수 있다. 정치적인 면에서는 어느 정도의 건강한 상대주의가 다원주의 사회를 위한 철학적 기초를 제공한다.

모든 인간적 가치의 상대화는 세속화의 필수적인 측면 중 하나인데, 그것은 부분적으로는 우상숭배를 성서가 반대하는 데서 유래한다. 시나이산 언약의 일부인 '우상'을 금하는 것부터 시작해서, 구약성서의 특징은 신에 대한 어떠한 모형도 허락하지 않는 비타협적인 거부에 있다. 이러한 금지의 엄청난 중요성은 구약을 읽는 현대인들에게 자주 오해를 산다. 고대인들에게는 신과 가치 체계가 똑같은 것이었기 때문에, 이 우상 금지는 헤브라이인들은 인간 스스로 만들어낼 수 있는 어떤 것이든 (진짜 도덕적 진지함을 가지고서) 숭배해서는 안 된다는 것을 뜻한다. 이것은 우상을 만드는 행위가 종교적 예배를 값싸게 하거나 왜곡할까 봐 헤브라이인들이 두려워했다는 뜻은 아니었다. 오히려 그것은, 야훼는 이스라엘의 거룩한 분으로서 본성상 인간의 노력에 따라 복제될 수 없다는 뜻으로 여겨졌다. 우상숭배를 금하는 계명은 야훼의 본질을 이해하는 실마리다. 우상 형태로 표현될 수 있는 신은 그 누구도 바로 그러한 사실 때문에 야훼가 아니었다. 신들은 그렇게 함으로써 강등되었다. 성서는 신들의 실재와 그들의 가치를 부정하지 않는다. 성서는 단지 그것들을 상대화할 뿐이다. 성서는 그것들을 인간의 투사물, '인간의 손으로 만든 작품'으로 받아들이며, 이러한 의미에서 성서는 현대의 사회과학에 매우 가깝다. 헤브라이인들에게 모든 인간적 가치와 그 표상이 상대화되었던 것은 그들이 야훼를 믿었기 때문이었다.

똑같은 견해를 기독교 역사에서 계속되는 우상 파괴 전통에도 적용할 수 있다. 우상 파괴는 속화의 한 형태다. 그것은 우상 금지 계명의 연장에 해당한다. 가브리엘 바하니안Gabriel Vahanian이 말하는 바처럼, 성서의 우상 파괴는

> ……자기 자신, 자신의 사회, 국가 또는 문화를 신격화하려는 인간의 자연스러운 경향을 꺾어버리는 것……유한한 것을 무한한 것의 수준으로 높이고 일시적인 것에 영원한 지위를 주며, 또한 자신을 속여 그가 지닌 유한성을 부인하는 성질들을 인간에게 부여하려는 다양하고 끊임없는 경향을 과감하게 폭로하는 것이다.[5]

성서 신앙의 역사를 관통하는 우상과 신상神像에 대한 완강한 거부는 건설적인 상대주의를 위한 기반을 제공한다. 그것은 시대의 민족적 · 인종적 · 문화적 우상숭배 행위들을 제자리에 놓을 수 있는 자세를 취하게 해준다. 그것은 세속인으로 하여금 허무주의의 깊은 바다에 빠지지 않고서, 모든 문화 산물과 온갖 가치 체계의 덧없음과 상대성을 알아차리게 해준다. 세속인은 자기 인식의 주관성을 고백하지만 그러면서도 그 인식의 대상이 실재한다고 주장할 수 있다. 리처드 니버Richard Niebuhr가 전에 쓴 바와 같이,

상대주의는 주관주의나 회의론을 뜻하는 것이 아니다. 사물에 대한 관점이 그가 서 있는 처지에 좌우된다는 것을 고백하지 않을 수 없다고 해서, 그가 보는 것의 실재성마저 의심해야 한다는 것은 석연치 않다. 그의 개념들이 보편적이지 않다는 것을 안다고 해서, 그것들이 보편적인 것에 대한 개념들인지도 의심해야 한다는 것은 분명하지 않다.[6]

역사적 상대주의는 세속화의 마지막 산물이다. 그것은 유대인들이 우상을 지속적으로 반대하면서, 그리고 기독교인들이 신상神像을 이따금씩 공격하면서 표현한 바의 비종교적인 표현이다. 모든 종류의 우상은 위대한 종교사회학자 에밀 뒤르켐Émile Durkheim이 이전에 "집합 표상"이라고 부른 것의 표현이다. 그것들은 한 부족, 씨족, 민족의 상징과 가치로서 하늘에 투영시켜 신적인 존재의 지위를 부여한 것이다. 뒤르켐의 유대인 선조들은 그가 종교적 이미지의 인간적 원천을 사정없이 파헤쳐 과학에 연결시킨 것을 자랑스러워했을지도 모른다. 그것은 이스라엘 신앙의 핵심에 매우 근접하기 때문이다. 우상 파괴 — 따라서 일종의 상대주의 — 는 창조자를 믿는 신앙의 필연적이며 논리적인 귀결이다. 우리는 몇 페이지 전에 마르크스주의의 무신론이 기독교와는 근본적인 차이가 있음에도, 자연을 탈주술화함으로써 비슷한 문화 기능을 수행하며 아울러 그 정치이론 또한 통치 체제를 비신성화한다고 지적한 바 있다. 가치의 속화에서도 마찬가지다. 마르크스는 모든 가치란 단지 한 계급의 경제적 권력의 관심이 투영된 것에 지나지 않는다고 가르쳤다. 이것은 우상에 대한 성서적 폭로와 매우 닮은 점이 있다.

이 점에서, 상대주의의 중요성은 충분히 느끼면서도 신앙은 없는 무수한 현대인에 대해서 하나의 질문이 제기되는 것이 정당할지도 모른다. 이 현대인들에게 이반 카라마조프의 "만일 하느님이 죽었다면 어떤 짓이든 가능한가?"라는 말이 옳다고 여겨져서는 안 되는가?

가치의 상대화가 윤리적 무정부주의와 형이상학적 허무주의에 이를 수 있다는 실제적인 위험이 있다. 그러나 그렇게 될 필요는 없다. 허무주의 자체가 하나의 주의ism다. 허무주의는 그것이 마치 흉물인 것처럼 보인다 할지라도 그 나름의 우상과 신상을 지닌 가치 체계다. 허무주의는 가치 상대화의 사춘기 단계에 해당한다. 이 사춘기 단계는, 신들이 죽었을 때 인간이 얻을 자유에 대한 들뜬 찬양과 확고하며 의지할 수 있는 의미와 규범의 세계로 돌아가고 싶은 갈망 사이에서 오락가락한다. 정신분석학적 용어로 말하면, 허무주의자는 하느님으로 대표되는 권위 있는 인물과 전통적인 가치에 대해서 깊은 양가성을 보인다. 그는 아버지를 거부했지만 여전히 성숙함과 자아실현은 성취할 수 없다. 그러므로 허무주의는 때때로 일종의 악마주의가 된다. 허무주의자는 신의 폭정에서 새로 찾은 자유를 진정한 인간이 되는 데 쓰지 않고, 죽은 신이 전에 금지했던 모든 것들을 즐기는 데 쓴다. 허무주의는 실제로 새로운 신, 즉 죽은 신의 부정적 그림자인 허무를 갖고 있다.

허무주의는 자연의 탈주술화에 뒤따를 수 있는 자연에 대한 복수심에 불타는 공격과 윤리적인 등가물이다. 이 두 가지는 본질적으로 이전의 제약에서 해방된 데 따른 사춘기적 반응이다. 두 경우 모두 이 새로 얻은 자유를 성숙하게 다루는 것과는 매우 다른 방향에 있다.

가치의 상대화는 많은 사람들의 삶의 근거를 잘라버린다. 그것은 전통 사회의 응집력을 녹여버리기 때문에 사물들은 떨어져나가기 시작한다. 모든 사회는 가치 합의라는 요소를 필요로 하기 때문에 가치의 상대화는 새로운 형태의 사회적 응집이라는 문제를 제기한다. 그러나 정반대되는 주장들이 있더라도, 가치의 상대화가 어느 정도 사회적 합의라는 필수 요건을 지닌 인간 사회를 불가능하게 하지는 **않는다**. 가치의 상대화가 **해내는** 바는 인간으로 하여금 그 합의를 완전히 새로운 기초, 즉 상당히 다른 바탕 위에서 재구성하도록 강제하는 것이다. 이것은 어떻게 이루어질 수 있는가?

무엇보다도 먼저 그것은 진정한 성숙을 요구한다. 그것은 어느 누구도 자신의 가치가 궁극적이라는 식의 비판 능력 발달 이전의 위험한 환상에 매달리지 않도록, 세속화 과정에 동참하라고 요구한다. 모든 우상과 신상은 상대적이며 조건적인 것임이 드러나야 한다. 모든 곳에서 부족의 어리석음을 묻어버리고 모든 이는 상징이 깨진 나라의 시민이 되어야 한다. 이렇게 되면 사회적 결속의 옛 기반을 파괴했던 과정이 이제는 새로운 결속을 위한 기반을 제공한다. 역설적으로 모든 관련 당사자들은 그들의 다양한 가치 체계가 사실 상대적이라는 것을 서로 발견함으로써 한 배에 타게 된다. 그것은 새로운 사회적 합의를 위한 주춧돌이 될 수 있는 공통된 경험과 전망을 제공한다. 심지어 우리는 이렇게 획득한 합의가 폭이 넓고 더 의미 있다는 것을 발견할지도 모른다. 그래서 이제는 유엔이 모든 관련 국가들의 동의에 바탕을 둔 인권선언을 발전시키는 것이 가능하다. 이 인권선언은, 미국의 건국 선언처럼 "창조주에 의해 부여된" 인간의 양도할 수 없는 권리에 관한 단언들에 근거를 두지 않는다. 또한 그것은 자연법의 어떤 이론에도 기초를 두지 않는다. 그것은 창조주도, 어떤 형태의 자연법도 믿지 않는 사람들을 아우르는 몇몇 문화적·종교적 전통을 끌어모은 합의의 표현이다.

인간은 한때 국가를 신적인 의지의 변함없는 표현이라고 믿은 적이 있다. 이제는 그것이 인간의 창조물이라는 것을 알고 있다. 보수주의자들(예를 들면 에드먼드 버크Edmund Burke)은 그러한 정치의 비신성화는 재난을 가져올 것이라고 주장했다. 그들은 일단 신성한 합법화가 사라지면 법이나 정치적 권위에 대한 어떠한 존경도 남아 있지 않을 것이라고 두려워했다. 버크의 생각은 틀렸다. 인간은 이제 인간이 생각해낸 것이라고 알고 있는 정치제도 안에서 일한다. 윤리에서도 마찬가지일 수 있다. 인간은 그들이 기준으로 삼고 살아가는 윤리적 표준이 하늘에서 내려와 금패에 새겨진 것이라고 믿어야 할 이유가 없다. 그는 가치 체계들이 국가나 문명과 마찬가지로 왔다가 또 간다는 사실을 받아들일 수 있다. 그 가치 체계들은 역사에 의해 조건 지어지며 궁극성을 주장하지 못한다. 과학적 탐구를 위한 모델이나 정치권력을 행사하는 전통적인 제도들처럼 그것들은 바뀌거나 수정될 수 있다. 그렇지만 합의를 나타내고 협동 생활의 틀을 제공하는 한, 그 가치 체계들을 경솔하게 또는 변덕스럽게 함부로 고쳐서는 안 된다. 세속화는 정치제도의 형성과 마찬가지로 인간적 가치를 만들어내는 책임을 인간 자신의 손에 놓는다. 그리고 이것은 허무주의자도, 무정부주의자도 감당하려 들지 않는 성숙함을 요구한다.

우리는 지금까지 세속화 과정의 세 가지 중요한 줄거리를 기술했으며, 그것들의 원천을 성서 신앙 자체에서 더듬어보았다. 그것은 오늘날 우리를 어디에 있게 하는가? 분명히 현실에 대한 당장의 태도가 성서 신앙에 힘입어 형성되는 사람들은, 떳떳하게 세속화의 반대자 명단에 오를 수는 없다. 우리의 임무는 세속화 과정을 육성하고, 그것이 경직된 세계관으로 굳어지는 것을 막으며, 아울러 성서에서 그 뿌리를 필요한 대로 자주 밝히는 것이다. 더욱이 우리는 세속화의 해방시키는 자극을 방해하고 뒤엎으려고 시도하는 운동들을 꾸준히 경계해야 한다.

이것은, 정령들이 숲으로 낭만적 복귀를 하지 못하도록 우리가 반대해야 한다는 것을 뜻한다. 부족의 정령들을 복귀시키는 것이 처음에는 유쾌해 보일지 모르지만, 그러나 — 히틀러가 너무나도 분명하게 보여준 것처럼 — 발키리들Valkyries[오딘Odin 신의 열두 신녀 가운데 하나로 전사한 영웅들의 영혼을 발할라Valhalla에 안내하여 시중든다고 한다]이 일단 돌아오면 그들은 자신들을 내쫓은 자들에게 잔인한 복수를 하려고 들 것이다. 우리는 또한 정치를 재신성화하려는 어떠한 시도도 경계해야 한다. 정치 지도자와 정치 운동에 그 어떤 신성한 의의도 부여해서는 결코 안 된다. 공적인 권위를 이용해 전통적인 종교 신앙이나 이데올로기적 세속주의자들의 사이비 종교 신앙을 지원하려는 모든 노력도 배척되어야 한다.

아마도 세속화의 육성이 가장 애매모호하고 문제가 되는 것은 가치와 윤리의 영역일 것이다. 그렇지만 여기서도 행위의 경계선은 분명하다. 물론 어느 집단도 자신들의 가치가 궁극적이라고 주장하는 데서 방해받을 수는 없다. 그러나 자신들의 주장을 타당화하기 위해 국가권력이나 문화적 강제를 이용하는 것은 막을 수 있다. 미시시피 카페의 주인이 흑인들은 함Ham[노아의 차남]의 저주 때문에 고난을 당한다고 믿는 권리를 아무도 부정할 수는 없다. 그러나 그가 종교적 억지 주장을 빌미로 국가가 보호하고 규제하는 소유권을 이용해 흑인을 모욕하는 것은 막을 수 있다. 대단히 이질적인 가치 체계들의 덩어리가 하나의 사회 안에서 공존할 수 있는 것은, 그것들이 고통을 주고 고문을 가해 타인의 항복을 받아낼 특권을 모두 거부하는 한에서다. 그렇지만 이러한 거부조차도, 아직껏 신화적·형이상학적 보증에만 얽매인 사람들에게는 거대한 발걸음에 해당한다. 그들을 성숙함에 이르도록 해방시키는 것은 천지창조, 출애굽, 시나이산의 하느님이 하시는 일이다. 그들을 성숙함에 이르도록 부르는 것은 신앙 공동체의 임무다.

주

1 Friedrich Gogarten, *Verhängnis und Hoffnung der Neuezeit* (Stuttgart: Friedrich Vorwerk Verlag, 1953); *Der Mensch zwischen Gott und Welt*(Stuttgart: Friedrich Vorwerk Verlag, 1956).

2 A. F. Radcliff-Brown, *Structure and Function in Primitive Society* (New York: The Free Press, 1952; London: Cohen & West). 주술적 세계관에 관한 나의 논의는 로잘리H. Rosalie와 머레이Murray Wax의 명쾌한 논의 덕분이다. "The Magical Worldview" in *Journal for the Scientific Study of Religion*, I, 2(1962년 봄호), pp. 179~188.

3 Saint Augustine, *The City of God*, XV/1, XVI/10.

4 Niccolò Machiavelli, *Discourses*, II/2, III/1.

5 Gabriel Vahanian, *Wait Until Idols*(New York: Braziller, 1964), p. 24.

6 Richard Niebuhr, *The Meaning of Revelation*(New York: Macmillan, 1960), p. 18

chapter 2

세속도시의 형태

기술도시의 **형태**를 생각할 때 무엇이 마음에 떠오르는가? 우리는 윤곽을 생생하게 마음에 그린다. 우리는 방사형 원주 모양으로 뻗은 도로망, 이질적이지만 맞물려 있도록 토지를 이용해 조성된 지역들의 격자 모양, 산맥, 호숫가, 강 같은 도시의 자연 지세가 이뤄놓은 하나의 윤곽을 상상한다. 우리는 또한 낮고 땅딸막한 건물, 크고 높이 솟은 건물을 본다. 버스 터미널, 정거장, 사무실, 주택들이 서로 공간을 다투며 들어서 있다. 이것들은 도시의 물리적인 형태다.

그러나 세속 대도시의 사회적인 형태, 그것의 인간적인 윤곽, 그것의 문화를 위한 제도적인 기초는 어떠한가? 세속도시의 형태는 그 양식과 더불어 나름의 **존재 방식**manière d'être을 구성한다. 그 형태는 문화 체계와는 구별되는 사회 체계다. 물론 이 구별은 단순히 분석적인 것이다. 현실 속에서는 형태와 양식shape and style이 뒤섞여 있다. 그러나 논의의 목적을 위해서 이 장에서는 세속 사회의 형태에, 다음 장에서는 그 양식에 초점을 맞출 것이다.

기술도시의 물리적인 환경에서 이끌어낸 두 개의 이미지는 우리가 집중하고자 하는 그 사회적 형태의 구성 요소들을 시사한다. 그 첫 번째가 도시에서 통신의 열쇠인 **스위치보드**switchboard인데, 이것은 현대 전자의 마술에 힘입어 인간을 서로 연결해준다. 그 다음이 고속도로의 **네잎 클로버 모양의 입체 교차로**인데, 이것은 여러 다른 방향에서 일어나는 동시적인 이동성의 이미지다. 이 상징들은 가능성과 문제점을 동시에 제시한다. 그것들은 현대 대도시의 사회적 형태의 두 가지 특징적인 요소, 즉 **익명성**과 **이동성**을 예시한다. 그렇다면 왜 그것들에 초점을 맞추는가?

익명성과 이동성은 중요한 문제일 뿐만 아니라, 종교적인 비판가와 비종교적인 비판가 모두 가장 흔하게 공격 대상으로 삼는 도시 사회제도의 두 특징이기도 하다. 도시인의 존재가 도시의 지독한 익명성과 끊임없는 이동성 탓에 소모되고 피폐되어왔다는 말을 얼마나 자주 들었는가? 비방자들은, 도시인은 얼굴이 없고 비인간화되었으며, 또 깊은 인간관계나 지속적인 가치를 계발할 시간도 없이 이리저리 뛰어다닌다고 얼마나 자주 묘사하는가? 물론 익명성과 이동성은 해로울 수 있다. 그러나 그것들은 반反도시적인 형용어가 되어왔기 때문에, 그것들의 긍정적인 면을 살펴보는 것은 더욱더 중요하다. 익명성과 이동성은 도시에서 인간 삶을 유지하는 데 기여한다. 그것들은 도시 환경에서 필수불가결한 존재 방식이다. 신학적인 눈으로 보면 익명성과 이동성은, 도시화에 대한 종교적인 비난가들이 전혀 눈치 채지 못하는 성서 신앙과의 일치를 어느 정도 낳을지도 모른다.

익명성

대학교 2학년 정도면 누구나, 현대인은 얼굴 없는 하나의 암호라는 것을 알고 있다. 수많은 인문학 강좌와 종교 강조 주간의 상투적인 주제는, 숫자나 IBM 카드의 일련의 구멍으로 전락해 이름을 갈망하면서 T. S. 엘리엇Eliot의 '황무지'를 헤매는 특징 없는 '대중인 mass man'이다. '정체성 상실'과 '자아 상실'은 자학적인 도시문화의 대중적인 여가시간에 어느 때보다 큰 역할을 하게 되었다. 익명성에 대한 이러한 두려움은 어디서 생겨나는가?

그러한 비판들이 우리 시대에 얼마나 값싸고 케케묵은 것이 되었는지 상관없이, 어쨌든 그것들은 인상 깊은 지적 조상들에게서 유래한다. 쇠렌 키르케고르는 《현대The Present Age》(1846)에서 대중 사회와 도시 생활의 몇몇 요소들에 대해 재기 넘치는 필체로 맹렬히 비난했다. 스페인 철학자 호세 오르테가 이 가세트José Ortega y Gasset는 《대중의 봉기 La rebelión de las masas》(1932)에서 계급 경계선의 소멸과 현대 사회의 익명적 성격에 대한 귀족적인 반감의 좋은 예를 보여준다. 라이너 마리아 릴케의 《말테의 수기》(영역판, 1930)는 그가 도시 생활에서 발견한 삶의 비인격성과 사물의 신비성 상실에 대한 형이상학적 공포를 드러낸다. 무엇보다도 프란츠 카프카가 두 편의 후기 소설들에 나오는 주인공들에게 어떤 이름도 부여하기를 거부한 것은 때때로 도시와 관료제의 익명성에 대한 저항으로 해석되었다.

현대 작가는 반反도시적이어야 하는가?

진실은 진정한 문학가에게 도시는 작품의 무대지 맹공격의 진짜 대상이 아니라는 것이다. 19세기와 20세기 초의 많은 작가들은 도시의 익명성이 공포뿐만 아니라 독특한 이점도 갖고 있다는 것을 보지 못했다. **본성적으로** 반도시적이 되는 작가는 그의 주장에서 위대함을 잃어버린다. 왜냐하면, 익명성에 대한 병적인 비판가들이 말하지 않고 이따금 지나쳐버리는 것은, 첫째로 익명성이 없다면 현대 도시의 생활은 인간적일 수 없으리라는 사실, 둘째로 익명성은 많은 사람들에게 위협적인 현상이기보다는 훨씬 더 해방적인 현상이라는 사실이기 때문이다. 익명성은 수많은 사람들에게 법과 인습의 굴레와는 달리 자유의 가능성으로 쓰인다. 도시 생활의 익명성은 인간 생활에 필수인 사생활을 보호하는 데 도움을 준다. 더욱이 익명성은 신학적으로는 복음 대 율법의 관계로 이해될 수 있다.

거대한 스위치보드에 있는 인간

기술도시인은 거대하고 엄청나게 복잡한 스위치보드에 앉아 있다. 그는 상징인*homo symbolicus*, 즉 통신하는 자이고 대도시는 방대한 통신망이다. 통신을 위한 가능성의 세계 전체가 그가 닿는 곳 안에 놓여 있다. 현대 도시 지역은 인간 통신의 범위를 엄청나게 확대시키고 개인의 선택 시야를 넓혀주는 독창적인 장치에 해당한다. 따라서 도시화는 인간의 자유에 기여한다. 이것은 예를 들어 영화관이나 음식점을 생각해보면 아주 분명하다. 만 명이 사는 도시의 주민들은 한두 개의 영화관으로 선택이 제한될 수 있는 데 반해 백만 명의 도시에 사는 사람들은 하룻밤에 아마도 50개 정도의 영화 중에서 선택할 수 있다. 똑같은 원칙은 음식점, 학교, 심지어는 직업 기회나 결혼 대상자 선택에도 어느 정도 적용된다. 도시인은 넓은 범위에서 자유롭게 선택할 수 있다. 이렇게 해서 상징인으로서 그의 인간다움은 고양된다.

그러나 자유는 언제나 규율을 요구한다. 그처럼 폭넓은 가능성의 범위를 이용하려고만 해도 도시인의 행동에는 적응이 필요하다. 그는 더 자주 선택해야 하며, 선택은 언제나 배제를 뜻한다. 그는 외진 곳에 사는 사람이 하듯이 한가한 저녁에 그냥 '영화관에 가지' 않는다. 그는 지금 상영 중인 50개의 영화 중에서 하나를 선택하지 않으면 안 된다. 이것은 다른 49개의 영화를 보지 **않겠다는** 의식적인 결정을 뜻한다.

인간관계의 영역에서는 이러한 선택성이 더욱 요구된다. 도시인은 농촌인보다 더 넓고 다양한 '접촉'을 한다. 그는 제한된 수의 사람만을 친구로 선택할 수 있다. 분명히 그는 친교를 돈독히 하고 깊게 하기 위해서는 접촉하는 대부분의 사람들과 조금 비인격적인 관계를 가질 수밖에 없다. 이러한 선택성은 아마도 연결을 끊는 전화나 목록에 올리지 않는 전화번호로 가장 잘 상징될 수 있다. 한 개인은 목록에 없는 번호가 관계의 깊이를 줄이도록 허락하지 않는다. 오히려 정반대다. 개인은 가치 있는 인간관계를 보호하고 깊게 하느라 그렇게 한다. 전화로 매우 무례하게 사생활을 침해하는 점점 늘어나는 판매원들을 포함해서, 통화를 하려 드는 누구에게나 원칙대로 동등하게 대한다면 그의 인간관계들은 메시지의 홍수 속에 사라질 것이다. 우리가 알고 지내려는 사람들은 우리의 번호를 갖고 있다. 다른 사람들은 그렇지 않다. 우리는 그 무한한 가능성에 고통받지 않고 스위치보드를 자유롭게 이용한다.

도시인은 그의 사생활과 공적인 관계를 조심스럽게 구분하지 않으면 안 된다. 도시인은 현대 도시에서 자기 존재를 유지하기 위해 그처럼 복잡한 서비스 망에 의존하기 때문에, 그의 일 처리 대부분은 공적이지 않으면 안 되며 사회학자들이 기능적 또는 이차적이라고 부르는 것이 되어야 한다. 인간관계의 대부분에서 도시인은 사람들을 상대할 때 개인적인 관심을 가질 여유가 없을 것이고, 그들이 그에게 또 그가 그들에게 서비스를 행한다는 관점에서 상대하지 않으면 안 된다. 이것은 도시 생활에서 본질적이다. 슈퍼마켓 계산대 직원이나 가스 조사원은 서비스를 받는 사람들의 생활에 얽혀들게 되면 하나의 위협이 될 수 있다. 그들은 머지않아 자신들이 필수적인 부분을 이루는 본질적인 체계 안에서 완전히 고장을 일으키곤 한다. 도시 생활은 우리가 만나는 대부분의 사람들을 그저 개인들로 — 물건은 아니지만 또 친숙한 자도 아닌 — 대우하도록 요구한다. 이것은 결국 개인 간 접촉에 대한 일종의 '면역성'을 낳는데 루이스 워스 Louise Wirth는 이에 대해 다음과 같이 설명한다.

과연 도시인들답게 서로를 대단히 단편적인 역할 속에서 만난다. 확실히 그들은 생활 욕구를 충족시키기 위해서 농촌 사람들보다 더 많은 이들에게 의존하고 있으며, 따라서 많은 수의 조직된 집단과 관련을 가진다. 그러나 그들은 특정한 개인들에게 덜 의존하며, 또한 타인들에 대한 의존은 대단히 세분화된 측면의 활동 영역에 한정되어 있다. 이것이 본질적으로 도시의 특징은 일차적인 접촉보다는 이차적인 접촉에 있다고 말할 때 뜻하는 것이다. 도시의 접촉이 실제로 대면적일 수 있지만, 그럼에도 그 접촉은 개인이 연루되지 않고, 피상적, 일시적이며 단편적이다. 도시인들이 그들의 관계에서 나타내는 경계심, 무관심 및 무감각한 사고방식은, 따라서 다른 사람들의

개인적인 요구와 기대에 대항하는 면역 장치로 간주될 수 있다.[1]

이러한 면역은 도시 생활의 역학에 익숙하지 않은 사람들에게는 이따금 냉정하고 심지어는 무정하게조차 보이는 생활 방식을 낳는다. 여기서 저술가들과 사회학자들 모두 핵심을 놓쳤다. 릴케와 가세트 같은 문화적 낭만주의자들은 그들이 도시의 잔인함이라고 여긴 것에 혐오감을 느끼면서 움찔했다. 사회학에서도 비슷한 비판의 목소리가 있었다. 도시에서 맺는 관계가 정말로 인간적인 실체를 상실해 기계적이고 생명이 없어지는 경향이 있다고 비난했다.

도시 생활의 형태에 대한 가장 영향력 있는 사회학적 비판가 중한 명은 독일 학자 페르디난트 퇴니에스Ferdinand Tönnies(1855~1936)였다. 그의 연구가 현대 사회학과 문화 분석에 지속적으로 상당한 영향을 미쳐왔기 때문이다. 1887년에 퇴니에스는 한 권의 책을 냈다. 거기서 그는 공동사회의 일관되고 유기적인 일체감과, 이익사회의 합리적이고 계획적이며 부분적인 연계성을 대비시켰다. 카스파 내겔레Kaspar Naegele는 퇴니에스의 구분을 다음과 같이 요약한다.

공동사회 유형의 관계는 포괄적이다. 사람들이 서로를 목적으로 대하며 지속적으로 밀착한다. ……이익사회에서는 서로 간의 관심이 형식적이지는 않더라도 특정한 의무감에 따라 제한된다. ……거래는 어떠한 만남도 없이 이루어질 수 있어 양편 모두를 사실상 익명 상태에 머물러 있게 한다.[2]

퇴니에스는 몇몇 사회학자들이 '일차적' 그리고 '이차적' 관계 또는 '유기적' 그리고 '기능적' 관계의 대응으로 기술하는 바에 관해 말한다. 시골 사람과 도시인의 삶을 모두 경험했기 때문에 나는 바로 그 말들이 무엇을 뜻하는지 안다. 소년 시절에 내 부모님들은 '우유 배달부', '보험 수금원', '넝마주이'라는 말을 결코 하지 않았다. 이런 사람들은 각각 폴 위버, 조 빌라노바, 록시 바라자노였다. 우리 가족의 모든 상거래는 바로 그 사람들과의 폭넓고 포괄적인 친교 및 친족 관계의 망 안에서 일어났다. 그들은 결코 익명적이지 않았다. 사실 우리가 알지 못하는 때때로 찾아오는 판매원이나 수리공에 대해서는 항상 그가 어디서 왔는지, 그의 부모는 누구인지, 그의 가족이 '선한지'를 분명히 알 수 있을 때까지는 짙은 의심의 눈길로 바라보았다. 식료품 가게나 주유소, 우체국에 가는 것은 당연히 사교적인 성격을 겸한 방문이지 그저 기능적인 접촉만을 위한 것은 결코 아니었다.

지금 도시인으로서 나의 거래는 그 종류가 매우 다르다. 만일 내가 자동차 변속장치를 수리할 필요가 있거나 텔레비전 안테나를 사거나 은행에서 현금을 찾아야 할 필요가 있다면, 나는 기계공, 상인이나 은행원과 기능적인 관계에 있게 되며 다른 자격으로는 그들을 만날 길이 없다. 이러한 '접촉들'은, 기껏해야 거래를 하고 짧은 인사말을 주고받는 시간에 해당할 만큼 짧은 경향이 있지만, 결코 '예의 없고 불쾌하거나 잔인하지는' 않다. 이러한 인간 접촉들 중 몇 가지는 상당히 자주 일어나기 때문에 습관이 된 태도들이나 어쩌면 사람들 몇몇의 이름도 알게 된다. 그렇지만 그 관계는 단면적이고 '단편적'이다. 나는 이 사람들을 다른 맥락에서는 만나지 않는다. 나에게는 그들이, 내가 그들에게 그러하듯이 본질적으로 익명적인 상태에 있다. 실제로 변속장치 수리공의 경우 나는 그를 다시는 절대 안 보기를 바란다 ─ 어쨌든 그가 불쾌해서가 아니라 내가 수리공을 다시 만날 유일한 이유는, 또다시 비용이 많이 드는 내 차 기어 박스의 고장일 것이기 때문이다. 여기서 중요한 점은, 나와 은행원이나 수리공의 관계가 단지 양쪽 모두가 그 관계를 익명 상태로 유지하기를 선호한다고 해서, 덜 인간적이거나 덜 진정한 것이 아니라는 점이다. 이 지점이 도시화에 대한 많은 신학적 분석이 절망적으로 길을 잃어버린 곳이다.

신학자들은 때때로 마르틴 부버Martin Buber의 철학 '나와 그대 I and Thou' 관계에 대한 오해에서 비롯한 '도시 생활의 비인간화'에 대해 선의의 침해를 일삼아왔다. 그의 범주를 다른 방식으로 이용하는 사람들과는 달리, 마르틴 부버 자신은 결코 우리의 **모든** 관계가 깊고 상호 인격적인 '나와 그대' 같은 종류의 것이어야 한다고 주장하지 않았다. 그는 이 경험이 값지고 드문 것이라는 점을 알았다. 그러나 부버는 우리 생활의 대부분을 실제로 구성하는 관계 유형의 위치를 충분히 철저하게 연구하는 것을 소홀히 함으로써, 오해의 문을 열어놓았다. 이 점에 대해서는 곧 다시 언급할 것이다.

몇몇 개신교 목사들이 가정 교회 집단을 세우고자 어느 신도시 고층 아파트 지역에서 행한 최근의 조사는, 현대 기독교 신학을 특징 짓는 나와 그대의 관계를 잘못 강조한 예다. 조사 연구를 행하면서 목회자들은 최근에 이사 온 아파트 거주자들이 고독하며 관계를 열망하리라고 예상했는데, 그들이 이웃들과 사교적으로 만나기를 바라지 않으며 교회나 공동체 집단에 아무런 관심이 없다는 것을 발견하고는 깜짝 놀랐다. 처음에 목사들은 이 현실을 "사회 병리"나 "고슴도치" 심리라고 부르며 개탄했다. 그러나 나중에 그들은 자신들이 마주친 것이 순전히 생존 기술이었다는 점을 알았다. 사귐성이나 사회화에 자기들을 복종시키려는 노력에 대한 저항은, 아파트 거주자들이 어떻게든 인간관계를 유지하려면 발전시켜야 하는 기술이다. 그것은 세속도시의 형태에서 본질적인 요소다.

도시의 익명성을 비난하면서 성직자들은 교회의 코이노니아 koinonia 개념과 도시화 이전의 에토스ethos를 혼동하는 잘못을 저질렀다. 그 둘은 똑같은 것이 아니다. 성직자들은, 고층 아파트로 이사 오는 주된 이유의 하나가 익명성이 결여된 마을에서 강요받는 관계를 피하는 데 있었던 사람들 사이에, 일종의 마을의 동질성을 발전시키고 싶어 했다. 아파트 거주자들도 대부분의 도시인들처럼 흔히 공간적으로 가깝지 않으면서도 자유 선택과 공동 관심에 기반을 둔 관계 속에서 생활한다. 조사 연구는 큰 아파트 단지 안에서 친교 방식조차도 나이, 가족 규모 및 개인적인 관심사를 따른다는 것을 보여주었다. 친교 방식은 보통 아파트의 단순한 근접성에서 비롯하지 않는다. 따라서 아파트 사람들이 이따금 다른 가족과 복도 하나를 사이에 두고 몇 년을 살면서도 '그들을 정말로 알지' 못한다고 비난하는 것은, 그들 대부분이 공간적인 이웃들을 친밀한 감정으로 '알려고' 하지 **않는** 특별한 선택을 한다는 사실을 간과하는 것이다. 이것은 그들로 하여금 자신이 선택하는 친구들과 깊게 사귀는 데 더 많은 시간과 정력을 쏟게 해준다. 이것은 아파트 거주자는 옆집의 이웃 사람을 사랑할 수 없다는 뜻이 아니다. 그는 사랑할 수 있으며 물론 작은 마을에 사는 사람 못지않게 자주 그렇게 한다. 그러나 그는 의지할 만한 동료 거주민이 됨으로써, 즉 거주하면서 형성된 생활 영역에서 그들 모두가 지니는 공동 책임의 몫을 감당할 때 그렇게 하는 것이다. 이것은 그들이 허물 없는 친구가 되라고 요구하지 않는다.

　이 모든 것은 도시의 세속인이 마을에 거주하던 그의 선조들과는 다른 **종류**의 사귐성을 가지고 있다는 것을 뜻한다. "누가 나의 이웃입니까?"라는 질문에 대답하며 예수가 이야기한 사마리아인처럼, 그의 주요한 책임은 이웃의 건강과 안녕을 보증하는 데 필요한 것을 유능하게 해내는 데 있다. 강도를 만나 쓰러진 사람은 사마리아인의 옆집 이웃이 아니었지만, 사마리아인은 그를 효과적이며 비감상적인 방법으로 도왔다. 사마리아인은 나와 그대의 관계를 맺지 않았지만, 그의 상처에 붕대를 감아주고 여관 주인에게 그를 위한 충분한 비용을 지불했다.

　도시의 익명성이 무정할 필요는 없다. 마을의 사교성이 숙이고 싶을 정도의 적개심을 가릴 수 있다. 고독은 의심할 바 없이 도시의 심각한 문제다. 그러나 그것은, 사생활을 파괴하고 아울러 점차 늘어가는 이웃들과 책임 있게 살아갈 능력을 감소시키는 관계 속으로 도시 사람들을 몰아넣어서는 해결될 수 없다. 아파트 거주자들의 도피성에 대해 머리를 절레절레 흔든 교회 조사자들은 이 점을 잊어버렸다. 그들은 마을 신학을 가지고 도시에 왔으며 그래서 본질적인 보호장치, 즉 다정다감한 이웃이 되기를 정중히 거부하지 않으면 도시 생활이 인간다울 수 없다는 것에 난감해했다. 그들은 기술도시인은 자신의 사생활을 개발하고 보호**해야만 한다**는 사실을 간과했다. 그는 자기 전화번호를 갖거나 자기 이름을 아는 사람들의 수를 제한하지 않으면 안 된다.

　반면에 작은 마을에 사는 사람은 제한된 관계망 속에서 살며 그가 그리워할지도 모를 더 큰 세계를 알아차린다. 사람들은 또한 서로를 알고 지내는 만큼, 마을 거주민은 남에 대한 소문을 더욱 즐기며 또 그런 이야기를 매우 듣고 싶어 한다. 그의 사적인 생활은 공적인 것이며 그 반대도 마찬가지다. 도시인이 전화 플러그를 뽑아버리는 동안, 마을 남자(또는 그의 아내)는 전화의 공동 회선이나 그에 상당하는 현대적 기기를 타고 들려오는 이야기를 즐기며 커피 한담을 나눌지도 모른다.

이와는 대조적으로 도시인은 사적인 생활과 공적인 생활 사이에 분명한 구분을 유지하고 싶어 한다. 그렇지 않으면 공적인 생활이 압도하여 그를 비인간화시킬 것이다. 그의 생활은 수많은 제도와 사람들이 스쳐가는 하나의 지점이 된다. 그중에서 일부를 더 잘 알 수 있으려면 그는 많은 다른 사람들과 관계의 깊이를 최소화할 필요가 있다. 우편배달부의 뒷공론을 듣는 것은 도시인에게는 그저 상냥한 행위가 되어버리고 만다. 왜냐하면, 그는 아마도 우편배달부가 말하고 싶어 하는 사람들에게 관심이 없을 것이기 때문이다. 모든 낯선 사람들을 의심했던 우리 부모들과는 달리, 도시인은 그가 알지도 못하는 어떤 직원들에 대해서가 아니라 그가 아는 사람들에 대해서 경계하는 경향이 있다.

율법에서의 해방으로서 익명성

도시의 익명성은 신학적으로 어떻게 이해될 수 있는가? 여기에서 율법과 복음 간의 전통적인 구분이 생각난다. 이 율법과 복음이라는 말들을 사용할 때, 우리는 종교적인 규율이나 열렬한 설교를 가리키는 것이 아니라 과거에 속박됨과 미래를 위한 자유 사이의 긴장을 가리킨다. 이러한 의미에서 율법이란 무엇이든 물려받은 인습에 우리를 무비판적으로 묶어놓는 것을 뜻하며, 복음은 스스로 결정하도록 우리 자신을 자유롭게 하는 것을 말한다.

현대 독일 신학자 루돌프 불트만Rudolf Bultmann이 이전에 썼듯이, 율법은 "이 세상의 기준"을 뜻한다.[3] 그것은 리스먼D. Riesman이 "타인 지향"의 힘이라고 부르는 것인데, 이 힘은 우리로 하여금 문화의 기대와 관습에 동조하도록 만들고, 우리에게 선택을 부추기는 사람들에 의해 사소하고 거의 알아차릴 수 없는 수많은 방법으로 강요된다. 복음보다도 율법이 우리 생활의 기초가 될 때 율법은 선택과 자유를 방해한다. 율법은 우리를 대신해서 결정하며 따라서 우리의 책임 능력을 약화시킨다. 마찬가지로 복음은 넓은 의미에서 선택과 책임을 호출해내는 것이다. 그것은 교회의 말로 된 메시지만을 가리키는 것이 아니며, 자유롭고 책임 있는 결정을 할 수 있는 특권과 필요성에 직면하면 문화적 배경이나 사회적 인습에 얽매이지 않고도 그 누구든 갖게 되는 소명을 가리킨다. 우리가 여기서 율법과 복음의 변증법을 활용함으로써 시사하려는 바는, 그러한 변증법이 흔히 신학에서 부여하는 것보다 더 폭넓은 관련성을 갖는다는 점이다. 그것이 암시하는 뜻은, 인간은 자유롭게 결정하는 자아가 되라고 그를 부르는 한 분을 역사 과정 자체에서 만나며, 지나간 역사도 환경도 그가 하는 것을 결정하지 않는다는 것을 안다는 사실이다. 사생활이 다 드러나는 마을 생활에서 벗어나 도시 문화의 익명성 속에 살면서, 현대인은 인간의 자유의 두려움과 즐거움 모두를 더 예리하게 경험한다. 오늘날 인간에게 성서의 신은 사회 현실의 세계 속에 존재하며, 율법과 복음은 우리에게 도시화를 포함한 세속 사건들을 이해할 수 있는 하나의 시각을 제공한다. 복음의 신은 자유와 책임을 원하는 분이며 희망 속의 미래를 향해 있는 분이다. 반면에 율법은 사람들을 미성숙 속에, 즉 인습과 전통의 구속 안에 머물게 하는 어떠한 문화 현상이든 포함한다. 율법은 인간 견해의 무게에 따라 강제된다. 복음은 역사 속에 새로운 가능성을 창조하는 하느님의 활동이다. 율법은 인간이 사회에서 살아간다는 사실을 보여준다. 복음은 인간이 사회 세력들의 교차점 이상이라는, 마찬가지로 중요한 사실을 가리킨다. 그는 자기 자신의 선택에 따라 유전자의 합 이상인 잠재적인 자아를 실현하도록 요구받고 있음을 느낀다. 인간은 율법 없이는 살 수 없다. 그러나 율법이 완전히 결정적인 것이 될 때는 그는 더는 진정으로 인간이 아니다.

이러한 전망에서 도시화는 도시화 이전 사회의 몇몇 신물 나는 속박으로부터의 해방이라고 볼 수 있다. 강요된 인습을 벗어난 도시인의 해방은 그가 스스로 선택하도록 요구한다. 그가 대부분의 사람들에게 익명인 것이 그로 하여금 다른 사람들을 위해서 하나의 얼굴과 하나의 이름을 가질 수 있게 해준다.

이것은 성취하기 쉬운 것이 아니다. 단편적인 관계 안에서 책임 있게 살아야 한다는 도전은 만만찮은 것이다. 작은 마을이나 전통적인 문화 속에서 자라난 사람들에게는 특히 그러하다. 때때로 마음속에 늘 떠나지 않는 죄의식이 농촌에 뿌리를 둔 도시인을 괴롭힌다. 왜냐하면, 그는 아마도 모든 사람과 '나와 그대' 관계를 가질 수 없기 때문일 것이다. 불행하게도 주로 도시화 이전의 풍조에 얽매여 있는 교회는, 도시 사람들 사이에 작은 마을의 친밀성을 증대시키고, 아울러 나와 그대 관계를 진정으로 인간적인 유일한 관계로 여겨 그 필요성을 설교함으로써 도시인의 어려움을 종종 악화시킨다. 그러나 이것은 복음에 대한 오해이며 도시인을 해치는 것이다. 도시인들 사이의 관계가 비인격적이라고 해서 생명력이 없거나 냉담한 것이 될 필요는 없다. 제인 제이콥스Jane Jacobs는《미국 대도시들의 죽음과 삶 Death and Life of Great American Cities》에서 도시인의 사귐성을 대단히 잘 묘사했다. 그 사귐성에선 공적인 관계를 사적인 것이 되지 않도록 하면서 즐기는 법을 배우는 것이 필수다.

> 대도시에서는 누구도 집 문을 열어둘 수 없다. 누구도 그것을 원하지 않는다. 그렇지만 도시인들의 흥미롭고 유용하며 의미 있는 접촉들이 사생활에 합당한 사귐에 갇혀버리면 도시는 멍청해진다. 도시는 당신이나 나의 관점에서 보아도, 또 다른 어떤 개인의 관점에서 보아도, 어느 정도 접촉으로 유용하거나 즐겁게 대할 수 있는 사람들로 가득 차 있다. 그러나 당신은 그들을 가까이 두고 싶어 하지 않는다. 그들도 마찬가지로 당신을 가까이 두고 싶어 하지 않는다.[4]

신학자들은 제인 제이콥스가 매우 적절하게 묘사한 이 도시만의 '유대감'을 잘 이해하고, 그 비인격적이고 익명적이기조차 한 상호 관련성에서 도시 시대의 공동 인간이 존재하는 진정한 형태를 보는 것이 온당하다.

우리는 실행 가능한 익명성의 신학을 발전시킬 필요가 있다. 그렇게 하면서 부버의 유명한 한 쌍pair의 말에 또 다른 유형의 인간관계를 하나 더 보태는 것이 유용할지도 모른다. 다른 사람이 사물의 지위로 낮아지는 나와 그것I-It 관계가 아니더라도, 심오하고 인격을 형성시키는 나와 그대I-Thou의 만남 말고도, 우리는 왜 나와 너I-You

라는 관계의 신학을 전개할 수 없는가? 부버의 철학은 불필요한 이분법으로 고민한다. 아마도 부버가 만든 두 유형의 인간관계 양 끝 사이에 우리는 제3의 것을 지정할 수 있을 것이다. 그것은 우리가 도시에서 그렇게 즐기면서도 사적인 것으로 발전시키려 들지 않는 그 모든 공적인 관계들을 포함할 것이다. 그러한 접촉들은 비록 어느 정도는 거리가 있다 하더라도 결정적으로 인간적일 수 있다. 우리는 이 사람들을 좋아하고 즐기지만, 제인 제이콥스가 말하는 것처럼 우리는 "그들을 가까이 두고 싶어 하지 않으며 또 그들도 우리를 가까이 두고 싶어 하지 않는다."

'나와 그대' 유형론의 위험은, 아주 인격적이고 의의 있는 것이 아닌 관계는 모두 '나와 그것'의 범주로 쓸어 넣는 경향이 있다는 점이다. 그러나 그럴 필요는 없다. '나와 너' 신학의 발전은 도시 생활에서 인간의 가능성을 매우 분명하게 해줄 것이며, 또한 영혼을 구원한다는 명목 아래 도시화 이전의 연회宴會 기분으로 돌아가도록 도시인을 유혹하는 시도를 막아내는 데 도움을 줄 것이다.

그러한 신학의 발전은 사이비 위험성과는 상반되는 도시의 익명성에 내재한 **진정한** 위험을 폭로하는 데 도움을 줄 것이다. 기술도시의 가능성은 엄격한 새로운 관습으로 굳어질 수 있다. 자유는 언제나 반反인간적인 목적에 쓰일 수 있다. 복음은 새로운 율법주의로 굳어질 수 있다. 그러나 만일 우리가 계속해서 도시 생활을 도시화 이전의 규범으로 판단하기를 고집한다면, 그러한 위험의 어느 것도 드러낼 수 없다. 비록 함정은 있다 해도, 도시 생활의 익명적인 형태는 인간을 율법에서 자유롭게 하는 데 도움을 준다. 많은 사람들에게 그것은 영광스러운 해방이자 마을 생활의 부담스러운 전통 및 기대에서 벗어남이며, 아울러 세속적인 대도시에 충만해 있는 흥미진진한 새로운 선택의 가능성 속으로 들어가는 것이다.

이동성

현대 사회의 모든 경향에서 나타나는 것은 증대된 이동성이다. 과학기술은 말안장 상점을 폐쇄시키고 전자 실험실을 설치하게 한다. 산업화는 사람들을 농장을 떠나 도시로 모여들도록 유혹할 뿐만 아니라 농장에 침입하여 식료품 공장으로 바꾸고, 필요한 일손을 꾸준히 줄이고 있다. 현대 도시는 하나의 대중운동이다. 어떤 작가는 현대 도시를, 사람들이 한 장소에서 다른 장소로 복잡하게 옮겨 다니다가 잠시 머무는 일종의 부대 집결지로 묘사한 바 있다. 우리는 생활의 향상을 찾아 이 도시 저 도시로 이주할 뿐만 아니라 더욱 편리하거나 마음에 드는 환경을 찾기 위해 도시 안에서도 옮겨 다닌다. 통근도 일상의 작은 이주에 해당한다. 우리는 일하기 위해서만이 아니라 놀고 쇼핑하며 사람을 사귀기 위해서도 통근한다. 모든 사람들이 어딘가 가고 있다. 그러나 길을 따라 가는 우리에게 무슨 일이 일어나는가?

많은 사람들은 현대 생활의 고도의 이동성을 지극히 부정적인 눈으로 본다. 이동성에 이의를 제기하는 문학이 엄청 늘어났는데, 그중 많은 것은 종교적 성격을 띤다. 이들은 현대 도시인의 이른바 얄팍함과 방황을 몹시 슬퍼한다. 수많은 설교들은 '바쁘고도 바쁜 현대 생활'을 개탄하고 정신적 가치의 감소가 정주 문화양식의 상실을 낳는다고 생각한다. 더 심각한 차원에서는 불안정성과 소외의 주제들이 현대 문학에서 끊임없이 나타난다. 실제로 20세기의 가장 위대한 소설가들은 집에서 멀리 떠나 낯선 사람들과 외국인들 속에서 방황하는 주인공들을 만들어내곤 했다. 토마스 만의 《이집트의 요셉 Joseph in Ägypten》, 제임스 조이스의 《율리시스 Ulysses》, 프란츠 카프카의 《성 Das Schloss》이 바로 생각난다. 알베르 카뮈와 앙드레 지드도 비슷한 주제들을 다루었다. 괴롭힘을 당하고 고향을 잃은 방랑자인 인간의 이미지가 자주 매혹적인 예술적인 힘에 실려 몇 번이고 등장한다. 그러나 다음이 문제다. 즉 인간은 이동성 때문에 반드시 피폐해질 수밖에 없는가? 인간은 길을 잃지 않고서 여행할 수 있는가? 인간은 정처 없이 떠돌지 않고서 이동할 수 있는가?

이러한 문제들을 다루기 전에, 미국의 문인들이 이동성에 대해서 그처럼 우울한 견해를 갖는 경우가 거의 없다는 것은 지적할 만하다. 사실 이동하는 사람들의 이야기를 말하는 것은 미국 작가들의 거의 하나의 특색이 되었다. 《모비 딕》은 고래잡이 이야기 이상의 것이지만, 《모비 딕》뿐만 아니라 멜빌의 《티피 Typee》나 《빌리 버드 Billy Budd》 같은 소설들은 그가 배와 여행을 진짜 좋아한다는 걸 알아차리지 않고서는 읽기가 불가능하다. 《허클베리 핀의 모험 Huckleberry Finn》에서 마크 트웨인은 백인 소년과 한 흑인의 복잡한 관계를 말하지만, 등장인물들이 미시시피 강에서 뗏목을 타고 내려가면서 자신들을 발견한다는 것은 주목할 만하다. 어니스트 헤밍웨이는 미국 여행자 작가의 본보기이며, 토머스 울프는 평생 동안 철도에 대한 열정을 마음에 품었다. 헨리 제임스는 소설이나 에세이 못지않게 여행일기로도 유명하다. 존 스타인벡과 존 더스 패서스John Dos Passos 모두 이동하는 사람들에 대해서 열정적인 필치로 글을 썼다. 존 업다이

크와 잭 케루악의 작품에서 볼 수 있는 자동차의 매혹은 아마도 미국 작가들의 유랑에 대한 전통적인 도취의 최신식 단계를 대표할 것이다.

미국은 이동성을 모독하기보다는 찬양하는 경향이 있는 일련의 작가들을 배출했다. 그런데 미국인들은 언제나 이동하는 사람들이었다. 그들은 미국에 오기 위해서도 그럴 수밖에 없었다. 흑인이라는 하나의 중요한 예를 제외하면 미국인들은 모두 새로운 땅에 오기 위해 자발적으로 고향을 떠난 사람들의 후손이다. 사회학자들은 이미 한 번 이동한 경험이 있는 사람들이, 전혀 이동한 적이 없는 사람들보다 더 쉽게 다시 이동한다는 것을 안다. 사회학자들은 또한 이동하는 사람들이 새로운 생각과 가능성에 대해서 일반적으로 관대하다는 것을 안다. 이미 하나의 큰 변화를 받아들였고 또 그에 따라 행동했기 때문에 그들은 다른 사람들의 가능성을 받아들이는 데 결코 주저하지 않는다.

입체 교차로에 있는 인간

기술도시인은 쉴 새 없이 움직인다. 거대한 스위치보드 말고도 기술도시인은 고속도로의 입체 교차로에 있는 운전자로 묘사할 수 있다. 그 밖의 도시 이미지로는 공항 조종탑, 고속 엘리베이터, 백화점이나 관공서에서 쉴 새 없이 움직이는 에스컬레이터 등을 들 수 있다. 현대 대도시는 서로 다른 도시들끼리 연결하고 또 도시의 각 부분을 다른 부분들과 연결하는 길들 ― 고속도로, 지하철, 항공로 ―의 체계다. 현대 대도시는 또한 거리에서 빌딩 옥상으로, 관리인의 지하실부터 경영진의 부속실까지 사람들을 끌어올리는 수직적인 편의시설의 체계이기도 하다. 도시인은 확실히 움직인다. 그러므로 우리는 시간이 지나면서 이동의 속도와 범위가 증가한다는 것을 예상할 수 있다.

분석가들은 때때로 두 가지 유형의 이동 — 지리적 이동과 직업상 이동 — 을 구분한다. 때로는 지위 이동, 계급 이동 및 그 밖의 형태의 '사회적' 이동을 덧붙여 말하기도 한다. 그러나 이것들은 직업이나 거주지 이동과 매우 밀접하게 관련이 있기 때문에 여기서는 새로운 직업과 집으로 이동하는 문제와 가능성을 논의하는 데 그칠 것이다.

거주지와 직업상 이동에 대해 비판하는 사람들이 많다. 그들은 저마다 표현을 달리 사용하지만, 종교적 감상을 실어서 집과 직업에 대한 구술 풍경화를 그리는 일이 매우 흔하다. 많은 사람들에게는 이러한 이미지들이 진짜 호소력이 있다. 판잣집에서 태어나고 자라며 심지어 늙어 죽는 것도 어느 정도는 아늑한 매력이 있다. 성인이 되어 같은 장소에서 같은 직업을 갖고 평생 일하는 것 또한 위안을 줄지도 모른다. 그러나 이 안정되고 한가로운 상태를 얻었다고 여겨지던 시절이 지나가는 것을 애통해하는 사람들은 중요한 한 가지 사실을 잊고 있다. 즉 아주 극소수 사람들만이 그처럼 목가적인 영속성을 진정으로 즐겼다는 것이다. 이동성 이전 사회의 사람들 대다수는 우리라면 다시 택하지 않을 방식으로 살고 일했다. 오늘날 우리 대부분은 증조부가 살던 집에서 살거나 그들이 하던 일을 하는 것을 강력하게 반대할 것이다. 대부분의 사람들의 증조부들은 몹시 가난했으며, 오두막집에서 살았던 것이 사실이다. 우리들 대부분은 오늘날 훨씬 더 부유하게 산다. 왜냐하면, 우리 선조들이 이동했기 때문이다. 이동성은 언제나 패배자의 무기다. 이동하는 것을 반대하고 거주와 직업상의 비이동성을 장려하려는 욕망은 반동적인 정신 상태에서 나오는 낭만적인 왜곡이다.

이동성은 사회 변화와 밀접하게 관련되어 있다. 그래서 현상 유지를 옹호하는 자들은 언제나 이동성을 반대해왔다. 그들은 그렇게 하는 데 완벽히 철저하다. 그들은 생활의 한 분야 — 직업이나 거주지 — 에서 생기는 변화가 다른 종류의 변화의 원인이 될 것이라고 느낀다. 그래서 그들은 변화를 반대한다. 아테네라는 도시국가의 보수주의자들이 피레우스에 항구를 건설하는 것을 맹렬히 반대한 것은 옳았다. 그들은 외국의 이국적인 생산물이 들어오면 그들의 안전을 뒤흔들 외래 사상을 가진 낯선 사람들도 함께 오리라는 것을 알았다. 19세기 초 철도를 건설할 때 영국 영주들이 극악스럽게 반대한 것도, 철도가 시끄럽거나 더럽기 때문이 아니라 신분이 매우 낮은 마을 사람들조차도 이제는 다른 마을로 여행할 것이기 때문이었다. 그렇게 되면 그들이 정상적인 사회 통제 없이 이리저리 돌아다니기 때문에 낯선 영향력 밑에 들어가는 것을 막을 수 없을 것이다. 무엇보다도 나쁜 것은, 그들의 마을 지주 이름조차 들어본 적이 없는 사람들과 그들이 만나게 된다는 점이다. 그들은 자신의 마을을 똑바로 보게 되고 전통적인 권위에 대한 모든 존경심을 잃어버릴지도 모른다.

1차 세계대전 때 "이제 파리를 구경한 저들을 어떻게 농촌에 잡아두겠소?" 하며 불렀던 노래는 이동성, 도시화, 사회 변화의 관계를 나타낸다. 전통을 파괴하는 도시 생활의 궤도에 일단 들어선 사람들은 결코 다시는 전과 똑같지 않다. 그들은 언제나, 사정이 **다를 수 있다**는 것을 알 것이다. 그들은 결코 다시는 농촌을 주어진 것으로 받아들이려 하지 않을 것이다. 그리고 이것이 혁명의 온상이 된다.

　미국에서 흑인 자유운동의 출현은 이동성과 사회 변화를 연결하는 특히 좋은 예가 된다. 많은 관찰자들은 수많은 흑인들이 남부 농촌 지역에서 도시의 산업 중심지로 이동한 것, 아울러 많은 청년 흑인들이 군복무로 얻은 경험은 불가피하게 그들을 사회에 노출시켰고, 이것이 민권 혁명으로 귀착되었다고 믿는다. 흑인들은 과거와 같은 상태로 있어서는 안 된다는 것을 깨달았다. 억압에 대항한 사람들은 젊은이들이었으며, 그들에겐 지리적으로나 직업적으로나 이동성이 있었다. 그들의 싸움은 이전까지 잘 알려지지 않았던 마을 ― 불런과 게티즈버그 ― 에서 일어난 남북전쟁과는 달리, 이제는 버밍햄 같은 도시 중심지에서 일어났으며 지방으로 확대되었다. 이동성이 철창문을 열어놓았다.

　지리적 이동은 언제나 사회적 또는 직업상의 이동을 향한다. 동화책에서조차도 아들은 '그의 행운을 찾기 위해' 가족이 있는 집을 떠난다. 한 분야의 이동성은 또 다른 분야의 이동성을 의미한다. 공간적으로 이동하는 사람들은 보통 지적으로, 재정적으로 또는 심리적으로 이동한다. 이 모든 것은 자연스레 이미 사회에서 권력과 영향력 있는 지위를 차지한 사람들을 위협한다. 이동성 있는 사회에서 얻을 것은 전부고 잃을 것은 아무것도 없는 사람들은 밑바닥에 있는 사람들이다. 결국 이동성에 대한 종교적 반대 뒤에서 계급 편견을 발견하기는 어렵지 않다. 낭만주의와 반동은 종종 손을 맞잡고 거닐기 때문에, 흔히 종교적 호소에 융합된 직업상 안정과 따뜻한 가정의 비이동성에 대한 변명에서 귀족주의적 또는 보수적인 이데올로기를 찾아내는 것 역시 마찬가지로 쉽다.

진보한 산업사회는 이동성이 없으면 질식한다. 사람들은 이동할 준비를 하지 않으면 안 된다. 새로운 일자리가 여러 도시에서 나타난다. 과학기술은 숙련된 기능인들을 퇴화시킨다. 그들이 재훈련을 받는다 하더라도, 새로 획득한 그 기술 역시 미처 깨닫기도 전에 마찬가지로 쓸모없는 것이 될지도 모른다. 대부분의 회사에서 일어나는 승진, 또 교육기관에서 점점 늘어나는 승진은 이곳에서 저곳으로의 이동을 포함한다. 여행과 휴가는 사람들을 수많은 경험 세계와 만나게 한다. 이동성을 늦추거나 말리는 우리 사회의 경향은, 거의 언제나 다른 사람들이 권력의 몫이나 사회의 보상을 확대하지 못하도록 막는 사람들에게서 나온다. 그러나 이동성을 해치는 것은 불가피하게 사회 전체에 해를 준다. 그러므로 예를 들어 흑인의 이동성을 위축시키는 주택 공급 및 고용 방식은, 경제의 톱니바퀴에 박힌 모래 같은 작용을 하며 사회 전체를 곤경에 빠뜨린다. 그렇지만 이동성의 파괴적인 효과는 어떠한가?

야훼와 바알

우선 우리는 고도의 이동성이 전통 종교를 파괴한다는 것을 인정해야 한다. 이동성은 사람들을 성스러운 곳에서 분리시킨다. 이동성은 사람들을 다른 이름의 신을 또 다른 방법으로 숭배하는 이웃들과 뒤섞어놓는다. 그러나 도시화와 세속화의 중요한 연관성은 이미 언급했기 때문에 이 과정을 한탄하며 머뭇거릴 필요가 없다. 우리가 말하고자 하는 것은 성서의 시각에서도 이동성 역시 긍정적으로 볼 수 있다는 것이다. 이동성이 가져다주는 위험이나 그것이 만들어내는 문제를 무시하지 않는다면, 이동성은 여전히 개인들에게 긍정적인 가능성을 제공한다.

우리가 신학적인 관점에서 이동 현상을 이해하려고 할 때, 하느님에 대한 헤브라이인의 견해 전체가 유목민, 본질적으로 고향이 없는 사람들의 사회적 배경에서 생겨났다는 것을 기억하는 것이 좋다. 헤브라이인들은, 그들의 역사에서 상대적으로 짧은 기간 동안만 '자신의 집'을 가졌으며, 이 시기는 보통 한 민족으로서 지내온 경력에서 가장 비창조적인 기간으로 여겨진다. 이집트에서의 탈출 경험, 광야의 유랑, 가나안에서 벌인 싸움은 이스라엘 신앙의 기반이 되는 중추적인 사건들을 제공했다. 가장 위대한 예언자들인 예레미야와 제2이사야는 조국의 안전이 짓밟히거나 정치적 추방을 당했을 때 활동을 했다. 이스라엘 사람들의 예언적 통찰의 수준은 에스라와 느헤미야의 영도 아래 그들이 옛 고향으로 돌아온 이후에는 전례 없이 낮아졌다. 실제로 추방 기간 동안에 뚫고 나왔던 보편주의가 귀환의 퇴보기에는 거의 모습을 감추었다. 간단히 말하면 헤브라이인들은 유랑하고 집이 없었을 때 그들의 소명을 이행하는 데 가장 주도면밀했던 것 같다.

구약의 신 야훼의 주요 특징들은 그의 이동성과 연관되어 있다. 그는 역사와 시간의 주님이시다. 그는 공간적으로 자리를 잡고 있지 않다. 가나안 정착기가 야훼와 바알 간의 거대한 싸움을 불러일으킨 것은 야훼가 헤브라이인들처럼 유목민이기 때문이었다. 바알은 가나안의 공인된 신이었기 때문에 싸움이 일어났다. 유랑하는 이스라엘 자손들이 최종적으로 그곳에 정착했을 때 그들은 이 지역 신들을 어떻게 다루어야 하는가라는 문제에 직면해야만 했다. **바알**baal이라는 말 자체가 '소유자' 또는 '주민'을 뜻한다. 가나안의 바알 신들은 일정한 활동의 주관자들이거나 흔히는 특정한 마을이나 장소의 소유자들이었다. 바알 신들은 **움직일 수 없는**immobile 신들이었다. 하나의 특정한 바알 신은 사람들이 그의 지배 지역 안에 있는 한에서만 숭배를 받았다. 바알 신들은 어떠한 종류의 변화에 대해서도 의심의 눈초리를 보내는 정착민의 신들이었다.

반면에 야훼는 장소의 신이 아니었다. 야훼가 시나이산이나 불타는 덤불 같은 특정한 장소에 나타난 것은 사실이지만, 그가 그러한 장소들에 제한되지 않은 것은 확실하다. 그는 자기 백성들과 함께 이동했을 뿐만 아니라 '그들보다 앞서 갔다'. 유목적이고 비공간적인 하느님이라는 야훼관은 가나안 바알과의 혼합주의 탓에 끊임없이 위협받았지만 마침내 그 시험을 이겨냈다. 제2이사야와 더불어 분명히 확립된 사실은, 예루살렘의 시온성조차도 야훼를 두고 어떠한 권리를 내세우지 못하며, 야훼는 모든 사람들을 지배하고 그가 원하는 곳이면 어디든지 간다는 것이었다. 이것은 야훼 신봉자들의 신앙에서 중대한 승리였다. 삶에 대한 이스라엘의 시각이 지닌 역사적 특징은, 어떤 즐거운 가정의 따뜻한 신이 되기를 야훼가 완강히 거부하는 데서 생겨났기 때문이다.

야훼의 이동성의 가장 분명한 증거 중 하나는 언약 궤인데, 이에 대해서는 성서 고고학자들이 고찰한 바 있다. 그것은 구약성서의 몇몇 곳에 기술되어 있다. 어떤 이들은 언약 궤가 하나의 큰 궤로서, 그 안에 십계명의 성스러운 돌판을 넣어서 헤브라이인들이 싸움터에 가지고 갔던 것으로 믿는다. 또 어떤 사람들은 언약 궤가 보이지 않는 야훼가 그의 백성들과 함께 앉는 옥좌라고 믿는다. 그것이 실제로 어떻게 생겼는가에는 상관없이 언약 궤가 이동성이 있었던 것은 분명하다. 잉카의 사원, 이집트의 스핑크스나 바빌론의 신전과는 달리 그것은 사람들이 가는 곳이면 어디에나 가지고 갈 수 있었다. 바알과는 달리 그것은 고정시킨 것이 아니었다. 그러나 가장 중요한 것은, 언약 궤를 마침내 블레셋인들에게 빼앗겼을 때, 헤브라이인들은 야훼가 언약 궤 속에도 들어 있지 않다는 점을 깨닫기 시작했다는 것이다. 언약 궤의 상실은 헤브라이인들로 하여금 성전의 최종적인 파괴와 조국의 상실에 대비하게 했다. 야훼의 공간성이 거부되는 역사적인 흐름 전체는 엄청난 신학적인 의의를 가지고 있다. 그것은 야훼를 어떤 주어진 지리적 장소에 국한시킬 수 없다는 것을 뜻했다. 야훼는 그의 백성과 함께 다른 곳으로 이동했다.

신의 비공간화는 역사적 사건 속에서 활동하는 하느님의 출현과 협력하며 일어난다.

초기 이스라엘 민족의 유목 생활은, 이웃 민족의 신들과 놀랄 만큼 불화하는 신이라는 관점의 출현에 필요한 사회적 배경을 제공했다. 야훼는 자연의 하느님이 아니라 역사의 하느님이었다. 야훼는 패배를 포함하여 정치적·군사적 사건들 속에서 자신을 보여주었다. 그는 사회 변화의 사건들을 통해서 말했다. 이러한 이유에서, 가나안에 정착해 그곳 문화의 풍요신과 대결하는 동안 야훼를 버리고 바알을 숭배하는 유혹에 빠진 것은 농부들과 지배 엘리트들이었다. 농부들은 가장 정착된 집단이기 때문에 그랬으며, 지배자들은 가장 보수적이기 때문에 그랬다. 농촌의 '산꼭대기 예배 장소'와 이세벨 여왕의 슬픈 전설이 가장 분명한 예를 제공한다. 야훼는 농경 신들과의 경쟁에서 이겼다. 이는 하나의 신이 되어서가 아니라, 풍요 축제 중 많은 것을 본질적으로 여전히 비공간적이고 역사적인 신앙 속에 흡수함으로써 가능했다.[5] 왕정 출현과 거기에 필요한 이데올로기는 야훼 신앙에 훨씬 더 무서운 압력을 가했다. 그렇지만 여전히 야훼 신앙은 살아남았다. 야훼 신앙은 왕정 시대에는 약화되긴 했지만 전쟁에서의 패배, 포로 생활 및 추방 등을 거치며 혁신되었다. 이처럼 그 신앙은 바로 실향과 이동이라는 새로운 기간에 힘입어 강화되고 부활되었다.[6]

예수는 신성한 장소와 거룩한 조국을 반대하는 전통을 받아들였다. 따라서 그는 이교도 로마인들에게서 신성한 조국을 구출하려는 열심당원들, 주로 가롯 유다의 선동을 거부했다. 변화산상 이야기 속에서 예수는 그의 제자들이 그를 위해서 영원한 장막을 세우겠다는 것을 거부했다. 예수는 예루살렘 성전을 파괴하겠다는 말을 반복했다. 왜냐하면, 그 성전의 존재는 언제나 하느님을 재공간화하려고 했기 때문이다. 예수가 새로운 성전을 죽음에서 다시 살아난 그의 몸과 동일시한 것은, 그의 비공간화 의도를 끝까지 실천하려는 방법으로 봐야 한다. 초기 교회의 승천 신앙은 교회의 주님을 어느 한 지역에 국한시키거나 공간적으로 제한하려는 것의 거부로 해석될 수 있다. 가장 단순한 말로 승천은 예수가 이동한다는 것을 뜻한다. 그는 바알이 아니라 모든 역사의 주인이다.

이동성과 실향, 방랑과 순례 같은 주제들은 초기 기독교 공동체의 자기 이해를 특징지었다. 그들은 이곳에서는 그들에게 '영원한 도시'가 없다는 것을 알았다. 사실 그들에게 주어진 초기의 명칭은 "기독교인"이 아니라 "노상의 사람들The People of the Way"이었다. 그들은 본질적으로 순례자들이었다. 이처럼 기독교인의 생활을 일종의 여행으로 이해하는 것은, 십자가의 성 요한에서 단테의《신곡》, 번연

J. Bunyan의 《천로역정》, 키르케고르에 이르기까지 기독교 역사에서 자주 나타난다. 처음에는 함께 움직이는 사람들을 떠올렸지만 불행하게도 그것은 종종 개인화되었다. 그럼에도 기본적인 이미지는 남아 있었다.

콘스탄티누스의 개종 이후 교회가 새로 획득한 사회적 지위는, 결국 이방인이나 순례자 주제를 강조하지 않는 결과를 낳았다. 교회는 얼마 안 가 그 문화 속에서 편히 지냈으며, 이스라엘의 역사에서 왕정 시대와 비슷한 시대가 시작되었다. 기독교의 복음을 일종의 바알 숭배로 변형시키는 성례 문명을 건설하려는 유혹을 중세는 성공적으로 물리치지 못했다. 기독교 세계Christendom라는 개념 전체가 그 결과였다. 그것은 기독교의 치명적인 재공간화에 해당한다. 기독교 신앙은 그 보편적인 시야의 흔적만이 남은 채 '서유럽의 종교'가 되었다. 성 프란체스코는 이슬람의 군주를 개종시키려고 했지만, 사람들은 그가 미쳤다고 생각했다.

대부분의 개신교도들의 생각과는 반대로 기독교 신앙의 역사적·보편적·비공간적 특징은 종교개혁 때 재발견되지 못했다. 루터와 칼뱅은 주로 기독교 세계 안에서 일어나는 종교적 전환에 관심을 쏟았다. 오로지 19세기의 선교 운동과 20세기의 에큐메니컬 ecumenical[세계교회주의] 운동으로 말미암아 기독교 세계라는 잘못된 생각이 사라지기 시작했다. 기독교 세계의 죽음은, 또한 이른바 기독교 국가들이 급속히 세속화되고 아시아·아프리카와 동유럽의 자의식이 강한 '비서구' 교회들이 출현함으로써 재촉되었다.

이동성은 종교적 낭만주의자들이 묘사하는 위협이 아니다. 이동성에도 함정이 있다. 이곳저곳을 끊임없이 옮겨 다니는 것은, 마치

아내를 바꾸듯이 결정에 대한 책임을 지지 않는 것과 똑같을 수 있다. 그러나 대체적으로 이동하는 사람은 비이동적인 사람보다 야훼를 바알로 격하시키려는 유혹을 덜 받는다. 그는 대개 어떤 마을이나 국가도 우상화하려 들지 않을 것이다. 그는 현재의 경제적·정치적 구조를 항상 그래 왔으며 또 그래야 하는 것의 명백한 표현으로는 보지 않을 것이다. 그는 변화, 이동 및 새로움에 더욱더 개방적일 것이다. 기독교인들이 현대 대도시의 증대되는 이동성을 개탄할 이유는 없다. 성서는 인간에게 이동성을 버리라고 요구하지 않는다. 오히려 "내가 너희에게 지시하는 곳으로 가라"고 요구한다. 아마도 이동하는 사람은, 여행 중에 태어났고 처음 몇 년은 망명 생활을 했으며, 고향에서 쫓겨난 데다가 머리를 둘 곳조차 없다고 선언한, 한 인간에 대한 메시지를 융통성 있게 들을 수 있을 것이다. 높은 이동성은 구원의 보장은 아니지만 그렇다고 신앙의 장애물도 아니다.

주

1 Louis Wirth, "Urbanism as a Way of life" in Paul K. Hatt and Albert
   J. Reiss, Jr. (eds.), *Cities and Society*(New York: The Free Press,
   1957), p. 54.

2 Kaspar D. Naegele, "The Institutionalization of Action," in Talcott
   Parsons, et al. (eds.), *Theories of Society*(New York: The Free Press,
   1961), p. 184

3 율법에 대한 불트만의 논의는 다음에서 볼 수 있다. *Theology of the New
   Testament*(New York: Scribner, 1951; London: SCM Press), Section
   27, pp. 259~269. 율법의 폭넓은 의의에 대한 가장 좋은 논의는 다음에
   서 볼 수 있다. Friedrich Gogarten, *Mensch zwischen Gott und Welt*
   (Stuttgart: Friedrich Vorwerk Verlag, 1956). 특히 1장과 2장의 첫 부분.

4 Jane Jacobs, *The Death and Life of Great American Cities*(New
   York: Vintage, 1963; London, Cape), pp. 55~56.

5 가나안의 종교적·문화적 세력과 이스라엘의 갈등이 지닌 사회학적 측면
   에 대한 무척 재미있는 설명은 다음에서 찾아볼 수 있을 것이다. Max
   Weber, *Ancient Judaism*(New York: The Free Press, 1952; London:
   Allen & Unwin).

6 야훼 신앙과 왕권 이데올로기의 충돌에 대한 능숙한 논의는 다음을 보라.
   Eric Voegelin, "Israel and Revelation," *Order and History*, Vol. I(Baton
   Rouge: Louisiana State University Press, 1956), Part III, pp. 185 이하.

chapter 3

세속도시의 양식

기술도시는 그것이 대체하는 문명과 마찬가지로 나름대로 특징적인 양식을 갖는다. 여기서 양식style이라는 말은 한 사회가 자신의 자아상을 드러내는 방식, 즉 그 사회가 기준으로 삼고 살아가는 가치와 의미를 조직하는 방법을 가리킨다. 세속적·도시적 양식은 부분적으로는 우리가 방금 기술한 익명성과 이동성에 의해 제시된 사회 형태에서 유래한다. 그러나 그것은 단지 이런 요소들만의 산물이 아니다. 양식은 나름대로 생명이 있어 그 양식이 기초로 삼고 있는 형태에 또다시 영향을 주고 변화시킨다. 양식과 형태는 서로 영향을 준다. 그 두 가지는 우리가 세속도시의 존재 방식이라고 부른 형상 전체를 구성한다.

특히 두 개의 주제가 세속도시의 양식을 특징짓는다. 우리는 그것들을 **실용주의**pragmatism와 **불경성**profanity이라고 부른다. 우리는 약간의 혼란을 일으킬 위험을 무릅쓰고 이 말들을 사용한다. 많은 사람들에게 실용주의는 미국 철학의 하나의 특정한 움직임을 가리키고, 불경성은 단순히 음란한 말을 뜻하기 때문이다. 그렇지만 이러한 용법들은 모두 파생적인 것이며 여기에서 우리의 의도는 그 말들의 본래 의미를 상기시키는 것이다.

우리가 말하는 **실용주의**는 "효과가 있을까?"라는 질문에 대한 세속인의 관심을 뜻한다. 세속인은 신비한 것에 그리 몰두하지 않는다. 그는 인간의 정력과 지능의 적용에 저항하는 것처럼 보이는 것에는 별로 관심을 갖지 않는다. 실용주의라는 말의 사전적 정의가 시사하는 바대로 세속인은 관념들을 '그것들이 실제로 성취하는 결과'에 따라 판단한다. 세계는 하나의 통합된 형이상학적 체계가 아니라 일련의 문제와 계획으로 간주된다.

우리가 말하는 **불경성**은 세속인의 전적으로 현세적인 시야, 즉 그의 인생을 규정하는 어떤 초현세적인 실재의 소멸을 가리킨다. 불경pro-fane이라는 말은 문자 그대로 '성전 바깥outside the temple', 따라서 '이 세상과 관계가 있다'는 것을 뜻한다. 세속인을 불경하다고 부르는 것은 그가 신성모독적이라는 뜻이 아니라 비종교적이라는 뜻을 갖는다. 그는 세상을 어떤 다른 세계의 눈으로 보지 않고 그 세상 자체의 눈으로 본다. 세속인은 그가 찾는 어떤 의미도 이 세상 자체 안에서 발견되지 않으면 안 된다고 느낀다. 불경스러운 인간은 단순히 **이** 세상 사람이다.

우리가 말하는 실용주의와 불경성의 뜻을 더욱 분명하게 하기 위해, 20세기의 특징을 대표하는 두 사람을 세속적인 양식의 이 요소들에 대한 의인화로서 소개할 것이다. 미국 대통령 고故 존 F. 케네디는 실용주의 정신을 구현한다. 프랑스의 소설가이자 철학자인 고 알베르 카뮈는 우리가 말하는 현세적인 불경성을 뚜렷하게 보여준다.

앞 장에서 우리는 종교인들이 때때로 행하는 익명성과 이동성에 대한 비난의 일부를 거부했다. 우리는 이 요소들이 도시 생활에 형태를 가져다주며 그것들이 없다면 도시 생활은 조금도 인간적이지 않을 것이라고 주장했다. 우리는 또한 그러한 것들을 도시화 이전 사회의 관점보다는 성서에 비추어서 평가할 때, 그 둘 모두에 대한 진정한 판단이 가능하리라는 것도 보여주었다. 세속도시의 모습이 성서 신앙의 틀과 반드시 모순되는 것은 아니다.

그러나 그 양식은 어떠한가? 그것은 더 어려운 문제다. 확실히 세속도시의 양식과 우리의 전통 신앙 사이의 대조, 심지어는 모순이라고도 할 수 있는 것이 언뜻 보기에도 심각한 것처럼 보인다. 실제로 우리가 인간을 실용적이고 불경스러운 것으로 받아들인다면 우리는 신학 체계 전체의 주춧돌을 파괴하는 것 같다. 세속인이 삶의 궁극적인 신비에 대해서 더는 관심이 없고 특정한 문제들의 '실용적인' 해결에만 관심이 있다면, 누가 그에게 하느님에 대해서 의미 있게 말할 수 있겠는가? 만약 그가 초역사적인 의미를 버리고 그의 '불경성'으로 말미암아 인간의 역사 자체를 목적과 가치의 원천으로서 의지한다면, 그가 종교적인 주장을 어떻게 이해할 수 있겠는가? 신학자들은, 우선 현대인에게서 실용주의와 불경성을 제거하고 그에게 다시 한번 묻고 궁금해하도록 가르친 다음에, 초월자에게서 온 진리를 가지고 그에게 다가서야 하지 않는가?

아니다. 현대인을 비세속화하고 비도시화하려는 어떠한 노력, 즉 그에게서 실용주의와 불경성을 제거하려는 어떠한 노력도 심각하게 잘못된 것이다. 그것은 사람이 복음을 듣기 전에 먼저 '종교적'이어야 한다는 전제를 두는데, 이는 그릇된 것이다. 바로 디트리히 본회퍼는 이처럼 잘못된 가정을 완강히 거부하고, 그러한 가정은 사람은 기독교인이 되기 전에 할례를 받은 유대인이 되어야 한다는 오래전에 내버려진 관념과 놀랄 정도로 닮았다고 지적한 바 있다. 본회퍼는 우리가 세속인을 위해서 복음의 비종교적 해석을 찾아내야 한다고 주장한다. 그가 옳다. 익명성 및 이동성과 마찬가지로 실용주의와 불경성은 현대인에게 접근하는 데 장애물이 아니라 통로다. 바로 실용주의와 불경성이, 도시인으로 하여금 그보다 더 종교적이었던 선조들에게는 감추어져 있던 복음의 몇 가지 요소들을 깨닫게 해줄 수 있다.

존 F. 케네디와 실용주의

도시 세속인은 실용적이다. 단어의 사전적인 의미에서 그 말은, 도시 세속인이 '실제적인 또는 물질적인 일'에 관여하며 '하나의 생각이 경험 속에서 실제로 이루어지는 것'에 관심이 있다는 것을 뜻한다. 그는 구체적인 문제들과 씨름하는 데 전념하며 무언가를 이루기 위해서는 무엇이 효과적일지에 관심을 갖는다. 그는 '이도 저도 아닌 질문'이나 형이상학적 문제라고 불리는 것에는 별로 관심이 없다. 종교는 대체로 바로 그러한 것들에 관여해왔기 때문에 그는 '종교적인' 질문을 하지 않는다.

바로 위의 문단은 존 F. 케네디의 정치 스타일에 대한 짧은 스케치로서 매우 알맞을 것이다. 한번은 만찬회에서 그 당시 국무부의 기획조정관이었던 월트 W. 로스토Walt W. Rostow 씨 옆에 앉은 한 손님이 그에게 케네디 대통령은 '진짜 어떤 사람 같냐'고 물었다. 잠시 망설이다가 로스토는 "글쎄요. 그의 특징을 한 단어로 표현하고 싶군

요. 그는 실용주의자입니다"라고 대답했다. 알 듯 모를 듯했지만 로스토의 대답은 실제로 대단히 적절했다. 케네디 씨는 바로 허황됨 없는 실제성과 실현 가능한 해결책에 관심을 가진 대표적인 사람이었는데, 이는 **실용주의**라는 말로 가장 잘 특징지어진다.

케네디 대통령에 대한 비슷한 판단은 유럽에서도 나온다. 세계교회협의회World Council of Churches 간사인 해리 O. 모턴Harry O. Morton은 자신의 글을 통해, 기술 문명에 숙달하려면 "문제를 따로 떼내어, 즉 중요하지만 직접적 관련은 없는 많은 자료들을 관찰에서 배제하여, 그 문제 자체를 연구하고 그렇게 해서 그 문제에 효과적인 해결책을 찾는 능력이 필요하다"[1]는 점을 우리에게 매우 적절하게 상기시킨다. 모턴이 인정하는 바는, 그러한 해결책들 모두가 부분적이고 일시적인 것에 지나지 않으며, 또 그 해결책들이 옳게 작용하더라도 그것들은 사실상 우리에게 완전히 새로운 일련의 문제들을 제기하리라는 점이다. 그리고 이것은 바로 우리가 일어나기를 기대하는 것이다. 우리의 목적에 비추어 가장 흥미로운 것은 모턴이 이 방법을 예증하기 위해 존 F. 케네디를 이용한다는 것이다. 그는 케네디 행정부를 "체계적으로 발달한 이데올로기보다는 오히려 이러한 접근 방식에서 생겨난" 행정부로 기술한다. 모턴은 특히 케네디가 "특정한 문제들을 연구하고 제한된 분야에서 즉각적이면서도 일관성 있는 정책을 만들어내기 위해" 전문가 팀들을 구성하는 재능이 있다는 점에 깊은 인상을 받았다.

기술도시의 인간이 실용적이라고 말하는 것은 그가 일종의 현대적인 금욕주의자라는 것을 뜻한다. 그는 일정한 것들을 포기하도록 자신을 훈련시킨다. 그는 문제에 접근할 때 관련 없는 생각들은 제외하며 다른 여러 전문가들의 지식을 활용하고, 또 그 문제가 잠정적으로 해결되면 새로운 일련의 문제와 씨름할 준비를 한다. 그에게 인생이란 일련의 문제들이지 알 수 없는 신비가 아니다. 그는 다룰 수 없는 문제들은 괄호로 묶으며 다룰 수 있는 문제들만 다룬다. 그는 '궁극적인' 또는 '종교적인' 문제를 생각하는 데는 시간을 별로 허비하지 않는다. 그리고 매우 잠정적인 해결책으로도 살 수 있다. 그는 세계를 고요한 숭배감을 품게 하는 두려운 수수께끼로 보지 않고, 능력의 응용을 요구하는 복잡하고 상호 관련된 일련의 기획으로 본다. 그는 우리가 보통 종교적인 질문이라고 부르는 것에 대해서 깊이 생각하는 경우가 거의 없다. 왜냐하면, 그러한 질문들 없이도 이 세계를 적절히 다룰 수 있다고 느끼기 때문이다.

진리에 대한 기술도시인의 이해는 따라서 실용주의적이다. 그렇다고 해서 그가 성서 신앙을 갖지 못하는가? 우리가 반드시 물어야 할 핵심적인 질문은, 성경이, 특히 구약성서가 의미하는 진리란 무엇인가, 또 그 진리가 기술도시의 양식을 특징짓는 진리의 실용적 의미와 일치될 수 있는가다.

이 문제를 조금 알아보기 위해서 C. A. 판 푀르선의 사상을 살펴보자.[2] 그는 지금 네덜란드 라이덴 대학교 철학과 교수직을 맡고 있는 사회학자요 평신도 신학자다(1920년생으로 1996년 유명을 달리했다). 영어권에는 비교적 잘 알려지지 않았지만 수많은 주제에 대한 판 푀르선의 심오하고 독창적인 연구는 관심을 모으기 시작하고 있다. 확실히 세속화 신학 분야에서 그는 빼놓을 수 없는 기여를 하고 있다. 사회의 유형과 현실 인식 방법의 관계에 깊은 관심을 갖고 있는 판 푀르선은, 우리는 지금 인간 역사의 이른바 "존재론적" 시대에서 "기능적인" 시대로 넘어가는 때에 살고 있다고 생각한다. 존재론적 시대는 그가 "신화적" 시대라고 부르는 이전 시대를 대체했다. 저마다 현실을 파악하는 방법을 갖고 있는 이 세 시대는, 각각 특징적인 존재 방식을 지닌 부족 시대, 마을 시대, 기술도시 시대와 매우 밀접하게 연관되어 있다.

판 피르선은 말하기를, 신화 시대는 세계가 "홀린 상태fascination"의 세계, 그가 "사회-신화적 공간"이라고 부르는 세계다. 그것은 우리가 "마법에 걸린 숲"이라고 부르는 것에 해당한다. 이 시대에는 본질적으로 주술 세계에 해당하는 것 안에서 주체가 대상에 합쳐진다. 존재론 시대에는 인간은 주술의 공포에서 벗어난다. 신들은 어떤 초자연적인 거처로 은퇴하고 세계를 인간에게 물려준다. 신성한 것은 속된 것과 분리된다. '사물의 성질'에 대한 관심이 발달하며 대상들은 천천히 하나의 위계질서, '존재의 커다란 사슬'로 조직된다. 사물은 일종의 실체적인 존재를 지닌 본질로 여겨진다. 이때가 도시나 마을이 나타나는 시대다. 그 시대는 판 피르선이 "존재론적 사고"라고 부르는 것의 출현을 목격한다. 그리고 존재론적 사고의 독특한 위험은, 실체를 따로 떼어놓고 "사물 자체"를 다룸으로써 "실체론적"이 되는 것이라고 판 피르선은 말한다.

오늘날 등장하고 있는 기능 시대에는, 사고는 더는 고립된 실체들의 반영이 아니라 "구체적인 인간 삶의 도구, 즉 인간 사회를 작동시키는 도구"다. 사실 세속화 자체도 이러한 견지에서 볼 수 있다고 판 피르선은 믿는다.

세속화된 세계에서는 존재론적 사고방식, 즉 고도의……형이상학적 존재에 대한 사고는 더는 없다. ……이제 우리는 이 모든 비현실적인 초자연적 존재들에서 해방되었다. ……우리와 직접적으로 관계가 있는 것만이 현실적이다. 사물들은 그 자체로 존재하지 않는다. 그것들은 더는 실체가 아니다. 사물들은, 그것들이 우리와 또 우리가 그것들과 이루려는 목적 속에 그리고 그 목적을 위해서 존재한다.[3]

기능의 시대에는 기술도시에 대응하여 사물은 뭔가를 하는 사물이 된다. 판 푀르선은 "존재론 시대의 명사들이 기능 시대에는 동사가 된다"라고 말한다. 우리는 생각보다는 생각하는 것에, 정의正義보다는 올바르게 행동하는 것에, 사랑보다는 '사랑의 기술'에 관심을 갖는다. 이 모든 이치를 요약하여 판 푀르선은 다음과 같이 말한다.

신화 시대에 주요한 문제는 어떤 것이 있다는 **것**이었다. 존재론적 사고의 시대에 주요한 문제는 어떤 것이 **무엇이냐**였다. 기능적 사고의 시대에 주요한 문제는 어떤 것이 **어떻게** 있느냐, 그것이 어떤 기능을 하는가다.[4]

판 푀르선은 우리가 말하는 실용주의가 무엇을 뜻하는지를 철학적인 용어로 명확하게 기술했다. 그렇지만 기능적·실용주의적 진리관이 성서의 전통과 모순되는지 아닌지의 문제는 여전히 남아 있다. 실용주의적인 인간은 성서를 버려야만 하는가?

판 푀르선은 그렇게 생각하지 않는다. 그는 기능 시대에 나타나고 있는 진리관이 성서를 이탈하지 **않을** 뿐만 아니라, 그것이 대신하는 신화적 또는 존재론적 정의보다 훨씬 더 성서와 실제로 일치한다고 강력하게 믿는다. 그는 보통 '진리'라고 번역되는 헤브라이어 '에메스emeth'가 구약성서에서 어떻게 사용되는지를 조심스럽게 연구함으로써 자신의 논지를 증명한다. 에메스라는 말은 의지할 수 있는 어떤 것, 기댈 수 있다고 보이는 어떤 것을 가리킨다. 그래서 그 말은 가을에 기대했던 대로 열매를 맺는 포도나무를 가리키는 데 사용된다. 하느님이 참되다고 하는 것은 그분이 하겠다고 말하는 것을 하시기 때문이다. 그분은 노예들을 속박에서 해방시켰고 그래서 그의 백성들에게 참된 신이 된다. 행함이 진리의 척도다. 성서의 진리관과 우리의 기능 사회에 떠오르는 진리관 사이에는 필연적인 모순이 없다.[5]

판 퍼르선의 판단은 그다지 놀랍지 않다. 유대인들은 존재론에 대해서 재능이 전혀 없었다. 야훼에 대해서 물어보았다면 구약 시대의 보통 이스라엘인은 결코 형이상학적인 범주 — 전지全知자 또는 편재偏在자 — 의 말로 대답하지 않았을 것이다. 그는 질문자에게 야훼가 한 일 — 속박의 집인 이집트 땅 밖으로 그를 구해낸 것 — 을 말했을 것이다. 이것은 말하기와 개념화의 기능적 방식이지 존재론적 방식이 아니다.

그러나 기술도시인의 실용주의적 양식이 성서의 진리 상像들과 일치하는 또 하나의 방법이 아직도 있다. 실용주의자가 그의 문제들을 한 번에 한 가지씩 처리한다는 것은 사물의 질서에 대한 그의 믿음을 증명한다. 반대로 모든 단편을 전체 구조와 관련시키려고 언제나 이리저리 서둘러야 한다는 것은 존재론자 안에 있는 불신의 표시다. 개념화가 끊임없이 모든 것을 제자리에 고정시키지 않으면 우주는 산산조각이 날까 봐 존재론자가 걱정한다는 의심마저 든다. 앞서 언급한 논문에서 해리 모턴은 실용주의적 접근 방식에 내재한 확신을 다음과 같이 유창하게 표현한다.

……우리가 오늘날, 모든 것을 하나의 커다란 전체로 결합시키는 큰 열쇠의 필요성을 느끼지 않아도 삶에 접근하며, 오히려 특정한 문제들을 따로 떼어내는 데 집중하면서 그 문제들을 닥치는 대로 처리할 수 있다는 사실은, 우리가 세계는 결합되어 있고 강하며, 일관성 있고 규칙을 갖고 있으며, 생활의 모든 것을 조각내지 않고도 시험해볼 수 있다는 기본적인 확신을 갖고 있다는 것을 보여준다.[6]

계속해서 그는, 이런 식으로 해나가는 것은 바울이 골로새 교인들에게 말한 것, 즉 예수 그리스도 안에서 세상을 지탱하시는 이는 하느님임을 믿는 것이라고 말한다. 따라서 우리는 만일 **우리**가 하지 않는다면 세계가 산산조각이 날 것이라고 두려워할 필요가 없다.

물론 이것은 현대 세계에 넘쳐나는 사실적 정보의 다양한 덩어리들을 통합하고 조직하는 데 관심을 두어서는 안 된다는 말이 아니다. 그러나 우리가 오늘날 진리를 통합시키는 방법은 그것을 형이상학적인 체계 속에 끼워 넣는 것이 아니다 — 우리는 진리를 특정한 인간 문제에 적용함으로써 통합시킨다. 진리는 실용주의적으로 통합된다. 다양한 분야의 전문가들은 팀을 이루어, 서로 다른 전문 지식을 암이나 단백질 합성 문제, 또는 한 도시의 새로운 상업 지역을 계획하는 일이나 단순히 한 동네의 문제를 처리하는 데 적용한다. 그런데 이들은 뜻하지 않게 과거의 형이상학적인 체계가 시도했던 것을 하고 있다. 그들은 여러 분야의 지식을 특정한 인간 요구에 봉사하도록 끌어모은다. 그들은 이러한 경험 속에서 그들 모두가 인간이며, 서로를 필요로 하고, 아울러 한 집단으로서 다른 문제에 종사하는 팀들이 필요해진다는 것을 알게 된다. 기술도시인이 자신이 행하는 진리를 통합하는 것은 이러한 실용주의적 과정을 통해서다.

이렇게 이해된다면 실용주의적 진리는 성서의 범주들과 그렇게 확연히 모순되는 것처럼 보이지는 않는다. 우리는 이제 신약성서에 나오는 진리라는 말, 곧 알레세이아aletheia가, 한때 거슬리게 보이던 문맥들 속에서 끊임없이 나타나는 이유를 알 수 있을 것 같다. 예수는 그가 진리**며** 그의 제자들은 진리를 **행해야** 한다고 말한다. 그는 언제나 사람들이 말하는 것보다는 행하는 것으로 진리를 평가했다. 우리가 만일 이 구절들을 존재론적 진리관에서 읽는 것을 멈추고, 그 대신에 성서와 현재 출현하고 있는 기능 시대에서 찾아볼 수 있는 효과적인 진리의 표현으로 해석한다면, 그 구절들은 상당히 덜 혼란스러운 것이 된다.

그러나 하나의 양식이자 방법인 실용주의가 새로운 존재론으로서의 실용주의로 퇴보하도록 내버려두어서는 절대 안 된다. 기능적 사고의 위험은 그것이 편협해져서 '조작주의operationalism'가 되는 것이다. 이러한 위험은 특별한 관찰을 위해 한 현상의 어떤 특정한 측면을 떼어놓고는, 다른 측면들이 **있다**는 것을 잊어버릴 경우 나타난다. 이는 어떤 것에 대해서 효율적이고 제한된 관점을 취한 다음 그것에는 더는 아무것도 없다고 결정하는 데서 나온다. 즉 똑같은 찌르레기를 바라보는 데는 무수히 많은 방법이 있다는 것을 잊어버리는 아주 오래된 유혹이다.

똑같은 착오는 모든 것을 '유용성'의 견지에서 판단하는 오늘날과 같은 사회에서는 경계되어야 한다. 세속인이 그가 만나는 낯선 사람에게 가장 자주 묻는 말은 그가 누구**냐**가 **아니라** 그가 무엇을 **하느냐**다. 아니 조금 더 정확하게 말하면, 그 사람이 누구**인지를** 물을 때 기대하는 대답은 그 사람이 **하는** 일에 대한 기술記述이다. 따라서 의미에 대한 질문은 목적, 즉 인간의 쓸모 가능성에 대한 질문과 동일시된다.

의미와 가치를 인간의 목적의 견지에서 보는 것에 본질적으로 잘못된 것은 없다. 우리의 문화가 무의미하거나 목적이 없다는 실존주의자의 주장은 아주 잘못된 것이다. 우리의 문화는 목적이 없지 않다. 우리의 문화는 실존주의자들에게 익숙해진 특정한 목적이 없을 뿐이다. 우리의 문화는 목적론적 또는 목적 지향적인 문화**이며**, 인간은 목적을 만들어내는 자다. 우리는 사물들을 그것들이 무엇을 위해 있는가를 물음으로써 평가한다. 그리고 어떤 것 또는 어떤 이에 대해서 쓸모없다고 말하는 것은 우리가 할 수 있는 가장 나쁜 말이다.

그러나 유용성은 실용주의와 마찬가지로, 새로운 폐쇄된 세계관으로 변질되어서는 안 된다. 예술적인 아름다움이나 시, 더욱이 사람들 집단 전체를 그들이 쓸모없어 보인다고 해서 무시하는 것은 끔찍한 위협이 된다. 히틀러는 유대인, 병자, 정신 지체자 등을 제3제국의 신질서에 공헌할 수 없다는 이유로 가스로 죽이려 했다. 기술 유토피아에 경도된 시야를 지닌 사람들(예를 들면 미국과 소련의 몇몇 과학 및 기업 엘리트들)은, 추상적인 예술과 음악을 쓸모없는 것으로 모욕하는 경향이 있다. 왜냐하면, 그들이 보기에는 쓸모 있는 기능을 하지 않기 때문이다. 경력 강박감에 사로잡힌 학생들이나 청년들은 그들의 전문성 계발에 직접적인 보탬이 되지 않는 취미나 오락 또는 소일

거리를 멀리한다. 따라서 여기에는 위험이 있지만, 그 위험은 가치와 의미를 목적에 포함시키는 것에 있지 않다. 오히려 그 위험은 유용성 개념, 따라서 가치의 개념을 자신의 집단이 중요하다고 생각하는 목적과 계획으로 파국적으로 **좁히는** 것에 있다. 위험은, 의미 있는 인간 목적의 범위를 넓히고 깊게 하기를 꺼려해서 자신의 집단이나 국가 궤도 밖에 있는 사람들을 포함하지 않으려는 데 있다.

그러므로 나치주의자든 기술적 이상주의자든 모두 실제로는 세속적이지도 실용적이지도 않다. 그들은 아직도 인간 발전의 신화적 또는 형이상학적 단계에 어느 정도 빠져 있는 집단을 대표한다. 히틀러에게 독일의 운명을 완수하도록 그를 부른 것은 어느 때는 '신'이었고 어느 때는 '시대정신'이었다. 역사의 의미는 천년왕국에서 완성되는 것이었다. 정통 공산주의자에게는 인간에게 의존하지 않는 역사의 내적 논리가 있다. 따라서 인간은 그 의미에 자신의 개인적인 계획을 맞추든가 아니면 그 결과를 감수하지 않으면 안 된다. 공산주의가 이 숙명론의 요소들을 간직하는 한 그것은 계속해서 일종의 신 없는 '종교'가 될 것이다. 마찬가지로 미국의 사업 출세주의자에게는 성공이란 종교적인 사명의 잔여분이다. 그것은 인생의 어떤 의미가 아니라 바로 그 의미다. 그리하여 그는, 사람들이 자기와 완전히 다른 방식으로 의의를 찾는 매우 다양한 유형의 인생이 있을 수도 있다는 제안을 참을 수 없다. 예를 들어 비트족에 대한 관료의 공포와 적개심은 여기서 나온다.

자기 집단의 의미에 보탬이 되지 않는 의미를 배척하는 것은 세속화의 정반대다. 그것은 '역사의 **바로 그** 의미'를 식별할 수 있는 것처럼 보였던 형이상학 시대의 잔재다. 그것은 철저한 포괄성이 미처 나타나지 않았던 부족 문화나 마을 문화의 잔존물이다. 역사의 모든 사건의 배후와 내부에서 움직이는 **바로 그** 원형으로서 아우구스티누스의 하느님이나 애덤 스미스의 보이지 않는 손 또는 카를 마르크스의 변증법은 그 추종자들에게는 다른 관점과 목적에 대한 필연적인 불관용을 수반한다.

반면에 역사가 인간의 책임이라고 간주될 때 심문의 정당성 여부가 문제가 된다. 형이상학적 유령이 아닌 인간이 역사적 삶의 의미를 떠안는다면, 자기 씨족의 것과는 다른 목적들을 배척하기보다는 그 진가를 인정할 수 있다. 각기 다른 세계관들은, 서로 간의 파멸이 아닌, 그러한 다양성이 북돋아지고 자라날 수 있는 하나의 사회적인 틀을 만들기 위한 기회를 부여한다. 이상적으로 말하면 세속도시는 그러한 사회다. 세속도시는, 각각의 인간의 목적과 계획이 스스로를 일시적이고 상대적인 것으로 인정하기 때문에, 그 목적들과 계획들이 뒤범벅이 되어도 잘 번성할 수 있는 배경을 제공한다. 진정한 세속성은, 그 어떤 세계관도 그 어떤 전통도 그 어떤 이데올로기도 다른 것들을 용납하지 않는 공식적으로 강요된 유일한 세계관이 되지 않도록 요구한다. 이것은 또 다시 다원주의적 사회·정치제도를 요구한다.

우리는 보통 '종교적인' 문제라고 불러온 것을 역설하는 사람들이 점점 줄고 있다는 사실에 실망해서는 안 된다. 도시 세속인이 치유할 수 없을 정도로, 또 돌이킬 수 없을 정도로 실용주의적이라는 사실, 즉 종교적인 문제에 점점 무관심하다는 사실은 결코 재앙이 아니다. 그것은 도시 세속인이 신화와 존재론 시대의 생명 없는 껍질을 벗어버리고 기능의 시대에 들어가고 있다는 것을 의미한다. 그는 부족과 마을의 양식들을 뒤로하고 기술 사회인이 되고 있다. 그러므로 그는 이제 전에는 놓쳤던 성서의 메시지에서 어떤 음성을 들을 위치에 있을지도 모른다. 그는 몇 가지 점에서는, 미신적이고 종교적인 조상들이 하지 않았던 방식으로 '진리를 행할' 준비가 되어 있을지도 모른다.

알베르 카뮈와 불경성

노벨상위원회는 1957년 문학상 수상자로 알베르 카뮈를 지명했을 때 그를 "우리 시대에 인간 양심의 문제를 해명하는" 사람으로 정확하게 소개했다. 카뮈는 현대 의식의 가장 두드러진 문제, 즉 신이 없는 세상에서 어떻게 방향성과 고결성을 갖고서 살 것이냐 하는 문제에 본격적으로 손을 댔다. 그러나 카뮈에게 신의 부재는 단순히 슬퍼할 만한 사실이 아니었다. 그것은 필연적인 현실이었다. 이 세상을 초월하는 희망과 가치를 그는 이 세상에 대한, 따라서 이웃에 대한 반역으로 여기고 거부했다. "만약 신이 존재하지 않는다면 우리는 그를 만들어내야 한다"고 말한 볼테르와는 달리, 카뮈는 바쿠닌M. A. Bakunin에게 동조하면서 "만약 신이 존재한다면 우리는 그를 없애버려야 한다"고 말하곤 했다.

카뮈에게는 신의 존재와 인간의 책임 사이에 피할 수 없는 모순이 있었다. 그는 무신론자가 될 수밖에 없었다. 그러나 모든 무신론자는 특정한 종류의 무신론자가 될 수밖에 없다. 즉 그는 어떤 특정한 신을 믿지 않아야 한다. 카뮈는 분명히 고전적인 '기독교 무신론자'였다. 그는 정통 기독교 신학의 하느님이 인간의 자유 및 정의와 양립할 수 없다고 보았다. 따라서 카뮈는 그를 거부하지 않으면 안 되었다. 그렇지만 카뮈는 복수나 절망의 기분으로 그렇게 하지는 않았으며, 바로 이것이 카뮈로 하여금 많은 동시대인들의 고민에 찬 실존주의를 훨씬 넘어선 곳까지 나아가게 했다. 비록 그가 세상은 불합리하다는 선언으로 시작했지만, 카뮈는 그러한 현실에 대한 절망적인 또는 풀이 죽은 반응은 거부했다. 그 대신 그는 이른바 "극복할 수 없는 여름"의 즐거움, 즉 인간 상호 의존의 순수한 행복을 찬양했다.

카뮈는 그의 무신론이 광적인 반신론反神論으로 타락하도록 내버려두지 않았다. 왜냐하면, 그 반신론은 하나의 새로운 종교가 될 수도 있었기 때문이다. 그는 곧 초기 소설 《이방인》의 귀에 거슬리는 소리를 없애고는 자신의 어조를 조절했다. 카뮈는 뭔가 다른 세상의 비존재보다는 이 세상, 그 희망과 고통에 대해서 더 많은 관심을 지녔다. 이런 의미에서 그는 케네디 같았다. 케네디는 가톨릭 신자였지만 어떤 다른 세상을 믿는다고 해서 이 세상에 대한 정열적인 관심을 잃어버리진 않았다. 케네디와 카뮈 둘 다 세속인이었다. 두 사람 모두 지상의 지평선 안에서 사람들을 괴롭히는 문제들에 초점을 두었다. 케네디에게는 그것이 정치 문제였으며 카뮈에게는 윤리와 의미의 문제였다.

카뮈는 전통적인 기독교 신관과 인간의 완전한 자유 및 책임 사이에 본질적인 모순이 있다는 것을 알았다. 그는 이 모순을 매우 진지하게 직시했으며, 우리도 역시 그것을 직시하지 않으면 안 된다. 이 문제와 맞붙어 싸우면서 카뮈는 프랑스 혁명의 진짜 자손이 된다. 그는 피에르 조셉 프루동Pierre-Joseph Proudhon(1809~1865)의 발자취를 따른다. 왜냐하면, 프루동은 카뮈가 고민한 주제들 중 많은 것을 처음으로 언명했기 때문이다. 프루동은 일찍이 "신은 악이다"라고 썼다. 왜냐하면, 신이 인간에게서 인간 자신의 창조력과 예지력을 빼앗기 때문이다. 그러므로 프루동에게는 "자유롭고 지적인 인간의 첫 번째 의무는 그의 의식에서 신에 대한 생각을 끊임없이 쫓아내는 것이다".[7] 역사는 신과 인간 사이에 벌어지는 경쟁이며, 인간은 신이라는 적을 그의 왕좌에서 쫓아냄으로써만 승리를 얻을 것이다.

프루동에게는 그럴듯한 태도와 과장 어구가 상당히 많다. 그렇지만 그는 자신과 그의 급진적 동료들이, 초기 기독교인들에 힘입어 시작된 '탈운명화' 과업을 수행하고 있다고 실제로 믿었다. 프루동은 우리가 지적한 바와 같이 최초의 기독교인들이 세속화 운동을 하는 사람들이었다고 보았으며, 한층 더 그들의 작업을 밀어붙일 때가 왔다고 믿었다. 초기 기독교인들은 이교도 신들을 내쫓고 인간을 그 공포에서 해방시켰다. 그들은 동시대인들에게 무신론자라는 비난을 받았다. 프루동은 자신을 그들의 후계자로 보았으며, 카뮈는 프루동의 후계자다. 인생의 끝 무렵에는 프루동조차도 자신의 태도를 다소 누그러뜨림으로써 그와 카뮈의 분위기는 유사성이 더욱더 뚜렷해진다. 그의 《실증 철학 positive philosophy》에 나오는 다음 구절은 카뮈의 《페스트》의 분위기를 생생하게 연상시킨다.

오늘날 문명은 그야말로 위태로운 단계에 있다. ……모든 전통은 쇠락했으며 모든 믿음은 파괴되었다. ……모든 것이 선의의 사람들을 슬프게 한다. ……우리는 밤을 헤쳐나가야 할 것이며 너무 슬퍼하지 말고 이 인생을 견디는 데 최선을 다해야 한다. 서로 격려하자. 어두움 속에서 서로를 불러 모아 기회가 주어지는 한 자주 정의를 행하자.[8]

카뮈는 얼마든지 이런 말을 쓸 수 있었을 것이다. 그의 선배의 선명한 수사법이나 자기만의 청년다운 프로메테우스주의를 내세우지 않았지만, 그럼에도 카뮈는 인간이 기독교 신학의 전제적인 신과 완전한 인간이 되는 것 사이에서 선택하지 않으면 안 된다고 조용히 주장했다. 이 선택을 하고 나서야 비로소 인간은 "기회가 주어지는 한 자주" 정의를 위해 노력하는 데 온 주의를 기울일 수 있다.

카뮈가 우리에게 제시하는 선택은 불가피한 것이며 또 카뮈가 이해한 대로의 선택이라면 우리는 그와 함께 선택할 수밖에 없다고 나는 믿는다. 인간의 창조성을 거세하고 동료에 대한 책임을 무력하게 하는 신이라면 폐위되지 않으면 안 된다. 프루동뿐만 아니라 니체와 마르크스도 이렇게 보았다. 차이점은, 우리 시대에는 그 문제가 무신론자인 체하며 뿔뿔이 흩어진 소수 지식인들이 아니라 도시 세속 문명의 성격 전체에 의해 강요된다는 것이다. 카뮈는 하나의 작은 종교 집회가 아니라 새로 대두하는 세대 전체를 대변했다.

중심 문제는 다음과 같은 것이다. 인간이 삶을 영위할 때 기준으로 삼는 의미와 가치의 원천은 무엇인가? 그 원천은 신이 만들고 부과했는가 아니면 인간 스스로가 그것을 만들어내는가? 인간의 기획이 어떤 의의를 지니든 간에 자신을 그 의의의 원천으로 생각하는 것이 도시 세속인의 특징이다. 그의 인식은 현대 문화인류학과 지식사회학에서 확인된다. 상징 체계들, 즉 인간의 삶에 가치와 방향을 주는 의미의 배열들은 주어진 사회의 투영으로 간주된다. 그것들은 사회가 변하면 예측할 수 있는 방식으로 바뀐다. 그것들에게 초시간적인 또는 신적인 것은 없다.

그러나 인생에서 의미의 원천에 대한 이 이론은 신에게서 그의 신적인 특권을 박탈하는 것은 아닌가? 우주에서 인간의 위치에 대한 이처럼 당당한 평가를 우리는 어떻게 동시에 신을 제한하거나 그의 지위를 떨어뜨리는 일 없이 받아들일 수 있는가?

이러한 질문들에 대답할 때에는 카뮈가 특별한 종류의 무신론자였다는 것을 다시 한번 강조하는 것이 중요하다. 내 견해가 맞다면, 그가 거부한 신은 전통적인 기독교 유신론의 신이다. 그러나 나는 카뮈의 신의 거부와 이 신에 대한 기독교의 방어 모두 잘못되었다고 생각한다. 카뮈의 무신론과 기독교의 유신론 모두 하느님에 대한 불충분한 교리에서 비롯하는데, 그 교리 자체가 형이상학 시대의 유물이다. 카뮈의 무신론과 기독교의 유신론은 성서적인 것이 아니라, 본질적으로 플라톤적이거나 아리스토텔레스적인 신 개념 때문에 생겨난 것이다. 만약 우리가 신을 개념화한 전통적인 형이상학 범주들을 성서에 따라 수정한다면, 전제적인 신에 대한 카뮈의 이의에 적어도 부분적으로는 응할 수 있다고 나는 믿는다. 사실 신에 대한 진정으로 성서적인 교리는, 인간 자신이 문화적 의미의 원천이라는 견해를 살아남게 할 뿐만 아니라 실제로 그러한 견해를 지지하고 격려한다. 기원전 950년의 것으로 추정되고 지금은 〈창세기〉 2장 4~22절에 있는 천지창조에 대한 고대 야훼주의자의 설명을 검토해보면 이러한 주장이 실증된다.

이 도발적인 이야기에서 가장 생생한 장면 가운데 하나는 야훼가 자신이 만든 인간이 혼자 있어야 하는 것을 좋지 않고 결심한 점이다. 그래서 야훼는 흙으로 "들의 모든 짐승과 하늘의 모든 새"(〈창세기〉 2장 19절)를 만든다. 그런데 그 다음에 신학적으로 결정적인 부분이 나온다. 야훼는 인간에게 "그가 그것들을 뭐라고 부르는지

보려고" 이 모든 피조물을 가져온다. 인간은 그것들에게 모든 이름을 준다 — 가축, 새, 짐승 그리고 야훼주의 저자가 결론짓는 바와 같이 "인간이 모든 생물을 뭐라고 부르든 그것이 곧 이름이 되었다."

이것은 진실로 주목할 만한 구절이다. 모든 한마디 한마디에 풍부한 신학적인 의미가 덧붙어 있다. 그 구절은 인간이 세상 창조에 주요한 부분을 담당한다는 것을 시사한다. 세상은 실제로 완성되지 않았으며, 그 구성 부분들이 '명명될' 때까지는 실제로 '세상'이 아니다. 헤브라이인에게 이름 짓는 것은 단순히 임의적인 딱지를 붙이는 것을 뜻하지 않았다. 그것은 어떤 것에 의미와 의의를 부여함을 뜻했다. 게르하르트 폰 라트Gerhard von Rad가 말하는 바처럼, 동물들에게 이름을 붙이는 것은 인간이 "그들을 그의 생에 편입시키는"[9] 방법이다.

여기서 이름 붙이는 행위는 고유하면서도 창조적인 행위다. 인간은 동물들을 '형성하지' 않지만 그들에게 이름을 준다. 그렇지만 명명과 형성을 너무 크게 분리해서는 안 된다. 〈창세기〉 1장에서 하느님이 그의 활동을 시작할 때 땅은 "형태가 없고" "비어 있는" 것으로 기술되어 있다. 하느님의 창조 행위는 형성하기, 분리하기, 이름 짓기를 모두 포함한다. 그래서 그가 인간을 창조한 다음 이 창조 행위에 인간을 참여시킨다. 이처럼 세상은 이미 완성되고 정리된 상태로 인간에게 오지 않는다. 세상은 부분적으로는 혼란스럽고 형태가 없이 와서 인간에게서 그 의의를 받는다. 인간이 동물들의 이름을 짓기 때문에, 동물들이 갖는 의미는 그들이 인간 생활에 편입된다는 사실에서 온다. 그것들의 의의는 그 동물들이 인간의 계획과 목적의 일부가 되었다는 것에서 생긴다. 폰 라트는 계속해서 우리에게 "고대 동양에서 이름을 주는 것은 일차적으로 통치권, 명령권의 행사였다"[10]는 점을 상기시킨다. 이러한 이유에서 폰 라트는 동물에게 이름 짓는 부분의 성서 구절을, "바다의 고기와 공중의 새들을 다스리라"고 하느님이 인간에게 명령하는 〈창세기〉 1장 28절과 밀접하게 관련시켜 읽어야 한다고 주장한다.

여기에 진실로 고귀한 인간관이 있다. 하느님은 이미 명명된 피조물들로 가득 찬 세계 속으로, 즉 명령에 따라 이미 확립된 관계와 의미 유형 속에 단순히 인간을 끼워 넣지 않는다. 인간 스스로가 그것들을 형성하지 않으면 안 된다. 인간은 그저 의미를 발견하지 않는다. 그는 의미를 만들어낸다.

신과 인간의 관계에 대한 이 성서의 기록을 플라톤의 의견과 비교해보라. 그 유명한 이데아론을 고안해낼 때 플라톤의 관심의 일부는 바로 이 사물을 '이름 짓는' 문제였다. 그는 온갖 사물들에 붙여진 사람이나 개 또는 나무라는 말들이 어떻게 해서 실체를 갖는가에 대해 의문을 품었다. 모든 푸들과 페키니즈는 개의 단순한 표현에 지나지 않는데 **바로 그** '개'는 어디에 있었는가? 그의 대답이 바로 이데아론이었다. 플라톤은, 지식의 대상은 우리가 이 현상 세계에서 지각하는 물리적인 사물이 아니라 일련의 불변하고 완전하며 영원한 이데아들이며, 이 모든 이데아들은 결국 정리되어 그가 선善의 이데아라고 부르는 것 밑에 놓인다고 주장했다. 이 초시간적인 이데아들은 결코 인간의 창조물일 수 없다. 오히려 인간은 그것들을 직관 행위로 인지한다. '이름'이 사람에 앞서지 그 반대가 아니다.

플라톤의 선의 이데아를 최고 실재ens realissimum, 즉 기독교 신학에서 모든 실재 중 최고의 존재인 하느님 관념과 동일시하는 것은,

몇 세기를 내려온 기독교 철학의 기본 요소였다. 영국의 유명한 플라톤학자인 테일러A. E. Taylor는 한때 다음과 같이 썼다.

'선의 형태'의 가장 두드러진 특징은, 그것이 모든 실재의 초월적인 원천이며 아울러 그 자신 이외의 모든 것을 이해할 수 있게 해주는 근원이라는 것이다. ……그것은 최고의 가치며 아울러 다른 모든 가치의 원천이다. ……따라서 형이상학적으로 선의 형태는 기독교 철학이 의미하는 신이며 다른 어떤 것이 아닌 것 같다.[11]

테일러의 견해가 이의 없이 받아들여지지는 않지만, 그것은 성서의 신과 플라톤의 선의 이데아가 녹아내려 하나의 새로운 합금처럼 융합해온 서양 철학의 오랜 전통을 반영한다. 그러나 그 과정에서 성서의 신에 관한 본질적인 어떤 것이 상실되었다. 아리스토텔레스가 플라톤을 비판하면서, 관념은 그에 **선행하는** 존재ante res를 갖고 있지 않으며 사물 자체 **속에서**in rebus 찾지 않으면 안 된다고 주장했을 때에도, 인간의 임무는 여전히 세계를 이해할 영상images을 만들어내는 것이 아니라 발견하는 것에 제한되어 있었다.

그리스인들에게 의미의 창조자로서 인간의 역할은 별로 중요하지 않았다. 사실 그리스인들에게 인간은 결코 창조자가 아니다. 신조차도 실제로 창조하지 않는다. 예일 대학 철학 교수인 존 와일드John Wild는, 나중에 성 토마스St. Thomas가 받아들인, '창조'에 대한 아리스토텔레스의 해석에는 부자연스러운 면이 있으며 진정한 창조가 결여되어 있음을 정확히 알아차린다. 곧 그는 아리스토텔레스의 해석이 "창조와 인과관계를 혼동한다"고 말한다. 그러나 그 치명적인 결과는, 와일드가 간파한 바와 같이 "인간의 정신이 의미의 능동적인 원천으로 간주되지 않는다는 것이다. 오히려 인간의 정신은 단한 번 세워진 사물들의 초시간적 구조의 수동적인 수용자".[12]

성 토마스는 아리스토텔레스를 따르기 때문에, 토마스주의 신학 전통에서 신과 인간의 관계는 성서 이야기와 유사성의 흔적만을 지닐 뿐이다. 세상은 더는 형성되고 찬양되어야 할 어떤 것이 아니라 "영원히 고정되고 완성된"[13] 위계질서를 지닌 우주 질서다. 아테네와 예루살렘의 전승에 대한 주의 깊은 한 연구는, 헬레니즘 인간이 성서적인 인간보다 신의 창조 사업에 훨씬 **적은** 책임을 진다는 것을 증명한다. 우리의 도시 세속인은 그리스인보다 더 성서적이며, 아울러 그와 성서 사이의 거리는 몇몇 사람들이 상상하듯 그렇게 건널 수 없는 것이 아니다.

플라톤과 아리스토텔레스의 인간 지위와 창세기의 인간 지위를 놓고 방금 비교한 관점을 따르면, 성서보다도 그리스 철학이 서양 철학자들에 의해 종종 가장 숭고한 휴머니즘의 원천으로 읽혀왔다는 점은 아이러니다. 나는 이것이 부정확한 해석을 대표한다고 생각한다. 물론 고려 대상이 되어온 많은 성서 이미지들이 있고 주로 타락론이 그러했다. 그러나 이러한 의문스러운 성서 독해의 많은 부분은, 분명히 테일러가 "기독교 철학"이라고 말한 것 속으로 그리스적 이미지와 성서적 이미지를 융합하려는 시도에서 비롯했다. 그것은 해결할 수 없는 수수께끼의 끝없는 연속을 만들어냈으며 성서의 견해를 우리의 경험과는 완전히 모순될 정도로 심각하게 변질시켜왔다. 지금에 와서야 세속도시와 그 문화의 출현으로 우리는 문제 전체가얼마나 모호해졌는지를 보기 시작한다.

그리스인들의 주문에 매혹된 여러 세대의 성서학자들은, 성서에 서는 인간이 형성되고 신의 협력자로서 혼돈을 다스리고자 일하기 시작한 다음에야, 비로소 창조가 신에 의해 완성된다는 놀라운 사실을 무시하거나 경시했다. 이것은 사실 창조가 실제로 '완전하지' 않다는 것을 뜻한다. 〈창세기〉 이야기는 인간과 신이 항상 '하고 있는' 어떤 일을 묘사한다. 기독교 철학의 오류의 일부는 무로부터 창조 creatio ex nihilo에 대한 상당히 기계적인 주장에서 나왔다. 신이 세계를 무에서 유로 만들어냈다는 것을 부정하지 않되, 우리는 게르하르트 폰 라트와 함께 이것이 진정한 핵심이 아니라는 것을 계속해서 알지 않으면 안 된다. 〈창세기〉 이야기의 관심은 "무와 창조의 양극 사이에서 움직이기보다는 혼란과 질서 사이에서 움직인다".[14] 신은 혼란에 이름을 줌으로써 그것을 정돈한다("하느님은 빛을 낮이라 부르셨고 어두움을 밤이라고 부르셨다"〔〈창세기〉 1장 5절〕). 인간은 생명이 있는 피조물(〈창세기〉 2장 20절)과 여자(〈창세기〉 3장 20절)에게 이름을 줌으로써 하느님과 더불어 참여한다. 신과 인간은 무질서한 혼란을 하나의 세계가 되게 해주는 상징과 의미를 함께 만든다. 우리가 그 기록을 이렇게 읽으면, 무신론과 유신론 모두의 전제적인 신은 사라지고 야훼와 인간의 협력이 똑똑히 보인다.

이스라엘의 하느님이 플라톤의 선의 이데아나 아리스토텔레스의 원동자Prime Mover로 희미해지도록 고전 철학자들이 기꺼이 용인한 것은 치명적이었다. 그 결과 세속도시 시대에 카뮈 같은 사람들에게, 신과 인간의 자유 **사이에서**, 즉 기독교 신앙과 인간의 창조성 사이에서 선택도록 강요하는 신의 교리를 낳았다. 그것은 기독교로 하여금 이전 시대의 가치와 제도를 버리는 데 주저하게 만들었으며, 있을 수 있는 것을 상상해 보여주는 것보다 존재하는 것을 자리바꿈하고 재배치하는 데 치우친 정신 상태를 낳았다. 고대 그리스 철학은 우리가 끊임없이 동화되려고 노력해야 할 불변의 객관적인 질서를 필요로 했기 때문에, 급진적인 인간의 창조력은 불가능해 보였다. 그러나 혼란은 종점에 닿은 것 같다. 존 와일드가 플라톤을 당당하게 반박하면서 말하듯이, "우리는 객관적인 우주가 과연 어떤 의미에서든 인간의 생명 세계에 선행하며 그것과는 독립적인지 의심할 수 있다."[15]

물론 와일드 교수는 유인원의 출현 이전에 물리적인 태양계가 존재했다는 점을 부정하는 것이 아니다. 그가 의미하는 것은, 정돈되고 객관적인 그리고 지각할 수 있는 세계가 그것을 밝혀줄 인간의 단조로운 노력을 기다리면서 단순히 '거기에 있지' 않다는 말이다. 오히려 세계의 의미 있는 정돈은 그 자체가 인간의 기획, 즉 인간이 신의 협력자로서 맡는 사업이다. 와일드의 진술은 창조에 대한 〈창세기〉의 기록이 우주의 지질학적 기원에 관심이 없다는 것을 우리에게 다시 한번 상기시킨다. 그 기록은 '세계', 즉 무질서의 혼란에서 빠져나온 의미의 질서를 창조하는 것과 관련이 있다.

형이상학이 신에 대한 성서적 교리를 약화시켜왔지만, 이제 그 성서적 교회를 추출해내는 일은 오늘날 가장 중요한 신학적 도전 가운데 하나를 제공한다. 우리는 그것을 나중에 더 자세하게 다룰 것이다. 그러나 그 일이 성취된다고 해서 카뮈 같은 사람들이 갑자기 기독교인이 될 거라고 암시한다면 생색내는 셈이 될 것이다. 신앙인과 진지한 회의주의자의 차이가 단지 말뿐에 지나지 않는다고 내비치는 것은 옳지 않다. 그 둘 사이에는 간과될 수 없는 진정한 차이가 있다. 그러나 바로 이 진짜 차이를 밝히고 해명하는 것이야말로 우리가 거짓 차이를 폭로하고 버리는 일이 된다. 카뮈가 고전적인 유신론의 교리를 신뢰했건 안 했건 간에 그것은 그가 기독교를 떠난 이유가 아니다.

우리는 기술도시인이 실용적이며 불경하다는 것을 알았다. 그러나 실용주의와 불경 속에 사는 그를 진지하게 대하면서, 우리는 도시화 이전의 문화 속에 살았던 종교적이며 형이상학적인 선조들보다 기술도시인이 성서의 인간관에 더 가까운 바로 그 지점에 있음을 알았다. 그렇지만 존 F. 케네디와 알베르 카뮈를, 우리 시대를 가장 잘 특징짓는 낙천적인 합리성과 침착한 자신감의 화신으로 부른 데는 어떤 아이러니한 점이 있다고도 말할 수 있을 것이다. 우리 시대에는 다른 흐름, 즉 더 어두운 흐름이 있을 뿐만 아니라 이 두 사람 모두 몇몇 사람들에게는, 알 수 없는 운명과 인간적 공허함의 상징이 되었기 때문이다. 두 사람 다 비이성의 폭발에 의해 망각 속으로 내던져졌다. 그들의 생애가 꽃을 피우기 시작할 때, 한 사람은 암살자의 총탄으로 또 한 사람은 자동차 사고로 끝났다. 그들의 빠른 허무한 죽음은 우리 세계의 어둡고 당찮은 두려움을 불러내어, 그들이 옹호한 성숙함과 분별 있는 책임감이라는 개념들에 의심을 품게 하는 것은 아닌가?

나는 그렇지 않다고 생각한다. 케네디는 이성을 정치에 응용하는 데 명수였고, 그의 이른바 암살자는 도스토옙스키의 어느 소설에 나오는 인물처럼 보이지만, 그래도 역시 승리를 한 쪽은 케네디의 정신이지 살해자의 정신은 아니다. 카뮈의 경우도 마찬가지로, 전쟁과 강제 수용소의 공포조차 그로 하여금 《페스트》를 끝마치면서 내리는 판단 — "사람들에게는 혐오스러운 것보다 존경할 만한 것이 더 많다" — 을 바꾸게 할 수는 없었다.

틸리히, 바르트 그리고 세속 양식

세속인의 실용주의와 불경성에 대한 우리의 긍정은, 우리 시대의 인간과 이야기하고자 힘차게 노력한 유명한 두 조직신학자들의 접근 방식을 두고, 몇 가지 골치 아픈 문제를 제기한다. 폴 틸리히와 카를 바르트 두 사람 모두 각자 자신의 방법으로 현대인의 세속성이라는 까다로운 문제와 자진해서 싸우며, 현대인에게 성서의 메시지를 전하려는 야심찬 노력을 시작했다. 틸리히는 대담하게 실존주의와 심층심리학을 이용하여 그 일을 했다. 바르트는 전승된 복음에 조개삿갓처럼 달라붙은 관념론과 이데올로기의 단층들을 파고들어가 진정한 하느님의 말씀을 다시 찾으려 하며 그 일을 했다. 세속인의 양식에 대한 우리의 진단은 그 두 사람이 하고 있는 바와 어떻게 어울리는가?

비록 중요한 점에서는 우리의 진단이 두 사람 모두와 꽤 멀리 떨어져 있지만 틸리히보다는 바르트와 어느 정도 일치한다. 틸리히는 문화에 대한 신학적 분석의 위대한 선구자였다. 그는 이 책에서 이용된 방법들 중 몇 가지를 만들어내고 다듬었다. 그러나 앞에서 한 분석 중 많은 부분이 틸리히의 신학적 방법에 근본적인 이의를 제기한다는 것은 의문의 여지가 별로 없다. 틸리히의 접근 방법에는 실용주의적인 인간을 위한 여지가 없다. 그의 접근 방법은 인간은 그의 본성상 이러한 '궁극적인' 또는 실존적인 질문들을 **틀림없이 한다**는 가정 위에 서 있다. 분명히 틸리히는 시대에 따라 다른 형태로 그러한 질문들을 한다고 말했다. 1세기 인간은 죽음과 불멸에 관심이 있었다. 16세기 인간은 죄와 형벌에 대해서 관심이 있었다. 20세기 인간은 무의미의 위협에 괴로워하고 있다. 그 질문은 언제나 행해진다고 틸리히는 주장했다. 게다가 이러한 공식 진술들 각각의 밑에는 '궁극적인 관심'이라는 똑같은 기본적인 질문이 숨어 있다. 우리는 이 궁극적인 관심을 밝히고 의식하지 않으면 안 되는데, 왜냐하면 그것은 복음에서 대답을 얻는 질문을 제기하기 때문이라고 틸리히는 주장했다.

틸리히는, 비전통적인 방식으로 제기되는 경우라 할지라도 여전히 '종교적인' 질문들을 할 필요성을 느끼는 사람들과 이야기했다. 이러한 질문들은 그가 인간 존재의 구조 자체에 내재한다고 믿었던 것들이다. 그러나 어려운 점은 그것들이 분명히 모든 사람에게 또는 그야말로 대다수의 사람에게 일어나는 질문이 **아니라는** 것이다. 그러한 질문들은 새롭게 등장하는 도시 세속인을 그리 자주 괴롭히지 않는다. 그것들은 사실 결코 존재의 구조에서 생겨나는 것이 아니라 전승된 세계관과 문화적 의미가 침식될 때 생겨난다. 그러한 질문들은, 밤에 잠을 깨어 그들의 유신론적 신앙 전체가 하나의 억측 위에 세워져 있었다는 것을 알게 된 사람들의 충격과 두려움을 표현한다. 그 충격과 두려움의 외형상의 철학적 표현인 실존주의와 마찬가지로, 틸리히가 우리 모두에게 묻고 싶어 하는 '궁극적인 질문'은, 헤겔의 종합은 현실적 토대를 얻을 자격을 잃었으며 기독교 문명은 사라졌고 그 신은 죽었다는 서양인의 깨달음에서 나온다. 틸리히의 생애는 이 무서운 깨달음의 시기에 걸쳐 있었으며, 그는 정신 생활에서 동일한 변천을 겪고 있는 사람들에게 비할 수 없는 영향력을 갖고 이야기했다. 따라서 그는 신학자의 신학자였으며, 더는 믿음을 주지 못하는 신앙 속에서 자란 사람들에게는 없어서는 안 되는 위로자였다.

그러나 오늘날의 도시 세속인은 이러한 순결성의 상실을 겪지 않았다. 그는 우선 결코 순결하지 않았다. 도시 세속인은, 신이 설계했거나 또는 적어도 사물의 본성 속에 써넣었다고 받아들였던 의미가, 결국은 인간이 고안해낸 것이며 다른 것으로 대체될 수 있다는 냉혹한 발견에 결코 동요되지 않았다. 그에게는 항상 세계에는 어떤 고안된 의미라곤 전혀 없어 보였기 때문에, 그는 틸리히가 "무의미성"에 매료된 점에 당황하는 경향이 있다. 또한 틸리히가 《존재에의 용기 The Courage to Be》에서 말한 바처럼,[16] 전통적인 유신론의 신이 "의심의 불안 속에서 사라졌을 때" 나타나는 "신 위의 신"도 결코 등장할 기회를 얻지 못한다. 왜냐하면, 무엇보다도 사라져야 할 전통적인 신이 결코 거기에 없었기 때문이다. 유신론의 신에 대한 '의심의 불안'이라 해도, 오늘날의 인간이 그러한 상태에 가장 가까이 가봐야 가벼운 호기심 아니면 기껏해야 일종의 아쉬움에 지나지 않는다. 도시 세속인은 종교적인 세계관을 위한 장례식이 거행된 다음에 마을에 왔다. 그는 그 어떤 상실감도 느끼지 않으며 애도하는 데 관심도 없다.

철학의 실존주의와 폴 틸리히의 신학 모두 형이상학적 유신론과 서양 기독교 문명의 신의 죽음과 함께 시작된 애도 시기의 표현이다. 그러나 그 여파는 이제 끝났다. 실존주의 신학과 철학은 새로 대두하는 시대의 정신과 함께하지 못하며 오히려 구시대의 죽음을 상징하기 때문이다. 실존주의가 "부르주아 타락의 증후"라고 한 마르크스주의자의 주장에는 어느 정도 타당성이 있다. **불안**과 현기증이라는 실존주의 범주들이 새로운 시대의 풍조에는 점점 더 부적절한 것처럼 보이기 때문이다. 세속도시의 시대에는 우리가 관심을 갖는 질문들이 대개 기능적·효능적이 되는 경향이 있다. 우리는 권력이 어떻게 통제되고 책임 있게 사용되는지 궁금해한다. 우리는 급하게 맞닥뜨린 기술 사회에서 어떻게 합리적인 국제 질서가 생겨날 수 있는지 묻는다. 우리는 어떻게 하면 끊임없이 기아에 허덕이는 세계 인구를 만들어내지 않고도 의학의 마술을 충분히 응용할 수 있을까 염려한다. 이것들은 실용적인 질문이며 우리는, 종교적 관심이라고 해봐야 기껏 주변적인 것에 머무르는 실용적인 인간이다.

우리의 실용적인 질문의 중심에서, 옛 질문들의 메아리를 들을 수 있는 것은 사실**이다**. 즉 우리가 어떻게 구원받을 수 있으며, 죄의식과 불충분함을 어떻게 극복할 수 있고, 어떻게 의의를 분별하며, 어떻게 목적을 가지고 살아갈 수 있는지 말이다. 그러나 진정한 차이가 있다. 이전 시대의 인간은 그의 질문에 대한 대답을 위해서 뮤즈, 신 또는 '가치'에 의지했다. 세속인은 대답을 위해서 자신과 동료들에게 의존한다. 그는 교회, 성직자나 신에게 요구하지 않는다. 이것은 그가 종교에 대한 존경심이 없기 때문이 아니다. 그는 아마도 반성직주의자는 아닐 것이다. 세속인은 단순히 자기가 관심을 갖는 문제들이 다른 영역과 관련이 있다고 느낀다. 모든 동시대인들과 마찬가지로 그는 전문가이며 다른 전문성을 지닌 사람들에 대해서 보통 신중하고 관대하다. 그러므로 의식적이건 아니건 간에 우리가 대화를 하기 전에 세속인에게 종교적인 질문을 하도록 강요하려 드는 것은 요령 없고 부당한 일이다. 우리는 실용적인 인간을 있는 그대로 인정하는 것으로 시작하며, 이것은 우리가 틸리히와 갈라져야 함을 뜻한다.

만일 우리가 틸리히와 맞서는 것처럼 보이는 것이 세속인의 실용주의를 인정하는 데 있다면 우리가 바르트의 독특한 공헌을 부정하는 것처럼 보이는 것은 두 번째 문제, 즉 세속인의 불경성을 긍정하는 데 있다. 바르트의 초기 신학에서 그의 모든 강조점은 신과의 간격을 이을 수 있는 인간의 능력에 물음표를 붙이는 것이었다. 이미 나타나기 시작한 다양한 형태의 문화종교 및 종교적 휴머니즘과는 대조적으로, 그는 인간을 위해 활동하는 신의 전적이면서도 확실한 주도권을 재확인하고 싶어 했다. 이러한 이유에서 바르트의 초기 저작의 분위기는 날카로운 분리diastasis를 내세웠다. 복음은 종교와, 신은 인간과, 천국은 지상과 분리되지 않으면 안 되었다. 그의 유명한 《로마서 강해 Der Römerbrief》 재판 서문에서 바르트는 다음과 같이 말한다. "만일 나에게 하나의 체계가 있다면 그것은 키르케고르가 '시간과 영원 사이의 무한한 질적인 차이'라고 부른 것을…… 내 앞에…… 두고 있다는 사실이다."[17]

불행하게도 많은 미국인들은 이것이 바르트가 걸어간 길의 전부라고 믿는다. 만일 그렇다면, 세계에 질서를 주고 이름 붙이는 창조작업에서의 인간과 신의 협력에 대해 우리가 방금 말한 것들은 그의 신학과 날카로운 대조를 이룰 것이다. 그러나 실제로 그 분리는 바르트의 저작에서 예비 단계만을 형성했을 뿐이다. 이제껏 몇 년 동안 그가 훨씬 크게 강조한 대로, 신과 인간 사이에 크게 벌어진 간격에 대해 말해야 할 가장 중요한 것은 바로 그 간격에 다리가 놓였다는 사실이다. 신은 예수 그리스도 안에서 그 깊은 틈을 건너셨다.

바르트 신학의 두 시기는 필연적인 통일성을 이룬다. 인간을 해방시키는 신의 애정은 '무한한 질적인 차이'의 관점에서 보면 더욱 영광스러운 것이 된다. 그러나 한층 더 중요한 것은, 바르트가 신의 초월성과 전적인 자유를 심할 정도로 완고하게 주장함으로써, 무신론자가 되지 않아도 인간의 창조성을 이해할 수 있는 무대를 마련했다는 것이다. 인간에게 의지하는 신은 결국 인간의 자유와 창조성에 무시무시한 제한을 가한다. 이에 반해 폴 램지Paul Ramsy가 일찍이 말한 바처럼, "자기 스스로 존재하며 자신의 형상대로 인간을 창조하는 초월적인 신은 이미 충분히 신성을 지니고 있어, 본질적으로 인간의 문화 생활을 제한할 필요가 없다".[18]

바르트 신학의 빛나는 업적은 인간을 필요로 하지 않는 신이다. 그러므로 신은 인간으로 하여금 살아가게 할 수 있다. 신과 인간이 서로 충분히 분리되었을 때에만 신은 인간을 제한하거나 억압하지 않으면서 그에게 가까이 갈 수 있다. 이것은 본회퍼가 "……우리는 이 세계의 불신앙을 그럴싸하게 얼버무려서는 안 되고 오히려 그것을 새로운 관점에서 드러내야 한다. 이제 세계는 어른이 되었고, 세계는 더욱 신을 믿지 않으며 바로 그러한 이유에서 세계는 전보다 더 신에 가까이 있다"[19]고 썼을 때 뜻한 것이었을지도 모른다. 바르트의 신학에서 그러한 것처럼 신화와 존재론의 마지막 단계들이 사라져감에 따라, 지배하고 형성하며 창조하고 탐험하는 인간의 자유는 이제 지구의 끝과 그 너머로 뻗어 나간다.

바르트가 그의 신학적인 발전에서 이 두 보완적인 운동을 수행하면서 그 둘 모두를 똑같이 잘 성공시키지 못한 것은 놀라운 일이 아니다. 바르트는, 예를 들면, 신이 인간을 자신의 **협력자**로 선택했다는 사실의 충분한 중요성을, 그가 할 수 있을 만큼 완전하게 드러내지 않는다. 따라서 만일 협력자가 신의 형상에 따라 창조된 존재라면, 비록 본래 주도권은 신의 것이라 해도 인간에게서 파생된 주도권은 신학과 삶에서 더 큰 자리를 찾아야 한다.

그렇다 해도 오늘날 누구도 바르트가 인간의 역할을 훼손시키는 신학 체계를 세웠다고 주장할 수는 없다. 그의 《교의학 Die Kirchliche Dogmatik》에 나오는 이 전형적인 인용문은 인간이 바르트의 체계에서 높은 자리를 차지한다는 것을 보여줄 것이다.

> "신이 전부며 인간은 아무것도 아니다"라는 신조가 충격적인 단순화일 뿐만 아니라 완전한 헛소리라는 것은 분명하다. ……신의 은총으로 말미암아 인간은 아무것도 아닌 것이 아니다. 인간은 신의 인간이다. ……인간은 그 자신이 자유로운 주체, 즉 자유롭게 계약을 맺은 신의 동반자로 회복됨으로써 단번에 자유로워진 주체로서 인정받는다. ……우리는 인간에게서 너무 많은 것을 또는 너무 위대한 것을 말하거나 요구하며 기대할 수 없다.[20]

우리는 아마도 인간에게서 너무 위대한 것을 기대할 수 없을 것이다! 바로 여기에, 비록 충분히 갖춰지진 않았지만 하나의 신학적 인간관이 기초를 둔다. 그 인간관은, 삶의 의미의 창조자요 역사에 방향을 지시하는 상징의 형성자로서 인간이 지닌 책임을 반대하기보다는 찬양한다. 바르트 자신은 "복음주의 신학 사상의 방향 전환"[21]을 요구했는데, 이는 그의 신학이 해낼 수 있는 인간 찬양에 대한 더욱 철저한 작업이 될 수도 있었다.

우리는 기술도시인을 그의 실용주의와 불경성을 통해 긍정했다. 그렇게 하기 위해서 우리는 성서를 버리지 않았다. 반대로 우리는 성서의 진리관과 창조관이 세속도시의 양식과 중요한 유사 영역을 보여준다는 것을 발견했다. 그러나 우리는 어떤 점에서 틸리히와 의견이 달라야 했으며, 또 바르트가 가고자 했던 것보다 더 멀리 가야 했음을 알았다. 여기에 어떤 감상적 의도란 없다. 신학은 하나의 살아 있는 정신이다. 복음은 인간에게 자신의 발전 이전 단계로 돌아가라고 요구하지 않는다. 복음은 인간에게 의존, 두려움, 종교성으로 후퇴하라고 권하지 않는다. 오히려 복음은 상상력이 풍부한 도시성과 성숙한 세속성을 부른다. 복음은 인간에게 이 세계의 문제에 관심을 끊으라고 요청하는 것이 아니라, 이 세계의 문제가 지닌 온 무게를 창조자의 선물로 받아들이라는 초대다. 복음은 이 기술 시대의 인간이 되어, 기술 시대가 의미하는 모든 것을 가지고, 그 시대를 모든 이들이 살아갈 인간적인 거처로 만들도록 노력하라는 부르심이다.

주

1 Harry O. Morton, "The Mastery of Technological Civilization," *The Student World*, LVI(First Quarter, 1963), p. 46.

2 C. A. van Peursen, "Man and Reality — the History of Human Thought," *The Student World*, LVI(First Quarter, 1963), p. 13.

3 같은 책, p. 16.

4 같은 책, p. 17.

5 C. A. van Peursen, "The Concept of Truth in the Modern University," *The Student World*, LVI(First Quarter, 1963), p. 350.

6 Harry O. Morton, 앞의 책, p. 48.

7 Karl Löwith, *Meaning in History*(Chicago: University of Chicago Press, 1949), p. 63.

8 같은 책, p. 66.

9 Gerhard von Rad, *Genesis, A Commentary*(Philadelphia: Westminster Press, 1961; London: SCM Press), p. 80.

10 같은 책, p. 81.

11 A. E. Taylor, *Plato, the Man and His Work*(New York: Meridian, 1959), p. 289.

12 John Wild, *Human Freedom and Social Order*(Durham, N. C.: Duke University Press, 1959), p. 161.

13 같은 책, p. 159.

14 Gerhard von Rad, 앞의 책, p. 49.

15 John Wild, 앞의 책, p. 63.

16 Paul Tillich, *The Courage to Be*(New Haven: Yale University Press, 1952; London: Fontana Books), pp. 189~190.

17 바르트 신학의 발전에 대한 간략하면서도 훌륭한 설명으로는, 바르트의 *Church Dogmatics*(New York: Harper & Row, 1963; Edinburgh: T. & T. Clark)의 발췌문 선집에 대한 골위처H. Gollwitzer의 서론을 보라.

18 Paul Ramsey, "preface to Gabriel Vahanian," *The Death of God*(New York: Macmillan, 1962), p. 224.

19 Dietrich Bonhoeffer, *Letters and Papers from Prison*(New York: Macmillan, 1962), p. 224.

20 Karl Barth, *Church Dogmatics*(Edinburgh: T.& T. Clark, 1958), pp. 89, 90.

21 Karl Barth, *The Humanity of God*(Richmand: John Knox Press, 1960; London: Collins), p. 37.

chapter 4

교차문명의 전망에서 바라본 세속도시

세속도시의 시대는 서양에서뿐만 아니라 전 세계에 걸쳐 나타나고 있다. 무역업자, 개척자, 선교사와 혁명가에 힘입어 탄생된 세속화의 씨는 오래전부터 뿌리를 내리고 꽃피고 열매를 맺기 시작했다. 남미와 인도의 도시화와 아프리카와 중국의 산업화가 점점 빠른 속도로 진행되고 있다. 이 모든 일이 일어나면서 분명해지는 것은, 세속화는 비록 그것이 어디에서 일어나든 일정한 공통된 특징을 드러내긴 하지만, 그것이 뿌리내린 문화의 역사적 배경은 폭넓은 차이가 있어 여러 기술도시 영역의 존재 방식 전체에서 다양성이 뚜렷해진다는 점이다. 어느 한 세속도시도 다른 세속도시와 같지는 않다.

이 장에서는 독특한 지역들을 대표하는 네 개의 도시가 세속화 과정의 풍부한 다양성을 예증할 것이다. 이 이질성이 현대 세계의 귀중한 특징이며, 따라서 보호되어야 한다는 것은 분명하다. 세속 문명이 단색이거나 동질적이어야 할 필요는 없다. 그러나 다양성이 가져다주는 색깔과 성격은 우연한 것이 아니다. 세속도시의 다른 모든 부분과 마찬가지로 다양성은 계획되어야 하며 그렇지 않으면 그것은 생겨나지 않는다. 이것은 지역 설계가와 도시 개혁 전문가가 명심하지 않으면 안 되는 것이다. 대조와 다양성은 인간 환경의 본질적인 구성 요소들이다. 인간이 자연의 뒤를 이어 이러한 환경을 만들 때 비유사성을 북돋아야 한다.

우리가 이 장에서 방문할 네 도시는 뉴델리, 로마, 프라하, 보스턴이다. 짧기는 했지만 나는 네 도시 모두와 직접적인 인연이 있다. 그 네 도시는 각각 동남아시아, 서유럽, 동유럽 및 미국에서 세속화와 도시화의 행진을 대표한다. 네 도시는 저마다 세속화의 압력을 다르게 느꼈는데, 그 이유 중 일부는 도시들의 다양한 역사 때문이다. 이 도시들의 발전 경로는 세계적인 도시 문명의 출현이 특정 도시의 독특한 색채를 말살하거나 그 성격의 독특함을 지워버릴 필요가 없다는 것을 증명한다.

이번 여행 또한 앞의 한 장에서 행한 중요한 구별 ― 하나의 역사적인 움직임으로서 **세속화**와 하나의 이데올로기로서 **세속주의**의 차이 ― 을 증명할 것이다. 그 둘은 결코 혼동되어서는 안 된다. 세속화는 해방 과정이다. 그것은 옛적의 억압을 제거하고 어리석은 인습을 뒤집어엎는다. 그것은 인간에게 사회적·문화적인 생활을 넘겨주며 비전과 능력의 계속적인 발휘를 요구한다. 세속주의는 세속 혁명을 새로운 세계관으로 동결시킴으로써 그것을 방해한다. 세속주의는 해방의 날개를 잘라버리고 사회를 또 다른 정통성 위에 고정시킨다. 우리가 세계 지역을 두루 검토하는 목적은, 여러 장소에서 발생하는 갖가지 풍조의 세속화가 그 지역에 사는 기독교인에게 전혀 다른 전략을 요구한다는 것, 다양성은 보호하고 설계할 만한 가치라는 것,

그리고 세속주의는 어떤 모습으로 나타나건 싸우지 않으면 안 될 위험이라는 것을 보여주는 데 있다.

뉴델리와 인도

'뉴'델리 시가 존재한다는 것만으로도 인도가 서양과 접촉하면서 순조롭지 못한 변화를 겪었다는 하나의 증거를 보여준다. 1912년과 1929년 사이에 캘커타를 대신해 영국인들이 수도로 세운 뉴델리는 아직도 설익고 완성되지 못한 모습을 나타내고 있다. 아마도 워싱턴 D. C.가 초창기에 그러한 모습이었으리라는 생각이 들게 한다. 올드 델리와 함께 델리 구역으로 통합되었지만 뉴델리는 그럼에도 인상적이며 웅장하기조차 한 도시다. 무굴 시대 이전 몇 세기까지 거슬러 올라가는 폐허의 잔해들은 델리가 겪어온 수많은 시대를 조용히 말해준다. 그러나 오늘날의 델리는 과거를 향하는 도시가 결코 아니다. 델리 역시 내가 본 다른 어떤 도시보다 두드러지게 문화적 혼란과 사회 변화의 조짐으로 고동친다.

뉴델리와 그 변두리에는 배고픈 사람들이 있다. 굶주림의 유령이 경제 발전의 걸음을 그처럼 잔인하게 따라다니는 곳은 없다. 여기서 두 개의 중요한 지표는 식량 생산과 인구다. 출생률이 눈에 띄게 하락하지 않는다고 가정하면 인도의 인구는 1971년에는 5억 명에 이를 것이다. 몇몇 인구학자들은 하락 경향이 1966년쯤에는 시작될 것이라고 예상하지만, 한창 진행 중인 것으로 보이는 식량 수요와 생산 간의 큰 간격을 막기에는 너무 늦은 것일지도 모른다. 1960년에 포드 재단 농업 생산팀은 한 연구에서 식료품의 연 증가율이 3.2퍼센트임을 음울한 어조로 지적하면서, 공급과 수요의 간격이 1966년까지는 해마다 2,800만 톤에 이를 것이라고 선언했다. 그 연구는 "가능한 그 어떤 수입 계획이나 배급 계획도 이 거대한 위기에 대처할 수 없다"고 솔직하게 진술하면서 "전면적인 긴급 식량 생산 계획"[1]을 촉구했다. 오늘날 인도의 인구학자들과 경제학자들은 덜 절망적이지만 결코 낙관적이지는 않다. 인도는 여전히, 어느 정도 민주적인 국가가 전체주의적인 관행에 의존하지 않고서 기아 문제를 해결할 능력이 있는가를 알 수 있는 최후의 커다란 시험대가 되고 있다.

인구와 배고픔에 더하여 인도는 아직도 통합되지 않은 언어, 종교 및 카스트 집단의 도전에 직면하고 있다. 모든 남부 인도인들이 북쪽의 것으로 여기는 힌두어가 공식 언어가 되어야 할지를 놓고 아직도 대충돌이 계속되고 있다. 회교도와 힌두교도 사이의 폭동은 주기적으로 터져 나온다. 많은 관찰자들은 네루와 같은 카리스마적인 지도력만이 어떻게든 지난 10년에 걸쳐 인도를 하나로 묶었다고 믿는다.

인도의 미래는 지속적인 세속화에 달려 있다. 부족적·카스트적·종교적 관심은 폭넓은 정책의 필요성보다 밑에 놓지 않으면 안 된다. 그러한 관심들은 상대화되어야 한다 — 내버리는 것이 아니라 생산성과 인구의 균형을 달성하는 더 중대하고 포괄적인 목적보다 하위에 두지 않으면 안 된다. 이것은 — 1964년 그가 죽을 때까지 — 네루P. J. Nehru 자신과 의회당 주요 간부들의 이른바 세속주의 문제를 일으켰다. 그것은 또한 세속주의와 앞에서 언급한 세속화 간의 결정적인 차이를 보여주는 특별히 좋은 예를 제공한다.

네루는 간디M. Gandhi의 헌신적인 제자였지만 종교적인 인간은 확실히 아니었다. 가장 형식적인 종교의식조차도 그것을 행해야 할 때마다 그는 고통스럽게 얼굴을 찡그렸다. 한번은 댐 준공식 때 성수로 그를 안수하려는 힌두교 사두sadhu에게 네루는 화를 내며 거절했다. 네루는 어떤 의미에서는 매우 '세속적인' 사람이었다. 그러나 그는 정말로 우리가 기술했던 의미의 세속주의자였는가?

네루는 동족상잔의 종교전쟁으로 세계의 어느 곳보다 많은 피를 흘린 나라, 그러면서도 바로 그 '영성靈性'으로 잘 알려진 나라를 통치했다. 그의 종교관은 다양한 원천에서 생겨났다. 그것은 '기독교' 국가에 대한 모진 독립 투쟁과 그가 교육받은 해로Harrow와 케임브리지의 닳고 닳은 세속성, 그리고 한때는 인도의 공업화 문제를 두고 그를 스승과 결별하도록 자극한 마르크스주의 등에 뿌리를 내리고 있었다. 네루의 관점은 또한 한편으로는 회교도 연맹과 다른 한편으로는 다양한 힌두교 당파와 싸우는 평생에 걸친 정치투쟁의 불길 속에서 단련되었다. 이 종교적인 당파들을 반대하면서 네루는 언제나 '세속국가', 즉 공적인 종교의식이 아무 역할도 하지 못하고 그 어떤 신앙도 최소한의 국가 지원조차 받지 못하며, 아울러 다양한 종교 집단 간의 관계가 신중하면서도 공정하게 관리되는 국가를 선호했다.

이런 의미에서 네루는, 적어도 많은 나라의 교회 지도자들에게 세속주의자라는 두려움과 경멸을 안겨주는 여러 사람들만큼은 나아갔다. 그렇다면 '세속주의자' 네루가 왜 해마다 인도 기독교도들의 지속적인 지지를 받았는가?

그 대답은 네루의 개인적인 신념은 세속적이었을지도 모르지만 그는 결코 독단적인 '세속주의자'가 아니었다는 것이다. 그는 인도가 세속적인 국가이기를 바랐으며, 인도 기독교도들 중 압도적인 다수가 이에 동의했다. 이것 말고 달리 택할 길이란 특히 파키스탄의 분리 이후에는 아마도 힌두교 신성 사회일 것이다. 그러나 그렇지 않다 하더라도, 인도의 엄청나게 다양한 종파와 종교들은 — 이에 견주면 북미의 이른바 다원주의는 틀림없이 지루할 만큼이나 동질적으로 보일 것이다 — 세속적인 국가 안에서만 살아남을 수 있다. 게다가 심각하게 분열적인 카스트는 친족과 부족 집단의 잔재를 대표하기 때문에, 오직 한층 더한 세속화만이 인도인들을 카스트가 부과하는 사회적 족쇄에서 해방시킬 것이다.

인도에서는 기독교인들이 '세속국가'를 위해 애써야 한다는 점엔 거의 논의의 여지가 없다. 이것은 또한 국가를 신성화할 위험이 상존하는 버마[현재의 미얀마]와 태국도 같은 경우일지 모른다. 그러므로 신성 사회의 어두침침한 역사에서 '세속국가'가 출현하는 문화에서는 기독교인들이 세속화에 대하여 막연히 불평하는 것은 무의미하다. 그러한 사회들은 세속화가 어떻게 해방 작용을 하는지를 이례적으로 분명하게 보여준다. 그러므로 인도의 교회 지도자들이 행한 수많은 선언이 지적했듯이 기독교인들은 그것을 지원해야 한다.

로마와 서유럽

인도 항공 편으로 뉴델리에서 로마는 몇 시간이면 갈 수 있다. 알고 보니 로마는 또다시 뉴델리와 마찬가지로, 그것이 살아온 다양한 시대의 증거들을 모든 사람들에게 확연히 보여주는 도시다. 많은 로마들이 있다. 곧 로물루스와 레무스에게서 난 야윈 몸의 후손들이 살았던 검소하고 고결한 공화국 로마가 있다. 음모와 부패로 고통받은 불안정한 제국 로마가 있다. 황제들의 유령인 양 교황이 영혼의 제국을 다스리던 가톨릭 시대의 로마가 있다. 가리발디와 마치니가 이탈리아를 외국과 성직자의 통치에서 해방시키기 위해 싸운 혁명의 로마가 있다. 가짜 로마의 표장을 달고서 온 나라를 대파멸로 몰고 가는 기차를 향해 밀집 대열로 행진하는 무솔리니의 로마가 있다. 마지막으로, 우선 〈무방비도시〉〔파시즘 치하에서 죽음을 맞는 레지스탕스 지도자를 그린 로베르토 로셀리니 감독의 영화(1950)〕가, 그 다음에는 〈달콤한 인생〉〔상류 사회의 퇴폐적 실상을 보여준 페데리코 펠리니 감독의 영화(1960)〕이 대표하는 전후의 로마가 있어, 영화 실력자들, 피아트 회사의 오픈카, 그리고 권태의 공식 소재지가 되기도 한다.

이 모든 로마를 오늘날의 로마에서 볼 수 있다. 그 도시는 어떤 비밀도 숨기지 않는다. 제국의 광장에서 바티칸 박물관으로, 베네토 거리로 걸어서 돌아다닐 수 있다. 순례를 방해하는 교통 체증만 있을 뿐 한 시대에서 다른 시대로 한가롭게 거닐 수 있다. 로마의 맹렬한 세속화는 모든 서유럽에 일어난 일을 특히 생생하게 상징한다. 그것은 하나의 메시지를 외치며 우리는 그것을 좀처럼 놓칠 수 없다. 로마는 여느 때와 같은 일곱 개의 언덕을 차지하고 있지만, 그것은 줄리어스 시저가 폼페이우스 동상의 발밑에 엎드렸을 때, 또는 마틴 수사修士라는 한 수도자가 르네상스 시대 교황권의 화려함과 타락에 놀라 움찔했을 때, 또는 헨리 제임스가 1873년 코르소의 볕이 드는 발코니에서 "5월의 로마에서는…… 모든 것에 사랑스러운 면이 있으며 대중의 반란까지도 그렇다"[2]라고 썼을 때의 로마와는 실제로 매우 다른 실체다. 살인과 부패, 심지어는 사랑스러운 소요마저 아직도 로마 기질의 일부분인 것은 맞는 말이다. 그러나 적어도 르네상스 이래로 로마에서 번성해온 세속화는 최근에 진가를 인정받았다. 이러한 일이 기독교 세계의 수도에서 일어났기 때문에 그것은 대단히 유익한 사례 연구를 제공한다. 그것은 또한 세속화에 적대적인 모든 외골수들을 수세에 몰리게 한다. 왜냐하면, 현대의 로마는 여전히 세상에서 가장 인정 많고 살기에 적합한 장소 가운데 하나이기 때문이다.

그렇지만 그 맹렬한 세속화는 어떠한가? 기독교 세계의 요람에서 그처럼 공공연하게 이루어지는 세속화에 대해 우리는 잠시 머뭇거려야 하지 않을까? 전혀 그렇지 않다. 안색이 어떻게 변하든 간에, 신성 문명은 자리를 떠날 때 기독교만의 눈물을 자아내서는 안 된다. 우리의 눈은 성서 신앙의 전 세계적인 시야로 열렸기 때문에, 우리는 몇십 년 전이라면 주목하지 않았을지도 모르는 것 ─ 중세 시대 유럽의 '기독교 문명'은 결코 완전히 신성 사회가 되지는 못했지만, 잉카의 페루나 불교의 티베트 같은 고전적인 신성 문화와 매우 닮아 있다는 것 ─ 을 지금은 볼 수 있다. 기독교는 유럽의 종교였다. 그것은 유럽의 문화와 연결되었으며 비유럽인들에게 그렇게 인지되었다. 그러나 이른바 콘스탄티누스 시대는 이제 끝났으며 기독교인들은 그렇게 된 것을 기뻐해야 할 것이다. 천천히, 아주 천천히 비유럽인들은 단순히 서양의 문화 가치에 대한 종교적인 신성화가 아니라, 복음을 받아들이기 시작한다. 유럽의 세속화는 우리로 하여금, 한때는 그리스의 형이상학, 라틴 의례들과 고딕 양식의 건축 없이는 상상도 할 수 없었던, 신앙의 참다운 '가톨릭적인' 넓이를 더욱 분명하게 볼 수 있게 했다. '기독교인이 된다'는 것이 단순히 기독교 세계의 울타리 안에서 태어나는 (그리고 세례받는) 것을 뜻하는 때가 있었다. 그러나 모잠비크만큼이나 프랑스도 '선교의 땅'이었다는 미쇼노Michonneau 수도원장과 사우하르Sauhard 추기경의 발견, 그리고 영국과 독일 교회들의 이와 비슷한 자각이 있은 이래로 이 지리적인 선교론은 더는 통하지 않는다. 한때 사우하르 추기경이 말한 바와 같이 프랑스는 세례받은 이교도들로 가득 찬 땅이다.

진정으로 기독교적인 신성 사회는 있을 수 없다. 스페인이라 할지라도 그러하다. 더는 '기독교 세계'는 없다. 교회는 '선교 상황'이라면 어디에나 존재하며 이것이 바로 당연한 일이다. 모든 교구는 미쇼노 수도원장이 선교 공동체communauté missionaire라고 부르는 것이거나, 아니면 결코 기독교 교구가 아닌 문화적인 기독교 세계의 흔적이 밴 잔재다.[3]

백 년이 조금 더 된 이전에 키르케고르는 "기독교 세계에서 기독교인"이 되는 것이 어떻게 가능한지를 물었다. 그는 복음의 메시지가 유럽 문화나 부르주아 계급의 가치와 타협해 매우 흐려졌는데도 사람들이 어떻게 복음에 '예'라고 말할 수 있는지 의아해했다.

유럽의 세속화 과정은 점점 키르케고르의 의문을 해결했다. 다양한 종류의 마르크스주의, 여러 형태의 실존주의, 카뮈의 열정적 휴머니즘, 〈달콤한 인생〉을 연상시키는 일종의 '지옥 무용론' 등은 점점 유럽인들에게 기독교 신앙에 대한 진정한 살아 있는 선택의 자유를 주었다. '기독교인이 된다는 것'은 이제 점점 더 출생과 타성의 문제라기보다는 의식적인 선택의 문제다. 이 변화는 결코 불행한 것으로 볼 수 없다.

이제 독일의 개신교 기독교학생운동ESGs이나 프랑스의 가톨릭노동청년회JOC에서 만나는 젊은 유럽 기독교인들은 기독교 세계의종언을 슬퍼하지 않는다. 그들 중 많은 이들은 새로운 '후기 기독교'유럽의 분위기를 상쾌하게 여긴다. 그들은 이제 쇠퇴하고 있는 기독교 세계의 부르주아 계급의 인습을 끊임없이 변호할 필요도 없이 대학과 노동조합에서 복음의 주장을 제시할 수 있다.

물론 새로운 유럽의 분위기에는 위험이 있다. 그 풍요로움은 어떠한 과도기에든 따라다니는 방향감각의 상실과 결합되어, 예를 들면 장-뤼크 고다르Jean-Luc Godard의 영화에 잘 반영되었듯이 일종의 아노미를 낳는다. 이 상실의 증후들이 유럽을 이전의 문화적 종합 — 빅토리아 시대, 합스부르크 시대, 또는 중세 시대 — 으로 되돌려놓음으로써 치료될 수 있다고 가정하는 것은 헛된 일이다. 기독교 교회는 지금 유럽에서 새로운 정신적인 구조를 만들어내는 데 도움을 줄 기회를 갖고 있다. 그 구조는 진실로 인본주의적이며 도시적인 것이 될 테지만, 그 안에서는 기독교 신앙이 지배적인 에토스를 제공하지 않고 살아 있는 선택권 가운데 하나를 진정으로 다원적인 문화 속에서 제공할 것이다.

프라하와 동유럽

내가 1963년 프라하를 방문했을 때 여행 일기에 다음과 같이 썼는데, 그 감회가 오늘날에도 여전히 생생하다.

여행자들은 모두 프라하를 극구 칭찬한다. "피렌체와 레닌그라드 사이에 있는 가장 멋진 도시"라고 몇몇 사람이 말한다. 나는 그들이 과장하고 있다고 믿지 않는다. 첫날은 차 여행으로 시작했는데 도시의 중심지를 거쳐 프라하 대학교의 유서 깊은 카롤리니움을 방문했다. 이 대강당은 매우 중요한 학술회의에만 사용된다. 날씨가 화창했다.

들쭉날쭉한 태양의 반점들은 성 비투스 대성당의 새로 생긴 지붕 위로 타올랐다. 몰다우 강은 스메타나B. Smetana 축가의 큰 마디들을 흥얼거리는 것 같았다. 그리고 나는 검은 눈동자의 야윈 프란츠 카프카의 유령이, 그 시절 그대로인 유대인 거주지의 미로 같은 거리를 지나 길을 찾아 다니는 것을 상상할 수 있었다.[4]

프라하는 언제나 중간에 있는 도시였다. 1918년 이래로 합쳐진 혼합 국가를 구성한 다민족들의 수도였던 프라하는, 언제나 유럽에서 가장 서구적인 동양 도시 또는 가장 동양적인 서구 도시였다. 여러 민족과 문화의 동거는 정치적으로는 불안했지만 항상 문화적으로는 창조적이었다. 오늘날에도 프라하에서는 독일인과 슬라브인, 체코슬로바키아에서는 체코인과 슬로바키아인들이 냉랭한 반감과 집중적인 교류의 시간들을 주고받는다. 오로지 오늘날의 프라하가 원하는 것은 동양과 서양의 중개인 역할을 되찾는 것이다. 격동하는 국내 역사와 함께 지리적·문화적 위치가 결합해 프라하는 그 부문에서 주요 후보가 되고 있다.

프라하는 믿을 수 없을 만큼 다양한 종교적·지적 운동을 낳았다. 루터가 그의 조항들을 비텐베르크 성문에 못 박아 붙이기 1세기 전에 요한 후스John Huss가 주도한 종교개혁이 이곳에서 시작되었다. 여기서 튀코 브라헤Tycho Brahe와 요하네스 케플러Johannes Kepler가 근대적인 수학과 천문학의 획기적인 발전을 이끌었다. 1차 세계대전과 2차 세계대전 사이에는 활발한 독일 유대인 문화가 이곳에서 번성했으며, 프란츠 카프카는 아마도 그 주요한 예일 것이다.

프라하에게 잊을 수 없는 전환점은 1938년 9월의 어느 가혹한

날, 즉 나치 독일이 체코의 수데텐 지방을 차지할 수 있다고 프랑스와 영국이 동의한 날에 왔다. 이 사건은 그것을 기억하는 모든 체코인의 뇌리에 강렬한 상처로 남아 있다. 그들은 이를 가장 비열한 종류의 배신이라고 생각한다. 몇몇 사람은 그것을 서양 민주주의의 허약함과 우유부단함의 가장 확실한 증거라고 생각한다. 뮌헨 협정은 체코 공산주의자들에게 엄청난 지지를 안겨주었으며, 1948년 쿠데타가 일어났을 때 체코슬로바키아는 유럽에서 가장 큰 공산당 가운데 하나를 갖고 있었다.

오늘날의 동부 유럽 어디에서나 그러하듯이 프라하에서도 세속화가 빠르게 진행되고 있다. 물론 동유럽 전역에 걸친 상황은 호전적인 세속주의 세계관이 존재하는 탓에 복잡하다. 그러나 이 단단한 통일체조차도 뜻밖의 약점을 갖고 있다. 공산주의가 세속화 과정에서 애매한 역할을 하고 있다. 우리는 그것의 무신론과 가치 상대화가 어떻게 해서 세속화의 몇 가지 문화적 전제 조건을 제공하는가를 이미 지적한 바 있다. 그러나 몇몇 곳에서는 공산주의가 새로운 국교로 치장한 유사종교적인 세계관이 되려고 애썼다. 이것은 특히 동독에서 분명하다. 그곳에서는 공산주의자들이 견진성사를 대신한 의식, 결혼식, 장례식 등을 포함해 사라져가는 루터교 지방 교회의 전통과 관례를 인계받으려는 시도를 했다.

마르크스주의 유사종교적인 체제로 특징지을 수 있는 동유럽의 상황에서는 기독교인들이 사실상 세속화의 진정한 대변자이자 옹호자가 된다. 예를 들어, 바르샤바의 《Slowe Powszechne》 같은 잡지에 글을 쓰는 가톨릭 지식인들은 오늘날 폴란드에서 '문화적 다원주의'의 가장 분명한 지지자다. 동독의 한 신학자는 다음과 같이 말한다. "우리가 공산주의를 반대하는 이유는 그것이 합리주의적이기 때문이 아니라 충분히 합리적이지 않기 때문이다. 유물론적이기 때문이 아니라 형이상학적이기 때문이다. 우리는 공산주의가 그것이 말하는 그대로 과학적이고 사회주의적이기를 바라며, 아울러 새로운 신성한 정통론이 되는 것을 그만두기를 바란다."

베를린 자유대학교의 헬무트 골비처Helmut Gollwitzer 같은 예리한 공산주의 역사학도들은, 공산주의가 메시아적 유토피아주의라는 후광을 덧입은 정치적 분석과 행동의 기묘한 복합체라는 점을 점점 확신하고 있다. 그것은 일종의 경제 발전을 위한 프로그램으로서, 성인들과 지복직관至福直觀(beatific vision)[하느님을 직접 보는 천국의 행복한 상태]을 완벽히 갖춘 황홀한 종파적 숭배가 덧붙어 있다.[5]

동유럽의 기독교인들은 지금 이 기본적으로 불안정한 혼합물을 분리시키는 세력 가운데 하나를 이룬다. 공산주의 체제에 정치적 의무를 다하는 동시에 폐쇄된 무신론적 세계관에 대한 어떠한 수용도 보류하면서, 기독교인들은 몇몇 학자들이 공산주의의 '탈이데올로기화'라고 부른 것에 공헌한다. 그 과정을 기술하는 또 하나의 방법은 그 과정을 공산주의의 세속화라고 부르는 일일 것이다. 동유럽의 기독교인들은 공산주의가 진정으로 '세속적'이 되기를 바란다. 그들은 공산주의가 그 전체론적이고 유사종교적인 분위기를 씻어버리고 실제 그대로의 것, 즉 경제 제도와 국가권력을 연관 짓는 여러 가지 방법 가운데 하나가 되기를 원한다. 그렇다면 그것은 다른 사회들과 평화적인 경쟁을 벌이며 그 기개를 증명해야 할 것이다. 그와 같은 경쟁이 지금까지는 잘 실행되지 못했다.

많은 서양 성직자들은 공산주의 체제에 조금이라도 정치적 충성을 바치는 동유럽 기독교인들을 크게 의심한다. 그들은 진정한 기독교인이라면 서방으로 달아나든가 아니면 저항 운동을 조직해야 한다고 믿는다. 그러나 기독교인들은 조국에 머물며 정치적으로는 충성하지만 이데올로기적으로는 이탈하는 당혹스런 운동을 공산주의자들에게 제시하면서, 그들 자신의 사회 그리고 냉전의 궁극적인 '탈이데올로기화'라는 두 가지를 위해 공헌한다. 그들의 태도는 또한 1장에 논한 황제에 대한 초기 기독교인들의 그것과 뚜렷한 유사성을 갖는다. 그들은 공산주의가 언젠가는 세속화될 가능성과 마르크스주의 정통설의 폐지를 기대한다. 이러한 이유에서 기독교인들이 그 모든 형태의 세속화에 대해 도매금으로 비난을 퍼붓는다면 그들은 문제를 어지럽힐 뿐이다.

보스턴과 미국

우리는 보스턴의 로건 국제공항에 내린다. 그 이유는 보스턴이 미국의 정치적 또는 상업적 수도이기 때문이 아니라, 매사추세츠 만 연안에 있는 도시로서 시대들 간의 대조가 미국의 다른 어떤 도시보다도 뚜렷하고 분명하기 때문이다. 보스턴은 미국에서 가장 오래된 도시이면서 가장 새로운 도시다. 그 도시는 청교도 식민지 개척자들의 역사적인 장소일 뿐만 아니라 새로운 전자 문명의 발사대이기도 하다. 보스턴은, 북미의 그 어떤 다른 대도시에서는 볼 수 없을 만큼 구세계의 우아함과 우주 시대의 최신식을 결합시킨, 세속도시 출현의 가장 분명한 미국적인 예가 된다.

도시 문제에 관한 두 권위자 마틴 메이어슨Martin Meyerson과 에

드워드 C. 밴필드Edward C. Banfield는 보스턴을 "미국에서 몇 안 되는 아름다운 도시 가운데 하나"라고 했다. 보스턴이 차지하는 특별한 위치는, 그 도시가 대체로 산업화 이전 시대에 세워졌으며 따라서 "더할 나위 없던 한 시대의 순박함과 매력을 지닌" 수많은 건축물들을 갖춘 데 있다고 그들은 넌지시 말한다. 또한 보스턴은 부와 고상한 취향의 귀족계급이 오랫동안 다스렸다. 세계에서 참으로 아름다운 도시들 대부분이 대중의 투표권이 아니라 그런 사람들에 힘입어 설계되었다는 것은 여전히 사실이다. 그러한 도시들은 "절대 권력을 장악하고 평민의 편리나 복지에는 조금도 관심이 없는 군주들, 귀족들 및 고위 성직자들에 의해서" 계획되었다.

그러나 "마음씨 좋은 백발 여인" 보스턴은 현재의 놀라운 재탄생 전에는 끝없는 쇠퇴기에 빠져들었다. 그림과 같은 거리들은 휘발유로 달리는 자동차들로 막히게 되었다. 뉴잉글랜드인들과 아일랜드인 사이의 정면 충돌은 돈 있고 공익에 관심이 있는 사람들을 교외로 몰아냈다. 저스티스 브랜다이스Justice Brandeis 씨가 보고한 바처럼, 20세기 초에 보스턴의 부유한 시민들은 그들의 자식들에게 다음과 같이 말했다. "보스턴이 너를 위해 갖고 있는 것은 무거운 세금과 악정 말고는 아무것도 없단다. 네가 결혼하거든 교외에 집을 짓고 컨트리클럽에 가입하거라. 그리고 네 클럽과 가정, 아이들을 중심으로 인생을 이루렴."[6] 그 충고를 받아들인 것은 부자의 자식들뿐만이 아니었다. 뉴턴이나 벨몬트로 달아나기에 충분한 자금이 있는 사람이라면 모두가 그 충고를 받아들였다.

그러나 미국 도시들에게 1960년대의 커다란 정치적 사건인 도시 재개발은 대규모 종합 정책을 안고 보스턴을 찾아왔다. 보스턴 역사상 가장 정력적인 시장 중 한 사람의 지휘 아래, 그 분야에서 가장 추진력 있는 한 도시 개혁가의 도움을 받아 보스턴은 자기 재발전의 큰 걸음을 내디뎠다. 초기 과정에서는 두세 가지 시행착오가 있었다. 노후한 웨스트엔드는 무자비하게 파괴되었고, 그곳의 하층민 가정들은 장차 들어설 찰스리버 파크에 삶의 터전을 내주느라 뿔뿔이 흩어졌으며, 그곳에 세워진 아파트 건물과 집세는 상류층만이 감당할 수 있는 가격으로 상승했다.[7] 항구를 매립한 곳으로 좁은 반도 모양의 길을 통해서만 접근할 수 있는 콜롬비아 포인트의 공공주택 프로젝트는 지금도 흔히 가장 중대한 실책으로 인정되고 있다. 그러나 다른 여러 구역에서는 도시 재개발 당국자들이 잘못된 출발을 만회하고자 상당히 성공적으로 애쓰고 있다. 256개의 출품작 중에서 객관적인 심사를 거쳐 선택된 새 보스턴 시청의 디자인은, 지금까지 고안된 미국의 시청 건물 가운데 가장 대담하고 창의적인 설계의 하나로 몇몇 건축가들의 격찬을 받았다. 이 도시의 이른바 회색 지대에서는 불도저를 대신해 "인근 보존"이라는 프로그램이 새로운 대도시 생활의 통로가 되기 시작했다. 그러나 가장 의미 있는 것은, 보스턴의 재발전을 위한 마스터플랜은 비콘힐, 백베이, 노스엔드 같은 구역들의 독특한 성격의 보존을 염두에 두고 있다는 것이다. 이것은 중요하다. 하나의 도시 **안에서** 여러 구역이 축적해온 지역색을 보존하는 일은 도시들 **사이의** 다양성을 보존하는 것만큼이나 중요하다.

그러나 '새로운' 보스턴에서 이 모든 활동은, 단순히 보스턴의 열성적인 도시 개혁가들의 주름진 미간에서 실현된 열매만이 아니었다. 보스턴의 경제 기반은 주로 보스턴 시내와 그 주변에 있는 새로운 기술 단지와 산업 단지의 눈부신 성장에 있다. 도시와 그 주변은

《뉴요커 New Yorker》지가 "신세계의 중심"이라고 부른 곳이 되었다. 그곳은 전자 컴퓨터와 이에 딸린 독특한 산업 브랜드의 새로운 세계다. 즉 고도로 숙련된 연구 지향적인 전문가들이 자동차 디자인보다도 빨리 변하는 연구 과제들을 놓고 실험 공장에서 일하고 있다. 이러한 부흥의 중추는 보스턴에서 찰스 강 바로 건너편에 있는 케임브리지다. 그러나 그 촉수는 모든 방향으로, 특히 128번 도로를 따라서 몇 마일에 걸쳐 뻗어 있는데, 보스턴을 둘러싼 외곽 고속도로는 전자 산업과 동의어가 되었다.

그러나 보스턴의 기술도시는 결코 완성되지 않았다. 옛것과 새것 사이의 긴장은 아직도 거칠고 신경에 거슬린다. 조상의 충고를 따르는 보스턴 부자들은 백베이를 떠났을 뿐 아니라 그들을 끌어들이려는 보스턴의 모든 노력에 저항했다. 브루클린 마을은 그야말로 가장 우스꽝스럽고 변태스런 모습을 보인다. 거의 완전히 보스턴 시에 둘러싸여 있으면서도, 브루클린은 독립된 지위를 고집하며 더 허브 the Hub[보스턴 시의 애칭]의 부패와는 아무런 관련도 없는 체한다. 대도시 보스턴에서는 다른 어떤 도시 지역보다도, 시 자체만의 크기와 대도시 구역의 크기 사이에 한층 심각한 불균형이 드러난다. 교외에 사는 사람들은 음악회, 영화, 연극은 말할 것도 없고 시의 항구, 병원, 고속도로를 마음껏 이용한다. 그러나 그들은 시 자체의 긴급한 문제가 나타날 때에는 자기 구역 내 법과 경제 방어벽 뒤로 숨어버린다. 결국 보스턴 시민들은 가혹한 재산세의 부담으로 신음하고 있다. 그런데 그러한 부담으로도 여전히 적절한 학교 제도를 지원하고 경찰 비용을 지불하거나 거리를 깨끗이 유지할 수 없는 것처럼 보인다.

그러한 이유에서 보스턴은 신구 간의 아주 선명한 대조를 보여줄 뿐만 아니라, 미국의 모든 도시 지역이 직면한 똑같은 위기 ─ 중간층이 시민의 의무를 멀리하고 도시 주변부의 기생적인 보호 구역으로 후퇴하는 일 ─ 를 특히 분명하게 대표하기도 한다. 모든 미국 도시가 그렇긴 하지만, 더욱 심각한 형태로 보스턴은 기술-도시 techno-polis라는 두 낱말 사이의 하이픈에 찔려 꼼짝 못하고 있다. 기술적으로나 사회학적으로나 보스턴은 모든 면에서 독자적인 대도시 지역이다. 정치적으로 보스턴은, 중심부에 합법화된 약탈 행위를 저지르면서도 줄곧 대도시 생활의 거대한 문제들은 무능력하게 더듬기만 하는 영지와 보호령들의 덩어리라고 할 수 있다.

이 무정부적인 기운의 일부는 주민들 내에서 상당수의 집단들이 세속도시의 현실을 받아들이려고 하지 않는 데서 생겨난다. 그들은 여전히 마을, 심지어는 부족적인 생활 방식을 고집하고 싶어 한다. 도시 안에서는 아일랜드인, 이탈리아인, 뉴잉글랜드인 등 정치적인 적대 당파들 간의 종족 불화가 휘몰아치는데, 반면에 교외에서는 도시 내부의 문제들로 시달린 도피자들이 현대식 집에 사륜마차 바퀴와 식민지 시절 가구의 모조품으로 치장을 한다. 그들은 자신들이 300년 전에 세워진 소박하고 자급자족적인 마을에 실제로 살고 있다고 확신이나 하듯, 초원 위 오래된 하얀 교회를 향해 조명등을 켜둔다.

그러나 그것은 모두 비참한 자기 망상이다. 18세기 마을에 살아보려는 노력 또는 종족의 순수함과 힘을 유지하려는 노력은 결국 가식임이 드러날 것이다. 도시 지역의 실제적인 상호 의존과 기술적인 통일성은 결국에 가서는 정치적 표현을 요구할 것이다.

도시의 위기를 이례적으로 잘 예증하는 것 말고도, 보스턴은 또한 세속화와 세속주의 간의 독특한 미국식 대조를 매우 분명하게 보여준다. 숭고하고 신성에 가까운 개신교 문화가 지금 그 마지막 숨을 쉬고 있는 나라를 어떤 도시가 이보다 더 잘 상징하는가? 몇몇 낭만 주의자들과 전원 취향의 사람들이 슬퍼하지만, 개신교 신성 문화가 사라지자 많은 개신교도들은, 유럽 기독교인들이 서양 기독교 세계 의 죽음을 대하는 바로 그 안도감을 지닌 채 환영했다. 개신교도들은 그 현상에 반대하든 찬성하든 복음의 인도를 따라 선택적으로 대할 수 있을 만큼, 처음으로 그들의 문화에서 자유로운 상태에 있는지도 모른다. 그러나 불행하게도 이 유망한 가능성이 출현한 바로 그때, 새로운 신성 사회의 유혹 또한 나타났다. 그것은 마틴 마티Martin Marty가 "미국의 신도주의American shinto"[8]라고 부르는 것의 위험이다. 그는 가톨릭, 개신교, 유대교 등 세 교파로 이루어진 "미국 종교"를 언급하는데, 이는 윌 허버그Will Herberg 및 그 밖의 사람들이 매우 명 쾌하게 제시한 기톨릭, 개신교, 유대교를 뜻한다. 형제애 주간 포스 터처럼, 결국 우리 모두는 미국인이며 하나의 공통된 종교 유산을 갖 고 있다는 것을 기억하라고 권하는 것은, 현재의 에큐메니컬 운동이 지닌 숨은 함정 가운데 하나다.

프랭클린 리텔Franklin Littell이 그의 책 《국교에서 다원주의로 From State Church to Pluralism》[9]에서 매우 분명히 한 바처럼, 참으로 이 "종교적 과거"는 비신화화가 몹시도 필요한 하나의 신화다. 다양한 종교적 배경을 지닌 사람들(그리고 종교가 없는 사람들)이 갖가지 이유 로 미국에 왔지만 그들 모두가 경건한 자들은 아니었다. 개신교의 신 성 문화가 그들에게 강요되었다. 그러나 미국 사회의 세속화는 건전 하게 발전해왔다. 그것은 강요된 개신교의 문화 종교로부터, 가톨릭 신자, 유대인 및 그 밖의 사람들에게 절실히 필요했던 해방을 가져다주었다. 또한 그들을 해방시킴으로써 세속화는 개신교도들을 문화적 속박의 중요한 측면들에서 벗어나게 했다. 미국 사회의 탈개신교화를 위해 올바로 노력했으며 또 실제로 그것을 성취한 가톨릭 신자들과 유대인들이, 지금에 와서 개신교도들과 협력하여 미국판 모세, 루터 및 성 토마스가 성인전에서 후광을 빛내는 식의 삼자 미국 종교를 재건한다면 그것은 너무나도 잘못된 일일 것이다. 이 점에서 기독교인들은 미국 사회의 세속화를 계속 지지해야 하며 아울러 세속주의자, 무신론자, 불가지론자라고 해서 이등 시민이 될 필요가 없다는 점도 인정해야 할 것이다.

우리는 짧았던 존 F. 케네디 행정부가 미국 사회의 비신성화에 엄청나게 공헌한 바를 더 헤아려야 한다. 그의 당선 자체가 개신교의 문화적 패권의 종말을 나타냈다. 직책을 수행한 방식에서 미국 종교의 최고 사제다운 역할을 조용히 거부함으로써, 케네디는 우리 사회의 참되고 건전한 세속화에 없어서는 안 될 기여를 했다. 그는 최고의 정치 지도자였다. 비록 그의 기독교적 양심이 그의 많은 결정에, 특히 인종 간의 정의 분야에 영향을 주었다는 것은 거의 의심할 여지가 없지만, 그는 신의 은총으로 다스리는 군주를 잃어버린 미국인들이 때때로 국가 수반에게 바치려고 한 어느 정도의 종교적인 후광을 받아들이기를 완강하게 거부했다. 이처럼 자신의 직책에서 어떤 신성한 의미를 제거함으로써, 케네디는 동유럽 기독교인들이 공산주의 체제의 정치·경제적 주장과 이데올로기적 주장을 구분하려고 들 때 행하는 것을 자기 위치에서 한 셈이다.

미국 세속주의자들 자체가, 신성 사회의 시대가 끝났다는 것을 우리에게 경고하는 하느님의 방법일지도 모른다. 기독교인들은 그 소멸에 이바지했는데, 기여 정도는 어쩌면 우리가 실감하는 것 이상일지도 모른다. 서양 기독교는 교황을 황제와 분리해 세속적인 권력에 어느 정도 잠정적인 자율성을 부여함으로써, 현대 개방 사회 그리고 교회 중립적이거나 세속적인 국가를 낳은 과정을 도입했다. 그러나 우리가 본 바와 같이 세속화 씨앗은 더 멀리 거슬러 올라간다. 즉 인간에게는 세계를 돌볼 책임이 있다는 창조 이야기로, 이스라엘에서 왕과 예언자의 직책을 분리한 것으로, 종교적 주장을 하지 않는 한 권세 있는 자들을 존경하라는 신약성서의 명령으로 거슬러 올라간다.

비종교적인 동료 시민들을 마주보는 미국 기독교인들의 의무는 위협하는 것이 아니라 그들이 세속적인 것을 유지하도록 해주는 것이다. 그들이 자신의 전제에 충실하면서도 새로운 신앙주의, 즉 세속주의라는 편협한 종교로 변질되지 않도록 도와주어야 한다. 이러한 점에서 보면 학교는 종교에 **대해서** 가르치는 데 망설여서는 안 된다는 캘리포니아 주 교육위원회의 결정은 환영할 만한 것이었다. 교육위원회는 교사들이 "종교에 대해서 가르치는 것과 강제 예배를 행하는 것을 구분할 만큼 유능하다"고 말함으로써 교사들을 두둔했다. 의미심장하게도 교육위원회는 "특정한 종파를 권장하는 것이 그러하듯 하느님을 부정하는 관점을" 가르쳐도 마찬가지로 불법이 될 것이라고 덧붙였다.

이것은 미국 사회가 성숙해가고 있음을 가리키는 결정이다. 그것은 공립학교가 기도와 찬송을 요구하는 장소가 아니라는 점을 인정한다. 그것은 또한 수많은 세속주의의 신봉자들과 마찬가지로, 무신론자들과 불가지론자들도 다른 누구 이상으로 학교를 통해 분파적인 견해를 선전할 권리가 없다는 점도 인정한다.

주

1 Selig S. Harrison, *India, The Most Dangerous Decades*(Princeton, N. J.: Princeton University Press, 1960), pp. 333 이하.

2 Morton Dauwen Zabel (ed.), *The Portable Henry James*(New York: Viking, 1963), p. 499.

3 Abbé Michonneau, *Revolution in a City Parish*(Westminster: Newman Press, 1949).

4 Harvey Cox, "A Theological Travel Diary," *Andover Newton Quarterly*(November 1963), pp. 27~28.

5 Helmut Gollwitzer, "Die Marxistische Religionskritik und Christlicher Glaube" in *Marxismusstudien*, Vierte Folge, No. 7(Tübingen, 1962).

6 Lewis Mumford, *The City in History*, p. 495에서 인용.

7 보스턴 웨스트엔드의 슬픈 이야기는 다음을 보라. Herbert Gans, *The Urban Villagers*(New York: The Free Press, 1962).

8 Martin Marty, *Second Chance for American Protestants*(New York: Harper&Row, 1963), p. 72.

9 Franklin Littell, *From State Church to Pluralism*(Garden City, N.Y.: Doubleday, 1962).

2부
세속도시에서의 교회

chapter 5

사회 변화 신학을 향해

교회의 그 어떤 신학의 출발점도 오늘날은 사회 변화 신학이어야 한다. 교회는 무엇보다도 응답하는 공동체이며, 그 백성의 임무는 세계에서 하느님의 활동을 분별하여 그분의 일에 동참하는 것이다. 하느님의 활동은 신학자들이 때때로 "역사적인 사건"이라고 부른 것을 통해 나타나는데, 이 역사적인 사건이라는 말보다는 "사회 변화"라고 부르는 것이 더 좋을지도 모른다. 이것은 교회가 사회 변화에 끊임없이 대응해야 한다는 것을 뜻한다. 그러나 교회는 고전적인 기독교 세계의 닳아빠진 시대에서 유래하는 교리에 의해 그렇게 하지 못하고 있으며, 아울러 보존과 영속의 이데올로기에 물들었다. 교회의 교리는 거의 완전히 과거 지향적이어서 그 권위를 이런저런 고전적인 시대에서, 교회 생활의 어떤 예전 형태에 대한 추정된 유사성에서, 또는 역사적 연속성 이론에서 얻는다. 그러나 이제는 더는 그럴 수 없다. 하느님이 **지금** 세상에서 무엇을 하고 있는가에 따라서 그 삶이 정의되고 형성되는 교회는 그처럼 낡은 규정에 갇힐 수 없다.

교회는 자신을 스스로 부수고 하느님의 지속적인 활동에 힘입어 계속 재형성되지 않으면 안 된다. 여기에 사회 변화 신학의 필요성이 있다.

1960년대 초의 두 사건은 이 절대적인 필요성을 예증할 것이다. 첫 번째 사건은 세계교회협의회 지도자들이 아프리카에서 열린 기독교청년대회에서 돌아왔을 때 일어났다. 그 대회에는 많은 사람들이 모였는데도 지도자들은 10년 후에는 젊은 아프리카인 중 대부분이 교회와 모든 관계를 끊을 것으로 예상된다면서 우울한 심정을 토로했다. 우리가 현재 가지고 있는 기독교 윤리는 아프리카 청년들이 직면한 문제들과 아무런 소통이 되지 않는다. 국가 건설의 흥분, 신구 식민주의와 벌인 투쟁, 경제 계획 문제, 정치 단체 조직 및 진정한 아프리카 문화의 형성 등에 몰두해 있기 때문에, 그들은 개인주의 윤리와 또 지금은 교회와 완전히 동일시되는 중간층의 도덕을 아무런 흥미도 없고 쓸모없는 것으로 생각한다. 그들에겐 완전히 새로운 세계의 의미를 이해하도록 해줄 신학과 윤리가 필요하다. 그들은 마을 문화의 단계에 멈추는 일이 거의 없이, 부족 문화에서 기술 사회 문명으로 뛰어넘고 있다. 그러나 여전히 대부분의 기독교 신학의 진정한 본거지는 마을 문화다.

쿠바와 라틴 아메리카는 사회 변화 신학의 필요성에 대한 또 하나의 두드러진 실례를 제공한다. 많은 쿠바 기독교인들, 특히 침례교인들은, 바티스타 정권에 승리를 거둔 시기와 그 이전을 통틀어 카스트로 운동에 매우 적극적으로 참여했다. 7월 26일 운동이 첫 번째로 시작된 오리엔트 주는 쿠바에서 가장 큰 개신교파가 있는 곳이므로 이는 놀랄 만한 일이 아니다. 또한 쿠바의 가톨릭 교회는, 스페인의 고위 성직자들에게 강한 영향을 받았으며 스페인에서 온 사제들이 이끌고 있었기 때문에 당연히 바티스타를 지지한다는 악평을 들었다. 그러나 1959년 1월 카스트로가 권력을 장악한 후 기독교인들은 대단히 어려운 처지에 놓였다. 카스트로의 권력기관 장악은 결코 안전하지 못했다. 반혁명이나 새로운 쿠데타는 언제라도 가능했다. 몇천 개의 사적이고 공적인 권력의 자리에서 지휘부의 완전한 교체를 포함해 사회 전체의 근본적인 재조직이 요청되는 것 같았다. 그러나 이러한 목적들을 달성할 법적 수단은 존재하지 않았으며, 확실히 어떤 기독교적 원칙도 그러한 행동을 지도할 수 없었다. 쿠바의 기독교인들은 혁명의 신학을 지니지 못한 채 혁명적인 상황에 놓였다. 그처럼 전례가 없는 도전 앞에 혼란과 마비 상태에 빠진 그들은 하나씩 떠나가거나 교체되었다. 어떤 이들은 오리엔트 주로 돌아가 침묵해 버렸다. 어떤 이들은 결국 북미로 달아났다. 그들의 자리는 종종 공산주의자들이 차지했는데, 이들은 비록 한때는 카스트로의 운동을 맹렬하게 반대했지만 이제는 그 운동을 최대한 유리하게 이용할 수 있었다. 다시금 기독교인들은 급속한 사회 변화에 책임 있게 참여할 수 없었다. 왜냐하면, 그들은 그것을 이해하거나 평가할 만한 신학적 기초를 갖고 있지 못했기 때문이다.

쿠바의 어려운 문제는 약간 형태가 다를 뿐 오늘날 라틴 아메리카 전체에서 지속된다. 기독교인들은 끓어넘치는 사회적 동요에 이리저리 휩쓸린다. 그들은 격동하는 대륙의 의미를 이해시켜줄 신학적 전망을 필사적으로 찾는다. 그러나 그들의 딜레마는 기독교 교회 전체가 지금 직면한 것과 크게 다르지 않다. 북미와 유럽 국가들도 예외는 아니다. 우리는 모두 세찬 변화의 시대에 정태적인 신학을 갖고서 살려고 애쓰고 있다. **급속한 사회 변화**라는 말이 가끔 단순히 **혁명**이라는 말의 완곡어법으로 사용되기 때문에, 문제를 조금 직설적으로 표현하면 우리는 혁명의 신학 없이 혁명의 시대에 살려고 애쓴다고 말할 수 있을 것이다. 그러한 신학의 발전이야말로 오늘날의 신학적 의제에서 첫 번째 항목이 되어야 할 것이다.[1]

현대 신학자들 사이에서 역사신학에 대한 관심이 커지고 있다는 것은 어느 정도 혁명의 신학의 필요성과 밀접하게 관계가 있다. **역사신학**이라는 어구는 종종 매우 오해하기 쉬운 것이 될 수 있다. 대부분의 사람들에게 역사란 이미 지나가버린 것을 가리킨다. 정치신학이라는 개념이 더 가깝게 다가온다. 역사란 "단지 지나가버린 정치에 지나지 않는다"라는 말이 있는데, 이 주장에는 참다운 진리가 있다. 그러나 이것은 정치 또한 현재의 역사라는 것을 뜻한다. 따라서 우리의 과제는 정치신학, 특히 혁명적인 사회 변화 신학을 발전시키는 것이다.[2] 새로운 사회윤리의 공식화 또는 교회 생활 구조의 재형성에 대한 모든 질문의 대답은, 그에 앞선 문제, 즉 하느님은 급속한 사회 변화 속에서 인간을 위해 어떻게 행동하고 계시는가에 관한 우리의 대답에 달려 있다.

과거의 역사신학과 정치신학은 자주 두 개의 고전적인 오류 중 어느 하나를 범해왔다. 어떤 이들은 우상숭배의 위험에 대해 매우 예민해서, 역사의 어떠한 경향을 하느님이 하시는 일이라고 지적하기를 망설여왔다. 이러한 세심함을 대변해서 하는 말이 있다. 예를 들어 전통 루터교의 '두 왕국' 교리의 가치는, 교회로 하여금 정치 명분들을 닥치는 대로 축복하거나 정치적인 계획을 신성한 운동으로 드높이지 못하게 하는 데 있다는 것이다. 그러나 실제로 이러한 관점은 자주 보수적인 방식으로 기능한다. 그것은 암암리에 '현존하는 권력'을 지지하며 변화의 움직임은 달리 입증되지 않는 한 유죄가 된다. 최악의 경우 두 왕국의 신학은 반동의 이데올로기가 될 수 있다.

반면에 몇몇 신학은 모든 종류의 인간적 계획을 기꺼이 하느님의 활동과 동일시하는 것 이상이었다. 예를 들면 하느님이 신성한 공화국을 세우고 있다고 열렬하게 믿었던 칼뱅과 청교도들은, 종종 하느님이 그들 한가운데에서 확실하게 일하시는 곳을 별로 주저함 없이 지적했다. 그들은 그다지 거리낌 없이 사건들의 이러저러한 경위를 하느님의 의지와 동일시했다. 이러한 유형의 신학의 강점은 그것이 분명한 정치적 지침을 제시했다는 것이다. 그것의 약점은, 때때로 우리가 정말 의심할 여지가 있다고 느낄 법한 곳에서도 전능하신 분의 손이 작용한다고 알아차리는 데 있었다. 예를 들면, 윌리엄 로이드 개리슨 William Lloyd Garrison이 특별히 신학적인 근거에서 노예 제도를 매우 공격적으로 반대했다는 것에 우리는 오늘날 감사를 표할 수 있지만, 우리는 그가 똑같은 근거에서 절대적인 금주령과 완전한 안식일 엄수주의를 주장했다는 것도 잊어서는 안 된다.

이것은 일정한 역사신학에 관한 문제이며, 정치신학의 경우에는 더욱더 잘 드러난다. 우리는 광신주의와 부적절한 현실 파악 사이에서, 즉 모든 사람이 복종해야 하는 신의 계획을 선포하는 것 그리고 어떤 신학적 의의라곤 전혀 없는 정치 질서를 선언하는 것 사이에서 어떻게 좁은 통로를 찾아낼 수 있는가? 정치신학은 인간을 그가 동조해야만 하는 어떤 총괄적인 의미에 얽매이게 하지 않으면서도 정치 과정에 과감하게 참여하도록 이끌어야 한다. 우리는 우리 시대를 위해서 그러한 신학을 만들어낼 수 있는가?

아마도 세속도시라는 상징은 그 출발점을 제공할 것이다. 우리는 이미 이 책 앞부분에서 분명하게 그 상징을 이런 식으로 사용하기 시작했다. 우리는 새로이 출현하고 있는 세속도시, 즉 기술도시를 고정된 사실이 아니라 나타나는 현실로 보았다. 세속화와 도시화를 하나의 과정으로 본 것이다. 우리는 이 새로운 형태의 인간 공동체의 출현을 천지창조, 출애굽, 시나이산 계약 등의 성서 범주에 비추어서 해석했다. 우리는 그것을 율법과 복음 간의 긴장, 야훼와 가나안 바알 신의 투쟁을 포함한 그 밖의 성서 주제들에 비추어서 검토했다. 이제 우리는 세속도시라는 상징 자체를 급속한 사회 변화의 신학적 의미를 이해하는 하나의 범주로 시험해볼 것을 제안한다.

어째서 세속도시는 두 가지 고전적인 오류를 피하면서 사회 변화를 이해하는 열쇠를 제공하는가? 첫째, 그것은 **세속적인** 도시이기 때문이다. 우리가 역사를 세속화 과정으로 볼 때 그것은 우리에게 의미 있는 **동시에** 제약에서 자유로운 것이 된다. 이 말은 역사가 인간에게 중요성을 갖고 있지만 그에게 의미를 강요하지 않는다는 것을 시사한다. 사실 역사는 물려받은 형이상학적·종교적 의미들을 쓰러뜨리고 인간을 해방시켜 새로운 것들을 만들어내도록 한다. 그것은 또한 우리가 나중에 보게 되는 것처럼, 신약성서 전체에 걸쳐서 나타나는 이미지의 전 범위 — 성장, 상속인의 책임을 맡는 것, 책임 있는 청지기직의 이행 — 를 시사한다.

둘째, 그것은 세속적인 **도시**이기 때문이다. 여기에는 도시화가 포함되는데, 이것은 깁슨 윈터Gibson Winter 교수가 그의 1963년도 책에서 매우 능숙하게 변호한 것처럼,[3] 새 예루살렘과 하느님의 도시부터 대도시라는 새로운 창조에 이르기까지 도시 상징들이 지닌 인상적인 유산의 풍요성을 상징한다. 그것은 또한 에레혼Erewhon과 아틀란티스를 포함하는, 서양 사상에 지속된 사회적 유토피아의 오랜 전통을 시사한다. 기독교인들이 이 가상의 도시들에서 출발한 갈망을 이용하지 못할 이유는 없다. 하나의 해석 모델로서 도시는 세속성의 자유와 해방을 호혜성과 상호 의존의 관념으로 유용하게 보충한다. 그러나 그 도시 역시 제한되지 않는 이미지다. 도로 계획이라곤 조금도 제공되지 않는다. 특정한 해결책을 제시하는 모든 유토피아는 이내 변화에 자극이 되기보다는 장애가 된다. 새로 출현하고 있는 도시는 목적의식적인 과정이지 달성된 목표가 아니다. 세속도시라는 유형은 위에서 계시되는 것이 아니다. 그것은 인간 자신이 힘들여서 만들어내지 않으면 안 된다.

세속도시라는 관념은 성숙함과 책임의 좋은 예가 된다. 세속화는 사회의 모든 수준에서 소년기적 의존성의 제거를 의미한다. 도시화는 새로운 유형의 인간 호혜 관계의 형성을 나타낸다. 그것들은 세속도시라는 상징 속에 결합되어, 낡은 질서와 신성한 유대가 사라짐에 따라 공동생활의 기초를 찾으려는 인간의 지속적인 노력을 그려보인다. 세속도시는 부족과 마을이 사라질 때 나타나며 그 과정은 결코 끝나지 않는다.

하느님의 나라와 세속도시

세속도시라는 관념은, 신약성서를 쓴 사람들이 "하느님의 나라"라고 부른 것을 이해하는 **동시에** 실행 가능한 혁명적인 사회 변화 신학을 발전시키는 데 가장 유망한 이미지를 우리에게 제공한다. 이러한 주장은 두 개의 다른 측면, 즉 신학적 측면과 정치적 측면에서 제기하는 반대에서 변호되지 않으면 안 된다. 신학적인 측면에서는 세속도시라는 상징이 하느님의 왕국이라는 상징을 해치지 않는다는 것을 증명해야 한다. 정치적인 측면에서는 세속도시라는 개념이 하느님 왕국의 교리에 충실하면서도, 여전히 현재의 사회 변화의 대소란을 드러내고 해명한다는 것을 증명해야 한다. 그것은 실행 가능한 혁명적인 이론으로서 그 기개를 증명해야 한다.

한때 하느님의 나라라는 관념으로 표현된 바로 그 종말론적 현실을, 세속도시에서 발견하는 것에 대한 신학적인 반대를 먼저 다루려면, 다음과 같은 세 개의 주요한 반박을 고려하지 않으면 안 된다.

1. 하느님의 나라는 하느님만의 일인 데 반해서 세속도시는 인간의 성취물이다.
2. 하느님의 나라는 극기와 회개를 요구하는 데 반해서 세속도시는 기술과 노하우만을 필요로 한다.
3. 하느님의 나라는 역사 위에 그리고 역사를 넘어서 존재하는 데 반해서(또는 신자들의 마음속에 존재하는 데 반해서), 세속도시는 완전히 이 세계 안에 있다.

우리는 이러한 반대 모두를 거부해야 하지만, 그럼에도 그것들은 이해할 수 있으며 또한 그것들에 대해서 만족스럽게 대답하지 않고서는 하느님의 나라와 세속도시에 대한 어떠한 논의도 전개할 수 없다. 그러면 이러한 반박을 차례대로 다루어보자.

첫째, 세속도시는 인간에 의해 건설되지만 신국神國은 하느님의 일이라는 주장은 어떤가? 이러한 반대는 무엇보다도 중요하다. 왜냐하면, 미국 신학이 특히 사회 복음Social Gospel 시대 동안에 하느님 나라의 건설이라는 말을 널리 유통시켰으며, 때때로 신국은 인간이 성취하는 것이라고 암시했다는 사실 때문이다. 이 잘못된 관념은 오로지 하느님만이 신국을 임하게 하신다는 분명한 주장을 비난하는 최근의 신학자들에 힘입어 올바르게 폐기되었다. 그들의 교정矯正은 상당히 필요했다. 하느님 나라의 관념은 진보 및 사회 개선 등의 개념들과 혼합되었다. 그러나 대부분의 교정자들이 주장했듯이 그것은 다른 방향으로 너무 멀리 나아갔다.

아모스 와일더Amos Wilder 교수는《예수의 교훈에서 종말론과 윤리 Eschatology and Ethics in the Teachings of Jesus》[4]라는 흥미로운 저서에서 신약성서에 나타난 하느님 나라라는 주제가 갖는 주요한 특징에 대해 주의를 환기시키는데, 이는 불균형을 시정하는 데 어느 정도 도움을 줄 수 있다. 그는 신국의 의미가 예수의 인격으로 나타난다고 할 만큼 예수께서 자신을 신국과 매우 밀접하게 동일시했다고 지적한다. 예수는 신국**이다**. 그는 신국의 대표이며 화신이자 중심적인 표지다. 신국의 신학적 문제는 따라서 그리스도론의 문제이며, 또 신국을 신의 행위로 해석해야 하는지 아니면 인간의 행위로 해석해야 하는지에 대한 모든 질문은 예수의 인격을 통해서 대답하지 않으면 안 된다. 이렇게 해서 신국에 대한 이전의 인간 중심적인 신학과 최근의 하느님 중심적인 신학 모두가 논의의 대상이 된다.

예수가 하느님의 나라를 인격화한다면 신국의 도래에서 신의 주도권과 인간의 응답이라는 요소들은 절대 분리할 수 없다. 예수는 신인가 사람인가? 그의 생애는 인간을 위한 신의 행위를 나타내는가?

아니면 신에 대한 인간의 전적인 응답인가? 신학자들의 끊임없는 대답은 언제나 그는 양쪽 모두이며 어느 한쪽의 정도는 측량할 수 없다는 것이었다. 이 문제가 그리스 실체철학의 언어로 논의되었을 때, 칼케돈 공의회의 신앙 고백문은 예수가 완전히 신이며 완전히 인간이라고 주장했다. 똑같은 논의가 현대 사회 변화의 용어로 번역된다면, 문제는 역사, 특히 혁명이 인간**에게** 일어나는 것인가 아니면 인간이 **행하는** 것인가라는 것이 된다. 사회결정론자들은 이 문제에 관해서 오랫동안 이른바 "개인의 자유"라는 것의 주창자들과 싸웠다. 인간은 사회 변화의 주체인가 아니면 그 대상인가?

납득할 만한 유일한 대답은 인간은 양쪽 모두라는 것이며, 어느 한쪽의 양을 가려내려는 노력은 불가피하게 실패한다. 사실 인간이 나서서 주도적으로 방대한 새로운 일을 시작하는 듯한 순간들이 있다. 그가 할 수 있는 것을 모두 다 하는데도 역사의 조류가 인간을 휩쓸어버리는 듯한 시대들도 있다. 그러나 세속화와 도시화의 융합인 세속도시는, 사회의 움직임과 인간의 주도권이 교차하는 지점, 즉 그가 살고 있는 사회적 환경을 딛고서가 아니라 오히려 그 사회적 환경에 힘입어 인간이 자유로운 그 지점을 나타낸다. 몇몇 신학자들이 예수의 신성神性을 그를 향한 하느님의 목적을 기꺼이 받아들여 수행한 태도로 해석한 것처럼,[5] 세속도시는 인간이 그의 시대의 소란스러운 경향들을 관리할 책임을 떠맡는 지점을 의미한다.

나사렛 예수의 생애에 집중된 하느님의 나라는 신과 인간의 협동 관계가 역사에서 가장 완전하게 드러난 것이다. 세속도시를 만들어내기 위한 우리의 투쟁은 우리 시대의 이러한 현실에 성실하게 응답하는 방법을 보여준다.

세속도시에서 하느님의 나라의 현대적 징조를 보는 것에 대한 두 번째 반대 의견은, 신국은 극기와 회개를 요구하지만 세속도시는 그렇지 않다는 것이다.

　　다시 아모스 와일더의 신국에 대한 분석은 이러한 반론에 대답하는 데 도움을 준다. 와일더는 신국의 도래가 어떤 것들을 포기하고 제자가 되기 위한 새로운 훈련을 받아들이도록 요구하는 형태로 나타났다고 주장한다. 이 새로운 삶의 방식은 무엇보다도 먼저 과거와의 철저한 단절을 수반했는데, 사실 그것은 가족의 인연을 끊거나 자식으로서 장례 의무를 포기하는 것을 포함할 정도로 철저했다. 다른 신약학자는 이 후자의 요구의 혁명적인 중요성을 강조한다. 그것은 "유대인의 감정으로는 도저히 생각할 수 없는 괘씸한 모욕이다. …… 그것은 제자들을 묶는 모든 관습을 부순다. ……"[6] 신국의 출현에 응답하는 사람들은, 신국이 요구하는 새로운 활동과 책임을 담당하기 위해서는 아무리 친근한 것이라도 과거와의 모든 유대를 끊고 또 아무리 신성한 것이라도 과거의 모든 가치를 버릴 각오를 하지 않으면 안 되었다.

　　신국이 요구하는 회개에 대한 우리의 관념은 전적으로 너무나 도덕주의적인 경향이 있었다. 와일더는 우리에게 회개가 훨씬 더 철저하고 포괄적인 희생 행위를 포함한다는 것을 보여준다. 그가 옳다면 예수의 신국은, 하느님이 하시는 전적으로 새로운 그 무엇이, 인간이 이전의 가치와 충성을 포기하고 새로운 현실에 자유롭게 들어가는 것과 **동시에 일어날** 때 왔다. 출현하는 세속도시의 삶은 바로 이러한 종류의 포기를 수반한다. 따라서 그것은 회개를 요구한다. 사실 세속도시의 출현은 우리로 하여금 회개에 대한 우리의 도덕주의적 왜곡을 버리고 더욱 성서적인 해석으로 돌아가는 데 도움을 줄 수 있다.

그런데 세속도시와 하느님의 나라의 관계에 대한 세 번째 질문이 남아 있다. 하느님의 나라는 어쨌든 역사를 넘어서 또는 초월해 있는 데 반해서 세속도시는 '그 안에' 있는 것이 아닌가?

여기서 전통적인 논의는 신국이 **미래에 언젠가** 올 것인가 아니면 **이미 왔는가** 라는 문제를 중심으로 전개되었다. 예수 자신의 말씀은 그 어느 쪽으로도 해석될 수 있다. 그러나 최근의 신약학은 이제 이 막다름을 넘어섰다. 최근의 신약학은, 미래주의적 종말론 대 실현된 종말론의 논쟁이 문제를 잘못 제기했으며 우리는 그 대신 **실현되는 과정**에 있는 종말론을 말해야 한다고 시사했다. 독일학자들은 이것을 "자신을 실현하고 있는 종말론sich realisierende Eschatologie"이라고 부른다. 만일 우리가 이 해석을 받아들인다면, 오늘날 우리는 신약을 쓴 사람들이 신국의 도래가 아직도 일어나고 있다고 기술하는 세계에 살고 있다. 그것은 여전히 우리에게 객관적으로 새로운 사회 상황을 제시하며, 아울러 우리로 하여금 옛것을 버리고 다른 것을 받아들이는 기회를 제공한다.

하느님 나라라는 고대적 상징을 구체적으로 살려내는 세속도시에 대한 주된 반론들은 우리가 본 바와 같이 주의 깊게 살펴보면 결점이 드러난다. 신국을 도래하게 하는 것은 하느님인가 인간인가, 회개할 필요가 있는가, 그리고 신국이 우리의 **현재의** 위기와 관계가 있는가 하는 문제는 모두 성서의 신국 관념을 철저하게 검토하면 제쳐 놓을 수 있다.

혁명신학의 해부

그러면 신학적인 고찰에서 정치적인 고찰로 넘어가자. 세속도시의 도래는 혁명신학을 위한 필수적인 근거를 제공하는가?

실행할 수 있는 혁명 이론이라면 반드시 네 개의 본질적인 특징을 제시해야 한다. 그것은 (1) 왜 행동이 지금 필요한가 하는 관념을 포함해야 한다. 그리고 이 관념은 행동을 촉진할 수 있어야 한다. 그러므로 우리는 이 첫 번째 요소를 **촉매하는 것**catalytic이라고 부른다. 그것은 (2) 몇몇 사람들은 왜 지금까지 행동하지 않았으며 아직도 행동하기를 거부하는가에 대한 설명, 즉 그들이 보지 못하거나 움직일 수 없는 것에 대한 해석을 포함해야 한다. 웹스터 사전은 강경증catalepsy을 굳어버려서 움직일 수 없는 것이 특징인 정신 질환으로 정의한다. 여기서 우리가 보는 것은 일종의 사회적 강경증, 즉 정치적 마비 상태다. 따라서 우리는 적절한 혁명 이론의 이 두 번째 특징을 **강경증의 해석**interpretation of catalepsy이라고 부른다. 그러나 그 이론은 또한 (3) 어떻게 하면 사람들이 변화될 수 있는가, 즉 어떻게 하면 그들을 강경증의 마비 상태에서 벗어나 행동하도록 자극을 줄 수 있는가에 대한 견해도 지녀야 한다. 그것은 행동 장애를 제거하는 정화 과정인 **카타르시스 개념**idea of catharsis을 지니지 않으면 안 된다. 이 정화는 언제나 사회적 강경증의 환경을 근본적으로 바꿈으로써 일어나기 때문에 모든 혁명 이론은 그것을 지녀야 한다. 그리고 (4) 마지막으로 **대이변의 이해**understanding of catastrophe인데, 다시 웹스터 사전에 따르면 대이변catastrophe이란 "사물의 질서나 체계를 뒤집어엎는 사건"을 말한다. 움직일 수 없는 사람들 안에서 변화를 일으켜 목적의식적인 행동을 촉진하는 것이 대이변, 즉 사회적 결말이다.

대부분의 혁명 이론에서 촉매 요인은 **촉매적 공백**catalytic gap이라고 부를 수 있는 형태로 나타난다. 이 개념은 이제는 끝나야 할 어떤 지연 상태가 존재하는데 그것을 끝내는 데는 행동이 필요함을 뜻한다. 공백의 인식은 변화를 일으키는 촉매 동인動因을 제공한다. 대부분의 혁명 이론에서는 이 촉매적 공백을 문명의 한 국면과 다른 국면 사이에 나타나는 지연으로 본다. 따라서 프랑스 사상가들이 보기에는, 이성의 시대가 사려 깊은 사람들 사이에서 이미 동트기 시작했지만 사제들과 귀족들은 여전히 미신적인 부조리를 공급하고 있었다. 러시아의 볼셰비키 당원들에게는 역사의 변증법이 계급 없는 사회로 가는 문을 열었지만, 러시아 황제들과 무능한 사회민주주의 후계자들은 여전히 현관에서 꾸물거렸다. 두 혁명 이론은 모두 가속화된 사회 변화의 강력한 원천을 제공했다.

오늘날에는 프랑스 혁명과 러시아 혁명의 이론가들이 제시하는 촉매적 공백도 더는 충분한 설명이 되지 못한다. 사실 우리는 그 어떤 강력한 혁명 이론도 갖고 있지 않다. 과학기술과 의학 연구는 우리의 정치적·문화적 제도가 미처 대비하지 못한 문명 속으로 우리를 갑자기 밀어 넣었다. 경제적 하부구조가 정치적 상부구조를 앞지르고 있다는 마르크스의 진단에 따라 우리가 처한 곤경이 부분적으로는 해명될 수 있지만 현실에서 딜레마는 엄청나게 더 복잡한 것이다. 우리는 권력 기반이 재산에 있지 않고 전문 지식과 지적인 기술에 있는 시대에 들어가고 있다. 우리는 생산 라인에서 리니어 컴퓨터로, 일의 가치에서 여가의 가치로, 산업사회에서 자동화 사회로 곧바로 돌진하고 있다. 그러면서도 문화적·종교적 상징뿐만 아니라 우리의 정치 과정은 여전히 과거의 기술 이전以前 사회를 반영한다. 우리의 어린 공화국은 무럭무럭 자라 모든 방향으로 쑥쑥 뻗어서 더는 그 옷의 단추를 채울 수 없다. 우리는 급속하게 성장하고 있는 기술 사회에 아직도 정치적 아동복을 입혀보려고 애쓰고 있다. 이러한 지연은 우리가 필요로 하는 촉매적 공백을 제공했어야 했지만, 지금까지 그러지 못했다. 사람들의 대이동, 주택 문제, 늘어나는 실업 인구 등으로 누적되는 위기는, 기술 변화로 생겨난 문제들을 정치적으로 해결하지 못하는 우리의 무능력을 극적으로 보여준다. 우리에겐 시대의 압력에 적절히 대처할 새로운 혁명 이론이 필요하다.

이것이 **기술도시**technopolis라는 말이 우리의 새로운 도시 문명이 지닌 가능성과 문제점 모두를 시사하는 이유다. **기술**techno은 세속도시가 의존하고 있는 기술적 기반을 상징하며, **도시**polis는 기술적 환경이 돌이킬 수 없는 괴물로 되어버리지 않도록 꼭 있어야만 할 사회적·문화적 제도들을 상기시킨다. 기술과 도시가 합쳐짐으로써 그것들은 사회 변화가 나타날 수 있는 긴장을 시사한다. 우리는 지금 기술도시의 기술적 요소와 정치적 요소 간의 심각한 불균형으로 숨이 막히고 있다. 이것이 촉매적 공백을 일으키고 말 것이다. 우리가 마주친 도전은, 기술이라는 반인반마半人半馬를 조종하고 다스릴 정치적 마구馬具를 만들 필요성과 대면시킨다.

다시 신국의 성서적 이미지는, 우리 시대를 위해 세속도시라는 상징, 곧 성숙함과 상호 의존의 공화국이라는 모습을 띠며 하나의 촉매적 공백을 제공한다. 하느님은 언제나 인간보다 한 걸음 앞선다. 인간은 몇 번이고 성서의 하느님을 그가 지금 있는 곳에서 다른 곳으로 가도록 부르시는 분으로 만났다. 여기에서 저기로 또 지금에서 그 때로의 움직임은 성서의 결정적인 축을 형성한다. 하느님의 나라는 결코 충만하고도 완전하게 도래하지 않았다. 따라서 인간은 잠시 쉴 수 있지만, 그것은 결코 인간이 절망 속에서 포기할 수밖에 없을 만큼 멀리 있거나 도달할 수 없는 것이 아니다. 오히려 하느님의 나라는 언제나 지금 곧 도래하고 있다. 그것은 언제나 '오고 있는 나라'이며 도착하고 있는 새로운 현실이다. 그것의 첫 표지는 언제나 가시적인 것이 **되고 있다.**

성서적 관점에서 보는 촉매적 공백은 가장 오래된 〈마가복음〉이 예수의 첫 말씀으로 기록한 구절 가운데 세미콜론으로 제시된다. "때가 찼고 하느님의 나라가 가까이 왔다; 회개하고 복음을 믿으라" (〈마가복음〉 1장 15절). 이 획기적인 선언을 신앙 공동체가 이용하는 경우, 즉 예수를 이해하는 것만이 아니라 역사적 현실 전체를 해명하기 위한 것으로 이용할 때, 우리는 인간이 영원한 촉매적 공백 속에 놓여 있음을 알 수 있다. 사도 바울이 신앙의 삶을 다음과 같은 말로 요약했을 때도 같은 심정이었다. "……다만 나는 내 뒤에 있는 것을 잊고 앞에 있는 것만 바라보면서 목표를 향해 달려갈 뿐입니다. ……"(〈필립비인들에게 보낸 편지〉〔〈빌립보서〉〕, 3장 13절) 성서는 이 현재의 시대를 전에 있던 것과 앞으로 있을 것 사이의 갈라진 틈 속에 놓는다. 이러한 이유에서, 성서에서 드러나는 윤리적 긴장은 보통 철학적 윤리학이 진술하는 존재하는 것과 존재해야 할 것 사이의 긴장과 약간 다르다. 복음서의 말투는 절대적인 명령이 아니다. 그것은 우선 무엇이 일어나고 **있는지**를 지적하며, 그 다음에야 그에 따른 태도와 행동 변화를 요구한다. 하느님의 나라가 가까이 왔다; 그러므로 회개하라.

세속도시의 구성도 이와 동일하다. 그 억제할 수 없는 출현을 통해서 세속도시는 이전의 사고방식과 행동 방식을 완전히 쓸모없게 만들어버리는 새로운 상황을 확립한다. 인간이 이에 주목하게 될 때 세속화는 그에게 행동하도록 요청한다. 세속화는 그 자체의 공백을 만들어, 인간으로 하여금 역사의 힘에 압도당하지 않고 여전히 인간이고자 한다면 그 공백을 메우도록 촉매 작용을 한다.

그러면 인간은 왜 행동을 하지 **않는가**? 신국의 고대적인 형상이 현대 언어로 번역되어도 왜 그는 외면하는가? 복음을 들을 때, 죽어가는 시대의 사회와 상징들을 버리고 새로운 것들을 만들어낼 책임을 지라는 부르심으로 여기면서도 왜 그는 거부하는가? 여기서 우리는 **사회적 강경증**social catalepsis, 즉 인간으로 하여금 공백을 메우는 행동을 하지 못하게 하는 맹목성과 마비 상태를 파헤쳐볼 필요가 있다.

신학자들은, 인간은 언제나 원한다면 복음에 대해서 아니라고 말할 수 있는 상태에 있다고 주장해왔다. 불안을 느끼는 아이들이 유아기에 그들을 달래주었던 담요나 턱받이를 꼭 잡고 놓지 않는 것처럼 인간은 이전 시대의 양식과 목적에 완강하게 매달릴 수도 있다. 그러나 이러한 거부는 분명히 성숙에서 도피함을 나타낸다. 그것은 인간을 신약성서가 "이 죽어가는 시대"라고 부르는 것 속에 살도록 운명 짓는다. 그것은 점점 방향감각을 잃게 하고 비현실감의 증가를 낳을 것이다. 이것은 또다시, 사건들의 의미를 더는 적합하지 않은 방식으로 파악하느라고 미친 듯이 애쓰지만 결국은 성과를 보지 못하는 노력들을 불러올 것이다.

그러나 문제는 여전히 남는다. 왜 사람들은 촉매적 공백 속에 갇혀 있으면서도 완강하게 변화를 거부하는가? 사회적 강경증 문제에 대한 마르크스주의들의 대답은 고전적인 것으로 남아 있다. 그들은 그것을 "허위의식false consciousness"이라는 개념으로 설명한다. 그들은 의식 자체도 사회적 주형鑄型, 특히 생산수단과의 관계에서 생겨난다고 주장한다. 그러므로 재산에 얽매여 지나가는 시대의 양식에 갇히게 되는 사람은 그의 세계관도 말하자면 이미 독에 물들었다. 그는 사물을 그릇되게 인식한다. 과거와 미래 사이의 틈에 끼여 있는데도 자신이 끼여 있다는 것을 볼 수 없기 때문에 그는 변할 수 없다. 그의 관점을 변화시킬 수 있는 유일한 방법은 그 관점이 생겨나는 지점을 바꾸는 것이다. 이것은 그를 재산에서 분리시키는 것을 뜻한다. 마르크스주의의 카타르시스를 논할 때 언급하겠지만 사람에게서 그의 재산을 박탈하는 것은 실제로 하나의 해방이다. 그것은 그를 파멸시킬 운명의 사회에 대한 관심에서 풀어주며, 따라서 그의 시야를 더 럽히는 독소에 대한 해독제 역할을 한다. 논리적으로는 모든 사유재산의 전면적인 폐지가 모든 사람의 이 사회적 트라코마trachoma〔과립성 결막염〕를 치료하며 모든 허위의식이 사라지게 한다는 것이다.

성서적 사상 또한 왜 사람들이 신국의 도래에 응답하지 않는가라는 딜레마를 깊이 파들어간다. 인간들은 '죄인'이다. 그들은 자신, 사회 그리고 현실 전체에 대한 기형적이고 왜곡된 시각으로 고통을 받는다. 죄인은 허약하다. 그의 병은 자신의 환경 안에서 일어나고 있는 것을 제대로 보거나 듣지 못하는 치명적인 무능력으로 곪아간다. 따라서 그는 촉매적 공백의 한가운데 있지만 그것을 알지 못한다. 그는 마치 최면술의 암시에 걸려 혼수상태 속에 사는 사람 같다.

성경은 이 상태를 앉은뱅이, 귀머거리, 잠자는 것, 죽음 등 여러 모양으로 표현한다. 바울은 이런 상태에 있는 사람들을 최면술에 걸렸다고 여긴다. 갈라디아의 배교자들을 책망하면서 바울은 분명하게 누가 너희를 홀리더냐(최면술을 걸었느냐)고 그들에게 묻는다. 그러한 사람들을 사슬에 매인 사람, 옥에 갇힌 사람 또는 어둠 속에 있는 사람 등으로 표현하기도 한다. 이 비유들은 서로 뒤섞이면서 사람이 그의 세계를 분명하게 볼 수 없는 상태 또는 그의 세계에 적절하게 반응할 수 없는 상태를 묘사한다. 그는 비뚤어진 현실관을 가지며 그의 반응 능력은 불구다. 이것이 바울이 초기 기독교인들에게 편지하면서 자주 "깨어나라(최면에서 벗어나라)"고 말하는 이유다. 세례 요한의 제자들이 예수에게 가서 당신이 약속된 그분인지 아니면 또 다른 사람을 기다려야 하는지를 대놓고 물을 때, 예수는 의미심장하게도 그들 주변에서 일어나는 일들을 보라고 대답한다. 곧 장님이 보고 귀머거리가 들으며 앉은뱅이가 걷고 가난한 사람들에게 복음이 전파된다.

그러나 이제 **카타르시스** 문제가 등장한다. 이 사람들을 혼수상태에서 깨워내서 그들이 전에는 보지 못했던 것을 보게 하는 것은 무엇인가? 그 과정을 신약성서에서는 **메타노이아**metanoia라고 부르는데 그것은 매우 급진적인 변화를 말한다. 지금까지의 자아는 죽고 새로운 자아가 탄생한다. 여기에 관련된 사람에게 그것은 총체적인 변화다. 즉 "……모든 것이 새로워진다." 이제는 어느 것도 단순히 인간적인 관점에서 보이지 않는다. 그것은 "다시 태어나는 것" 또는 죽은 자가 살아나는 것과 같다. 그것은 전환, 즉 자아와 세계에 대한 인식의 전면적인 변화다. 그 결과 이제는 보고 듣고 걸을 수 있으며 기뻐 뛸 수 있는 삶이 이루어진다. 인식과 응답을 가로막는 장애가 모두 제거된다. 인간은 이제 그의 세계에서 일어나는 것을 보고 적절하게 반응할 수 있다.

전환 또는 현실 인식의 변화에 대한 신약성서의 또 다른 중요한 상들은 성숙함, 성인이 됨을 뜻하는 것들이다. 사도 바울은 "내가 장성한 사람이 되어서는 어린아이의 일을 버렸노라"고 말한다. 〈갈라디아인들에게 보낸 편지〉(《갈라디아서》)에서 그는 신앙인을, 어릴 적에는 가정교사의 관리 아래 있었지만 이제는 책임을 질 수 있는 나이가 되어 아버지의 재산에 대한 완전한 상속자가 되는 사람에 비유한다. 상속인으로서 아들은 이제 재산 관리에 대한 전적인 책임을 져야 한다.

세속화 자체는 성숙해지고 책임을 맡는 과정으로 볼 수 있기 때문에, 이 성숙함과 책임의 이미지들은 여기서 우리의 주장에 결정적으로 중요하다. 세속화는 종교적·형이상학적 지원을 제거하고 인간을 그 자신에게 떠맡기는 것을 뜻한다. 그것은 아이 놀이터의 문을 열고 인간을 열린 우주에 풀어놓는 것이다. 결과적으로 성숙함과 책임의 상징들이 신약성서에서 결코 예외적인 것이 아니라는 사실을 알아차리는 것이 중요하다. 예를 들면, 재산을 청지기들에게 맡기고 주인이 먼 곳으로 간다는 예수의 몇 가지 비유에서 그 상징들이 나타난다. 청지기들의 임무는 그들에게 맡겨진 돈을 잘 관리하는 것만이 아니다. 그 임무에는 주인의 종들을 원숙하고 공정하게 다룰 책임도 포함되어 있다. 따라서 종들을 때리는 술 취한 청지기는 아주 엄하게 심판을 받는다. 그는 임무, 즉 권력의 청지기직을 배반했기 때문이다. 대부분의 교회에서는 돈의 청지기직에 대해서는 그야말로 너무 많이 말해왔지만 권력의 청지기직에 대해서는 너무 적게 말해왔다. 회개의 현대적인 등가물은 권력의 책임감 있는 사용이다.

그렇지만 카타르시스를 일으키는 것은 무엇인가? 인간으로 하여금 변하고 회개하고 항거하고 권력에 대한 책임을 받아들이도록 하는 것은 무엇인가? 혁명신학은 혁명 이론과 마찬가지로, 사물의 질서를 뒤집어엎는 사건이라는 전문적인 의미의 대이변catastrophe 개념이 들어갈 자리를 만들어주어야 한다.

마르크스에게 대이변이란 권력을 노동자들의 수중에 놓는, 산업화의 발전에서 생겨나는 객관적인 조건이었다. 혁명적인 행동은 단지 정치적인 상부구조를 하부구조라는 기존 현실에 부합시킬 뿐이었다. 마르크스는 문제를 교묘하게 얼버무리는 것 같지만, 그의 혁명관은 인간이 어떤 것을 하는 동시에 자신에게 무언가를 일어나게 한다는 점을 보여주는 분명한 예다. 성육신Incarnation만큼이나 혁명 또한 역설적이다.

마르크스에게 이 대이변, 즉 이러한 전복은 카타르시스를 위한 필수 조건을 제공한다. 그는 객관적인 조건, 즉 재산의 제거가 자본가들의 허위의식을 바로잡는 데 필수 불가결한 전제 조건이라고 보았다. 이것이 마르크스가, 사람들을 그들의 정치 사상이나 종교적 신앙에서 벗어나도록 설득시키고자 했던 지식인들을 매우 참을 수 없었던 이유다. 사람들의 의견은 그들이 바탕을 둔 사회 현실을 바꿈으로써만 변화될 수 있다고 마르크스는 믿었다. 그는 세계를 해석하면서 인생을 보낸 철학자들에게 싫증을 느꼈다. 그래서 그는 "세계를 변화시킬 때가 왔다"고 말했다.

마찬가지로 성경에서도 신국의 새로운 질서의 도래는 대이변이다. 그것은 깨어나는 데 필수적인 전제 조건을 제공한다. 바울은 자기가 부르짖는 고함만으로 최면 상태에 빠져 있는 갈라디아인들을 깨울 수 있다고는 믿지 않았다. 그들을 잠에서 벗어날 수 있게 한 것은 그리스도 안에서 이루어진 하느님의 행위에 힘입어 그들이 처하게 된 새로운 현실이다. 바울의 말에 힘이 있었던 것은 오로지 그것이 신국과 관련해서 말해졌기 때문인데, 그는 신국을 새로운 천지창조 또는 새로운 시대라고 더욱 자주 언급했다.

우리의 현실 인식은 대단히 조건 지어져 있다. 그것은 우리의 개인적인 경력, 사회적인 지위, 몸담는 직업 그리고 이러한 것들 모두에서 생겨나는 의미의 망網, 즉 우리가 마주치는 생각과 경험을 걸러내고 선택하게 만드는 의미의 망에 영향을 받는다. 그러므로 우리의 현실 인식은 이러한 조건들 자체가 변화됨으로써만 바뀔 수 있다.

이것은 어떤 사회 변화 신학이든, 어떤 혁명신학이든 고려하지 않으면 안 될 엄청나게 중요한 사실이다. 그것은 단순히 설교를 듣거나 논설을 읽는 것만으로는, 새로운 사회적·정치적 문제에 대해 책임 있게 보거나 반응하는 것을 사람들에게서 기대할 수 없다는 뜻이다. 다른 어떤 것이 먼저 바뀌어야 한다. 그들이 듣는 설교는 새로운 사회 상황이라는 조건, 즉 변화된 현실 인식에 근거를 제공하는 새로운 객관적인 맥락 안에서 일어나야 한다. 대이변이 카타르시스보다 앞선다. 하느님의 나라가 회개보다 앞선다. 사실 신국 출현이라는 현실은 복음 설교의 본질적인 전제 조건이다. 신국이라는 현실 안에서 복음은 신국의 신호를 식별하고 이에 합당하게 응답하라는 부름이 된다.

마찬가지로 세속도시의 도래는 새로운 기회를 제공한다. 그 도래에 직면하여 과거부터 가져왔던 태도들은 버리지 않으면 안 되며, 새로운 사회 현실에 어울리는 새로운 방향 설정이 시작되어야 한다.

오늘날 복음은 이웃과 함께 세속도시에 어울리는 공동생활을 형성하라고 인간을 부른다. 그는 더는 적합하지 않은 익숙한 생활 방식을 버리고 새로운 방식을 만드는 일에 착수함으로써 응답한다.

그 부름은 결코 분별없이 신기함만 좇는, 즉 그저 새롭다는 이유로 그 새로움에 끌려다니는 태도를 요구하지 않는다. 그것은 오히려 오래됨은 그 **자체만으로는** 더는 진정성의 표시가 아니라는 뜻이다. 오래된 생각과 관습은 새로운 것들과 동등한 기반에서 경쟁해야 한다. 이미 받아들인 것도 결코 변화를 멈추지 않는 세계에 비추어서 끊임없이 시험을 받아야 한다. 그러므로 과거는 찬양되고 존중되지만, 그것이 결코 현재나 미래를 결정하도록 내버려둘 수는 없다.

세속도시의 도래는 사춘기의 환상들을 제거하는 역사적 과정이다. 이 환상들에서 벗어나게 되면 인간은 아들로서, 성숙한 인간으로서 그리고 책임감 있는 청지기로서 그 자격을 갖추지 않으면 안 된다. 부름에 대한 그의 응답은, 미래에 몇 번이고 변화될 사회적·문화적 제도의 끊임없는 임시성에 기꺼이 참여하는 것을 포함하지 않으면 안 된다. 잠정적인 것의 수용은 성숙성의 일부다. 자신의 창의성을 발휘할 필요성도 그러하다. 누구도 청지기에게 정원의 모든 문제에 대처할 절차를 알려주는 지침서를 주지 않는다. 그는 창의적이어야 한다. 그 누구도 세속 인간에게 쉼 없는 역사적 과정이 던지는 항상 새로운 문제들에 대해 틀림없는 해결책을 제공하지 못한다. 그는 해결책을 스스로 만들어내야 한다. 그의 성숙성은 자신의 임무가 걸쳐 있는 광대한 세계를 자각하고, 이미 쓸모없는 행동 양식에서 기꺼이 멀어지며, 새로운 역사의 현실을 다루는 방법을 개발할 준비를 하는 데 있다.

대이변과 카타르시스는 계속 반복된다. 성서가 하느님의 나라는 몇 번이고 인간에게 다가와 그때마다 새로운 응답을 요구한다고 보는 것처럼, 우리의 용어로 말하면 역사의 세속화는 계속 진행된다. 인간 세계는 결코 충분히 인간화되지 않았다. 그러므로 계속해서 우리는 "어두움의 일을 벗어버리지" 않으면 안 된다. 우리는 가장 소중했던 생각마저도 버리고 새로운 생각을 받아들임으로써 역사의 새로운 현실에 대응해야 하며 나중에는 그것조차 다시 희생시킬 각오를 해야 한다. "우리는 언제나 기독교인이 **되고** 있다"라고 키르케고르는 슬기롭게 말했다. 우리는 언제나 성숙하고 책임감 있는 청지기가 되고 있다. 영구 혁명은 영구 전환을 요구한다.

의문의 여지 없이 여기서 말하는 종류의 전환은, 우리가 지금 듣는 것과는 매우 다른 종류의 설교에 대한 응답으로 일어나야 한다. 우리는 오늘날 사도들의 설교에서 멀리 벗어났다. 그들의 설교는, 이미 일어났고 곧 일어날 그 무엇, 즉 예수가 죽은 자 가운데서 일어나 권능으로 다시 오실 사건을 청중에게 알려주는 관행을 따랐다. 마찬가지로 예수는 사람들에게 자기 자신을, 그들의 생애에서 또 그들이 일부를 이루는 역사에서 하나의 결정적인 사건으로 제시했다. 이 새로운 사건의 맥락에서 예수와 사도들 모두는 응답하라는 부름을 외쳤다. 이 부름은 언제나 매우 구체적이었다. 예수의 경우에는 특히 그러했다. 그는 사람들이 그물을 버릴 것을, 침상에서 일어날 것을, 나귀를 풀 것을, 자신을 만찬에 초대할 것을 기대했다. 그 누구도 뭔가 중요한 일이 일어났음을 또는 뭔가 매우 명확한 일이 자신에게 요구되었음을 의심할 수 없었다.

오늘날 우리의 설교가 힘이 없는 이유는, 설교가 사람들을 이미 일어난 새로운 현실과 대면시키지 못하기 때문이며 또한 그 부름이 구체적인 말보다는 막연한 말로 전달되기 때문이다. 그런데 좀처럼 구체적이지 못한 선포가 성서적인 의미에서 과연 설교로 생각될 수 있는지는 매우 의심스럽다. 상황의 성격을 온통 바꾼 사건이 계기가 된 말이 구체적인 응답 행위를 요구하는 곳에서만 성서적인 복음은 실현된다.

"하느님의 나라가 가까이 왔다; 회개하고 복음을 믿으라"고 하는 예수의 메시지는, 예수 자신에게 하나의 초점이 되는 하느님의 행위와 인간의 응답을 포함한다고 앞에서 시사한 바 있다. 우리의 용어로 말하면 **세속화**는 비록 그것이 인간의 행위지만 객관적인 현실, 즉 그 안에서 우리 자신을 발견하는 새로운 시대를 반영한다. 그것은 우리에게 일어난다. 우리는 의미와 가치의 전통적인 원천에서 뿌리째 뽑혀 있다. 세례 요한이 외친 것처럼 "도끼가 나무뿌리에 놓여 있다." **도시화**는, 물론 그것 또한 인간**에게** 일어나지만, 여기에서는 새로운 역사적 현실과 화해하려는 인간의 노력, 즉 더욱 증대되는 상호 의존 체계 속에서 다른 인간들과 더 평등하게 사는 방법의 명료화에 해당한다. 세속화가 도시화에 선행할 뿐만 아니라 도시화를 뒤따르며, 아울러 도시화에 힘입어 생겨난다는 사실에 대해 우리가 여기서 걱정할 필요는 없다. 하느님의 행위를 인간의 응답과 분리하려는 그 어떠한 노력도 전통적인 그리스도론의 명확한 표명들이 충분히 보여 준 바와 같이 결국 실패한다. 인간에 대한 역사의 행위와 역사에 대한 인간의 행위의 교차점에, 전환이라는 현상 또는 책임, 즉 우리가 성인다운 의무의 수용이라고 불러온 것이 있다.

주

1 사회 변화 신학을 구성하려고 시도한 것은 아니지만 사회 변화의 도전에
대한 두 권의 뛰어난 책은 특별히 언급할 가치가 있다. Paul Abrecht, *The Churches and Rapid Social Change*(Garden City, N. Y.: Doubleday, 1961); Egbert de Vries, *Man in Rapid Social Change* (Garden City, N. Y.: Doubleday, 1961; London: SCM Press).

2 게르하르트 폰 라트의 구약신학이 정의한 것을 출발점으로 해서 역사신학을 진전시키려는 자극적인 시도에 대해서는 다음을 보라. Wolfhart Pannenberg (ed.), *Offenbarung als Geschichte*(Göttingen: Vandenhoeck & Ruprecht, 1961). 또한 다음도 보라. Pannenberg, *Was ist der Mensch?*(Göttingen: Vandenhoeck & Ruprecht, 1962). 그리고 다음에 있는 그의 논문도 보라. James Luther Mays (ed.), *Essays in old Testament Hermeneutics*(Richmond, Va.: John Knox Press, 1963; London: SCM Press). 판넨베르크Pannenberg의 작업에 대한 비평으로는 다음을 보라. James Robinson, "The Historicality of Biblical Language" in Bernhard W. Anderson, *The old Testament and Christian Faith*(New York: Harper & Row, 1963; London: SCM Press).

3 Gibson Winter, *The New Creation as Metropolis*(New York: Macmillan, 1963).

4 Amos Wilder, *Eschalogy and Ethics in the Teachings of Jesus*(New York: Harper & Row, 1950). 더욱 최근의 연구로는 다음을 보라. Norman Perrin, *The Kingdom of God in the Teachings of Jesus* (Philadelphia: Westminster Press, 1963). 〔두 권 모두 London: SCM Press.〕

5 D. M. Baille, *God Was in Christ*(New York: Scribner, 1955; London: Faber & Faber).

6 슐라터Schlatter의 *Der Evangelist Matthäus*에서 와일더Wilder가 인용한 것. Wilder, 앞의 책, p. 173.

chapter 6

하느님의 전위대로서 교회

우리가 세속도시에서 교회가 차지하는 위치를 다루기 위해 매우 오랫동안 기다려왔다는 것은 결코 이 문제를 못 보아서가 아니다. 우리 세대의 신학자들은 교회론의 다양한 측면에 지나치게 사로잡히는 경향이 있었다. 이 때문에 그들은 다른 문제들을 다루기 전에 교회에 관한 질문에 대답하는 데 시달려왔다. 남인도의 유명한 사회학자이자 평신도인 M. M. 토마스M. M. Thomas는 세계교회협의회의 한 간행물에 글을 쓰면서 다음과 같이 말한다.

……우리는 지난 50년 동안 에큐메니컬 운동의 신학적 사고에 따라 교회 관념을 과장했다. 나는 우리가 기독교에 대한 그 어떠한 무교회적non-church 이해로 돌아갈 수 있다고는 생각하지 않지만, 그러나 우리는 회중會衆으로서 교회가 종교 공동체의 전통적인 관념과 어떻게 다른가 하는 문제는 살펴보아야 한다.[1]

토마스의 말은 옳다. 교회론은 하느님 나라를 이룩하는 데 인간이 협력하도록 부르는 하느님의 행위를 논의한 **다음에** 등장하는 신학의 이차적이며 파생적인 측면이다. 교회론은 하느님 나라라는 관념과 특정한 시대의 하느님 나라에 대한 적절한 응답을 명확히 규정하기 전이 아니라 그 후에 등장한다. 따라서 우리는 이제 교회에 대해서 몇 가지 질문할 준비가 되어 있는데, 이는 다만 우리가 세속도시를 이미 다루었기 때문이다.

교회는 애당초 하나의 제도가 아니다. 그것은 사람들이다. 성서는 그것을 "하느님의 사람들laos theou"이라고 부른다. 교회는 그 제도에 따라 이 세상에서 하느님의 행위 — 인간을 해방시켜 자유와 책임을 갖도록 하는 것 — 에 참여해야 하는 사람들이다. 아치 하그레이브스Archie Hargraves는 그것을 생생하게 묘사한다. 그는 예수 그리스도가 존재하는 세계에서 하느님의 일을 "떠돌이 주사위 노름"에 비유하고, 또 교회를 "날마다 일어나면 오늘은 어디에서 할지를 알아내는 것이 첫째 일과이고" 그리고 나서는 그곳으로 달려가 "열심히 즐기는"[2] 상습적인 노름꾼에 비유한다. 토마스 비저Thomas Wieser는 똑같은 생각을 조금 학술적인 언어로 표현한다. 그는 〈사도행전〉에 따르면 주님Kyrios, 곧 부활한 그리스도는 언제나 교회**보다 앞서서** 세계 속으로 들어간다고 말한다. 그리스도는 여기저기 나타나며 교회는 단순히 그를 따를 뿐이다.

……교회의 길은 주님 자신이 이 세계를 향해 걸어가신다는 사실과 관련되어 있다. ……(그리고) 교회는 앞장서는 그분을 따르는 것 말고는 다른 선택이 없다. 그 결과 주민에 대한 복종과 증언은, 그분이

제공하는 시작을 식별해내고 그 시작에 기꺼이 발을 들여놓는 것을 요구한다.[3]

이러한 점에서 신학은 무엇보다도 **먼저** 그 행위가 어디서 일어나는가를 알아내는 것, 즉 "시작의 식별"에 관심을 갖는다. 그래야만 신학은 행동에 들어설 수 있는 교회를 형성하는 일을 시작할 수 있다. 이것이 사회 변화 신학에 대한 논의가 교회의 신학에 앞서야 하는 이유다.

물론 그 행위의 위치를 찾아내는 열쇠는, 어제는 저기에 있었던 바로 그 하느님이 오늘은 그 행위 안에 존재한다는 것이다. 오늘의 행위의 위치를 알아내기 위해서는 우리는 주연배우를 알 필요가 있으며, 이 배우는 나사렛 예수의 삶으로 자신을 드러냈다. 우리가 신국을 논의하면서 언급한 것처럼 여기서도 그 행위의 위치를 파악하는 것은 하나의 그리스도론적인 문제다. 그 행위가 밝혀진 다음에 하느님이 어디에서 무엇을 하시는지를 알면 우리는 교회 생활의 적절한 형태와 양식에 대해 물을 수 있다.

조금 전통적인 용어로 표현하면 교회 생활의 형태는 교회의 기능, 즉 선교에 좌우된다. 그 형태는 '하느님의 선교 행위'가 일어나는 곳을 찾아내어 그것에 참여하는 데 도움이 되도록 꾸며져야 한다. 그 형태는 세계 속에서 하느님의 일을 발견하고 협력하려는 회중의 능력을 방해하기보다는 촉진시켜야 한다. 이것은 교회 직무의 내용이 단지 예수 직무의 계속일 뿐이라는 것을 뜻한다. 그것은 예수의 직무에 협력하고 참여한다. 그러면 예수의 직무의 성격은 어떠한 것인가? 예수 자신은 그것을 다음과 같이 표현했다.

주의 성령이 내게 임했으니 이는 가난한 자에게 복음을 전하게 하시
려고 내게 기름을 부으시고 나를 보내사 포로 된 자에게 자유를, 눈
먼 자에게 다시 보게 함을 전파하며, 눌린 자를 자유케 하고 주의 은
혜의 해를 전파하게 하려 하심이라.(〈누가복음〉 4장 18~19절)

예수는 자신의 임무를 삼중의 것으로 생각했다. 그는 새로운 통
치가 도래했음을 선언해야 했다. 또 그는 그 의미를 의인화해야 했
다. 그리고 그 혜택을 골고루 분배하는 일을 시작해야 했다. 이와 마
찬가지로 교회는 책임을 갖고 있다. 신학자들은 그것을 케리그마
kerygma(선포), 디아코니아diakonia(화해, 치료 그리고 다른 형태의 봉사),
그리고 코이노니아koinonia(새로운 사회의 성격을 보여주는 일)라고 부른
다. 교회는 새로운 통치의 전위대다. 그러나 새로운 통치는 여러 지
점에 갖가지 방식으로 나타나기 때문에 교회가 어떤 모습을 가지게
될 것인가를 미리 예상할 수 없다. 심지어는 '도시 안에 있는' 교회의
선교를 묘사하는 것도 할 수 없다. 도시마다 서로 다르며, 또 주어진
도시 환경에서 교회의 생김새도 각자 다를 것이다. 그러나 어떠한 교
회라도 고려할 필요가 있는 도시 세속 생활에 대한 몇 가지 기본 요
소들이 있다. 전위대로서 교회의 임무의 세 가지 요소 — 케리그마,
디아코니아, 코이노이아 — 를 가지고 그것들이 전형적인 도시의 배
경 속에서 어떻게 작용하는가를 살펴보겠다.

교회의 선포 기능: 권력 장악을 널리 알리는 것

케리그마라는 말은 '메시지'를 뜻한다. 교회는 어떤 전위대든 그

렇듯이 사람들에게 알리려는 하나의 이야기를 갖고 있다. 교회는 사람들에게 무엇이 오고 있는지, 다음에 기대할 것이 무엇인지를 말한다. 정치적인 용어를 사용한다면 교회는 혁명이 진행 중이며 중요한 전투가 이미 벌어졌다는 사실을 널리 퍼뜨린다.

교회의 이 전파 기능은 중대하다. 그것이 교회를 어떤 전위대와도 다르게 만든다. 교회는 세계를 재건할 계획을 갖고 있지 않다. 교회는 단지 노예들을 해방시키고 사람들이 성숙해지도록 권하는 분이 아직도 일을 하고 있음을 알리는 신호만을 갖고 있을 뿐이다. 교회는 이 신호를, 일반적인 명제의 형태가 아니라, 지금 해방 활동이 어디에서 진행되고 있는가에 관한 특정한 공표와 그 투쟁에 참여하라는 구체적 초대의 언어로 보낸다.

전통적인 말로 하면 교회의 메시지는, 하느님이 예수로 말미암아 '권세자들'을 이겼으며 인간이 '상속인', 즉 창조된 세계의 주인이 되는 것을 가능하게 했다는 것이다. 이런 말이 지금 우리에게는 낯설게 들리지만 20세기 도시 사회에서 인간 실존의 중심에 이보다 더 가까이 있는 말은 없을 것이다. 이 '권세자들'은 사실상 인간의 자유를 왜곡시키고 부패시키는 문화의 모든 세력을 의미한다. 시대에 따라서 인간들은 이 세력들을 여러 가지 방식으로 경험했다. 이따금 그들은 권세자들의 존재를 거부했지만 이러한 일이 자주 일어나지는 않았다. 신약성서의 많은 부분을 특징짓는 부족 시대에는 그 권세자들이 악마, 혼령 및 별나라 세력으로 인식되었다. 그들은 개인들, 특히 통치자들과 관련되어 있다고 생각되었다. 사람은 각각 자신의 '별'을 갖고 있었으며(우리도 오늘날 여전히 별자리표를 읽는다), 천문학적인 상징은 이따금 왕과 관계가 있었다. 마을 문화로 넘어가는 과도기에는 이러한 세력들이 부정되거나 아니면 규칙적인 운동이나 예측할 수 있는 모형으로 격하되었다. 뉴턴의 천체와 애덤 스미스의 보이지 않는 손이 좋은 예다. 그렇지만 19세기는 전체적으로 그러한 세력들에 대해 회의적이었으며, 우리 자신의 시대에 들어와서야 그것들은 이드id, 집단무의식, 역사의 변증법, 심지어는 통계적 개연성 같은 개념들에 힘입어 재발견되었다. 인간의 자유로운 책임 행사를 해치거나 위태롭게 하는 한에서 이 모든 분야의 세력을 **운명**fate이라는 말 한 마디로 요약할 수 있을 것이다. 앞 장에서 본 바와 같이, 프루동이 성서 신앙의 영향력은 세계를 '비운명화하는' 것이라고 주장했을 때 그는 옳았다. 예수가 '권세자들'을 패배시켰다는 케리그마적 주장이 의미하는 바는 그들이 전멸되었다는 것이 아니다. 이드와 경제적 압력은 역사를 통해 여전히 돌아다닌다. 그것이 의미하는 바는 이 세력들이 인간을 결정할 힘을 갖고 있지 못하다는 것이다. 오히려 인간은 그 세력들을 지배할 힘과 책임을 갖고 있으며 하느님 앞에서 책임감을 갖고서 그것들을 사용한다는 것이다.[4]

신약성서에 따르면 이 권세자들은 원래는 세계의 일부분이 되도록, 즉 인간에 의해 지배되고 이용되도록 예정되어 있었다. 그러나 인간의 자유는 매우 완전해서 그는 "창조주를 섬기기보다는 피조물을 경배하고 섬겼다."(《로마서》 1장 24절) 따라서 인간은 오히려 자기가 '지배하도록' 예정되어 있는 세력의 포로가 되었다. 그가 다스리도록 되어 있는 것들이 오히려 그를 다스렸다. 그는 구출되지 않으면 안 되었다. 언제나 계속되는, 그러나 나사렛 예수 안에서 알려진 하느님의 행위는, 인간을 권세자들**로부터** 자유로 부르는 동시에 그 권세자들**에 대한** 그리고 그들을 위한 책임을 갖도록 명하는 것이다.

이것은 결코 차례대로 전개되는 이야기가 아니다. 인간은 언제나 자신의 자유를 권력에 넘겨주려는 유혹에 빠진다. 하느님은 언제나 자유와 개성이 가능해지도록 일하신다. 중립 지대는 없다. 인간은 그의 환경을 지배하고 관리하거나 아니면 그것에 지배되고 관리당한다. 자유에의 부름은 동시에 책임에의 부름이다. 현대 도시 생활의 조건에서는, 이것은 우리가 결코 심각하게 "뉴욕 시는 다스릴 만한가?" 또는 "핵 전쟁은 막을 수 있는가?" 또는 "인종 간의 정의는 획득될 수 있는가?"라는 질문을 해서는 안 된다는 것을 뜻한다. 진상은, 인간은 애당초 그가 지배하도록 부름받은 문제들의 환경 속에 놓여 있다는 것이다. 하느님은 그리스 비극이나 토마스 하디의 소설에서 운명이 하는 것처럼 인간에 대해서 속임수를 쓴 적이 없다. 케리그마를 믿는 것은 인간이 '땅을 지배**해야 할** 뿐만 아니라 지배**할 수 있다**는 것을 믿는 것이다. 성서에서는 본질적으로 길들여질 수 없고 궁극적으로 인간화될 수 없는 권력은 어디에도 없다. 말로나 행동으로 이것을 부인하는 것은, '창조주보다는 피조물을 경배하는 것'이고 문을 열어서 이미 추방된 원령怨靈을 다시 불러들이는 것이며 어떤 형체 없는 운명 앞에 한쪽 무릎을 꿇는 것이다.

자유와 책임의 융합은 성서에 나오는 아들이라는 상징 속에 잘 드러나는데, 이에 대해서는 프리드리히 고가르텐의 신학에서 상세하게 탐구되었다. 그는 '권세'와 인간의 관계를 이해하는 데 주요한 구절 가운데 하나를 바울이 인간의 성숙해짐을 논한 〈갈라디아서〉 4장 1절에서 찾을 수 있다고 믿는다. 바울은 구체제 아래에서는 인간이 상속인으로 지명되었다 해도 실제로는 노예와 다르지 않다고 주장한다. 그러나 신체제 아래서는 인간이 모든 것의 주인이 된다고 바울은 말한다. 그리고 계속해서 말한다. "이처럼 우리도 어린아이였을 때에는 이 세상의 정령들 아래에서 종살이를 했습니다……." 그러나 바울은 주장하기를 이제는 "하느님으로 말미암아 네가 이후로는 종이 아니요 아들이니 아들이면 유업을 이을 자이니라"(〈갈라디아서〉 4장 4절 이하)라고 한다. 그는 갈라디아인들에게 "이 세상의 그 약하고 초라한 정령들"에게 돌아가지 말라고 간청한다.

여기서 다시 우리는 신화적인 개념화에 한눈을 팔아서는 안 된다. 바울은 인간의 책임을 해치는 세력들을 표현하는 데 유전자, 선[분비腺], 어릴 때의 용변 교육 같은 자신의 언어를 사용하고 있었다. 그는 이러한 것들이 존재하기는 하지만 누구도 그것들에 좌우되**어야 하는** 것은 아니라고 말한다. 인간은 ─ 그가 자유롭기를 선택한다면 ─ 자유로울 수 있다. 그렇지만 자유는 책임지는 아들 신분을 부과한다.

고가르텐이 바울의 말을 이해하는 바에 따르면, 아들 신분은 육체적인 후손이 아니라 하나의 관계를 뜻하며, 그 안에서 인간은 자신이 아들이며 따라서 아버지를 두고 있다는 것을 인정한다. 자신이 책임을 질 아버지가 없다면 이 아들 신분이라는 생각은 무의미할 것이다. 고가르텐은 〈갈라디아서〉에서 사용된 그리스어는 특별히 '아들'을 의미하지 아이를 뜻하지 않는다고 지적한다. 그것은 이제는 아버지가 전에 하던 역할을 맡는 어른이 된 자식을 가리킨다. 그는 성인이 되었다. 그가 세상에 대한 지배력을 행사하는 한에서만 이 세상에서 자유롭다.[5]

이 모든 말은 여전히 매우 추상적이고 막연하게 들린다. 그 말 자체는 케리그마가 아니며 단지 케리그마에 대한 하나의 논의에 지나지 않는다. 케리그마 자체가 분명해지는 때는 인간이 자신은 실제로 운명에 대한 의존에서 자유롭다는 것을 알고 그의 인생은 이제 자기 손에 놓이고 있다는 것을 인정할 때뿐이다. 케리그마가 사람들에게 나타나는 것은, 그들이 사회 불의나 가족 불화의 원인을 경제적인 세력이나 심리적 압박 탓으로 돌리는 것을 멈추고 비애의 원인들과 싸우기 시작할 때다. 권세를 길들인다는 것은 인간이 우주 전체를 사람이 살 만한 장소로 만드는 일에 초대받는다는 것을 뜻한다. 그는 자연과 정치에서 악령을 내쫓는 탈주술화와 탈신성화를 추진하도록 요구받는다.

이미 시작되었지만 아직 완전하지 않은 새로운 시대의 도래를 전위대가 선포하기 때문에, 그 전위대의 메시지는 명령 화법이 아닌 직설 화법을 띤다. 그것은 사람들에게 주장하거나 훈계하지 않는다. 그것은 단순히 이미 일어난 것, 즉 '만족할 만한 주님의 해'가 다가왔다는 것을 알릴 뿐이다. 떠돌이 주사위 노름판을 다시 떠올리면 그것은 어디서 판이 벌어지는가를 알려주는 것이다.

교회의 선포는 신학자들이 "신국의 위기"라고 부르는 것을 낳는다. 그것은 사람들이 결정하지 않으면 안 되는 촉매적 공백으로 귀착된다. 신국의 위기는 이러한 반응을 요구하는 구체제 한가운데로 새로운 체제가 도래함이다.

그것을 완전히 정치적인 용어로 표현하면 혁명적인 체제는 권력을 장악했지만 권위의 상징은 여전히 물러난 옛 통치자들의 손에 있다. 혁명으로 분열된 나라에 사는 국민처럼 인간은 저마다 하나의 선택, 하나의 위기에 직면해 있다. 그는 아직은 상징(법적 승인, 취임식 등)을 소유하지는 못한, 전위대가 선포한 새로운 권위에 복종할 것인가? 아니면 아직도 통치권을 주장하는 '정당하게 구성된 권위'에 복종할 것인가?

시민이 그 문제에 이론적으로 대답할 수 없기 때문에 이러한 예는 특히 적절한 것이다. 그는 신체제에 협조하든가 아니면 구체제에 협조하든가 해야 한다. 그의 선택은 그가 **하는** 것에서 표현된다. 그는 그 문제를 피할 수도 없다. 예를 들어, 한 체제에 반대하기를 소홀히 하는 것조차도 어떤 때에는 그 체제에 협력하는 것으로 해석될 수 있을 것이다.

어떤 성서신학은, 예수가 온 이후의 모든 역사를 새로운 체제의 창설로 보는 것에서 시작한다. 그러나 새로운 체제는 구체제 한가운데서 형태를 이룬다. 따라서 새로운 현실에 대해 이야기를 듣는 사람은 누구나 결국은 선택의 위기에 직면한다. 이러한 점에서 기독교 신학이 구약성서의 비전과는 달리 권력 장악이 **이미** 일어났다고 주장한다는 것은 대단히 중요하다. 혁명적인 구원자는 **이미** 왔으며 결정적인 싸움에서 **이미** 이겼다. 이러한 이유에서 인간의 모든 역사는 실질적인de facto 권력의 성취와 눈에 보이는 법률상de jure 권위의 외형 사이에서 일어난다. 역사는 예수 수난 금요일의 캄캄한 낮과 부활 주일의 밝은 새벽 사이에서 일어나지 않는다. 오히려 역사는 부활 주일과 최후의 심판 날 사이에서 일어난다. 역사는 영원한 위기다. 그 위기 중에는, 패배한 구체제는 여전히 권력을 주장하고 승리한 새 체제는 아직도 발코니에 공개적으로 나타나지 않는다. 신약성서는 예수의 승리를 기다리지 않는다. 왜냐하면, 그 승리를 이미 얻었기 때문이다. 다만 예수가 승리자라는 것을 "모두가 무릎을 꿇고 고백하는" 그날을 기다릴 뿐이다.

출애굽과 부활은 여전히 성서 신앙의 두 초점이기 때문에 이를 바탕으로 교회의 신학이 발전되어야 한다. 출애굽은 "하느님이 역사 속에서 무엇을 하고 있는지"를 보여주는 사건이다. 하느님은 사람들을 노예 신분에서 해방시키고 그들이 정치적·문화적·경제적 속박을 벗어나게 하며, 아울러 광야에서 새로운 상징 체계, 새로운 일련의 가치, 새로운 국가의 정체성을 만들어낼 기회를 제공하는 분으로 여겨진다. 부활이란, 오늘날에도 똑같은 행위가 계속되며 그러한 해방 행위가 일어나는 곳에서는 바로 그 만군萬軍의 야훼가 일하고 있다는 것을 뜻한다. 출애굽과 부활은 모두 신국의 포괄적인 상징, 즉 하느님의 해방시키는 통치의 실현이라는 상징 속에 함축되어 있다. 우리의 용어로 말하면 하느님의 행위는 오늘날 세속화와 도시화를 통해 인간을 피할 수 없는 위기에 몰아넣고 있다. 인간은 인간의 도시에서 또 그 도시에 대해서 책임을 지지 않으면 안 된다. 그렇지 않으면 그는 비인간화하는 권세에 또다시 노예가 되고 만다.

교회의 봉사 기능: 도시의 균열을 치료하는 것

몇몇 학자들은 디아코니아diakonia를 '봉사'로 번역한다. 그러나 봉사라는 말이 매우 값싼 말이 되었기 때문에 별로 의미를 지니지 못한다. 디아코니아는 사실 병을 치료하고 화해시키며 상처에 붕대를 감고 갈라진 틈을 이으며, 유기체의 건강을 회복시키는 행위를 가리킨다. 선한 사마리아인이 디아코니아의 가장 좋은 예다. 세속도시의 경우 디아코니아는, 깁슨 윈터가 "커뮤니케이션의 직무"라고 부른 것을 실행하는 교회의 책임을 뜻한다. 이때 "커뮤니케이션의 직무"란 본래는 하나의 작용하는 전체인 것의 파편화된 조각들에 상호성을 회복시키는 것을 말한다. 치료는 전체를 만드는 것, 부분들의 통합성과 상호 의존을 회복시키는 것을 뜻한다. 치료자가 되기 위해서 교회는 먼저 도시의 상처를 알 필요가 있다. 교회는 또한 이러한 찰과상이 어디서 어떻게 치료되는지를 알 필요가 있다. 그래야 교회는 치료 과정을 북돋울 수 있다. 교회 자체는 치료할 힘을 갖고 있지 못하기 때문이다. 교회는 단지 하느님이 인간과 함께 일하면서 도시에 풀어놓는 치유력을 받아들여 전달할 뿐이다.

세속도시 시대의 중대한 균열은 무엇인가? 치료는 어디서 진행되는가? 우리는 이 질문에 대한 대답을 성서나 신학에서 이끌어낼 수 없으며, 도시 생활을 연구하는 전문가들에게 의지하지 않으면 안 된다. 우선 갈라진 곳의 위치를 찾아보자.

하버드와 MIT의 도시연구공동센터의 에드워드 C. 밴필드와 제임스 Q. 윌슨James Q. Wilson은 그들의 탁월한 저서《도시정치 City Politics》[6]에서, 도시 생활의 구조에서 두드러진 균열들을 다음과 같이 언급했다. (1) 도심지 대 교외 (2) 가진 자 대 갖지 못한 자 (3) 민족 및 인종의 갈등, 특히 백인 대 흑인 (4) 정당 간의 경쟁. 이러한 균열들은 거의 모든 현대 도시에서 찾아볼 수 있는데, 그것들이 나타나는 형태와 강도는 매우 다양하다. 그리고 그 균열들은 언제나 서로 맞물린다. 예를 들면 특정한 민족 집단은 교외뿐만 아니라 도심지에도 있으며, 가진 자뿐만 아니라 갖지 못한 자들 속에도 있고, 두 정당 모두에도 있다. 이것은 동맹 관계가 언제나 쟁점에 따라 바뀌고 다시 만들어진다는 것을 뜻한다. 이러한 변화는 긴장 일부를 완화하는 데 도움을 준다. 따라서 도심지에 있는 아일랜드계 이민자들과 폴란드계 이민자들은 서로 적대적일지 모른다. 그러나 그들은 때때로 흑인을 반대하는 데서는 적대감을 공유한다. 그렇지만 그들은 교외의 정치 세력을 반대할 때에는 흑인과 정치적 협력에 들어선다. 이러한 유동적인 패턴은 아마도 효과적일 것이다. 그리고 이러한 이유에서, 서로 대립하는 집단들이 양극화되기 시작하면 그것은 나쁜 징조다. 예를 들어 많은 백인 이민자 집단들이 되도록이면 빨리 도심지를 떠나는 경향이 계속되어 도심지를 흑인들에게 넘겨준다면, 그러한 양극화가 일어날 것이다. 흑인들은 교외의 집을 사는 데 더 많은 어려움을 겪기 때문이다. 도심지가 주로 흑인, 갖지 못한 자, 한 정당만 지지하는 게토 구역이 된다면, 밴필드와 윌슨의 긴장균형이론은 심각하게 위협받을 것이다. 불행하게도 이러한 양극화는 바로 많은 도시 지역에서 일어나고 있는 것 같다. 그러므로 좋은 도시 계획이라면 그것을 막는 노력을 포함하지 않으면 안 된다.

교회는 도시의 종이 되고 치료자가 되어야 할 책임이 있다. 이러한 점을 놓고 예수는 영혼들을 치료했는데 우리는 지금 도시 지역 전체의 '치료'를 논의하고 있다고 이의를 제기할 수도 있을 것이다. 그 둘은 분리될 수 없다. 세속도시의 균열은 도시 세속인의 영혼의 균열에 대응한다. 인간이 도시 생활을 조정하는 방식은 그 자신의 내면 생활의 공포와 환상을 반영한다. 그 자신의 내면 생활은 또다시 그가 만들어내는 도시에 의해 형성된다. 대부분 도시에서 법적으로 유효한 흑인에 대한 분리를, 어떤 작가는 교외 세력과 배제의 성벽을 통해 감시받는 도시 강제수용소에 비유하는데, 어쨌든 그러한 현상은 백인의 두려움과 편견을 표현한다. 그러나 그 분리는 또한 백인의 두려움과 편견을 강화시킨다. 자신이나 그의 자녀들이 흑인과 정상적으로 접촉하기를 거부하는 것은 그의 인종적 고정관념을 그대로 유지시킨다. 이것이 뜻하는 바는, 그가 만나는 흑인들은 주로 그 고정관념에 도전하면 자기 일자리를 잃어버릴지도 모른다고 종종 느끼는 하인들이라는 생각이다. 동시에 그것은 흑인들을 게토 구역에 가둬버리고 분리에 따르는 온갖 질병을 낳는다.

어쨌든 세속도시에서 교회의 과제는 도시의 디아코노스diakonos, 즉 도시의 완전함과 건강을 위해 투쟁하는 데 열중하는 종이 되는 것이다.

그러나 도시의 몸에 난 상처는 어떻게 치료될 것이며, 밴필드와 윌슨이 열거한 틈새들은 어떻게 메워질 것인가? 다시금 특별히 기독교적인 대답은 없다고 말할 수밖에 없다. 기독교인들은 신앙을 갖지 않은 사람들과 함께 해답을 위해 싸운다. 도시는 저마다 가지각색이다. 클리블랜드를 위한 전략은 샌안토니오를 위한 전략과 다를 것이다. 그렇지만 미국의 도시 문제에 대해서는 세 가지를 말할 수 있으며, 이 세 가지는 가능한 전략을 제시한다. 첫째, 현대 도시는 대도시 문제들을 다루는 데 이용될 수 있는 정치 구조의 결여, 즉 **권위의 분산** 때문에 고통을 받는다. 둘째, **도시 문제는 사회 전체의 기반 위에서 다루지 않으면 안 된다.** 몸의 상처는 전체 사회의 혈류에 있는 독에서 나온다. 도시는 일종의 배수관 역할을 한다. 배수관에 문제들이 쌓이면 배수관만으로는 그 문제들을 다룰 수 없기 때문에 전체 체계를 통해서 직시해야 한다. 셋째, **억압받는 사람들의 무력감**이 주요 문제다. 오늘날 미국 도시의 진정한 병, 특히 그 안에 있는 박탈된 집단들의 진정한 병은 목소리가 없다는 것, 즉 그들의 정당한 요구를 전체 체계를 통해서 전달할 준비, 능력이나 통로가 결여되었다는 점이다.

어떤 의미에서 기술도시를 실현할 수 없게 만드는 것은 부족 및 마을 이데올로기의 끈질긴 잔재다. 이것은 우리가 방금 늘어놓은 문제들에서 아주 분명하게 볼 수 있다. 어떠한 정부에서든 권위의 중앙 집중을 주장하면 교외나 군청 소재지, 의회가 떠받드는 중산층의 편견과 작은 마을의 반발하는 태도와 직접 마주치게 된다. 마을 이데올로기들은 왕권신수설에 대항하기 위해 발전되었기 때문에 그것들이 정부의 권력에 대해 의심하는 것은 당연하다. 그러나 오늘날 기술도시에서 우리의 문제는 정반대다. 도시 안에서는 권력이 시장, 시의회, 여러 반¾자율적인 위원회, 도시 개선 운영국, 주 정부 그리고 몇몇 대도시의 항만 및 수송 당국 등으로 분산되어 있다. 대도시 지역에서는 권력이 몇백 개의 지자체로 쪼개져 있다. 이러한 권력 분열은 종종 주변적인 문제만을 다룰 수 있는 노골적인 복지부동 상황을 만들어낸다. 왜냐하면, 어떤 중대한 문제를 잘 처리하려는 시도는 실제적인 협력에 필요한 권력 블록 가운데 어느 하나를 불쾌하게 하거나 위협하기 때문이다. 도시들은 이러한 무정부 상태로 말미암아 단일한 문제들이 하나씩 나타날 때마다 이를 다루지 않을 수 없으며, 그때 이용할 수 있다면 어떤 협력이든 구한다. 이것이 장기적인 계획 수립을 매우 어렵게 한다. 도시 내부의 다양한 민족, 계급 및 종교 집단들이 문제의 쟁점에 따라서 서로 갈라졌다가 다시 합치는 것과 마찬가지로, 도시의 다양한 권력 중심부들은 어떤 시설을 어디에 설치할 것인가, 세금은 어떻게 배분할 것인가, 또는 어떤 부서가 특정 프로그램을 맡을 것인가 하는 전형적인 도시 문제들을 다룰 때 다양한 동맹 단계를 맺게 된다. 이러한 이유로, 최근 들어 흔히 "바로 그the 권력 구조"라고 일컫는 언급은 커다란 오해를 불러일으킬 수 있다.

도시에서 결정이 이루어지는 맥락에서 멀리 떨어져 있을수록 '바로 그the' 권력 구조는 더욱더 단일한 덩어리처럼 보인다. 그러나 가까이 가면 갈수록 그것은 더욱더 변하는 구조들의 덩어리로 보인다. 그것은 문제에 따라 조금씩 달라지며 결코 최종적으로 고정될 만큼 충분히 안정되어 있지 않다.

진실은, 누군가 '바로 그' 권력 구조와 싸움을 벌이기 전에도, 우선은 책임 있는 권력의 효과적인 구조가 미국 도시 안에 만들어져야 한다는 데 있다. 밴필드와 윌슨이 말하는 것처럼 "공적인 후원 아래서 어떤 것이 이루어지기 위해서는 권위의 정교한 분산을…… 어쨌든 극복하거나 제쳐두지 않으면 안 된다. 널리 분산된 행동할 **권리**는 통합된 행동 **능력**으로 대체되지 않으면 안 된다."[7] 이것은 다양한 여러 가지 방법으로 성취될 수 있지만, 기술 사회를 정치적으로 다스리는 데 없어서는 안 되는 선행조건이다. 그것이 어떻게 이루어지는가는 주로 문제의 도시의 주어진 역사에 달려 있다. (교외와 도심지의 균열을 극복하기 위해) 교외 지역을 대대적으로 합병하는 유토피아적인 방침이나 (갖가지 도시 행정 기관을 하나의 틀 속에 결합시키기 위한) 철저한 헌장 개혁charter reforms이 자주 기대될 수 있을지는 의심스럽다. 현재의 상황은 항만, 수송, 공원 담당 당국과 같은 현존하는 대도시 관리국들, 특히 주와 시의 관할 경계선에 중첩되는 지역을 아우르는 당국들의 확대와 강화를 요구한다. 도시 안에서는, 또한 현존하는 메커니즘들을 대체하기보다는 중앙집권화를 향한 현재의 움직임을 강화할 필요가 있을 것이다. 이것은 정치적으로 고된 일인 것처럼 보일지 모르지만 그것 또한 디아코니아다.

어느 정도 중앙집권화된 권위가 미국의 도시들에 일단 들어섰다고 해서, 그 문제들이 해결될 것이라고 믿을 만큼 순진한 사람은 하나도 없을 것이다. 중앙집권화된 권위는 또한 억압적이고 공정하지 않을 수 있다. 최고로 중앙집권화된 권력을 지닌 미국 도시인 시카고가 이를 충분히 증명한다. 그렇지만 또 다른 한편으로 정치적으로 효과적인 기관을 만들어내는 데 일정한 진보가 이루어질 때까지는, 우리는 기술도시의 절박한 문제를 다루는 일을 시작할 수 없다.

효과적인 정치 통로가 도시 안에 나타나기 시작하면서 도시가 그 자신의 문제들을 해결할 수 없다는 사실이 점차 분명해질 것이다. 이것이 우리를 도시 교회의 디아코니아를 위한 전략에서 두 번째 일반적인 원리에 이르게 한다. 즉 **도시의 문제는 사회 전체의 문제다.** 도시의 문제는 도시 수준에서뿐만 아니라 주와 연방정부 수준에서도 다루어져야 한다. 도시엔 언제나 노인, 병자, 최근 이민자, 그리고 문화적으로 혜택을 받지 못하는 사람들의 비율이 높다. 그들이 마침 우연히도 도시의 물리적 경계 안에 살고 있다는 사실이, 그들이 오로지 도시의 책임이어야 한다는 것을 뜻하지 않는다. 미국의 모든 불의와 악행은, 예를 들면 이스트 할렘East Harlem 같은 곳으로 흘러든다. 무자비한 경쟁에서 파괴되고 버림받은 이들은 노인들, 병약한 자들, 정신박약자들, 인종 및 민족적 학대의 희생자들과 무리를 이루게 된다. 더 큰 사회에서 구조적인 변화가 있어야만 이스트 할렘이 이러한 문제들을 다룰 수 있을 것이다.

어려움 가운데 큰 부분은 솔직히 돈의 부족이다. 여기서 우리의 도시 시대가 적용하려는 기이하고 시대착오적인 과세 기준을 집중조명해야 한다. 마을 시대의 감상과 기술도시의 현실 사이의 간격을 이보다 더 생생하게 예증하는 것은 없다. 모든 지방세 8달러 중 7달러는 아직도 부동산세에서 징수된다. 이 세금은 식민 시절의 잔재다. 그 당시에는 부동산이 재산을 뜻했다. 소득은 토지에서 나왔다. 또한 토지는 바로 그 성질상 골고루 분배되었다. 그러나 상원의원 조셉 클라크Joseph Clark가 보여준 바처럼,[8] 한 사람의 부동산에 부과된 세금은 그의 합당한 납세 능력을 더는 정확하게 측정하지 못한다. 부동산은 단지 재산의 작은 부분만을 나타낸다. 가난하고 중하층 계급에 속하는 사람들만이 재산의 대부분을 저당 주택으로 모은다. 부유한 사람들은 주식이나 그 밖의 형태의 무형 자산으로 추가 재산을 소유할 것이다. "간단히 말하면 부자는 지방 부동산세를 그가 모은 재산 중 아주 작은 부분에 해당될 만큼 내지만, 보통의 소득으로 살아가는 사람은 그가 모은 재산의 두 배에서 열 배 또는 그 이상이 될 수도 있는 세금을 낸다"라고 상원의원 클라크는 말한다. 이 모든 것은 부동산 과세의 한계가 매우 빨리 도달해, 머지않아 대부분의 도시들이 충분한 운영비를 조달할 수 없게 되리라는 것을 뜻한다.

기업체들도 부동산세를 내지만 그 방식은 대단히 공평하지 못하다. 커다란 공장은 그 부동산세를 공장이 자리 잡고 있는 조그마한 마을이나 교외의 금고에 쏟아 부을 수는 있어도 종업원들의 자녀가 교육받는 학교 지역에는 한 푼도 내지 않는다. 임금과 판매세도 역시 상당히 빨리 한계에 이른다. 이것은 부분적으로 임금 소득자는 그의 소득 전부에 대한 세금을 바치지만, 임대료나 주식 배당금에서 소득을 얻는 사람은 단지 일부분에 대해서만 세금을 낸다는 사실의 결과다. 도시들의 어려운 처지를 인정하기 때문에 대부분의 주정부들도 비용을 분담하지만, 주정부들조차도 시대에 뒤떨어진 과세 기준을 따른다.

지방, 주정부, 그리고 연방정부의 세금이 겹쳐 부과되는 우리의 제도에서는, 연방정부의 세금 제도만이 도시의 운영비를 돕는 데 필요한 유형의 재산을 다룰 수 있도록 되어 있다. 이것이 우리가 최근에 농촌과 '벽촌'의 힘에 대항하는 도시와 연방정부의 협력이 출현하는 것을 보기 시작한 이유다. 주의 경계선과 상관없이 뭉친 도시들의 이러한 연합은 새로이 나타난 선거 동맹을 보여주는데, 이는 1960년 존 F. 케네디의 당선과 더불어 처음으로 분명하게 드러났다. 케네디는 사실상 최초의 도시 대통령이었다. 미국의 14개 주요 대도시 지역 중에서 1956년 선거 때에는 두 곳만이 스티븐슨A. E. Stevenson을 지지했지만, 1960년 당시 케네디는 14개 지역에서 전부 승리를 거두었다. 보스턴의 65.7퍼센트에서 미네아폴리스-세인트폴의 51.8퍼센트에 이르기까지 절대 다수로 승리를 거두었다. 각료급 수준에서 도시 담당부를 조직하려고 한 사람이 케네디였다. 그의 짧은 집권 기간은, 도시 지역들이 지역 차이를 무릅쓰고 함께 휘두를 수 있는 어느 정도의 정치력을 갖고 있다는 것을 보여주었다. 우리는 일정한 확신을 가지고, 연방정부의 세금 구조가 거두어들인 연방기금이 도시 문제를 해결하는 데 점점 더 많이 쓰일 것을 기대할 수 있다. 그렇지만 도시 간의 동맹 유지는 상당한 정치적 위업이 될 것이다. 그것은 앞에서 언급한 내부 균열 때문에 쉽게 떨어져나갈 수 있는 폭발하기 쉽고 대단히 불안정한 혼합물이다. 그러나 도시의 문제들이 기술 산업사회의 문제들을 농축한 것이라면 도시의 힘을 육성하는 일은 새롭게 등장하는 기술도시에서 분명히 필요한 것이다. 역사의 현재 단계에서 도시 간의 협력의 탄생은 치료자인 교회가 길러야 할 하나의 치유력이다.

이것은 우리를 도시 지역들의 세 번째 문제 — **도시에 있는 몇몇 집단들이** 비교적 **무기력하다는 것** — 에 바로 이르게 한다. 이 문제는 교회 측이 디아코니아를 영리하게 행사하도록 요구한다. 정치적 무관심, 패배주의 및 냉소주의는 도시 빈민가의 악성 종기다. 우리는 도시의 상처를 치료하는 데는 권력 재분배와 대도시 당국의 일정한 중앙집권화가 필요하다고 강조했다. 그러한 일들이 느리게 이루어지는 이유는, 부분적으로는 아직도 마을과 부족 이데올로기에 따라 사는 사람들의 저항과 도심부의 게토 구역에 사는 사람들의 무관심과 타성이다.

교회는 이러한 지역들과 어떻게 관계를 맺어왔는가? 이제는 잘 알려져 있다시피 그 첫 번째 반응은 그저 되도록이면 빨리 떠나는 것이었다. 20세기 전반기에 개신교 교회들이 도시에서 대대적으로 이주한 일은 지금으로서는 부끄럽게 남아 있는 사실이며, 최근 양심의 가책을 느끼기 시작했다. 2차 세계대전 직후부터 바로 그 교회들이 도심부를 다시 주목하기 시작했다. 그들은 선교단을 만들어 재정 지원을 했다. 그들은 이스트 할렘과 클리블랜드 같은 곳에 있는 도심부 에큐메니컬 교구의 유지에 도움을 주었다. 그들은 때때로 지도자들과 주일학교 교사들을 교환했다. 청년 단체들은 주말 노동 캠프에 파견되었다. 대체로 이것은 결국 하찮고 심지어는 자기기만적인 일련의 노력이 되어버렸다. 그것은 너무 보잘것없고 때늦은 것이기만 한 게 아니었다. 그것은 크게 잘못 구상되고 선심 쓰는 체하는 것이기도 했다. 이들 지역에서 필요한 것은 외부 구조대의 침입이 아니라, 베푸는 식의 친절이 더는 필요 없을 만큼 권력을 기본적으로 재분배하는 일이다. 그러나 이것은 교외 지역에 있는 교회들에게 희생을 요구하는 것이어서 기꺼이 그렇게 하려는 교회는 거의 없을 것이다.

노동 캠프는 선의에서 나온 제스처를 명백히 남용한 가장 좋은 예가 된다. 몇 년 동안 종교 단체들은, 교외 지역 고등학생들과 대학생들이 빈민가에 가서 이따금 지역 주민과 함께 노후한 시설을 수리하거나 페인트를 칠하는 노동 캠프를 후원해왔다. 많은 부분에서 협동이 생겨나고 개인적인 유대 관계도 형성되었다. 노동 캠프의 유익함은 젊은이들을 만일 다른 경우라면 결코 보지 못했을지도 모르는 지역으로 보낸다는 데 있다. 그렇지만 상황 인식이 매우 부적절한 탓에, 결국은 노동 캠프가 아마도 이로움보다는 해를 더 많이 끼칠 것이다. 방문자들은 썩고 노후한 지역에 건강과 건전성을 가져다주는 사람들 구실을 한다. 아무리 반대되는 말을 그럴듯하게 해도, 전체 활동은 젊은 교외 참가자들로 하여금 집과 이웃 관계를 어떻게 유지할 수 있는지 자신들이 본보기로 보여준다는 생각을 갖게 한다. 공개적으로 드러내는 경우는 드물지만 어쨌든 그들은 경험을 통해서, 진실로 인정 많은 교외 주민이라면 도심부의 형제들을 위해 한층 더 분발해 뭔가를 해야 한다는 것을 배운다. 도심부 사람들은 그들이 받는 봉사에 감사하게 될 것이다.

그러나 교회가 도시에서 행하는 디아코니아의 주요 양상 가운데 하나인 주말 노동 캠프는 거의 모든 면에서 잘못되었다. 도시에서, 특히 대다수 사람들이 자기 집을 갖지 못하는 곳에서 이웃 관계가 가장 잘 유지되는 방법은, 나이프로 퍼티putty〔창유리 등의 접합제〕를 바르는 법보다는 집주인들에게 정치적 압력을 행사하는 법을 배우는 것과 더 많은 관계가 있다. 이런 일을 제쳐놓고 딴 일을 제안하는 것은 때로는 진짜 해롭다. 더욱이 교외의 페인트 군단의 방문은, 때때로 집주인에게 자기 집을 스스로 손질하지 않아도 된다는 냉소적인 믿음을 심어주기도 한다.

주말 노동 캠프의 심리가 잘못된 것은 그것이 저항과 행동을 하도록 자극받아야 할 사람들에게 의존적인 태도를 영속화시키기 때문이다. 그리고 그것은 대도시의 구조적인 불공평에 죄책감을 가져야 할 사람들이 시혜적인 태도를 계속 갖게 한다. 노동 캠프를 마치고 돌아오는 교외의 젊은이들 중 과연 얼마나 많은 이들이, 그들의 아버지에게, 저소득 가정이 교외에 집을 짓거나 사지 못하게 해서 결국은 게토 구역을 만들어내는 차별적인 규정을 바꿔야 하는 것인지 물어볼까? 자신들이 만나는 사람들의 배고픔과 고생으로 날마다 이익을 본다는 것을 깨달을 만큼, 불공평한 과세 구조는 얼마나 자주 그들에게 설명되는가? 그들의 부모가 봉급을 은행에 예치하고 그 은행의 중역으로 있으면서도, 이러한 지역을 저당이나 주택 개량 융자를 얻기가 거의 불가능한 곳으로 지정해 빈민 지대로 만든다는 것을 그들은 얼마나 자주 듣는가? 주말 노동 캠프의 지도자들은, 보통 그들이 '좋은 경험'을 하며 도심부 사람들, 특히 흑인들에 대한 적대감과 편견을 덜 지닌 채 집으로 돌아가기를 바란다. 그러므로 토론은 개인적인 수준에서 머물고 논란의 쟁점들도 개인적인 수준에서 해결된다. 그렇지만 최근 미국의 민권 혁명은 적어도 한 가지는 증명했다. 즉 흑인들은 백인들을 설득해 편견을 덜 갖게 하는 데 관심이 있다기보다는, 백인들이 지금 갖고 있는 편견을 강화하지 않는 데 관심이 있다는 것이다. 흑인의 반항은 친구들을 얻는 것이 아니라 자유를 얻는 데 그 목적이 있으며, 개인 간의 따뜻함이 아니라 제도적인 정의를 얻는 데 그 목적이 있다.

노동 캠프는 게토 상황을 개선하기보다는 바꿔야 한다는 의도를 지닌 도심부 흑인들에게는 인기가 없다. 이러한 비호의적인 관점에서 한 게토 모임은 최근 주말 노동 캠프에 맞서는 제안을 한 어떤 단체를 소개했다. 교외에 사는 백인들이 주말에 도심부에 오도록 초청받았는데, 이는 빈민 지대 거주민들에게 무언가를 해주기 위해서가 아니라 직접적인 비폭력 행동에 참여하는 법을 도심부 젊은이들에게서 배우려는 것이었다. 훈련을 마친 뒤 두 집단은 도시만이 아니라 그들이 사는 바로 그 교외 지역에서도 그러한 행동을 하고자 했다. 선택된 문제는 도심부 학교들의 개선과 인종차별 폐지였다. 그 행동은 집집마다 방문해 사람들에게 흑백 차별을 하는 학교를 보이콧하도록 권하는 일을 포함했다. 계획은 잘 수행되었지만 그것이 계속 다시 일어날지는 두고 보아야 할 문제다. 노동 캠프를 위해 빈민 지대에 가는 것을 허락한 교외의 부모들은, 자기 자녀들이 흑인 청소년들과 함께 떼를 지어서 이웃집을 방문해 도시 학교들의 어려운 처지를 알리는 광경을 보고는 창백해졌다. 그러나 도심부 흑인들의 반응은 굉장했다. 생전 처음으로 백인 청소년들에게 뭔가를 가르쳐주고 공동체 활동을 함으로써 그들 중 많은 이들은 이전에는 거의 알지 못했던 자신들의 수준 높은 상상력과 능력을 드러냈다.

입주자 부엌의 페인트 칠 대신에 이러한 정치적인 대안에서 얻는 교훈은, 대도시 문제들이 단순히 도심부 자체가 아니라 대도시 수준에서 다루어져야 한다는 것이다. 그 문제들은 사적으로뿐만이 아니라 정치적으로도 다루어져야 한다. 가장 중요한 것은, 누가 누구를 **위해서** 하는 것이 아니라 서로가 해결책을 찾는 공동 책임자라고 인정하는 도시의 모든 분야의 사람들로 이루어진 집단들이 그 문제에

덤벼들어야 한다는 것이다.

표류와 동면 상태에서 빈민가의 대담한 공동체 활동으로 비약한, 가장 흥미롭고 논란의 대상이 된 예는 아마도 1960년 시카고 우들론 구역에 세워진 조직일 것이다. 우들론 조직The Woodlawn Organization이라는 이름을 지닌 TWO는 90개 공동체 조직을 포함했는데(그중 13개는 교회다), 이것은 산업지역재단Industrial Areas Foundation 전무 이사인 솔 D. 알린스키Saul D. Alinsky의 도움으로 생겨났다. 그러나 그것은 개신교 목사들과 한 명의 가톨릭 사제에 의해 고무되었으며, 《포춘》 편집위원회 찰스 E. 실버만Charles E. Silberman에 따르면 "⋯⋯미국 어디서도 찾기 어려운 개신교와 가톨릭의 우호 관계 및 협력의 가장 의미 있는 예들 가운데 하나"[9]를 보여준다. 사람들이 스스로 일하고 권력 행사를 시작하도록 하는 데 천재인 알린스키는 이미 몇 년 전에 시카고 '암흑' 지대를 살기 좋은 지역사회로 변화시키는 데 한몫한 바 있었다. 그는 주민 가운데 어느 한 계층이 자기를 원하지 않으면 그 지역에는 결코 들어가지 않는다. 그리고 그는 지역 자체가 3년 동안의 프로그램 전체에 재정 지원을 하는 전적인 책임을 받아들이지 않는 한 들어가지 않는다고 한다. 화려한 화술과 정치력을 겸한 알린스키는 우들론을 조직하고 시카고 대학과 막강한 사우스이스트 시카고 위원회의 연합에 대항하여 싸우도록 도왔다. 사우스이스트 시카고 위원회는, 사실상 시카고 대학을 시의 재정적·정치적 세력의 중심과 이어주는 다리이기 때문이다. 그는 임대료 납부 거부 운동과 피켓팅을 조직하는 데 도움을 주었으며, 결국에는 우들론의 '부흥'을 계획하던 단체들 가운데 지역 대표단을 확보할 수 있었다.

우들론의 조직화는 시카고 정치에 극적인 충격을 주었다. 그것은 도심부 흑인들의 공동체 전체에, 남들이 자신들을 위해 뭔가를 하도록 요구할 필요가 없고 자신들의 삶을 자기 손으로 선택할 수 있다는 것을 확신시켰다. 알린스키는 이러한 일을 할 때, 비위를 맞추고 환심을 사거나, 아니면 사람들을 무시하거나 하는 일을 확고하게 거부한다. 그는 공동체에게 어른이 되라고, 즉 일어나서 정당한 자기 권리를 요구하라고, 아울러 정치권의 표면에서 피가 흐를 정도로 압력을 가하라고 다그친다. 우들론의 많은 주민들은 TWO 때문에 이제는 자신들의 의견을 표현하는 두려움이 없어졌다고 말한다. "우리는 이제 모자를 벗고 간청하러 갈 필요가 없다." 지역 주민들에게 새로운 정체감과 자존감을 주는 것 말고도, TWO는 또한 "많은 사람들에게 흑인 빈민가의 해체를 극복할 수 있게 해준 방향감각과 목적의식과 내면적 규율을 주었다"[10]고 실버만 씨는 말한다.

우들론의 실험은 도시 교회의 전략에 많은 실마리를 제공한다. 새로운 시대는 어디서 열리는가? 그것은 패배와 체념이 자유와 책임에 굴복하고 사람들에게 존엄성과 의무감을 요청하는 곳이면 어디서나 나타난다. 만일 그러하다면 우들론은 확실히 신국의 표지이자 진정한 세속도시, 즉 인간의 도시가 출현하는 하나의 실례다. 도시 선교회와 교회의 회의들은 당연히 이 프로그램을 검토해서 이와 비슷한 실험을 다른 곳에서 시작하거나 지지해야 할 것이다. 이것은, 아무리 "인격적인 접촉"이나 "사람을 사람답게 본다"는 달콤한 말로 포장하더라도, 교회들이 취하는 도심부 선교를 위한 현재의 많은 접근 방식이 완전히 달라져야 함을 뜻할 것이다. 도시의 불의라는 감옥에 갇힌 사람들은 친절한 간수들에게는 관심이 없다. 그들은 교외의 성벽을 나와 이따금 재소자들과 친하게 지내며 따뜻한 경험을 하고는 다시 조심스레 쳐 있는 담장 뒤로 물러간다. 도심부 사람들은 억압받는 사람들을 대표한다. 예수는 이들에게 자신은 따뜻한 말이 아니라 자유를 주기 위해 왔다고 말했다. 도시 강제수용소의 재소자들은 간수들과의 친밀성을 동경하지 않는다. 그들이 원하는 것은 감옥의 폐지다. 다시 말하면, 그들의 바람은 잡아들인 자들과 관계를 개선하는 것이 아니라 포로에서 해방되는 것이다.

물론 이것은 교외인들에게 많은 것을 요구한다. 그것은 '이 세계'의 견지에서는 자신들의 최고 이익에 반하는 혁명에 참가한다는 것을 시사한다. 도심부의 상대적인 힘을 늘리는 것은 교외의 상대적인 힘을 줄이는 것을 뜻한다. 은행의 관행, 도시 구획 법률, 학교에 대한 재정 지원, 세금 구조 등을 변화시키는 것은, 도시 사회를 지원하는 예산안에서 더 공평한 분배를 하려면 그들이 더 많은 부분을 부담해야 한다는 것을 뜻한다. 그러나 신국의 부름이 희생과 책임을 수반하지 않는다고 주장한 사람은 이제껏 아무도 없었다. 앞 장에서 우리는 이러한 것들이 성서에서 말하는 회개가 뜻하는 바의 핵심을 이룬다고 지적했다. 그렇지만 교회에서 희생과 책임은 평등하게, 즉 폭넓게 분배되지 않았다. 중산층 교외 주민들은 책임은 행사했지만 희생은 거의 하지 않았다. 따라서 그들의 책임은 자기 방어의 정교한 형태로 굳어버렸다. 교외의 정치는 종종 반反대도시적이며 자기중심적이어서 세금을 낮추고 '탐탁지 않은 사람들'을 배제하려는 쪽에 맞춰져 있다. 하층계급 도심부 사람들은 그들로서는 많은 희생을 했지만 정치적 책임을 감당하려 들지 않거나 할 수 없었다. 그러므로 그들의 희생은 괴로움과 원망만을 낳는 경향이 있었다. 교외 주민들에게는 이제 전체의 건강을 위해서 편협한 이해를 포기하도록 요구해야 한다. 그리고 도심부 사람들에게는 그들 자신만을 위해서가 아니라 그들이 일부분을 이루는 대도시를 위해서도 책임을 떠맡도록 요구해야 한다.

권고와 부름에 대한 이러한 논의는 우리를 다시 교회의 케리그마 기능으로 되돌아가게 하며, 우리에게 또다시 케리그마와 디아코니아 및 코이노니아가 결코 서로 완전히 분리될 수 없다는 것을 상기시킨다.

교회의 코이노니아 기능: 눈에 보이는 인간의 도시를 만들기

코이노니아라는 그리스어는 보통 '친교'라고 번역된다. 우리의 논의에서 그것은, 도시에서 교회가 지닌 책임 중 교회가 케리그마로써 말하고 있고 디아코니아로써 지적하는 것에 대한 눈에 보이는 증명을 요구하는 측면을 가리킨다. 그것은 '눈에 보이는 희망', 즉 교회가 추구하는 진정한 인간 도시의 성격과 구성에 대한 일종의 살아 있는 그림이다.

실제로 교회 생활의 이러한 요소는 대단히 다양한 방식으로 표현되지만 현대 신학자들 사이에서는 상당 부분 합의가 이루어졌다. 신약성서에 나오는 그리스어 '에스카톤eschaton'은 '종말' 또는 '새시대'를 뜻하는데, 이 그리스어를 사용해 루돌프 불트만은 교회를 "종말론적 공동체eschatological community"라고 부른다. 그것은 새 시대의 에토스 속에 이미 살고 있는, 즉 이미 새로운 통치 방식에 따라 생활을 정비해나가는 세계의 바로 그 일부다. 이것은 교회가 하느님의 전위대, 즉 특정한 정치적·문화적 단위들과 유대가 그만큼 모호해 언제나 역사 안에서 다음 단계로 이동할 준비를 하고 있는 집단이라는 호켄다이크J. C. Hoekendijk의 견해와 일치한다. 그 집단은 장막 속에 살지 성전 속에 살지 않는다. 그 집단은 하느님이 새로운 통치 체제를 가지고 오시며 그들에게 이미 그 열매를 맛보는 것을 허락했다는 확신에 찬 기대감으로 삶이 충만되어 있는 사람들이다.[11]

카를 바르트는 교회를 일컬어 "전 인류에 대한 하느님의 의도를 잠정적으로 보여주는 곳"이라고 한다. 교회는 단순히 희망의 공동체이기를 뛰어넘어 잠정적인 현실에 참여한다. 교회는 미래 시대의 형태와 구조가 구체적으로 눈에 보이게 되는 곳이다. 게르하르트 에벨링Gerhard Ebeling은 "교회의 징표"는 다음과 같다고 말한다.

……유대인과 이교도 간의 분리의 극복(종교에 바탕을 둔 특수성의 원형으로서)이요 깨끗한 자와 깨끗하지 못한 자 사이의 차별의 극복 (현실에 대한 제의적 관점의 뿌리로서)이다. ……[12]

이처럼 에벨링은 전통적인 '교회의 징표' 논의를 매우 요긴한 현대적인 틀에 넣어서 표현한다. 교회가 "하느님의 말씀을 올바르게 설교하고 성례전을 바르게 집행하는 곳"이라는 종교 개혁자들의 주장만으로는 오늘날 충분하지 않다. 그것은 교회가 이단과 구별되어야 하는 시대에는 유용했다. 그러나 우리가 오늘날 교회의 징표를 규정하는 방식은, '진정한 교회'는 그 기능(케리그마, 디아코니아, 코이노니아)이 발휘되는 곳에 생겨난다는 점을 시사해야 한다. 에벨링이 뜻하는 바와 같이, 이러한 종류의 출현의 '징표'는 종파적·제의적 경계선 ─ 그리고 그것들과 함께 따라다니는 세계관 ─ 의 철폐다. 교회는 부족과 마을의 쇼비니즘이 그것들의 특유한 신화들과 함께 내버려지는 곳에서 나타나며, 그렇게 되면 하나의 새로운 포괄적인 인간 공동체가 출현한다. 교회는 새로 나타나는 인간 도시의 징표이자 세속도시의 호위자다. 한 이례적인 도시의 이야기는 종말론적 공동체인 교회의 코이노니아 기능의 의미를 예증할 수 있다.

1945년, 폴란드에서 공산주의자들이 권력을 잡은 직후에 그들은 멋진 새로운 모범 도시를 세웠다. 그들은 그 도시의 이름을 노바 후타Nova Huta(새로운 도시)라고 지었다. 신록의 공원, 티끌 하나 없는 탁아소, 번쩍거리는 운동 시설과 문화 시설 등으로 가득 찬 노바 후타는 공산주의자들이 마음속에 그린 역사의 방향을 가시적으로 구체화하도록 설계되었다. 그것은 변증법의 완전한 실현이자 공산주의자들이 일하는 목적이라고 말한 바의 생생한 증명이었다. 노바 후타에 살 사람들은 '이데올로기적 성숙성'과 이른바 부르주아 태도의 잔재에서 벗어남을 기준으로 선발되었다. 그것은 분명히 공산주의에서 '신국의 징표'에 해당하는 것이 되도록 설계되었다.

노바 후타와는 달리 교회라는 종말론적 공동체는 어느 한곳에만 자리 잡지 않는다. 그것은 흩어져 있고, 옛 사회의 구조 안에 살면서도, 신국의 모델을 세우면서 그 옛 사회의 구조에 참여한다. 이러한 징표들은 상징적인 기능과 실제적인 기능을 모두 갖는다. 그것들은 예수가 온 것이 그러했듯이 신국의 도래의 **실례**instances다. 그것들은 또한 역사가 어디로 가는지, 인간의 도시가 실제로 어떠한 것인지를 보여주는 징표 또는 실마리이기도 하다.

오늘날 인간의 도시라는 실체에 대한 설득력 있고 명백한 증명이 나타나는 곳이면 어디에서나 이것들은 신국의 징표다. 그러한 징표들은 때때로 종교적인 관습을 거부하는 사람들 속에서도 나타난다. 신국의 징표의 훌륭한 예 가운데 하나는 1963년과 1964년의 등교 거부 운동 때 몇몇 북부 도시에서 생겨난 자유학교Freedom Schools였다. 학교 예산 긴축과 인종차별에 대한 저항으로서 등교 거부 운동은 그 고유한 가치를 통해 정당화될 수 있었다. 그런데 자유학교는 저항 운동에 긍정적인 요소를 도입함으로써 그 운동을 엄청나게 강화시켰다. 등교 거부 운동을 이끈 지도자들은 너무 큰 교실, 주거지에 따른 차별, 가부장적이고 권위적인 수업, 흑인 역사나 사회 저항의 철학이 빠진 커리큘럼 등을 반대했다. 잘 계획되고 관리된 자유학교에서는 그러한 상태 모두가 하루 만에 수정되었다. 아이들은 인종을 통합한 단위의 소그룹으로 배치되었다. 자원봉사자들(그들 중 일부는 이곳에 나와 가르치느라 하루치 봉급을 포기하기도 한다)이 신중한 훈련 기간을 거친 뒤 아이들을 가르쳤다. 교사들은 어린 학생들을 가르칠 때 기계적인 암기보다는 토론을 위주로 했으며, 백인뿐만 아니라 흑인의 그림도 들어 있는 교육 자료를 사용했다. 게다가 교사들은 각각의 어린이에게 자신이 지금도 사회 저항 운동에 참여하고 있으며, 또한 현 상태에 어떤 영향을 **줄 수 있다**는 것을 깨닫도록 도움을 주려고 했다.

자유학교는 도래하는 신국의 징표, 인간 도시의 초상화를 제공했다. 신국의 징표들은 어디에서든 그것들이 회개를 명하는 한에서만, 즉 사람들에게 도시 교육을 조직하는 이전 방식을 버리고 새로 나타나는 도시 현실과 부합하는 새로운 양식을 찾아내도록 권고할 때만 성공한다.

교회와 이러한 신국의 징표들 사이의 관계는 이중적이다. 교회는 그 징표들 가운데 하나지만 그것은 또 다른 징표들을 가리키고 지원한다. 교회를 신국과 동일시하는 것은 잘못이다. 교회의 존재 전체는 신국이라는 앞선 실체에 완전히 의존하는 파생적인 것이다. 교회의 코이노니아적 또는 예시적인 기능은 교회의 케리그마적 기능과 들어맞는다. 교회의 일은 세계를 향해서 신국의 징표가 어떤 것인지를 선언하며 보여주는 것이다. 즉 교회는 과거가 아니라 미래로부터 역사에 뛰어들어가는 어느 한 실체의 전조들이다. 그것들은 우리가 어떤 희생을 치르더라도 최선으로 잘 대처해야 할 미래의 경고다. 하느님의 전위대는 자신의 삶을 미래의 신국(과거의 전통이 아니라)에 맞추어 형성함으로써, 또한 그 언행을 통해 신국의 다른 징표들이 어디서 나타나는가를 가리켜줌으로써 그 선포를 행한다.

교회의 코이노니아 기능은 교회 자체가 대도시의 모든 이질적인 요소들을 포함하지 않는 한 수행될 수 없다. 세속도시에서는 민족, 인종, 교파 등에 따라 갈라진 교회는 그 기능 수행을 시작조차 할 수 없다. 그러한 교회의 성격은 여전히 부족과 마을 시대에서 나오는 힘으로 형성된다. 그것은 성서가 "이 잠깐 있다가 없어질 시대"라고 말하는 것의 포로다. 이른바 그러한 교회는 미래를 향한 돌파점이 아니라 과거의 요새이며, 그것은 결코 교회가 아니다. 그것은 종말론적 공동체의 일부도 아니다. 여기서 말한 것보다 훨씬 강한 어조로 종교개혁가들은 그러한 집단들을 "반反교회"라고 불렀으며 그 집단의 지도자들을 반反그리스도의 대표단이라고 했다. 그러한 언어는 오늘날 대중적이지는 않지만 그 핵심을 놓쳐서는 안 된다. 예수 그리스도가 그의 백성들에게 오는 것은 우선적으로 교회 전통을 통해서가 아니라 사회 변화를 통해서다. 그는 먼저 불기둥이 되어, 그 다음에는 예루살렘에서 사마리아로, 또 땅 끝까지 가는 존재로서 '앞장서 나간다.' 그는 언제나 교회보다 앞장서서 시대에 뒤떨어지지 말라고 손짓하며, 결코 교회 뒤에서 그들이 새로워질 때까지 기다리지 않는다. 계율과 전통은 계시의 원천으로 작용하지 않는다. 계율과 전통은 현재의 사건을 하느님의 행위가 있을 수 있는 장소로 확인해주는 선례로서 작용한다.

주

1 M. M. Thomas, "From Letters Concerning 'The Missionary Structure of the Congregation'" in *Concept V*에서 인용. 이 논문은 세계교회협의 회의 전도부에서 출판했다(등사 인쇄물), p. 4.

2 Archie Hargraves, "Go Where the Action Is," *Social Action*(February 1964), p. 17.

3 *Concept*(April 1963년 4월), p. 3.

4 웨버Hans Reudi Weber의 탁월한 저서 *The Militant Ministry* (philadelphia : Fortress Press, 1963)의 지적에 따르면, 그리스어 동사 katargeo — '권세자들'에게 일어나는 일을 묘사하기 위해 쓰이는 동사 — 는 결코 그들이 말살되었다는 것을 시사하지 않는다. 오히려 그것은 권세 자들이 권좌에서 쫓겨나 복종하게 되었다는 것을 뜻한다. "이 권세자들은 그리스도에 의해 적으로 간주되어 무장해제당했으며 동시에 하느님을 섬 기는 일에 동원되었다"(p. 103, 주 14).

5 Friedrich Gogarten, *Der Mensch zwischen Gott und Welt*(Stuttgart : Friedrich Vorwerk Verlag, 1956), pp. 13, 14.

6 Edward C. Banfield and James Q. Wilson, *City Politics*(Cambridge, Mass. : Harvard University Press, 1963).

7 같은 책, p. 101.

8 Joseph Clark, "Cities in Trouble," *New University Thought*(Spring 1961), p. 4.

9 Charles E. Silberman, "Up from Apathy," *Commentary*(May 1964), p. 57.

10 같은 글, p. 58.

11 J. C. 호켄다이크의 대단히 신선한 사상이 교회에 대한 필자의 생각 중 많 은 부분에서 기초가 되고 있다. 불행하게도 그의 글 중 대부분은 네덜란드 어로 되어 있다. 영어로 된 두 논문은 다음과 같다. "The Call to Evangelism" in *International Review of Missions*(1950), pp. 161 이

하. 그리고 "Christ and the World in the Modern Age" in *The Student World*(1961), Nos. I~2, pp. 75 이하.

12 Gerhard Ebeling, *Theologie und Verkundigung*(Tübingen : JCB Mohr-Paul Siebeck, 1962), p. 94(필자의 번역). 또한 다음도 보라. 에벨링의 *Nature of Faith*(Philadelphia : Fortress Press, 1963)과 *Word and Faith*(Philadelphia : Fortress Press, 1963).

chapter 7

문화적 악령 추방자로서 교회

우리는 교회를 하느님의 전위대, 즉 예수에 힘입어 세워진 새로운 통치의 대표자라고 논의해왔다. 우리는 케리그마, 디아코니아, 코이노니아 기능이 수렴하는 곳에서 교회는 예수가 행한 바를 가장 충실하게 계속해나간다고 말했다. 그렇지만 지금까지 우리의 논의에서 아주 분명하게 제쳐둔, 예수의 직무 중에서도 가장 당황스런 측면 하나가 있다. 오늘날 우리를 자주 당혹스럽게 하지만 예수는 자신의 시대에는 위대한 악령 추방자로 여겨졌다. 악령을 쫓아내는 그의 힘은 그의 직무에 중심 역할을 했다. 그것은 그의 모든 다양한 역할의 초점이 되었다. 새로운 시대를 선언한 자로서 그는 '악령'에게 물러나라고 명령하면서 케리그마 기능을 수행했다. 치료자요 화해자로서 그는 악령을 내쫓고 사람들을 공동체에서 자신의 위치로 돌아가게 하면서 디아코니아 기능을 수행했다. 신국의 인격화인 그는 내쫓은 악령들에게 자신을 인식시키고 두렵게 하면서 코이노니아 기능을 수행했다.

이 모든 것이 현대인에게는 대단히 기묘하게 들린다. 예수와 동시대의 많은 사람들에게는 예수의 악령 추방이 결코 주변적인 것이 아니며 그의 일에서 중심을 차지했다는 점을 우리 대부분은 잊으려 할 것이다. 교회는 오늘날 이러한 기능을 어떻게 계속 수행하는가? 아니면 교회가 단순히 악령 추방을 잊어야 하는가?

20세기에도 악령 추방은 여전히 교회 직무의 세 가지 측면이 거의 융합되는 그러한 지점이다. 그러나 세속도시에서 악령 추방의 책임이 무엇을 뜻하는가를 이해하려면, 우리는 악령과 악마의 전前과학적 이미지의 이면을 꿰뚫어 그것들이 표현한 실체를 파악해야 한다. 신약성서 시대의 사람들은 이러한 언어를 인간 생활을 휘게 하고 틀어지게 하는 인간 아래의 세력과 인간 위의 힘들을 가리키는 데 사용했다. 그것들은 특정한 인격 안에서 작용하는 '권세자'를 나타냈으며, 이는 아직도 우리에게 많이 있는 것이다.

오늘날 부족인들의 주술 신앙을 탐구하는 인류학자들은, 어떤 금기를 위반하면 죽음을 불러올 수 있으며 부두 주술로 만든 인형의 힘으로 죽어간 사람들은 실제로 단순한 우연성에 따라 그렇게 죽는 것이 아니라는 점을 보고한다.[1] 이것의 이유는 인성人性의 체계에는 유기적·사회적·문화적 구성 요소가 포함되어 있다는 것이다. 자아관 전체에 주술 사회에 내재하는 문화적 의미가 들어 있는 사람은, 그 문화가 그에게 죽어야 한다고 지시하면 문자 그대로 죽게 된다. 문화는, 합리주의적 개인주의가 그러한 것들을 조롱하던 18, 19세기에 사람들이 기꺼이 인정했던 것보다 훨씬 더 강력한 영향을 사람들에게 미친다.

현재 나타나는 세속도시에서도 주술적이며 미신적인 세계관의 크나큰 잔재가 남아 있다. 노먼 O. 브라운Norman O. Brown은 그의 매혹적인 책《삶 대 죽음 Life against Death》[2]에서, 합리적이라고 생각된 우리의 현대 생활을 아직도 뒤덮는 신성한 앙금들의 긴 목록을 밝혔다. 이 주술 의례적 잔존물의 가장 좋은 한 가지 예가 돈에 대한 우리의 태도다. 브라운은 이 태도가 밀교적이고 부적 같은 속성을 우리의 "불결한 금전"에 투사한다는 것을 증명하는데, 그러한 속성들은 돈의 순전한 합리성에 대한 이전의 경제 이론들과 어긋난다. 정신분석학적인 범주들을 이용해 브라운은 이런저런 주술 의례적 왜곡이 억압, 즉 의식적으로 어떤 감정이나 욕망을 받아들이지 않는 데서 비롯한다고 여긴다.

억압과 투사의 정신분석학 이론은 프로이트가 처음 정교화한 이래로 세세한 부분에서는 어느 정도 수정을 겪었지만, 오늘날에도 그 이론의 주된 개요는 널리 받아들여진다. 거칠게 말해서 그 이론은, 사회가 사람들에게 적대감과 성욕을 수용하거나 표현하는 것을 금하기 때문에, 우리가 그것들을 어떤 다른 형태의 활동으로 방향을 틀거나(승화sublimation) 아니면 다른 사람과 집단에, 심지어는 신화적인 실재에게로 전가한다(투사projection)고 말한다. 따라서 그리스 신화에서 신들의 탈선은, 그리스인들의 역사 발전의 특정한 단계에서 행해진 그들 자신의 갈등과 갈망의 투사로 이해할 수 있다. 그런데 투사는 또한 개인과 사회 집단끼리도 작용한다. 부모가 자기 자녀들에게 어떤 태도를 투사하면 그 아이들 자신도 곧 그 태도를 받아들이고 모방한다. 아도르노K. Adorno는 그의 유명한 연구《권위주의적 퍼스낼러티 Authoritarian Personality》[3]에서, 독일인들이 자신의 성욕과 탐욕을 감당할 수 없어 그것들을 유대인들에게 투사했으며 나중에는 자신의 실패의 탓을 유대인에게 돌리며 그들을 학대했다는 것을 보여준다. 똑같은 현상은 미국의 백인과 흑인 간의 관계에서도 볼 수 있다. 흑인은 다수파 백인의 해결되지 못한 성적·경제적 문제들을 쏟아버리는 그릇 가운데 하나가 되었다. 존 돌라드John Dollard는《어느 남부 도시의 카스트와 계급 Caste and Class in a Southern Town》[4]에서 흑인은 게으르고 성적으로 강하다는 대중적인 이미지가 백인의 감정적 좌절에 그 근원을 두고 있다는 것을 보여주었다.

말할 필요도 없이 이러한 종류의 행위는 그 고정관념이 투사되는 집단들에 일정한 형태의 행동을 고취시키며, 이는 또다시 그 이미지를 강화하는 데 기여한다. 이것은 역할 심리학이나 "자기실현적 예언"이라 불리는 메커니즘을 통해 설명될 수 있다. 따라서 흑인이나 유대인은 다수파 백인이 부여한 것 이외의 다른 정체성 이미지를 갖지 못할 경우, 그 기대에 따라 행동하는 경향이 있으며 이는 또다시 그 편견을 강화한다. 스위스 극작가 막스 프리슈Max Frisch는《안도라 Andorra》[5]라는 훌륭한 희곡에서 이러한 운명적인 과정을 탐구했다. 그 작품은 마을 사람들이 유대인이 버린 아이라고 생각하는 어느 한 젊은이의 이야기다. 그렇지만 그는 실제로는 마을 사람 중 한 사람의 사생아다. 이웃 주민들의 공공연한 그리고 은연중의 암시를 통해 조금씩 그 젊은이는 고통스럽게 점점 더 '유대인적인' 성격을 갖게 된다. 프로이트가 말한 바처럼 그는 실제로 유대인이 될 때까지 그 역할을 "내면화한다." 악령에 사로잡혔다고 실제로 믿은 신약성서의 귀신 들린 사람들과 마녀가 되었다고 고백한 살렘의 마녀들처럼, 투사와 내면화의 메커니즘이 작용했다.

이처럼 억압되고 투사된 감정의 존재는 아마도 신약성서 시대의 악령, 미국 식민 시대 뉴잉글랜드의 마녀, 현대의 문화적 고정관념 등을 설명해줄 것이다. 문화는 억압된 감정을 일정한 개인들에게 강요되는 역할 속으로 집중시키며 그들은 또다시 그 역할에 따라 행동한다. 결국 악마를 내쫓는 일은, 거짓 정체성을 투사한 사람들과 그것을 내면화한 사람들 양쪽 모두를 다루는 것을 필요로 한다. 마틴 루터 킹이 표현한 바처럼, 흑인에게 평등은 백인의 편견을 변화시키는 것과 흑인의 "노예 근성"을 극복하는 것, **이 둘 모두**를 포함하지 않으면 안 된다. 그러한 문제들을 다루는 것이 현대판 악령 축출이다.

개인 차원에서 신경증을 고치고 건강을 얻는 것은 사회 전반에 전체성을 회복시키는 것과 분리될 수 없다. 여러 문화는 어떤 신경증은 북돋지만 어떤 신경증은 벌을 주는 그들 나름대로의 방법을 갖는다. 예를 들어, 우리 문화는 지나친 식탐이나 강박적인 성취에 대해서는 너그럽지만 성적으로 표현된 신경증들에 대해서는 — 때로는 매우 단호하게 — 벌을 준다. 프로이트는 그의 치료에서 병든 개인에게 집중했으며, 마르크스는 병든 사회에 집중했다. 그 둘은 분리될 수 없다. 에리히 프롬이 썼듯이 한 인간 존재로서 개인 잠재력의 완전한 실현은 정상 상태라는 사회 이상과 충돌할 수도 있다. 하지만 이런 상황은 단지 "정상 상태의 병리학"을 필요로 할 뿐이다. 그러므로 그러한 실현은 **가능하며** 그리고 "사회와 개인의 이해관계가 영원히 적대적일 필요는 없다."[6]

사회와 개인의 이해관계가 적대적이지 않은 세계는 세속적인 유토피아주의자의 비전과 하느님 나라의 약속이 지닌 요소들을 움켜쥔다. 그것은 세속도시의 이미지, 즉 언제나 나타나지만 결코 완성되지 않은 인간 공화국the Commonwealth of Man으로 상징되는데, 이것이 하느님과 인간이 맺는 협력 관계의 초점이다. 그렇지만 종교는, 세속도시를 만드는 본분을 다하도록 인간을 해방시키지 않고, 오히려 그를 과거에 속박시켜서 인간이라는 종種의 유년기에 붙들어 매는 수단으로 자주 쓰였다. 노먼 브라운은 이것을 잘 알고 있다. 프로이트와 마찬가지로 브라운은 역사 자체와 종교의 역사 간의 밀접한 관련성을 본다. 문화의 성숙 과정과 개인의 성숙 과정은 서로 비슷하다. 결국 유아적 퇴행과 유년기의 공포 또는 환상의 문화적 등가물은 주어진 문화의 종교에서 찾을 수 있다. 종교는 어떤 의미에서는 문화의 신경증이다. 프로이트가 《모세와 유일신 Moses and Monotheism》에서 말한 바와 같이,

> 종種의 역사에서는 개인의 인생 사건들과 비슷한 일이 일어났다. 즉 인류 전체는 성적인 공격 본능의 갈등을 겪었는데, 이는 영원한 흔적을 남겼으며…… 그리고 신경질환의 구조 및 경향과 유사한 현상들을 만들어냈다.[7]

프로이트는 모든 문화에서 이 "고대의 유산"이 일종의 신경증적 협착을 일으키면서 자유를 제한하고 억압과 투사를 통해 환영 세계를 만들어냈다고 보았다.

예수는 악령을 내쫓을 때 개인의 신경증적 협착을 다루었지만, 그의 생애 전반은 한 문화 전체의 신경증을 내쫓는 일종의 전면적인 악령 추방을 보여주었다. 그는 악마의 이미지와 율법주의적 강압에 대항함으로써 사람들이 그 두 가지에서 해방되어 명석하고 생산적인 생활 방식에 들어서게끔 했다. 개인 수준과 문화 수준 모두에서 신경

증적 협착은 악령과 제의적 복종의 융합 — 정신분석학 용어로 말하면 환상과 강박적인 행동 유형의 융합 — 으로 표현된다. 신약성서에서 예수가 악령들과 맞서는 것은 투사된 환영들과 벌이는 싸움을 나타내며, 엄격한 의례 준수자인 율법학자와 바리새인들에 대한 그의 공격은 강박적인 행동 유형에 대한 투쟁을 극적으로 나타낸다.[8]

신약학자 제임스 로빈슨James M. Robinson은 〈마가복음〉에 관한 그의 훌륭한 저서에서 예수 직무의 이 두 요소는 분리될 수 없다는 것을 보여주었다.[9] 그는 예수가 악령을 내쫓은 것과 율법학자들과 논쟁한 것은 실제로 똑같은 거대한 투쟁의 두 가지 일화라는 것을 증명한다. "마가는 논쟁을 악령 추방과 유사한 형태로 소개할 뿐만 아니라 그 논쟁의 의미도 악령 추방과 유사한 방식으로 드러낸다"[10]고 로빈슨은 결론짓는다. 〈마가복음〉의 저자는 자신의 관점에서, 한편으로는 환영적인 투사를 낳는 억압과 한편으로는 개인 자유의 결여를 낳는 의례의 요건에 대한 강박적인 수행 사이의 밀접한 연관성을 보았다. 예수는 악령과 바리새인들 모두를 패배시켜야 했다. 맹목적이지 않은 복종과 책임 있는 결정을 위해 자유로워지려면, 사람들은 현실관을 왜곡시킨 고대적 유산과 또 그들의 행동을 위축시킨 소심한 율법주의 모두에서 해방되어야만 했다.

예수는 사람들에게 어른이 되라고 요청하는데, 이는 그들이 종種과 자아가 지닌 유아기적 이미지의 속박을 벗어나는 상태를 말한다. 악령 추방은 마을과 부족의 끈질긴 과거 잔재를 인간의 사회의식에서 벗겨내어 그가 세상을 있는 그대로 볼 수 있게끔 자유롭게 해주는 과정이다. 영국의 과학자이자 평신도 신학자인 존 렌 루이스John Wren Lewis는 투박하든 정교하든 간에 불가해한 힘에 대한 믿음은 성서 신앙의 정반대를 나타낸다고 주장했다. 그것은 "……사람들의 주의를 이 세상의 구체적인 문제들로부터 ─ 이 세상 안에서만 하느님의 진정한 부르심을 찾을 수 있는데도 ─ 배후에서 벌어지는 상상된 사물들의 활동으로 돌려놓는다."[11] 루이스는, 예수가 준 충격은 이 무책임한 회피를 문제 삼는 데 있으며, 그 결과 우리는 "이런저런 형태의 의례 행위에 참가함으로써 직접적인 상황에서 신의 요청에 직면하는 것"[12]을 더는 피할 수 없다고 매우 올바르게 생각하고 있다.

세속도시에서 교회의 직무는 악령 추방의 현대적 확장을 다뤄야 한다. 사람들에게는 다른 세계 ─ 점성학적, 형이상학적 또는 종교적 ─ 의 매혹에서 벗어나 이 세계의 구체적인 문제들과 맞서도록 권해야 한다. "왜냐하면 이 세상 안에서만 하느님의 진정한 부르심을 찾을 수 있기 때문이다." 그들은 주변의 사회 현실을 잘못 인식하게 하는 마취적인 엉뚱한 짓에서, 또 이러한 환상이 불러오는 습관적인 형태의 행동이나 비행동에서 벗어나지 않으면 안 된다. 이것이 사회적인 악령 추방의 일이다. 이것은 예수에 힘입어 행해졌다. 그의 교회는 이와 똑같은 일을 계속 수행해야 할 것이다.

그러나 그 일은 교회 혼자만 하는 것이 아니다. 예수는 자신만이 정당한 악령 추방자라고 생각하는 것을 거부했다. 그의 제자들이 다른 사람들도 악령을 내쫓고 있는 것을 불쾌하게 여기면서, 그들에게 불을 내리라고 요구했을 때 예수는 그렇게 하려 들지 않았다. 그는 제자들에게 "우리를 반대하지 않는 자들은 우리를 위하는 자"라고 상기시켰다. 현대 세계에는 사회적·문화적 악령 추방 사업에 기여하는 많은 협력자들이 있다. 존 렌 루이스는 현대의 과학혁명 자체를 이러한 협력자 중 하나로 여긴다. 과학혁명은 "……주술적인 것에

242

관심이 없는 데다가, 사물을 있는 그대로 보고 실제로 거기에 무엇이 있는지를 바라보며, 경험에 비추어 이론의 어떤 요소를 내던질 준비가 되어 있기"[13] 때문에 문화적 악령 추방에 이바지한다.

세속도시에서 악령 추방의 직무는, 개인으로나 집단으로나 고대의 유산에 짓눌린 짐에서 풀려난 사람들의 공동체를 요구한다. 그 직무는, 완전히 해방되지는 않았지만, 세계에 대한 잘못된 이미지에 기초를 둔 강박적인 행동 유형에서 해방되는 과정에 있는 공동체를 요구한다. 교회는 자기 기능을 수행하면서 그러한 공동체가 되어야 하며, 또한 똑같은 악령 추방의 힘을 지닌 현대 생활의 흐름에 민감해야 한다. 교회는 사회의 불의를 영속시키는 사회적 신화의 거짓됨을 폭로하고 아울러 그러한 환상의 그릇됨을 증명하는 행동 방식을 제시할 각오가 되어 있어야 한다.

악령의 왜곡을 찾기 위해 현대 대도시에서 매우 먼 곳을 바라볼 필요는 없을 것이다. 왜냐하면, 신화는 고대의 유산에서 흘러나와 현재까지 스며들기 때문이다. 우리는 이미 우리 문화가 흑인에게 떠넘긴 굴욕적인 역할을 언급한 바 있다. 왜곡이 남아 있는 한 백인과 흑인 모두 쇠약하게 하는 허구에 사로잡힐 것인데, 이 허구는 만들어진 상像들을 버리고 우리가 사물을 있는 그대로 볼 때에만 해소된다. 가난한 사람들에 대한 우리의 태도에도 똑같은 파괴적인 속임수가 있다. 우리의 사고방식이 아직도 19세기 허레이쇼 앨저Horatio Alger의 자립 정신과 적극성이라는 이미지에 근거를 둔 채 경제적인 곤궁에 대한 확실한 대책을 기대한다면, 우리는 기술 시대에 발생한 완전히 새로운 종류의 빈곤을 다룰 수 없다. 그 빈곤은 그 어느 누구도 책임질 수 없는 경제의 구조적인 혼란에서 발생하기 때문이다. 시카고 대

학교 사회복지 행정학교의 앨런 웨이드Alan D. Wade가 쓴 바와 같이,

> 도시화, 자동화 및 인종차별 폐지 등과 결부된 인구 증가가 우리의
> 상상을 훨씬 앞질러 나가기 때문에, 예전에 낙오자들을 보호하기 위
> 해 채택한 조치들을 보완하거나 대신할 수 있는 새로운 사회제도를
> 발전시키기는커녕, 우리는 **엄청나게 위험하고 많은 대가를 요구하는**
> **신화로 무장된 새로운 현실**에 직면한다.[14]

　웨이드 교수의 진단은 사회 문화적인 신경증 개념과 정확하게 일
치한다. 한 개인이 유년기 때부터 지녀온 불안 및 행동 유형 때문에
성인 문제를 제대로 다룰 수 없는 것처럼, 우리 사회는 새롭고 복잡한
사회 문제를 경직된 행동 신화와 뻣뻣한 문화적 반사작용으로 해결하
려 든다. 사람들에게 '실제로 있는 현실'을 직면하게 하는 것은 언제
나 고통스러운 과정이지만 그것은 성숙해가는 데 피할 수 없는 전제
조건이다. 그것은 예수가 언제나 하고 있었던 것이다. 그리고 그것은
세속도시에서 교회 기능의 필수 불가결한 요소를 나타낸다.
　세속도시에서 교회의 케리그마, 디아코니아, 코이노니아 기능을
논의하면서 우리는 이 기능들이 문화적 악령 추방자로서 교회의 역
할에 수렴된다는 것을 말해왔다. 분명히 이 모든 것은 그러한 사회에
서 교회의 제도적인 형태에 중대한 함의를 지닌다. 최근 교회 생활의
형태에 관한 열띤 논의가 벌어졌는데, 부분적으로는 세계교회협의회
전도국의 후원 아래 이루어졌다. 이 문제들은 콜린 윌리엄스Collin
Williams의 《세계 어디에서? Where in the World?》[15]라는 작은 책에 능숙
하게 요약되어 있다. 윌리엄스가 보는 바와 같이 교회는 오늘날 산업

화 이전 시대에서 유래하는 제도적인 생활의 형태 — 주거지 교구 체제 — 에 빠져 있다. 주거지 교구는 사람들이 공동생활의 집중된 공동체에서 일하고 거주하며 기도하고 노는 시대를 연상시킨다. 주거지 교구는 달리 말하면 도시화의 맹공격 이전 우리가 마을 문화라고 부른 것에서 유래한다. 윌리엄스는 도시산업 세계에서는 일과 정치 그리고 많은 여가 활동이 주거지역을 벗어나 있기 때문에, 우리에게는 이 새로운 사회제도에 상응하는 새로운 형태의 교회 생활이 필요하다고 주장한다. 그는 교회가 사업체나 커뮤니케이션 단체처럼 주거지 중심이 아닌 사회구조로 형태를 갖추는 조치들을 마련하라고 권한다.[16] 곧 대중매체 기관들, "곤경의 공동체"(마약중독자들의 집단 같은) 그리고 인종, 빈곤, 전쟁 같은 사회 문제들을 참조하라는 것이다.

이러한 논의는 대단히 필요했고 많은 사람들이 눈을 뜨게 했지만, 또한 그것을 기존 형태의 교회 생활에 무서운 위협으로 보는 사람들에게 상당한 반발을 일으키기도 했다. 심지어 어떤 이들은, 그러한 논의는 제도들이 실제로 변하는 방식에 대해서, 또 기존 교회 생활의 구조 밖에서 실제로 얼마나 많은 것을 할 수 있는지에 대해서 현실성을 결여한 것이라고 생각한다. 사려 깊지 못하게 윌리엄스를 비판하는 이들은 그에게 교회를 혁신하고 재활성화하는 하느님의 능력에 대한 믿음이 부족하다고까지 말한다.

'교회 생활의 새로운 구조'의 필요성에 대한 논의에 많은 불안을 느끼는 자들은, 물론 현재 형태의 교회 생활이 쇠퇴함을 보이는 것에 위협을 느끼는 사람들이다. 그러나 그러한 불안의 일부는, 기존 형태의 교회 생활과 궁리하건 안 하건 앞으로 몇 년 안에 확실히 출현할 형태 사이의 관계를 논의할 때 어느 정도 명확함이 결여된 데서 나온다. 오해는 주로 표준적인 주거지 교구의 미래에 집중된다. 어떤 이들은 주거지 교구가 하나의 사회 형태로서는 죽었으므로, 도시 산업사회와 보조를 맞춰 나가는 구조를 위해 폐기되어야 한다고 주장한다. 도시 산업사회에서 사람들은 주거지의 인접성에 따라서 모이기보다는 공통된 기능에 따라서 모이기 때문이다. 또 어떤 이들은 교구 교회를 비주거 영역에 침투하는 데 필요한 기지라고 옹호한다.

어려운 점은, 우리가 주거지 교구라는 특정한 형태의 교회 생활이 특성이었던 하나의 사회 단계에서 어떤 다른 형태의 교회 생활이 그것을 대체하는 단계로 옮겨가고 있지 않다는 것이다. 상황은 훨씬 더 복잡하다. 우리 사회에서 일어나고 있는 것을 기술하는 데 핵심이 되는 말은 **분화**differentiation다. 우리는 점점 더 빨리 분화되고 있는 사회와 맞물리도록 폭넓게 분화된 여러 가지 유형의 교회 조직이 필요한 단계에 들어가고 있다. 세속 대도시의 교회 생활이 주거지를 기초로 한 모임을 포함할 것은 확실하지만, 주거지는 (이동성과 익명성에 대한 논의에서 보았듯이) 오늘날 사람들의 생활 중 한 부분과 관계가 있기 때문에, 또한 그것과 **나란히** 다른 형태의 교회 생활도 필요할 것이다. 교회 생활의 미래 형태는, 분화되고 전문화될 뿐만 아니라 또한 유연하고 언제든지 버릴 수 있는 것, 즉 계속 새로운 형태가 나타나면 기꺼이 그 자리를 양보할 수 있는 것이 되지 않으면 안 된다.

교회는 급속도로 분화하는 사회 안에 존재하고 싶다면 분화에 대비해야 한다. 교구 교회의 옹호자들은 비판에 대항하여 변호하는 대신에 도시산업의 배경 속에서 교회가 현실적으로 무엇을 할 수 있는지를 아는 편이 더 좋을 것이다. 교구도 어떤 일들을 **할 수 있는** 것은 사실이지만 할 수 없는 일들도 있는데, 이런 일들은 산업 선교회, 평신도 연구회, 특정한 문제 해결을 위해 조직된 집단 등이 수행해야 한다. 주거지 교구를 공격하는 사람들도 역시 비난만으로는 사회제도를 없애지 못하리라는 사실을 최대한 깨닫는 게 좋다. 많은 돈과 재능, 지도자들이 아직도 주거지 교구에 집중되며 앞으로도 당분간 그럴 것이다. 진짜 문제는 이러한 재원을 어떻게 하면 도시의 악령 추방 선교로 돌릴 수 있는가다.

교회 생활의 분화된 형태들의 발전 말고도, 주거지 교구에 더하여 우리는 또한 주거지 중심 모임들 사이에서 현저한 분화를 보게 되리라 기대할 수 있다. 이것은 두 가지를 뜻한다. 첫째, 주거지 교구는 과거와는 조금 다른 역할을 하기 시작할 것이다. 모든 사람에게 모든 것이 될 필요성, 즉 '인간에 완전히 봉사한다'고 자처할 필요성에서 벗어나면, 주거지 교구는 그들이 실제로 어떤 자격을 갖고 있는 관심 영역에 집중하기 시작할 수 있다. 가족 문제, 주거지 문제 그리고 성인 교육 등이 지역 교구가 다룰 수 있는 것들에 포함되는 듯하다. 이런 점에서 지역 교구는 사회학적으로 가족과 비슷하다. 산업화의 도래와 더불어 몇몇 사회학자들은 가족은 그 경제적 기능이 박탈되어 곧 더는 존재하지 않을 것이라고 확신에 찬 예언을 했다. 그 대신 일어난 것은 가족이 산업사회에서 새로운 기능을 떠맡게 된 것이다. 가족은 이전 사회의 시대에는 존재하지 않았던 문제들을 다루기 시작했다. 가족은 아이들의 사회화의 많은 부분을 학교와 또래집단에 넘겼지만 그래도 몇몇 기능은 계속 갖고 있다. 그러한 기능들 때문에 가족은 여전히 사회에 없어서는 안 된다. 이와 마찬가지로 교구 교회도 일단 완전한 교회가 되려고 하지 말고 전에 지녔던 책임 중 일부만을 떠맡는 다른 형태의 교회 생활을 허용한다면, 분화된 교회 형태들의 과잉 속에서 상당한 기여를 할 수 있을 것이다.

둘째, 교회 생활 형태에서 분화는 모임들이 전문성을 발전시키기 시작할 것임을 뜻한다. 그들은 다른 모임이 하는 것을 모두 하려고 들지 않을 것이다. 이것은 전국적으로 계획된 획일적인 프로그램의 종말을 뜻한다. 어떤 특정 지역 교회가 하는 일은, 그 교회가 실제로 접근할 수 있는 대도시 구역에서 하느님의 활동이라고 분별되는 것에서 나올 것이다. 이는 회원들이 공유하는 것이 무엇인지를 규명하기 위해 교회 모임의 구성원들을 조사하고, 교회의 다양한 기능이 어떻게 수행될 수 있는지를 알기 위해 인근 지역을 연구할 필요성을 제기할 것이다. 뉴욕 시 저드슨 메모리얼 교회는 예술가와 지식인들에게 선교하도록 전문성을 발전시킨 지역 모임의 좋은 예다. 보스턴 시 록스베리 구역에 있는 블루힐 커뮤니티 교회는 흑인 자유운동에 관여하는 사람들과 함께 일하는 것을 전문으로 한다. 성가대, 주일 예배, 청년 프로그램 및 성인 교육 등이 이러한 노력과 맞물려 있다.

주거지 중심 모임과 아무런 관계도 없는, 전혀 새롭고도 예상 못한 형태의 교회 생활의 출현을 도시 세속 사회에서 보게 되리라는 사실은 아무도 부정할 수 없을 것이다. 디트로이트 산업 선교회는 그러한 형태의 하나다. 그것은 완전히 자동차 산업의 조직체와 거기서 파생되는 제도들 안에 존재한다. 그것은 주거지 중심의 '기지'를 두고 활동할 어떤 노력도 하지 않는다. 실험적인 선교회들은 주거지 중심의 기지는 없지만 통신 산업, 여가와 레크리에이션 영역, 특정한 직업 단체들 속에서 싹이 트고 있다. 그러한 것들은 이미 병원과 대학에서는 나타났다. 로마 가톨릭 교회의 협동조합 운동은 다양한 직업 모임의 한 예다. 이러한 모임들은 일시적이고 단명하는 경향이 있다. 흔히 그것들은 상임 성직자의 도움 없이 존재한다. 그러나 이것을 유감으로 생각해서는 안 된다. 현대 생활의 이질적인 구조들 속에서 교회 생활의 새로운 형태들은 유망해 보이지만, 만일 이것들을 강제로 이식된 주거지 중심의 형태로 무력화한다면 개탄스러운 일이 될 것이다. 이 새로운 형태들이 영구적인 것이 되거나, 잡다한 전통적인 형태 모두를 발전시키거나, 아니면 심지어는 컬트적인 예배를 하도록 기대해서는 안 된다. 그것들의 **임시적인** 성격, 즉 어떤 일련의 문제들을 만족스럽게 처리한 다음에는 기꺼이 해체하는 것이 그것들의 고유한 진정한 성격일지도 모른다. 그것들은 우리가 세속도시에서 필요로 하는 종류의 '교회의 표지'일지도 모른다.

두 가지를 경고할 필요가 있다. 첫째는 오늘날 교회 간 일치의 진정한 위기가 가톨릭 신도와 개신교 신도 사이에 있는 것이 아니라, 교회 생활의 전통적인 형태와 실험적인 형태 사이에 있다는 것이다. 교회 지도자들이 이것을 인정하지 않는다면 몇십 년 안에 우리는 16세기에 나타난 것에 필적할 만한 교회의 분열을 보게 될 것이다. 새로운 형태의 교회 생활을 의심하는 가톨릭 신도와 개신교 신도들이 있다. 로마 교황청이 노동자 사제를 반대했고 일본의 연합 교회가 무교회 운동을 반대했다는 것이 이를 증명한다. 그렇지만 또한 교회 구조에서 혁신을 지지하고 고취하는 개신교 신도와 가톨릭 신도들도 있다. 여기서 기존의 전통 형태를 따르는 지도자들은 혁신가들의 가치를 인정하고 새롭게 위협하는 혼돈을 넘어서 의사소통을 계속해야 한다.

둘째, **임시적인** 모임들은 특정한 직업에 따라 모이고 특정한 사회 문제를 다루는데, 그렇게 되면 함께 다루어야 할 대도시의 다양한 부문들 간의 상호 연관성을 보지 못할 위험이 있다. 그들 역시 주거지 중심 모임처럼 자기들대로 고립되는 것을 경계해야 한다. **임시적인** 모임들은 상황 윤리의 교회적 등가물에 해당한다. 최근 몇 년 동안 기독교 윤리학자들은 대체로 사회철학을 다루는 데는 과묵하면서 문제가 생기는 대로 하나씩 다루는 경향이 있었다. 그들은 문제들을, 윤리 체계의 항목이나 사회 개선을 위한 미리 짜인 계획 속에 억지로 집어넣으려는 시도를 피했다. 그들은 조금은 단편적인 기초에서 활동했다.

이 상황적인 접근 방식은 이전 유형의 윤리학에 견주면 실질적인 진척을 보여준다. 그것은 엄격하고 체계적이며 원칙적인 접근 방식들이 갖지 못한 유연성과 적절성을 갖는다. 그렇지만 현대 도시 시대의 커다란 현실 가운데 하나가 **계획을 세우는 것**이다. 대중교통, 교육, 주택 공급, 고용 및 범죄를 단편적인 기초 위에서 다루는 것 대신에, 오늘날 도시계획가들은 이 모든 요소들을 종합하여 도시 발전을 오래도록 지속시킬 계획을 세우려고 한다. '좋은 도시'란 어떠한 것인지 한 번 더 논의되고 있으며, 문제들을 더욱 상호적인 관계성 속에서 파악하며 아울러 사회 전체의 일부분으로 간주한다. 이 모든 다양한 문제들이 개인과 그의 가족에게 어떤 영향을 미치는가는, '인간에게 좋은 것'이 무엇이냐는 전통적인 의문과 매우 비슷한 질문이 되고 있다. 도시계획가들은 문제들을 갖가지 혁신 프로그램의 견지에서 토론하는데, 그 문제들은 한때 경제학에서 토론되었고 그 이전에는 신학에서도 토론되었던 것과 똑같다. 곧 인간의 잠재력을 실현하는 길은 어떤 것인가 하는 질문이다.

그러므로 사회윤리학이나 사회철학은 한때 생각했던 것처럼 그리 낡은 학문이 아닐지도 모른다. 그러나 기독교인들이 이런 종류의 논의에 개입하기 시작할 때, 우리가 보통 관심을 가졌던 단편적인 문제들 이상으로 사회계획의 포괄적인 문제들에 대한 특별히 기독교적인 대답은 없다는 점을 다시금 분명하게 해야 한다. 하느님 나라는 어디서나 똑같은 방식으로 오지는 않는다. 인류는 단색單色을 띠지 않는다. 사람들은 취향과 기질에서 매우 다르기 때문에, 인간의 욕구를 충족시키는 과제는 각기 다른 문화적 풍토를 띤 여러 종류의 도시들을 요구할 것이다. 기독교인들은 천국 도시에 대한 청사진을 갖고 있지 않다. 그들은 인간을 인간답게 하는 공동생활 방식을 마련하기 위해 많은 설득을 하면서 사람들과 함께 자유롭게 투쟁한다.

세속도시 안에서 여러 가지 기능을 수행하면서 교회는 폭넓고 다양한 생활 형태를 발전시킬 것이다. 어떤 기능들은 오래 지속될 것이다. 또 어떤 기능들은 빨리 사라질 것이다. 그리고 '교회 일치' 문제, 즉 최근 몇 년간 종교인들 사이에서 매우 폭넓은 관심을 불러일으킨 쟁점들은, 교파 간 분열의 문제가 아니라 똑같은 교회의 고도로 분화된 표현들 사이의 관계의 문제다.

교회는 그 어떤 형태로든 계속해서 문화적 악령 추방자가 되어, 생활 현실을 모호하게 하고 인간의 활동을 저해하는 신화적인 의미들을 내쫓을 것이다. 다음 장들에서 우리는 악령 추방의 윤리가 일련의 특정한 문제 영역에서 어떻게 작용하는가를 보여줄 것이다.

주

1 주술 효과에 대한 믿음에서 초래되는 사망 사례의 증거 자료로는 다음을
보라. Hutton Webstet, *Magic: A Sociological Study*(Stanford, Calif.:
Stanford University Press, 1948), pp. 486~488. 정신의 영향을 받는
병 및 죽음과 문화적 믿음 체계의 연계성에 대한 이론적인 논의는 다음에
서 볼 수 있다. Lawrence Frank, "Cultural Control and Physiological
Autonomy" in Kluckhohn and Murray (eds.), *Personality in Nature,
Society, and Culture*(New York: Knopf, 1959), pp. 119~122. 그리고
Margaret Mead, "The Concept of Culture and the Psychosomatic
Approach" in Douglas Haring (eds.), *Personal Character and Cultural
Milieu*(Syracuse, N. Y.: Syracuse University Press, 1956), pp. 594~622.

2 Norman O. Brown, *Life Against Death*(New York: Random House,
1959).

3 Karl Adorno, *The Authoritarian Personality*(New York: Harper &
Row, 1950).

4 John Dollard, *Caste and Class in a Southern Town*(Garden City, N.
Y.: Doubleday, 3d ed., 1957).

5 Max Frisch, *Andorra*[*Stück im zwölf Bildern*], (Frankfurt-am-Main:
Suhrkamp Verlag, 1961).

6 Erich Fromm, "Individual and Social Origins of Neurosis," in
Kluckhohn and Murray (eds.), *Personality in Nature, Society and
Culture*(New York: Knopf, 1959), p. 521.

7 Sigmund Freud, *Moses and Monotheism*(New York: Vintage Books,
Inc., 1955; London: Hogarth), p. 129.

8 나는 신학자들이 프로이트의 좀 더 심리치료적인 글들보다 그의 문화 분석
및 종교에 대한 저작을 훨씬 더 진지하게 받아들여야 한다고 믿는다. 프로
이트는 그의 책《문명과 그 불만 Civilization and Its Discontents》의 마지막
몇 페이지에서 문화의 성숙에서 예수가 하는 역할에 대한 암시마저 주고

있다.

9   James M. Robinson, *The Problem of History in Mark*(Naperville, Ill.:
    Alec R. Allenson, Inc., 1957 ; London : SCM Press).

10 같은 책, p. 6.

11 John Wren Lewis, "Science, the Word and God," *The Christian
    Scholar*, XLII(September, 1959), p. 171.

12 같은 글, p. 171.

13 같은 글, p. 173.

14 Alan D. Wade, "Why We hate the Poor," *Renewal*, IV(1964), 15.

15 Colin W. Williams, *Where in the World*?(New York : National
    Council of Churches, 1963). 윌리엄스에 대한 비판으로는 다음을 보라.
    Truman B. Douglas, "In Defence of the Local Parish," *Christianity
    & Crisis*, XXIV(June 8, 1964), p. 115.

16 같은 책, p. 84.

3부

도시의 악령 추방 여행

chapter 8

세속도시의 일과 놀이

도시화와 세속화라는 두 경향은 일에 엄청난 영향을 끼친다. 우리는 이 장에서 그 두 경향이 발생시키는 세 가지 기본적인 변화만을 살펴볼 것이다. 첫째, 두 경향은 일의 장소와 주거 장소를 분리한다. 둘째, 일을 점점 더 관료적인 조직의 방식으로 변화시킨다. 그리고 셋째, 일을 종교적인 성격에서 해방시키는데, 이러한 성격은 정신적인 규율로 일을 해석하던 시대 이래로 유지되어왔던 것이다. 이 모든 일의 변화를 사람들은 놀란 마음으로 바라보아왔으며, 종교인들은 이를 자주 비판했다. 현대 기업의 생활 속에 가족적인 요소들을 재도입하려는 시도들이 있다. 비인격성이 두드러진 조직에 반대하는 목소리가 있었다. 일에서 소명의식이 사라진 것을 슬퍼하는 노래가 울려 퍼졌다.

그러나 여기서 우리의 목적은 기술도시 시대에 일에 일어난 문제를 비난하는 것이 아니라, 세속화가 각각의 경우마다 문제를 낳으면서도 전에는 존재하지 않았던 새로운 가능성을 어떻게 열었는지를 보여주는 것이다. 인간 생활의 모든 영역과 마찬가지로 일의 세계에서 세속화는 메시아가 아니다. 그렇다고 해서 세속화가 반反그리스도도 아니다. 그것은 오히려 위험한 해방이다. 그것은 모험 수위를 높인다. 그러는 동안 인간이 자유와 책임의 범위를 더욱 넓혀서 그의 성숙을 깊게 하는 것을 가능하게 해준다. 이와 동시에 세속화는 그것이 대체하는 위험들보다 더 큰 수준의 위험을 제기한다. 그렇지만 앞으로의 기대가 위험보다 더 크며, 아니 적어도 한번 모험해볼 만한 가치가 있다.

일하는 장소와 주거의 분리

기술도시 사회의 몇 가지 추세를 보면 일하는 장소와 거주 장소가 분리되는 경향이 있다. 일의 전문성이 커지면 비슷한 전문성을 지닌 사람들이 점점 더 고도로 집중된 영역에 모일 필요성이 생긴다. 효율성의 법칙은 대부분의 경우 규모의 증가를 지향하기 때문에 소수의 예외가 있긴 하지만 가족 농장과 소가족 영업을 절멸시켰다. 구획과 도시 계획은 생산 지역과 주거지역을 분리하는 경향이 있었다. 이러한 경향이 역전되고 있는 곳조차도, 즉 매우 창의적인 토지 용도의 '혼합'이 재도입되어 사무실, 상가, 아파트가 한 건물을 쓰는 곳이 있다 해도 그러한 사실이 미분화된 소가족 영업으로 복귀함을 뜻하진 않았다. 일터와 주거지역이 의도적으로 서로 가까이 있는 경우에도 일과 주거 사이에는 여전히 '심리적 거리'가 있다.

그 최종적인 결과는 일터, 시장 및 학교가 주거지역에서 떠났다는 것이다. 정육점과 식료 잡화상점들은, 한없이 넓은 주차장으로 둘

러싸인 쇼핑센터의 번쩍거리는 유리와 강관으로 된 진열장 뒤에 자리 잡았다. 구두 장수, 약 장수, 옷 장수와 철물들도 재빨리 뒤를 이어 그렇게 한다. 잡지를 팔러 다니는 중학생들처럼 풀러 브러시 맨 Fuller brush man〔솔이나 집안 세척 도구를 방문 판매하는 플러 브러시 회사의 외판원〕도 여전히 초인종을 누른다. 그러나 대부분의 판매는 이제 에어컨디셔너 장치가 되어 있는 특별 매장이 딸린 커다란 백화점에서 이루어진다. 다른 활동들도 똑같은 경향을 나타낸다. 학교들은 특별히 구획된 지역에 자리 잡고 있으며 더 큰 단위로 통합되고 있다. 도로 안전과 교육 철학의 관점에서 — 또한 경제적인 이유 때문에도 — 그렇게 할 수밖에 없다. 교육자들은 사물함이 끝없이 늘어선 복도와 엄청나게 크고 썰렁한 교실을 대체할 방법을 찾고 있다. 아이들을 작아 보이게 하고 낯설게 하기 때문이다. 그렇지만 현대 교육에 필요한 시설을 완전히 갖추어야 하기 때문에 작고 붉은 벽돌의 학교로 돌아가자는 생각은 하지 않는다. 오늘날 고등학교의 화학 실험실은, 적어도 20여 년 전 대학교 화학과 교수라도 사치스럽게 보았을 수준의 시설을 요구하는데, 수없이 많은 작은 학교들에 하나하나 설치하기에는 너무 비용이 많이 든다.

이와 똑같은 원리가 다른 부분에도 통한다. 최근까지만 해도 집 한 모퉁이에 진찰실을 차려 울타리, 잔디 마당, 가옥이라는 단조로움에 비주거 공간의 특색을 덧붙여 살던 의사도 역시 정기 통근자가 되었다. 그는 이제는 도심지 의사들이 쓰는 큰 건물이나 메디컬 센터에 나타나는 일이 잦다. 모든 사람이 그렇듯이 그는 비싼 장비가 필요해서, 다른 사람과 공동으로 부담해 비용을 낮출 수도 있게 된다. 또한 그는 도시에 의료계와 치과계 동료들을 가까이 두고 있어 신속한 자문을 얻을 수 있는 추가적인 이점을 누린다.

　노동자, 소매업자, 상인, 의사들은 한 사람 한 사람씩 도구를 챙겨서 주거지역 밖으로 빠져 나갔다. 불평하는 주거 공동체는 거의 없다. 그들은 온 가족이 함께 일하는 사업에 애정이 별로 없으며, 게다가 의사들과 사업가들도 그 점을 역설하지 않는다. 이따금 출퇴근 때의 경쟁에 대해 불평할지는 모르지만, 그래도 그들은 일터와 가정의 심리적 분리를 오히려 즐긴다. 그 심리적 거리는 두 영역을 격리하는 데 도움이 되며 서로 간의 반갑지 않은 침입을 막아준다. 젊은 안과 의사는 아내나 심지어 아주 가끔은 그의 아이들이 자기 병원을 우연히 들러주기를 진심으로 바랄지도 모른다. 하지만 그것은 그들을 옆방에 두고 사는 것과는 아주 다를 것이다. 이와 마찬가지로, 광고 회사의 섭외부장이 교외로 멀리 통근을 한다든지 고층 아파트로 단기 출장을 가는 것은 번거로움도 있지만 심리적인 효과도 있다. 그 시간에는 남겨둔 모든 미해결 문제들을 적어도 부분적으로는 잊어버리고, 자신의 신형 저음용 스피커를 연결하는 일에 신경 쓸 수 있다. 통근 열차의 선로나 고속도로는 그의 일터와 가정을 연결하지만, 그것들은 또한 그가 느끼기에 어느 정도 떨어져 있어야 가장 좋을 법한 관계를 분리하기도 한다.

　이 영역들이 합쳐지지 못하게 하려는 도시인의 주목할 만한 욕망은 이해할 수 있을 뿐만 아니라 정당한 것이다. 도시인은 기능적으로 서로 다르게 정의된 매우 많은 관계 속에서 살아가는데, 그 속에서 언제나 완전히 일관성 있게 역할을 수행하는 것은 아니다. 따라서 그는 여러 다양한 회로들을 적어도 부분적으로 서로 떼어놓는 방법을 찾지 않으면 안 된다. 이것이 가족생활을 합병하려는 기업의 교활한 시도를 마땅치 않게 여기는 이유다.

어느 한 젊은 회계사는, 인사 정책에 대한 매우 진취적인 아이디어에 전념하는 선의의 경영진을 갖춘 회사에서 일했다. 그 아이디어 중에는, 회사 중역들의 부인들에게 남편의 일에 대해 알려주고 회사의 목표에 대한 그들의 열렬한 지지를 얻는다는 잘 짜인 계획이 있었다. 하버드 사례 연구Harvard Case Study 방법을 채택하여, 여자들의 관심을 모으기에 충분할 만한 기초 사례를 놓고 달마다 부부 동반으로 저녁 토론회가 열렸다. 언제나 회사에서 음료수를 제공했고, 헌신적이고 젊은 한 인사 간부는 대화를 이끌어가면서 아내들로 하여금 남편들이 이따금 머리를 싸매고 해결하려 애썼던 그런 종류의 결정들에 익숙해지게 했다. 모든 절차가 당연히 매우 민주적이고 관대했으며 열성을 다해서 그룹다이내믹스를 진행했다.

회계사들에게는 언제나 가장 바쁜 납세철이 한창인 어느 날 저녁, 일에 지친 한 젊은 공인회계사가 매우 늦게까지 회계 장부를 정리하고는 교외에 있는 집으로 막차를 타고 갔다. 바로 그 주간 초에는 유난히 뜨거웠던 부부 동반 토론회가 있었다. 정거장에서 택시를 타고 집에 왔을 때 아내는 이미 자리에 누워 있었기 때문에 그는 불을 켜지 않고 조용히 옷을 벗기 시작했다. 갑자기 아내의 목소리가 어둠 속에 울렸다. "여보, 불을 켜도 돼요. 나 아직 자지 않아요. 난 지금 해빅허스트 건을 어떻게 하면 가장 좋을지 곰곰이 생각하며 누워 있었어요." 다음 날 아침 커피를 마신 다음, 그 공인회계사는 평소와는 달리 단호한 어조로 가족 사례 연구 토론회에 참여하는 걸 당장 그만두는 것이 가장 좋겠다고 말했다.

일과 주거의 분리에서 생겨나는 일의 비가정화에는 격리가 필요하며, 그것을 되돌리려는 노력들은 매우 해로울 수 있을 것이다. 몇 몇 사회학자들과 도시계획가들은, 일과 가족생활이 서로 분화되기 전이 어쨌든 유쾌했던 시절이라고 믿으며 여전히 당시를 그리워하는 게 사실이다. 그들은 가족생활이 산산이 부서지기 이전의 '전체성'의 추억을 불러낸다. 그때는 아버지, 아들, 손자가 같은 밭에서 써레질 하고 수확하고 같은 커피 분쇄기 옆에 서 있던 시절, 다시 말해 단순 한 가족 기업이 부모와 자녀를 그저 소비 단위가 아니라 생산 단위로 결합시켰던 시절이었다. 이것은 문자 그대로 단란함이었다. 가족 기 업의 시대가 과거로 더 멀리 물러남에 따라 그 미덕은 더욱더 확고한 것처럼 보인다. 이 목가적인 시대를 향한 열정은 미국 경제의 한 장 면을 차지했던 두루미, 즉 '가족 농장'에 헌사되는 송시頌詩에서 절정 에 이른다.

그러나 가족 농장을 어떻게 해서든지 지키고 싶어 하는 몽상적 인 경제학자들과 일과 가정의 단절을 없애고 싶어 하는 작가들은 한 가지를 잊고 있다. 그들이 잊고 있는 바는, 가족 기업을 몸소 경험하 면서 살아온 바로 그 사람들은 상점 바로 위에 살고 공장에 바싹 붙 은 곳에 집이 있지만 과거 경험과 관련해서 어떤 것도 원하지 않는 사람들이라는 점이다. 이들은 해방된 사람들이다. 그들은 가정생활 과 노동 생활을 연결시키는 탯줄을 단호하게 잘라버린 노동 혁명의 인간적 가치를 누구보다 더 잘 깨닫고 있다. 가족 농장과 가족 기업 은 가치가 있다고 생각되었음에도, 그것들은 종종 가족 관계의 포악 한 착취와 공장에서 사라진 뒤에도 오랫동안 지속된 어린아이 노동 에 대한 남용을 감추곤 했다. 우리는 이러한 것들이 사라진 것을 기 뻐해야 하며, 아울러 지금 보기에는 결코 만족스럽지 않았던 것을 그리워하기보다는 우리가 지금 일하는 장소를 인간화하는 현실주의적인 방법을 찾아나서야 한다. 우리는 대부분의 사람들이 그들의 노동생활과 가정생활을 비교적 구별하고 **싶어 한다**는 것을 깨달아야 한다. 우리는 그러한 소망을 존중해야 하며, 아울러 우리가 현대인의 '단편화'라고 종종 슬프게 이름 붙인 것으로 오히려 가능해진 새롭고 가치 있는 종류의 자유를 인정해야 한다.

어쨌든 기술도시적인 문화에서 우리 경제 상황이 직면한 사실들은 모두, 더욱더 분화되는 것을 편들고 19세기 전원 생활로의 그 어떠한 복귀도 반대한다. 미국의 가족 농장을 실제로 알고 있는 비감상적인 농업 경제학자들은, 거의 만장일치로 가족 농장이 더욱 경제적인 단위를 위해 빠르게 물러날수록 좋다는 판결을 내렸다. 그것을 지탱하려 들기보다는, 오히려 우리의 현실적인 농업 문제들 — 시대에 뒤떨어진 불공정한 패리티parity(농산물 가격과 생활필수품 가격의 비율)의 조정, 세계 식량 분포의 비상식적이고 비인간적인 불균형, 천문학적인 저장 비용, 충격적일 만큼 착취되는 이주민 노동력(여기서는 우연히도 일터에서의 가족 유대가 여전히 부모와 아이들을 묶고 있다) — 을 어떻게 해결할 것인가라는 냉혹한 문제에 주의를 기울여야 한다.[1]

소규모 가족 기업의 문제에서도 마찬가지다. 가족이나 그 밖의 독립된 개인 생활의 중심지들을 조직의 단란함이나 기업 컨트리클럽의 확대를 위한 원천으로 변형시킴으로써 미국 내 노동 생활의 기능화를 막으려는 사람들이 우리의 주의를 흐려놓아서는 안 된다. 노동 생활의 기능주의는 바로 현대 생활의 주된 형태인 조직을 길드나 가족 기업보다 더 낫게 해주는 것이다.

앞에서 지적한 바와 같이, 인간은 현대 생활의 다양한 세계와 맺는 모든 연관에서 나와 그대I-Thou의 관계를 견딜 수 없다. 도시인은 선택적이지 않으면 안 된다. 그는 너무도 다양한 사람들이 온갖 요구를 하는 데 노출되어 있어, 어느 경우에는 '개인적인' 자질을 육성해야 하지만 또 어느 경우에는 그러한 자질을 포기해야 한다. 오늘날 우리의 노동 생활의 인간화가 그 어떤 '재가족화'를 동반해서는 안 된다. 이것은 오로지 가정과 일터 모두의 파멸로 끝날 뿐이다. 노동 생활의 인간화는 실질적 의사 결정 과정을 되도록이면 일의 영역으로 확장해야 얻어질 수 있다. 이것은 권한과 책임의 공유를 뜻하며 따뜻함이나 사이가 좋다는 것과는 아무 관계가 없다. 회사 사보에 '행복한 하나의 큰 가족' 같은 이미지가 자주 실리는 곳이라면, 온정주의paternalism가 불공정한 권력 분배를 가리고 있다고 거의 확신할 수 있다. 현대 기업에서 노동의 인간화는 온정주의를 버릴 것을 요구한다. 새로운 학문으로서 인사 관리학은 때때로 낡은 절차들을 정당화하는 새로운 수사학을 경영에 제공해왔을 뿐이다. 하지만 결코 그것은 미국 경제에서 일어나고 있는 권력 분배의 의미 있는 구조적 변화를 대체할 수 있는 것이 아니다.

노동의 관료적 조직

일의 세속화는 조직을 낳았으며, 그와 함께 "조직인Organization Man"이라고 불리는 것도 낳았다. 이미 그는 우리가 2장에서 논의한, 아마도 얼굴이 없는 도시인에 해당하는 사건이 되었다. 조직인은 미국 언론이 점점 과잉 '사회 비판'으로 흐를 만큼 영원한 악당으로 묘사한 뚱뚱한 자본가를 대체해왔다. '조직인'임을 확인해주는 상징은 중세 프레스코화의 성 안토니오St. Antonio의 화살만큼이나 쉽게 예상할 수 있다. 윌리엄 버로스William Burroughs는 그의 비트 문학의 고전 《네이키드 런치 Naked Lunch》에서 조직인을 묘사한다. "젊고 잘 생기고 크루컷crew-cut 머리 모양[아주 짧게 깎은 남자의 상고머리 형태]에, 아이비리그 출신인 데다가 광고 회사 중역 타입…… 하얀 이, 플로리다의 햇볕에 탄 듯한 살빛, 200달러짜리 샤크스킨 양복, 칼라를 단추로 채운 브룩스 브라더스 셔츠……"[2], 숙녀 클럽의 연단, 비트족의 거주지, 교외 지역 교회의 설교대에서는 회색 플란넬 양복과 소형 서류가방에 대한 비난이 홍수처럼 쏟아지고 있다.

아이러니한 것은 이런 책들을 사고 이런 장광한 비난을 그토록 열성적으로 듣는 바로 그 사람들이 조직**이라는** 점이다. 비트 시인들, 전원의 향수를 못 버리는 낭만주의자들, 성난 젊은 (부유한) 극작가들, 대학의 종신 재직권을 받았거나 재단의 든든한 후원을 받는 사회학자들은 모두, 하나의 조직된 사회에 의존해서 편지를 부치고 쓰레기도 수거하며 그들의 이런저런 평설들도 내놓는다. 조직을 거스르는 이 소란의 분출, 자해적 제의라 할 이 난장판의 진정한 의미는 무엇인가?

이 문제에 대답하기 위해서는, 우리는 먼저 조직이 머무를 곳은 여기라는 점을 깨닫지 않으면 안 된다. 산업 시대의 한가운데서 30억 명의 사람들이 들끓는 세계를 운영하려면 결코 다른 방법이 없다. 핵 전쟁이 우리를 수렵 채취 부족의 문화로 돌아가게 하지 않는 한 우리의 세계는 시간이 지남에 따라 점점 더 조직화될 것이다. 세계에서 책임 있게 살고자 한다면, 우리는 조직의 힘을 진정한 인간의 목적을 위해 어떻게 이용할 수 있는가라는 문제를 직시하지 않으면 안 된다.

조직이 사람들을 그들이 수행하는 기능과 완전히 동일시하는 것을 거부하는 것은 옳다. 개인들로서 우리는 어느 정도의 '기술적 금욕주의', 즉 우리가 스스로 만든 간단한 도구의 포로가 되는 것을 막아주는 훈련을 하는 것이 좋다. 그러나 우리는 결코 이 개인적인 태도를 월든 호수를 동경하는 소망적 사고와 동일시하는 잘못을 저질러서는 안 된다. 데이비드 베이즐론David Bazelon이 《종이 경제 The Paper Economy》에서 말하는 바와 같이 "개인의 문제를 단체의 문제와 혼동해서는 안 된다. 왜냐하면, 우리는 이미 후자에 헌신했기 때문이다."[3] 그러나 이와 똑같은 혼동이 오늘날의 반反조직적 사고 중 많은 것의 뿌리에 있다. 그것은 사회문제가 개인들을 하나씩 바꿈으로써만 해결될 수 있다는 역시 마찬가지로 잘못된 생각의 현대판이다. 진실은 조직 시대에서 우리의 자유가 권력 — 방대하고 높이 솟은 전례 없는 권력 — 의 책임 있는 통제와 행사에 관한 문제라는 것이다. 그러한 사회에서 자유는 실제로 일종의 권력 위의 권력이다. 조직 시대의 도래는, 300년 동안 국가에 적용되어온 정치적 민주주의의 메커니즘이, 이제는 지난 몇십 년 동안 발전된 육중한 경제구조 및 서비스 관료제로 확대되어야 한다는 것을 뜻한다. 아픈 점은 이 거대한 관료적 제국들이 존재한다는 것이 **아니라**, 우리가 아직 그것들을 공공복지를 위해 통제하는 법을 배우지 못했다는 것이다. 우리는 지나가버린 시대에서 유래하는 케케묵은 이데올로기에 따라 사는 것을 고집하고 있다.

문제는 우리가 사회 속의 인간에 대하여 충분히 알고 있지 못하다는 것이 아니다. 현대의 대중 설득 기술, 산업 관리 분야의 '인간공학', 심리치료, 동기 연구, 그룹 다이내믹스를 통한 세뇌 모두는, 우리가 이미 호모사피엔스homo sapiens가 어떤 행동을 일으키는 이유가 무엇인지 놀라운 이해를 했다는 것을 증명한다. 문제는 지식의 문제가 아니라 권력의 문제다. 하지만 사실은 우리 사회의 거대한 조직이 인구에 대해서 아직 해답을 줄 수 없다는 것이다. 우리는 사립 정부들private governments의 네트워크를 발전시켰는데, 그 지배자들은 사실상 생산, 분배 및 서비스의 흐름을 관리하면서 경쟁의 미덕을 찬양한다. 우리는 일종의 '자발적인 전체주의'를 갖고 있는데, 이를 통해 우리는 우리 사회의 의사 결정 중 막대한 부분을 경영자들에게 맡긴다. 그들은 우리가 아직도 소비 선택권과 주식 소유를 통해 이러한 결정을 스스로 하고 있다는 흔한 거짓말을 한다. 그러나 모든 사람들은 주식 표결이 거의 의례 이상이 아니라는 것을 알고 있다. 기업은 이른바 소유자(주주)에 의해서가 아니라 경영자에 의해 경영된다. 나의 '소비자 투표권' 역시 허구다. '가격 선도' 원칙은 기정사실이다. 복지 서비스의 수혜자는 그 서비스를 통제하는 데 아무런 역할도 못한다. 이것은 전제적專制的이고 적대감이 들끓는 기부자-고객의 관계를 낳는다.

지난 몇 년 동안 소스타인 베블런Thorstein Veblen에서 존 케네스 갤브레이스John Kenneth Galbraith에 이르기까지 경제 체제를 가장 예민하게 관찰해온 사람들은, 우리가 마음속에 품고 있던 시장경제 이미지가 경제가 실제로 작용하는 방식과 관계가 거의 없다는 것을 증명했다. 조직 세계를 인간화하고 싶으면 우리는 먼저 우리의 신성한 경제 신학들을 탈신화화하는 것에서 시작하지 않으면 안 된다. 우리는 거울에 비친 우리의 사회경제적인 집의 추레함에 속아서는 안 된다. 우리는 권력이 실제로 있는 곳을 찾아내지 않으면 안 된다. 그럴 경우에만 메커니즘이 이해되고 변경될 수 있으며 아울러 인간 공동체의 방향으로 조종될 수 있다. 꾸밈없는 사실은 우리의 체제가 이미 계획되고 관리되는 체제라는 것이다. 남아 있는 문제들은 다음과 같은 것들뿐이다. 그것이 누구에 의해 계획되는가? 누구를 위해 관리되는가? 그리고 얼마나 잘 이루어지는가? 이 모든 문제들에 대한 대답은 조직이다. 그러면 조직이라는 것이 실제로 무엇인지 감상에 젖지 말고 한번 살펴보자.

　　세속화의 한 측면으로서 조직 원리는 부분적으로 서구 문화에 끼친 성서 신앙의 영향에서 유래한다. 이 점은 독일 사회학자 디트리히 폰 오펜Dietrich von Oppen에 힘입어 잘 논증된다.[4] 그는 '조직'을 이해하기 위해서는 우리가 그것을 '질서'와 비교해야 한다고 주장하는데, 질서라는 통합 원리는 서구 사회에서 조직으로 대체되어왔다. 여기엔 중대한 차이가 있다. 질서는 전통적이고 인종적인, 또는 어떤 신성한 기반을 갖고 있다. 중세의 길드, 고트인 부족, 그리스의 폴리스, 원시적인 씨족 등은 질서의 예다. 질서란 사회적 존재의 모든 또는 대부분의 측면을 포괄한다. 그것은 한 사람을 어느 한 신화적인 과거, 생활양식 전체, 확실한 정체성과 연결한다. 그것은 대체로 우리가 부족 및 마을 사회라고 일컬은 것의 일정한 측면들과 대응한다. 질서와는 대조적으로 조직은 유연하고 미래 지향적이며 세속화되었고 그 범위가 제한되어 있다. 조직의 선례들은 오래전에 나타났지만 세속 시대에서만은 조직이 사회 통합의 특징적인 원리가 되었다. 전원생활을 동경하는 비판가들의 주장과는 정반대로, 조직은 신성한 질서의 시대에 할 수 있었던 것보다 선택과 창조성에 더 많은 가능성을 제공한다. 조직의 네 가지 특징을 검토해보자.

(1) 조직은 **유연**하다. 조직은 특정한 목적을 달성하기 위해 의식적으로 구성된다. 그 목적이 자동차를 생산해내는 것이건 사람들에게 춤추는 법을 가르치는 것이건, 조직 자체는 궁극적인 기원이나 의의를 주장하지 않는다. 조직은 상황이 요구한다면 재조직되고 합쳐지거나 아니면 해산될 수 있다. 조직은 변하는 조건에 적응하기 위해 그 관행을 끊임없이 바꾸지 않으면 안 된다. 조직이 일종의 전통을 발전시킨다 해도 전통은 부차적인 역할을 할 뿐 결정적인 역할을 하지 않는다.

(2) 조직은 **미래 지향적**이다. 조직은 특정한 몇 가지 목적을 성취하기 위해 형성된다. 질서는 현재를 과거의 관점에서 본다. 조직은 미래 문제를 해결하기 위해 과거의 경험을 개조하고 이용한다. 왕자는 오로지 그의 아버지가 왕이었기 때문에만 왕위에 오른다. 임원은 어떤 사람이 그를 미래의 문제들과 씨름할 수 있다고 여기기 때문에 선발된다. 물론 가족 연줄과 친척 등용이 계속 작용하지만, 그럴 때에는 조직 원리가 제대로 작동하지 못하기 때문이지 그것이 조직의 진정한 특질의 표현은 아니다.

(3) 조직은 **세속화**된다. 조직은 종교적 금기에 의해 비판에서 보호받는 계승된 의식儀式들을 거부하고, 그 대신 끊임없이 비판되고 다듬어지지 않으면 안 되는 기술적인 절차를 이용한다. 조직의 구성원들은 피의 맹세나 입회 의례를 행하지 않는다. 그러한 관행의 잔재들이 오늘날 나타난다면 그것들은 분명히 기능성 케이크에 가짜로 입힌 설탕과도 같다. 그것들은 주름 장식일 뿐이다. 그것들은 예를 들면 농노의 맹세가 그를 봉건영주에게 속박하던 식으로 조직 내의

관계를 규정짓지 않는다. 사람들은 한 조직에서 다른 조직으로 옮겨 가며 또 그들을 묶는 원칙을 어기지 않고서도 동시에 많은 조직에 속한다.

(4) 조직은 그 **구성원들에게 제한된 요구**만 한다. 조직은 개인 생활 중에서 그가 조직의 목적에 기여하는 측면에만 관심을 갖는다. 조직의 힘은 상대적이지 절대적이 아니다. 예를 들어, 중세의 길드에서는 법적·경제적·정치적·사회적·종교적인 목적 모두가 함께 섞여 있다. 현대의 노동조합이나 직업 단체에서 지도자들의 권위는 분명히 시대착오적인 예외가 있긴 하지만 그 조직의 특정한 목적과 관련된 활동에 제한되어 있다.

조직 원리가 통용되는 곳에서는 구성원들이 다른 사람과 좀 더 한정된 관계를 지닌 자유롭고 책임 있는 사람으로 여겨진다. 맹종하는 사람만이 자기 존재를 하나의 조직에 대한 소속감으로 규정짓는다. 조직은 많은 것 가운데 하나의 목적에 기여하는데 그는 그 조직이 그대로 머물러 있기를 기대한다. 반면에 조직은 사람에게 그가 바라는 어떤 목적을 성취하는 데 도움을 주지만 그에게 완전한 정체성이나 삶의 의미를 부여하려고 하지 않는다. 조직 세계는 그로 하여금 자신의 교제 범위와 생활양식을 선택할 수 있는 '끔찍한 자유'에 직면하게 한다. 만약 그가 그 자유를 어떤 다른 사람에게 넘겨주기로 한다면, 그는 자신의 비참한 신세를 다른 사람 탓으로 돌려서는 안 된다. 엄격하고 신성한 질서가 지배하는 문화에서는 불가능했던 수준의 책임 속 자유의 가능성이 바로 여기에 있다.

폰 오펜은 조직 원리가 기독교의 복음과 함께 서구 역사에 들어왔다고 믿는다. 복음은 필요하다면 가족, 종교 또는 종족 관계를 희생시켜서라도 **개인적인** 결단을 하도록 요구했다. 교회라는 새로운 공동체는 그 이전의 모든 전통 질서와 결정적으로 단절하기를 요구했다. 그것은 민족이나 인종에 따라 무리를 이루는 것을 철저히 상대화했으며 완전히 새로운 종류의 통합 원리를 낳았다. 교회는 자유로운 선택에 바탕을 둔 공동체였지 혈연관계나 종족 관계에 바탕을 둔 공동체가 아니었다. 초대 기독교인들은 이전의 종교적·인종적 금기를 깬 생활을 함께 했다("이제 더는 유대인도 그리스인도 없다"). 그들은 신성한 전통을 소중히 간직하기보다 곧 다가올 미래를 준비하면서 살았다. 결국 여기서 서구 역사의 토양에 조직 원리의 씨앗이 심어졌다.

확실히 어린 새싹은 그 다음 2000년 동안 언제나 잘 자라난 것은 아니었다. 콘스탄티누스 시대(실제로는 지금에야 끝나고 있다) 동안에는 조직 원리가 번번이 '기성' 교회, 이른바 서고트족 전체의 개종, 잘못된 '서구 기독교 세계' 개념, 종교개혁가들이 수용한 지역 교회와 국민 교회, 아메리카니즘 및 남부 생활방식과 기독교의 혼합 때문에 땅에 묻혔다. 16, 17세기에는 조직 원리가 초기 침례교도, 퀘이커 교도 및 자유교회들 사이에서 잠깐 번성했다. 이들은 급진적이고 가끔은 사회적으로 유토피아적인 자유 결사체여서 그 구성원들은 때때로 정치 운동에 적극적으로 참여했다. 그렇지만 이들 중 대부분은 박해를 받아 굴복하거나 아니면 아메리카로 쫓겨나 그들 자신의 ─ 불행하게도 가끔은 신정 정치의 질서를 지닌 ─ 나라를 세웠다. 19세기에 와서야 조직 원리가 꽃을 피울 수 있는 모든 조건이 존재했다. 그것은 이미 열매를 맺고 있는가? 기독교인들은 여기에 특별한 책임이 있다. 어떤 의미에서 그들은 모든 것을 시작했다. 그들은 한 사람a Man, 즉 부족이 아닌 개인들을 불렀으며 게다가 그 개인들을 세상 **밖으로**가 아니라 세상 **안으로** 불러들인 한 사람에 대해 설교했다. 결사의 자유와 훈련된 세계에 대한 긍정은 이러한 부름에 응답하면서 시작됐다. 조직 원리는 20세기의 산물이다. 이제 와서 기독교인들이 뒤로 물러서서 모든 일이 잘못되었다고 말하는 것은 결코 떳떳하지 못한 짓이다.

물론 오늘날의 거대한 조직들이 방금 개략적으로 조직 원리에 대해 서술한 바와 완전히 들어맞는 것은 결코 아니다. 오늘날의 조직들은 아직도 위축되어 있고 유연성을 상실하고 있다. 그것들은 파킨슨Parkinson의 법칙〔공무원의 수는 업무량에 관계없이 증가한다는 것〕을 따르고 있어 그 기능이 사라져도 직원들을 늘린다. 그 조직들은 그럴듯하게 전통들을 날조하거나 회사 사보를 통해 위조된 '가족 정신'을 주입하려고 한다. 그렇지만 가장 심각한 것은 그 조직들이 정당한 용무가 없는데도 조직 구성원들의 생활에까지 참견하면서 촉수를 뻗친다는 것이다. 조직이 이러한 일 중 어떤 것이라도 한다면 조직 원리 자체의 익명적이고 기능적인 취지에 반하게 된다. 이러한 침해 행위가 있을 때마다 우리는 조직에 대해서 경적을 울릴 권리가 있다 — 그것이 조직이기 때문이 아니라 다른 어떤 것이 되려고 하기 때문이다.

조직은 점점 더 우리 사회의 기본적인 통합 원리가 되고 있다. 사회에서 살아가기 위해서 우리는 조직인답게 살아야 한다. 이제 문제는 어떻게 하면 책임 있게 그렇게 할 수 있는가다. 많은 사람들은 그렇게 될 수 없다고 믿는다. 사람들이 주고받는 말을 들어보면 조직 시대의 진정한 개인의 책임 가능성에 대한 운명론적인 체념이 드러난다('시청과 싸워 이길 수 없다'). 냉소주의는 여기저기서 흘러나온다. 비트족의 절연絕緣 옹호자들과 순응적인 하급 관리자들 사이에는 기묘한 유사점이 있다. 즉 둘 다 체제와 싸우지 않기로 마음먹었다. 비트족은 수도원적인 삶을 선택한다. 순응주의자는 적응을 선호한다. 그 둘 사이에는 공생적 애증 관계가 격렬해진다. 검소함, 야심, 힘든 노동이 쾌락의 지연 및 성적 억압과 심리적으로 밀접한 관계를 맺는 문화에서, 비트족은 편안한 또 다른 자아alter ego를 제공하여, 젊은 관리자들에게 불완전하게 승화된 성적 환상과 조직에 대한 자신들의 불만을 투사하도록 해준다. 비트족은 자신들에게 주어진 사회적 기능을 유쾌하게 수행한다. 그들은 현대 사회의 잘 먹고 큰 궁정 광대다. 그러나 그들은 자신을 매단 가죽 끈의 길이를 알고 있으며 또 그 한계 안에서 본능적으로 짖어대고 있다는 것을 알고 있다. 비트족 시인과 소형 서류가방을 지닌 젊은이는 서로 한 가지 점에서는 진심으로 일치한다. 곧 미국의 정치권력 싸움은 더럽고 역겨운 짓이라고 여긴다. 그 둘은 각자 다른 생활양식을 오랫동안 유지하다가 경우에 따라서는 두 손을 다정하게 맞잡고 무능하고 부정직한 정치인을 저주하는 노래를 불러댄다.

그러는 동안에 조직은 굴러가면서 그 영향력을 깊게 하고 또 확장한다. 하지만 그 안에서는 거대한 싸움이 진행되며 그 결과가 앞으로 다가올 몇십 년 동안 미국과 세계의 모습을 만들 것이다. 그것은 새로운 전문 교육을 받은 떠오르는 계급과 열성적인 구식 사업가 계급의 목숨을 건 결투다. 이 경기에서 얻는 상은 바로 다름 아닌 조직 자체에 대한 지배력이다. 베이즐론은 그 충돌을 "지식계급의 무척 조용하지만 대개는 겸손한 반란"으로 기술하는데, 이때 지식계급이란 개념들을 통해 일하도록 훈련받았으며, 소득을 낳는 '재산'이라는 방법을 그 정신적인 기술로 대체하는 사람들이다. 이들은 오늘날 사실상 혁명적인 권력 장악을 이뤄내는 사람들이다. 그들은 조직을 현재의 통제자들에게서 넘겨받으려고 하는데, 이 현재의 통제자들이란 고전적이고 억척스러우며 자기 기준에 민감한 관리자들로, 이들의 특기는 두뇌를 쓰는 능력이라기보다는 행정적인 명령이었다. 이들은 '보스Boss'라고 불리기를 좋아했다. 그들은 거칠고 활기가 넘쳤으며 또 상당히 단순한 자유기업 이데올로기를 신봉하며 살았다. 지식계급이 원하는 것은, 매우 단순하게도, 이 기업 우두머리들이 너무 간섭하지 않는 것이다. 그들은 관리 혁명, 즉 '조직 원리'를 더욱더 밀고 나가고 싶어 한다. 그들은 한꺼번에 전화를 여섯 군데나 하면서 하루 업무에 목을 매는 엄격한 구식 관리자처럼 회사와 '결혼'할 생각이 없다. 그들은 다른 스타일을 갖고 있다. 그러나 지식계급의 조용히 설득하는 점잖음에 속아서는 안 된다. 지식계급은 오늘날의 기술적으로 체계화된 조직에 대해서 상당한 비책을 갖고 있다. 즉 그것을 운영하는 법을 알고 있다. 그들은 실제로 우리를 마을에서 기술도시로 이동시키는 엘리트를 대표한다. 그렇지만 그들이 낙원으로 안내할지는 매우 의심스러워 보인다. 그들 이전의 모든 혁명계급과 마찬가지로 지식계급도 자신의 기득권을 갖고 있다. 이전의 혁명 엘리트와는 달리 그들 중 많은 사람들은, 사태를 변화시키기 위해서가 아니라 바로 사태를 있는 그대로 유지하기 위해서 권력의 중심부를 장악하는 데 관심이 있는 것 같다. 많은 이들이 쉽게 매수되는 일이 있어, 비트족의 악의에 찬 혹평의 구실이 되기도 했다. 또 어떤 이들은, 마르크스주의 수사학을 다시 한번 사용하면 '계급의식'을 잃어버렸거나 아니면 그 어떤 '계급의식'도 가져본 적이 결코 없다. 지식계급은 그들 자신의 역사에서 무엇이 일어나고 있는지 또는 자신의 집단이 어떤 역할을 하고 있는지 파악하지 못한다. 이러한 종류의 새로운 엘리트가 조직에 대한 지배력을 얻는다 하더라도 그들이 선임자들보다 권력을 더 책임 있게 사용할지는 결코 확실하지 않다. 새로운 엘리트 중 너무 많은 이들이, 권력을 기꺼이 이용하겠다는 의지가 없거나 또는 권력을 어디에 써야 할지에 대한 분명한 비전이 없다.

우리는 앞에서, 우리 문화가 조직인이라는 인형들을 괴롭히고 싶어 하는 특별한 심리적 욕구에 대해 물었다. 이제 그 대답이 좀 더 분명해진다. 그것은 부족주의의 잔재 요소인 하나의 물신物神인데, 조직인들은 거기에 힘입어 자신들을 정화하고 또 지금 내부에서 격렬해지는 싸움을 책임지지 않으면서 조직에 머물 수 있다. 그것은 그들이 혐오스러운 현실을 부정하고 거짓 저항으로 만족해하며 결국 통제력을 다른 사람들에게 넘겨주는 제의다. 그것은 속임수다.

그러나 우리가 조직 안에서 권력 행사를 원하더라도 그러한 권력은 어떤 목적을 향해야 하는가?

여기에는 논의의 여지가 있지만, 그러한 목적 중에는 분명히 다음과 같은 것들이 들어 있다. (1) 단순하게 말하면 배고픔, 질병, 비극이 없는 세계를 위한 수단을 만들어내는 것과 (2) 민주적인 의사결정의 범위를 되도록이면 넓게 확대하는 것이다. 넉넉한 생산과 민주적인 통제가 경제 체제의 특징이 되어야 한다. 이 두 가지 점 모두에서 우리 체제는 오늘날 실패하고 있다. 우리 체제는 그것이 하고자 하는 것 ─ 생산 **그리고** 분배 ─ 을 이젠 하지 못한다. 우리 사회는 산업의 풍요가 전체주의 정치를 필요로 하지 않는다고 세상에 증명할 수 있을 만큼 충분히 생산할 수 있다. 우리는 낡은 자유기업 이데올로기와 과학적 관리라는 현실 사이에서 모순에 사로잡혀 있다.

우리의 사회적 비전은 혁명적인 것이지 않으면 안 된다. 우리와 공산주의자들의 차이는 그들은 세계 혁명을 애호하고 우리는 그렇지 않다는 것이 아니다. 오히려 우리는 다른 **종류**의 혁명을 지지해야 한다. 즉 지상의 모든 성과를 모든 사람이 손에 넣게 하면서도 그들에게서 정치적·문화적 자유를 빼앗지 않는 혁명 말이다. 우리는 공산주의자들보다 **더** 혁명적이어야 하며, 그리고 다른 어떤 곳에서 그 누군가를 납득시키고자 한다면 우리는 먼저 미국에서 그 혁명을 완성해야 한다. 데이비드 베이즐론이 말하는 바와 같이 "세계에서 가장 보수적인 나라가 세계의 사회혁명을 이끌어가는 데 그 커다란 힘을 바칠 필요가 있다 ― 우선 자기 나라에서 먼저."

조직 시대에서 우리의 임무는 권력을 인정하고 그것을 책임 있게 이용하는 것이다. "거대한 조직에서 나 자신의 개인적인 가치를 어떻게 하면 보존할 수 있는가?"라는 잦은 질문은 잘못 제기된 것일지 모른다. 성서의 관점에서 보면 가장 중요한 질문은 "어떻게 하면 나 자신의 영혼, 피부, 가치 또는 인격을 구원할 수 있는가?"가 결코 아니다. 인간은 무엇보다도 먼저 그의 이웃에 관심을 갖도록 부름받았다. 조직 시대에 인간은 조직의 통제를 위한 거칠지만 전대미문의 싸움을 하면서, 소동에 휘말려 콧잔등이 찢어지고 어쩌면 여기저기서 영적인 가치마저도 버림으로써만 그렇게 할 수 있다. 그러나 어쩌면 자신의 생명을 걸고서라도 뛰어 들어갈 때, 그는 조직 시대라 할지라도 생명을 잃어버리는 자가 바로 생명을 얻는다는 것을 발견할 수 있다.

종교로부터 일의 해방

세속화란 처음에는 종교적 지배로부터, 그 다음에는 형이상학적 지배로부터 인간의 해방을 뜻한다. 우리는 이것이 사회의 여러 수준에서 서로 다른 속도로 어떻게 진행되는가를, 사회들 또 제도들을 비교함으로써 보여주었다. 서구 세계에서는, 어떤 활동의 실제적 기능이 세속화된 지 오랜 뒤에도 우리가 그 활동에 종교적 의미의 잔재가 들러붙도록 허용하는 놀라운 예를, 인간의 노동이 제시한다. 우리는 일을 직업, 즉 시장이 제공하는 유급직과 동일시함으로써 이것을 증명한다. 기술도시적인 문화에서조차 우리는, 아직도 어떤 종류의 직업을 갖는다는 것은 필수적인 인격 형성 활동이자 어쩌면 종교적 헌신의 행위이기조차 하다는 명제를 종종 고집한다. 우리가 직업에서 받는 보수는 애덤 스미스의 보이지 않는 손으로 관리되는 머리 쓰다듬기a pat on the head다. 보이지 않는 그 손은 많은 사람들이 칼뱅의 섭리의 하느님(그 보이지 않는 손은 하느님에게서 직접 나온다)에 이르는 지름길이기 때문에 직업은 신성한 가치를 가진다. 그것은 도덕과 경제 사이의 공인된 다리, 즉 소비 왕국의 열쇠를 제공한다. 그것은 개인에게 그 사회가 생산하는 상품과 서비스에 접근하게 해주는 입장권이다.

이것은 적어도 공식적인 이데올로기다. 예외가 있다. 많은 재산을 물려받거나 투자 소득으로 생활하는 사람들은 제외된다. 맹인과 병자, 육체적으로 일할 수 없는 자들이라고 해서 보통 굶어 죽도록 내버려둘 수 없다. 그러나 대부분의 경우 생산과 분배 사이에 없어서는 안 되는 연결 고리는 직업이며, 직업이 없는 자는 경제에 참여하지 않는다. 시장이 골고루 돌아가기에 충분한 또는 거의 충분한 일자리를 요구하는 사회에서는 체제가 비교적 잘 움직인다. 그러나 분배 경제와 연결되어야 할 사람들의 수보다 유급 일자리의 수가 적을 때에는 체제는 파국적으로 무너진다. 이것이 우리가 오늘날 미국에서 노동의 위기를 겪는 이유다. 할 일은 많지만 골고루 돌아갈 일자리가 충분하지 않다. 그런데 왜 우리는 체제를 새로운 사회 현실에 부합하도록 수정하지 않는가? 결국 일자리 체제는 꽤 자의적인 것이다. 일자리가 모든 사회에서 이처럼 결정적인 역할을 한 것은 아니었다.

생산과 소비를 연결하는 다른 방법을 탐구해야 하는데 그렇게 하지 못하는 이유는 우리가 아직도 직업에 부여하는 종교적 의미 때문이다. 우리는 모든 이들을 위해 충분히 생산**할 수 있다.** 그리고 우리는 모든 사람이 경제의 생산 활동에 떳떳이 한몫 낄 자격이 있다고 믿거나 또는 믿는다고 말한다. 그러나 우리는 이 경우에 우리의 확신을 실천할 수 없다. 왜냐하면 우리는 아직도, 모든 사람에게 시장이 정한 일자리를 제공함으로써만 생산과 분배 간의 터무니없는 불균형이 조정될 수 있다고 믿기 때문이다. 우리가 일자리를 이 높은 곳에서 끌어내릴 수 없는 이유는 그것이 하나의 종교가 되었다는 데 있다. 부족 문화를 떠나기는 했지만 아직도 완전한 세속성의 단계에 이르지 못한 사람에게는 직업이 신앙적 헌신 행위가 되어왔다. 그 거룩한 신비함은 그것이 닿는 모든 것을 감염시키며, 그렇게 해서 만들어진 강렬한 태도는 경제에 합리적으로 적응하는 일을 대단히 어렵게 만든다. 막스 베버는 일찍이 1904년에 이에 대해 다음과 같이 썼다.

오늘날 종교적 금욕주의의 정신은…… 새장에서 빠져나왔으며……
소명을 받았다는 직업에 대한 의무 관념은 죽어버린 종교적 믿음의
유령처럼 우리의 삶에 떠돌고 있다.[5]

이 끈질긴 정신이 여전히 오늘날 우리 사이에서 떠돌고 있다. 그
것은 아직도 축출되지 않았으며, 그 정신이 그대로 남아 있는 한 노
동을 기본적으로 재정의하는 데 엄청난 정서적 장벽이 있을 것이다.
간단히 말해서 노동은 아직도 완전히 세속화되지 않았다.

우리가 인간의 노동과 시장경제가 만들어내는 직업을 혼동하는
것은, 일에 대한 우리의 태도가 아직도 종교적 또는 형이상학적 의미
에서 해방되지 못했으며 이마저도 종종 의식하지 못했다는 것을 증
명한다. 이러한 태도는 부르주아 마을 시대에서 물려받았다. 일의 실
상과 일에 대한 태도 사이의 갈등은 세속화의 차별적인 속도의 가장
분명한 예 가운데 하나다. 우리가 사는 기술도시에는 일의 해방을 위
한 기술적·사회적 토대가 있다. 우리는 일을 단조롭고 고된 짓에서
즐거운 것으로 바꿀 수 있을 것이다. 그렇지만 우리는 여전히 일에
대한 경건한 태도, 즉 다른 시대에서 물려받은 경향을 고집한다. 그
러나 결국 이 우상도 버리지 않으면 안 될 것이다. 기술도시는 일에
대한 새로운 정의를 요구한다. 왜 그런가?

그 대답은 사이버네이션cybernation이라는 말에 있다. 이 말은 전
에는 별개였던 두 경향이 기술 사회에서 결합되는 것을 가리키는 신
조어다. 첫 번째 경향은 자동화, 즉 생산 장치의 완전히 기계적인 조
작이다. 두 번째 경향은 인공두뇌학cybernetics, 즉 제어와 피드백 시
스템에 대한 과학이다. 특히 전자 컴퓨터에서 그렇다. 사이버네이션

은 컴퓨터를 기계와 연결한다는 뜻이다. 그것은 인간의 역할을 업무의 계획을 세우고 장비를 돌보는 것밖에는 할 일이 없게 만든다.

사이버네이션은 "제2의 산업혁명"이라고 불렸는데, 그것은 1차 산업혁명을 실제로 잘 다뤄보기도 전에 우리를 덮쳤다. 그것은 우리 사회에 엄청난 영향을 미칠 것이다. 첫째, 생산 분야에서 일자리가 줄어들 것이다. 둘째, 남아 있는 일자리들은 계속 그 수준이 높아지는 기술을 요구할 것이다. 그렇지만 셋째, 우리는 최초로 누구도 가난이나 박탈감 속에 살 필요가 없을 만큼 충분한 상품과 서비스를 생산할 수 있을 것이다. 유엔 사무총장 우탄트U Thant는 이 새로운 현실의 혁명적인 함의를 다음과 같은 말로 기술했다.

> ……오늘날 발전된 경제에 대한 주요하고 엄청난 진실은 그들이 갖기로 결정한 자원의 종류와 규모를 — 결코 단시일 내에는 아니지만 — 가질 수 있다는 것이다. ……결정을 제한하는 것은 더는 자원이 아니다. 자원을 만드는 것은 결정이다. 이것이 근본적이며 혁명적인 변화 — 아마도 인간이 여태껏 알고 있는 것 중에서 가장 혁명적인 변화 — 다.[6]

우탄트의 표현은, 경제가 이 책의 앞 장들에서 우리가 정치제도와 가치 체계에서 관찰한 것과 똑같은 조건들을 공유하고 있음을 가리킨다. 그것들은 모두 인간이 만들어낸 것이다. 그것들은 인간 결정의 산물이기 때문에 변경될 수 있다. 그것들은 종교적인 힘에 의해 신성화된 어떤 창조 질서의 일부가 아니다. 주요한 사실은 우리가 지상의 재화를 모든 사람이 나누어 가질 수 있을 만큼 충분히 만들어낼

수 있지만, 개인들과 재화의 공급을 연결하는 우리의 현재 체제는 망가지고 있다는 것이다 ─ 그리고 우리는 그 체제를 변경할 수 없다. 왜냐하면, 우리는 그 체제에 반半의식적인 종교적 헌신을 행하기 때문이다. 직업은 서구에서 부족 이후 인간의 종교다. 우리 모두는 막스 베버가 "자본주의 정신"이라고 부른 것에서 유래하는 압도적인 습관에 빠져 있으며, 우리가 그것을 깨뜨리기란 거의 불가능하다. 하지만 그렇게 해보기 위해서, 우리는 어떻게 그 길을 걸어왔는지 알아야 한다.

일에 대한 현대의 종교적 신성화는 중세 수도원에서 시작되었다. 동방의 수도회들과는 달리 베네딕트 수도회는 일을 영적 훈련으로 규정했다. 이 수도원의 종소리는 형제들에게 함께 기도할 것을 알려줄 뿐만 아니라 공동의 일을 하라고 명하는 종소리이기도 했다. 종교개혁가들은 수도원은 폐쇄했지만 수도원의 정신은 질식시키지 못했다. 그들은 단지 그 정신을 사회 전체에 풀어놓았을 뿐이었다. 언젠가 막스 베버가 쓴 것처럼 루터와 더불어 세계 전체가 수도원이 되었으며, 모든 사람이 수도사가 되었다. 종은 수도원에서 시청 꼭대기로 옮겨갔다. 종소리는 이제 수도원 수도사들이 아니라 세속적인 수도사들로 하여금 훈련된 수고를 하라고 울렸다. 이 훈련된 수고는 종교적 헌신을 대체했는데, 처음에는 청교도적인, 나중에는 세속적인 성격을 띠게 되었다. 오늘날에 와서도 어떤 사람들은 자신들 직업의 영업 매뉴얼을 "성경bible"이라고 하며 일자리에서 "종교적으로" 일한다고 말한다.

베버는 서구 프로테스탄트 세계에서 일이 매우 강제적이 된 것은, 주로 전통적인 종교적 기술을 통해 하느님에게 영향을 미치는 모든 방법이 없어졌기 때문이라고 믿었다. 이러한 상황은 주로 칼뱅주의의 예정론을 통해 일어났다. 칼뱅주의의 예정론은 하느님이 세상을 세우기 이전부터 선택받은 자와 저주받은 자를 결정했다고 가르쳤으며, 결과적으로 그 결정을 바꿀 가능성이란 조금도 없었다. 이것이 인간에게 안긴 딜레마를 기술하면서, 우리가 이미 세계를 비신성화하는 성서 신앙의 기능에 대해 말한 것 중 많은 것이 옳음을 증명한다.

> 종교개혁 시대의 사람에게 인생의 가장 중요한 문제인 영원한 구원을 두고, 그는 영원으로부터 정해진 운명을 만나기 위해서는 자신의 길을 홀로 걷지 않으면 안 되었다. ……교회와 성례전을 통한 구원을 완전히 없애버린 것이 가톨릭 교회와 절대적으로 결정적인 차이를 만든 것이었다. ……종교들의 발전에서 위대한 역사적인 과정은, 옛 헤브라이 예언자들과 함께 시작한 세계로부터 주술의 제거인데, 이것은 여기서 그 논리적인 귀결에 도달했다. ……하느님의 은총을 얻을 수 있는 주술적은 수단은 전혀 없었다. ……그 어떤 수단도 없었다.[7]

하느님을 달랠 수 있는 방법은 없었다. 그러므로 이제는, 사람이 예전에 애원하고 희생물을 바치면서 쏟아 부은 에너지가 프로이트가 말하는 거대한 승화 행위로 방향을 바꾸지 않으면 안 되었다. 종교적 열정은 경로를 바꾸어 세상의 정력적인 노동으로 돌려졌다. 자유방임주의 시장의 보이지 않는 손과 함께 종교적 열정은 자본주의 발생에, 그리고 산업혁명에 원동력을 제공했다. 사회주의조차도 그 원천

가운데 하나를 여기에 두고 있다. 비록 덜 직접적이지만 말이다. 매우 많은 차이점이 있지만 초기의 자본주의와 사회주의는 조상이 같다는 표지를 보여준다. 마르크스주의의 변증법 또한 마찬가지로 강철 장갑을 끼고 있는 보이지 않는 손이다. 종교의 유령도 여전히 배회한다. 프로테스탄티즘의 윤리와 마르크스주의, 이 둘 모두의 '노동자'에 대한 찬양을 보라. 지금부터 많은 세월이 지난 뒤 우리 시대의 역사가 쓰인다면, 이 두 운동은 좀 더 크고 포괄적인 역사 발전의 나란한 추진력, 즉 인간의 주의력과 정력을 하늘에서 땅으로 비틀어 돌려놓은 것으로 해석될지도 모른다. 마을 문화는 과도기의 특징을 대표하며 자본주의 아래서 노동은 직업과 동일시된다.

사이버네이션이 악은 아니다. 여전히 스미스의 형체 없는 손에 의지해서 그 계획을 실행하는 사회에서만, 그것은 일자리를 없앨 수 있다. 이러한 과제를 인간의 손과 머리가 떠맡아온 사회에서는 사이버네이션이 저주라기보다는 구원이 될 수 있다. 그것은 사회가 그 생활에 대해 완전한 책임을 맡기를 거부할 때, 즉 사람들이 그들의 재능과 일터의 청지기가 되기를 거부할 때에만 저주가 된다. 사이버네이션은 사회를 성숙한 쪽으로 나아가게 하거나 아니면 사멸 쪽으로 내몬다. 그것은 두 가지 방법으로 그렇게 한다. 첫째, 그것은 생산성, 다시 말하면 한 사람의 노동자가 생산할 수 있는 상품과 서비스의 양을 증가시킨다. 높은 생산성은, 실업을 막기 위해서는 수요 역시 늘어나야 한다는 것을 뜻한다. 이것은 이자율, 세금, 정부의 구매력 들을 조정함으로써 쉽게 이루어질 수 있다. 그러나 이러한 정책들은 경제가 신비롭고 스스로 조절하는 대신령大神靈이라는 꿈을 완전히 버릴 것을 요구한다.

둘째, 사이버네이션은 사회에서 일할 기회의 **종류**를 변화시키며 이것은 뒤처진 기술을 지닌 사람들에게는 충격을 주는 과도기적인 문제를 낳는다. 기계 장치로 대체되는 몇백 가지 직종의 사람들뿐만 아니라 엘리베이터 기사들과 통행료 징수원들도, 기술이 일자리 상실을 **일으키지** 않는다는 경제학자들의 장담에서 거의 위안을 찾지 못한다. 몇몇 일자리는 사라지고 **있으며** 계속 그렇게 될 것이다. 사실 많은 새로운 직업이 나타나곤 하는데 그것들 거의 모두는 사라지는 것들보다 기술 수준이 더 높다. 그러므로 우리에게 필요한 것은 새로운 일자리들을 찾아내고 사람들을 준비시켜 그것들로 안내하는 훨씬 더 광범위한 체제다.

그렇지만 대부분의 통행료 징수원들은 결코 컴퓨터 프로그래머가 되지 못할 것이다. 그들에게는 그처럼 당황스런 과도기를 뚫고 나아가는 데 필요한 교육된 기술이나 정서적 능력이 부족하다. 40대 중반 이후에는 대부분의 사람들이 직업 생활의 내용 전체는 말할 나위도 없고 그들의 넥타이를 매는 방법조차 바꿀 수가 없는데, 현재의 위기가 40대 중반이라는 특정한 시기를 지나 어디에서든 그들을 덮친다면 특히 곤란하다. 더욱이 사회가 점차 합리화되어감에 따라, 수많은 평범한 젊은이들은 그 사회가 최대한 요구하는 활동을 결코 수행할 수 없게 될 것이다. 일자리가 없는 젊은이들과 쫓겨난 중년층에 또 하나의 집단 — 차별과 빈약한 교육의 희생자들, 특히 흑인들 — 을 더한다면 우리는 훌륭한 가용 인적 자원을 얻을 수 있는데도, 지금 우리 사회는 이 자원을 낭비하고 있다. 사이버네이션은 이 위기를 '일으키지' 않았다. 그것은 단지 더는 피할 수 없을 만큼 매우 강력하게 우리의 주의를 그 위기에 돌려놓았을 뿐이다. 성숙한 사회는 어떻게 반응하는가?

우리는 자질이 있는 사람들에게 엄청나게 확대된 재교육과 고용 프로그램이 필요하다고 이미 언급한 바 있다. 그러나 우리가 사람들에게 준비시켜야 할 새로운 직업 기회는 무엇인가? 아서 펄Arthur Pearl과 프랭크 리스먼Frank Riessman은 그들의 책《가난한 사람들을 위한 새로운 직업 New Careers for the Poor》[8]에서 준전문적인 수준, 특히 교육, 보건, 복지에서 완전히 새로운 범위의 일자리 창출을 제안한다. 그들의 프로그램은 일리가 있으며 상상력이 풍부하다. 공립학교의 예를 들면, 등급화된 범위에서 교사 조력자 제도 — 보조 교사, 교사 조교, 부교사 — 를 도입하는 것을 구상한다. 그렇게 해서 오늘날의 교실, 특히 도시에서 끔찍할 정도로 불균형인 교사-학생 비율을 바로잡는 데 도움을 주고, 또한 교사로 하여금 교육 외적 잡무에서 벗어나 가르치는 데만 진실로 노력을 쏟을 수 있게 해주는 것이다. 이와 똑같은 원리는 다른 서비스 영역에서도 매우 쉽게 작용할 수 있다. 그 결과는 유익한 **직업**의 창출일 것이다. 그것으로써 이제 우리는 단순히 직장이 아니라 해야 할 일을 갖게 된다.

마지막으로 우리 사회에는 나이나 취향 또는 체질 때문에 재교육을 받을 수 없는 사람들이 언제나 있기 마련이다. 어떤 이들은 문화적으로 아직 시장에서 통할 만한 '일자리'가 되지 못하는 그런 종류의 행위들을 탐구하는 것을 선호할 것이다. 예를 들면, 새로운 형태의 예술이나 음악으로 실험하는 행위들이 그러하다. 소수이겠지만 아무것도 하고 싶지 않은 사람들도 있을 것이다. 농사일 같은 특정한 직업에 정서적으로 애착을 갖고 있는 사람들도 많아, 그런 직업들을 강제적으로 없애면 무의미한 인간적인 고통을 낳을 것이다. 어떤 직업을 갖고 일한다고 하는 그 강박적인 종교에서 벗어난 풍요 사회라면, 이 모든 사람들을 위해 자리를 만들어주지 못할 이유는 없다. 그 사회는 꽤 적절한 비용을 들여 모든 성인에게 최소한의 소득을 제공할 수 있을 것이다. 또한 당분간 사회적으로 유용한 나름의 일 요법work therapy을 제공함으로써 가장 고통스럽게 상처받은 사람들에게 기술 과도기의 충격을 낮출 수 있을 것이다. 데이비드 리스먼David Riesman이 언젠가 제안했듯이, 우리 사회가 기술로 말미암아 소규모 농업에서 쫓겨난 사람들에게 은퇴 연령에 이를 때까지 장미를 재배하도록 보조금을 주지 못할 이유는 없다.

정치 지도자들은 이제 이러한 기반 위에서 완전고용을 위한 계획을 세우기 시작해야 한다. 즉 **고용**은, 가치 있게 여겨지며 또 사회에 기여하는 뭔가를 모든 사람이 할 수 있도록 만드는 것을 의미해야 한다. 이것은 가치가 있건 없건 간에 경제적으로 유익한 일자리를 모든 사람이 얻을 수 있게끔 시장을 조종하라는 요구와는 아주 다른 과제다. 그것은 모든 시민들에게 일할 권리를 보장하도록 정부의 좀 더 직접적이고도 현실주의적인 역할을 요구한다. 이것은 기술적 측면의 확대에 상응하는 기술도시 사회의 정치적 (폴리스) 측면의 확대와 개선을 시사한다.

그렇지만 일에 대한 현재의 정의와 우리가 필요로 하는 정의 사이에 있는 가장 심각한 장애는 정치적인 것이 아니다. 그것은 종교적인 것이다. 그것은 일이 세속화 이전 시대부터 물려받은 후광이다. 거의 제거할 수 없는 일의 종교적인 색채 중 많은 것이 프로테스탄트 소명론에 대한 오해를 통해 영속화되었다. 흔히 이 교리는 하느님이 어떤 사람들에게는 고깃간 주인, 다른 사람들에게는 빵 장수, 또 어떤 사람들에게는 촛대 장수가 되라는 부름을 준다는 것을 뜻한다고 믿어졌다. 앨런 리처드슨Alan Richardson은 그의 연구서 《성서의 노동 교리 The Biblical Doctrine of Work》에서 이러한 관념을 버린다.

> 성서에는 하느님이 사람에게 어떤 세속의 직업이나 장사를 하라는 부름을 주었다는 구절이 한 군데도 없다. 예를 들면 성 바울은 사도가 되라는 부름을 받았다. 그러나 그가 천막 만드는 사람이 되라는 부름을 받은 것은 아니다. ……우리는 마땅히 하느님이 인간에게 기계공이 되라, 의사가 되라, 아니면 교사가 되라는 부름을 준다고는 말할 수 없다.[9]

리처드슨은 이 잘못된 관념, 즉 하느님이 어쨌든 사람들에게 특정한 직업으로 '부르며' 그렇게 해서 그 직업들에 신성한 의미를 부여한다는 것은, 그의 이른바 "성서 교리의 세속화"라는 것에서 비롯한다고 믿는다. 어쩌면 그것은 일에 대한 우리의 이해가 충분히 세속화되지 못한 결과라고 말하는 것이 더 정확할 것이다.

성서에서 인간에게 오는 부름, 즉 소명vocatio은, 그를 직업으로 불러내는 것이 아니라 그가 무엇을 하고 있건 간에 기쁨과 감사로 불러내는 것이다. 그것은 일과 놀이에 ─ 또는 일이 놀이의 성질을 갖게 될 수 있는 '새로운 여가'와도 ─ 똑같이 관계를 갖는다. 여가를 어떻게 이용할 것인가에 대해서는 성서에서 직접적인 지침을 거의 얻을 수 없다. 왜냐하면, 성서를 쓴 사람들의 시대에는 최소한의 에너지를 들여서 충분한 생산을 할 가능성이 전혀 없었기 때문이다. 성서는 사람이 사람인 한 이마에 땀을 흘리며 애써 일해야 할 것이라고 가정한다. 그러나 일과 땀조차도 언제나 사람의 성장을 저해시키고 왜곡시킬 필요는 없다. 그것들도 또한 사람을 향상시킬 수 있다. 우리는 역사적으로 결정된 일에 대한 성서적 이미지의 형태를 넘어서 그 본질적인 깊이를 보지 않으면 안 된다. 성서에서는, 인간은 그의 창조자이며 부양자이신 하느님 앞에 그가 하는 **모든 것**에서 성숙과 점검을 실천해야 할 자로 서 있다.

일의 세속화는 청교도적인 종교 유산이라는, 사라지는 자본에 의지해 사는 사회에는 어려운 과제가 될 것이다. 우리는 지금 힘들고 단조롭고 고된 일로 분류되는 것 대부분을 기계가 대신하는 기술도시로 넘어가고 있다. 이러한 이행은 앵글로색슨계 나라들에서는, 일에 대한 태도가 두드러지게 변하지 않는 한, 즉 우리가 일을 훨씬 덜 엄숙하게 받아들이지 않는 한 그 속도가 느려질 것이다. 우리가 그렇게 하지 않는다면, 프로테스탄트 종교개혁이나 마르크스주의 혁명을 전혀 겪어보지 못했으며 따라서 일에 대한 경직된 완강함을 키우지 않은 문화들이 기술 시대에는 확실히 앞서 나갈 것이다. 우리는 '저개발 지역'이 될 것이다. 이쯤 해서 우리는 라틴계 문화에서 배울 것이 많이 있다. 거기에서는 일이 복된 품위에 오른 적이 결코 없기 때문이다. 실제로 라틴계 사람들이 여가에 전문인이 되고 있다는 증거가 있다. 지금까지 쓰여진, 일과 여가에 대한 최고의 책은 이탈리아인 세바스찬 데 그라치아Sebastian de Grazia의 것이다.

세속화와 도시화가 함께 결합되어 일에 막대한 영향을 끼치고 있다. 기술도시 시대는 일의 장소와 주거지를 분리시킨다. 이것은 일을 '재가족화refamilialize'하려는 일부의 노력에도 아랑곳없이 계속된다. 분리가 몇몇 문제를 일으킨다 해도 그것은 전에 없던 가족과 일의 해방을 낳는다. 세속화 역시 일 자체가 조직되는 방식을 결정한다. 그것은 신성한 질서를 없애버리고 나름대로의 특징적인 체계, 즉 우리가 '조직'이라고 불러온 것을 만들어낸다. 또다시 말하는데 비록 조직이 끊임없는 공격의 대상이 되었지만, 그 공격자들 중에 조직이 대체한 대단히 억압적인 사회와 일의 규제 방식에 따라 살고 싶어 하는 이는 거의 없을 것이다. 마지막으로 우리는 세속화가, 서구 사회에서 수도원 시대와 종교개혁 이래로 일을 뒤덮고 있던 거의 신경증적인 강박성과 종교적 신비감을 없애버림으로써, 인간을 자유롭게 한다는 것을 보았다. 이러한 일의 비종교화는 우리로 하여금, 일을 소득과 연결시키고 따라서 경제의 상품 및 서비스와 연결시키는 관습적인 고리를 풀 수 있게 해준다. 사이버네이션 시대에는 생산적인 일자리가 더는 경제에 참여하는 여권passport이 될 수 없다. 모든 사람은 단지 그가 인간이라는 존재만으로도 소득을 받아야 하며 따라서 그가 필요한 상품과 서비스를 얻을 수 있어야 한다. 시장의 구속과는 상관없이, 일은 오늘날 우리가 여가라고 부르는 것 — 하고 싶기 때문에 하는 것 — 과 매우 가까워지고 있다. 이 모든 경우를 보면 세속화와 싸우거나 반대하기보다는, 오히려 그 속에서 이뤄지는 바로 그분의 행동, 즉 무자비한 감독관 아래 끊임없이 고된 일을 해야 했던 땅에서 옛날 자기 백성들을 끌어내 젖과 꿀이 흐르는 땅으로 불러내신 그분의 행동을 식별해내는 편이 더 좋을 것이다.

주

1 물론 너무 늙어서 농장을 떠나지 못하는 사람들의 인간적인 요소도 고려
하지 않으면 안 된다. 우리는 어떤 사람들은 일종의 직업 요법으로 농업에
계속 종사하게 할 수 있다. 지금 식량을 중국과 쿠바에 보내지 못하게 하
는 금지령을 폐지할 수 있게 된다면 농업의 모습 전체가 바뀔 것이다.

2 William Burroughs, *Naked Lunch*(New York: Grove Press, 1962;
Paris: Olympia Press).

3 David Bazelon, *The Paper Economy*(New York: Random House,
1963).

4 Dietrich von Oppen, *Die Personale Zeitalter*(Stuttgart: Verlags
gemeinschaft Burkharathaus und Kreuz-Verlag GMBH, 1960).

5 Max Weber, *The Protestant Ethic and the Spirit of Capitalism*(New
York: Scribner, 1958), p. 192.

6 다음에서 인용. Robert Theobold, "Need: A New Definition of
Work," *New University Thought*, III(1963), p. 11. 시어볼드의 폭넓고
좀 더 포괄적인 주장은 그의 책 *Free Men and Free Markets*(New York:
C. N. Potter, 1963)에서 찾아볼 수 있다.

7 Max Weber, 앞의 책, pp. 104~105.

8 Arthur Pearl and Frank Riessman, *New Careers for the Poor*(New
York: The Free Press, 1965).

9 Alan Richardson, *The Biblical Doctrine of Work*(Naperville, Ill.: Alec
R. Allenson, Inc., 1958; London: SCM Press), Vol. I of *Ecumenical
Biblical Studies*, pp. 35~36.

chapter 9

성과 세속화

인간의 생활 중 성性처럼 그 많은 악령들이 쫓겨나지 않은 채 들끓는 측면은 없다. 그 어떤 인간 활동도 성만큼 미신에 홀리고, 부족 전승이 남아 붙어다니며, 사회적으로 유발된 공포에 시달리는 것은 없다. 도시 세속인의 가슴 안에서는 그의 미개한 조상들과 부르주아 조상들 간의 치열한 싸움이 아직도 격렬하다. 다른 모든 것과 마찬가지로, 부족 및 마을 사회에 알려진 성 이미지들은 그것들이 발생한 시대와 함께 사라지고 있다. 전통 가치의 쇠퇴와 통념화된 행동 양식의 소멸은 현대인을 자유롭게는 했지만 어딘지 모르게 방향을 잃게 했다. 대중매체는 진공 상태를 싫어하기 때문에 새로운 규칙과 새로운 일련의 행동 본보기들을 제공하려고 달려들었다. 대중매체는 쫓겨나지 않은 악령들에게 호소한다. 신화적이며 원시 논리적인 주민들이 성만큼 더 분명하게 버티는 곳은 없으며, 판매의 마술사들은 그들을 키우기 위해 최선을 다한다. 삶의 인간화가 거기보다 더 많이 좌절된 곳은 없다. 그곳보다 악령 추방이라는 분명한 말이 더 많이 필요한 곳은 없다.

어떻게 해서 성의 인간화가 지연되었는가? 첫째, 그것은 성적으로 소외된 사람들에게 문화 정체성의 이미지들을 전시해서 돈을 벌겠다고 함으로써 망쳐졌다. 이 이미지들은 세속 사회의 폭군적인 신이 되었으며, 세속 사회가 종교에서 해방된 부분을 도려내어 그것을 일종의 신부족적인 문화로 변형시켰다. 둘째, 마을 시대의 성적 표준에 몹시 매달림으로써 성의 진정한 세속화가 좌절되었다. 마을 시대는 최초의 때이지만 우리 시대와는 매우 다르기 때문에 단순히 그 시대의 성적 에토스를 우리 상황에 옮겨 심는다는 것은 최악의 위선을 불러들이는 것이다.

우선 먼저 대중매체의 마법사들과 광고 집단들이 우리의 불안한 사회를 위해 불러낸 가짜 성 모델들을 보도록 하자. 모든 이교의 신들과 마찬가지로 이들은 짝을 지어 나타난다. 곧 신과 그의 배우자라는 짝이다. 우리의 의도에 따르면 그들을 상징적으로 가장 잘 나타내는 것은《플레이보이》와 미스 아메리카다. 이들은 종교 이후의 완전한 성숙함과 자유에 아직도 과감하게 뛰어들 준비를 하지 못한 듯 보이는 여가 소비 사회의 아도니스와 아프로디테다.《플레이보이》와 미스 아메리카는 그 소년The Boy과 그 소녀The Girl를 대표한다. 그들의 삶의 비전은 서로 엮여 있다. 그들이 종교 현상으로 작용하기 때문에 그들을 쫓아내고 그 정체를 폭로해야 한다.

부족주의의 잔재

미스 아메리카에서 시작해보자. 기원전 1세기에 루크레티우스는 시벨레 여신의 화려한 행렬을 이렇게 묘사했다.

> 상징물과 왕관으로 장식된…… 그 여신은 경외로운 옥좌에 실려 지
> 나간다. 팔을 쭉 뻗으며 흔드는 탬버린과 우묵한 심벌즈들은 천둥 같
> 은 소리를 사방에 퍼뜨리고 피리들은 프리지어의 선율을 뒤섞는다.
> ……말을 탄 여신은 큰 도시들을 행진하면서 조용히 사람들에게 말
> 로 표현할 수 없는 풍요로운 복을 내린다. 그들은 모두 그 여신의 길
> 에 황동과 은을 깔고 아낌없이 헌금하며 장미 꽃잎을 눈보라처럼 그
> 녀에게 뿌린다.[1]

이제 이것을 뉴저지 주 애틀랜틱시티에서 해마다 거행되는 20
세기 미스 아메리카의 화려한 행렬과 비교해보자. 조명등은 가느다
란 봉헌 초 같은 희미함을 찾아 비추고, 꽃다발의 행렬은 갖가지 향
기를 풍기며, 오케스트라는 여성스런 현악기와 장엄한 트럼펫 소리
를 섞어가며 연주한다. 숨 막히고 긴장된 조용한 순간이 지나고 북
소리가 울려 퍼진 다음에는 절정에 이른다. 정성 들여 다듬은 해부학
적 비율과 모범적인 '인품'을 지닌 젊은 여인이 홀笏을 들고 왕관을
쓰고서 평온하게 옥좌를 향해 행진한다. 전국의 텔레비전에서는 떨
리는 목소리와 글썽이는 눈망울이 방영된다. "저기에 그녀가 갑니
다. 미스 아메리카……" 하며 저음의 목소리가 노래한다. "저기에 그
녀가 갑니다. 여러분의 이상입니다." 아메리카의 그 소녀The Girl에
대한 새로운 숭배 의식에서 여왕이 왕위에 앉게 되었다.

미스 아메리카, 미스 유니버스, 미스 칼리지 퀸처럼 그 수가 늘
어나는 미美의 화려한 행렬들에서 기독교 이전의 풍요 여신 숭배의

잔재를 찾아내는 것은 단순히 착각인가 아니면 시대착오인가? 어쩌면 그럴지도 모른다. 그러나 종교사 연구가들은 최근 들어, 현대인의 문화 행동을 지난 시대의 신화들의 시각에서 연구하여 그 행동을 의미 있게 해명할 수 있는 가능성을 쉽게 일축하는 편이 아니다. 결국 프로이트는 옛부터 전해오는 오이디푸스 신화를 이용해 동시대 빈 사람들의 이상한 행동을 이해하는 데 일조함으로써 사회과학에 혁명을 일으키지 않았는가? 현대인은 부족 시대와 이교 시대의 과거 흔적을 마치 그의 맹장이나 손톱처럼 가지고 다닌다.

현대 사회과학과 종교사에서 얻은 통찰들을 이렇듯 유용하게 결합시켜보면, 더는 미스 아메리카의 화려한 행렬을 광고 산업이 우리에게 강요한 과잉 홍보용 장난만이라고 볼 수는 없다. 그것은 분명히 그렇지만, 그 이상인 것 또한 사실이다. 그것은 미국의 집단 의식 속에서 지위가 점점 커지고 있는 '그 소녀'에 대한 대중의 숭배 의식을 나타내는데, 여기에는 아주 다양한 고대의 제의용 장식들이 모두 갖춰져 있다.

이 젊은 여성은 — 그녀는 의심할 바 없이 그 사실을 전혀 모르지만 — 그녀 자신을 넘어선 무언가를 상징한다. 그녀는 '그 소녀', 즉 제1 이미지, 다시 말하면 많은 이미지들 배후에 있는 단 하나의 이미지를 상징한다. 동정녀 마리아가 많은 모습으로 — 루르드의 성모, 파티마의 성모, 과달루페의 성모 — 나타나지만 언제나 성모 마리아로 인식할 수 있는 것과 마찬가지로 '그 소녀'도 마찬가지다.

'그 소녀'는 또한 소비사회 어디에나 동시에 있는 아이콘이기도 하다. 맥주를 파는 곳에서 그녀는 서민적이며 명랑한 모습으로 나타난다. 보석을 파는 곳에서는 세련되고 기품 있는 모습으로 등장한다.

그러나 여러 가지 모습으로 출현해도 그녀는 곧 알아볼 수 있을 정도로 여전히 '그 소녀'다. 미스 아메리카의 넘쳐나는 건강한 웃음, 성적인 매력이 철철 넘치지만 공식적으로는 처녀인 모습, 그녀를 둘러싼 유명 상표의 도구 제품들 속에서, 그녀는 자기 문화의 억눌린 갈망과 양면적인 두려움을 의인화한다. "저기 그녀가 갑니다. 당신의 이상이."

미스 아메리카는 이시스[농업과 수태를 관장하는 이집트의 여신], 세레스[로마 신화에 나오는 농업의 여신], 아프로디테까지 거슬러 올라가는 여왕들의 긴 계열에 속한다. 그녀의 인격을 둘러싼 세세한 성적 금기부터 대관식 때 바치는 상징적인 선물에 이르기까지 모든 것이 그녀의 옛 조상을 은근히 생각나게 한다. 그러나 진정한 증거는 '그 소녀'가 우리 문화에서 행하는 기능이 시벨레가 당시에 행한 것만큼이나 '종교적'이라는 것을 알게 될 때 나온다. 그 기능은 똑같다 ─ 입문자들에게 확실한 인격적 '정체성'을 제공하고 특정한 가치 구조를 신성하게 하는 것이다.

우선 '그 소녀'가 입문자들에게 일종의 정체성을 부여하는 방식을 살펴보자. 시몬 드 보부아르는 《제2의 성》에서 "여자woman로 **태어나는 사람은 아무도 없다**"[2]라고 말한다. 단지 여성female으로 태어날 뿐이며, 문명이 제공한 모델과 의미에 따라서 "여자가 **된다**"는 것이다. 고전적인 기독교 시대에는 동정녀 마리아가 부분적으로는 이러한 모델의 대용이 되었다고 주장할 수 있을지도 모른다. 종교 개혁과 더불어 특히 청교도 시대에 들어오면서, 개신교 국가들의 상징 체계 안에서 마리아의 위치는 축소되거나 제거되었다. 이러한 삭제가 서구 문화를 대단히 허약하게 만든 열정의 과잉을 낳았으며 서구 문화는 그

허약함에서 결코 회복하지 못했다고 주장하는 사람들이 있다. 심지어는 미국 소설가들이 이른바 단 하나의 위대한 여주인공도 만들어내지 못한 것(우리에게는 페드라나 안나 카레니나가 없다)은, 중심적인 여성 이상형이 없는 자업자득의 결과라고 주장하는 이들도 있다.

이 흥미로운 논의에 들어가지 않고서도, 우리는 확실히 현대 미국의 로마 가톨릭 안에서조차 동정녀 마리아가 미국 소녀들에게 정체성 이미지를 제공하지 못한다고 말할 수 있다. 그렇다면 미국의 소녀들은 시몬 드 보부아르가 그들에게 필요하다고 자신 있게 주장하는 '모델'을 어디에서 찾는가? 대부분의 경우 그들의 어머니, 친구들, 그리고 그들이 대중매체에서 접하는 수많은 이미지들에서 나타나는 여성성의 원형은 우리가 앞서 말한 '그 소녀'다.

에릭 에릭슨Erik Erikson은 그의 귀중한 논문 〈정체성과 삶의 주기 Identity and the Life Cycle〉에서, 어린아이의 정체성은 단순히 부모를 모델로 삼는 것이 아니라 부모의 "초자아super-ego"[3]를 모델로 삼는다는 점을 우리에게 상기시킨다. 따라서 어린 소녀는 그 자신의 정체성을 만들어나가려고 할 때 어머니를 넘어서 그 어머니의 이상적인 이미지에 이끌리게 되는데, 여기서 바로 프로이트가 "초자아의 이데올로기…… 인종과 민족의 전통"이라고 부른 것이 그 정체성을 형성하는 요소가 된다. '그 소녀'가 작용하여, 그녀를 여자다움의 구체적인 화신으로 받아들이는 — 아마도 이것을 결코 완전히 의식하지는 못할 것이다 — 사람들에게 정체성을 부여하는 것 또한 이때다.

햇병아리 미국 소녀가 '그 소녀'의 생애에 참여해서 하나의 여자의 정체성을 얻는 이 복잡한 심리적 과정의 역학을 묘사하려면 미국 청소년의 생활에 대한 철저한 기술이 필요할 것이다. 그렇지만 그러한 분석을 해보면, 비교秘敎 집단 입문자들이 그들 신과 주술적 생활을 공유했던 '미개한' 관습에 해당하는 두드러진 행위들이 거의 의심의 여지 없이 드러날 것이다.

이미 익숙해진 사람들에게는 젊은 미국 여자들이 고통스럽게 밤마다 머리를 단단한 갈래로 묶어 금속 핀으로 고정시키는 미신 같은 습관은, 몇몇 아프리카 부족민들이 자신들의 토템인 호랑이와 닮으려고 팔에 새기는 상처와 유사점이 거의 없어 보일지도 모른다. 그러나 인류학자는 그 둘 모두 신성한 존재를 닮으려고 시도하는 방법이라고 본다. 유일한 차이점은 아프리카인에게는 입문식이 끝나면 고통이 끝나는 데 반해, 미국 여자의 경우 매일 밤 반복해야 하며 이것은 풍요로운 여가 문화만의 사치라는 것이다.

이제 '그 소녀'의 두 번째 기능 — 가치 체계를 지지하고 대변해주는 것 — 을 검토하면서 12, 13세기 동정녀 마리아의 역할과 비교해보면 도움이 될 것이다. 동정녀 마리아가 샤르트르 대성당을 건축한 시대의 이상理想을 나타내고 떠받친 것처럼, 헨리 애덤스Henry Adams가 본 대로 '그 소녀'는 소비 사회의 이상과 갈망을 상징한다(그녀가 대관식을 올리는 곳이 정치의 수도가 아니라 여가와 소비가 어우러진 중심지 애틀랜틱시티나 마이애미 비치라는 것을 기억하라). 그리고 그녀라고 해서 전혀 착취를 모르는 것도 아니다. 사람들이 때때로 자신들의 곤경을 두고 동정녀 마리아의 축복을 사고자 금을 바쳤다면, '그 소녀'는 지금 시계, 냉장고, 면도기에 — 가격을 매기고 — 그녀의 은혜로운 호의를 베푼다. '그 소녀'는 어떤 성당도 짓지 않았지만 그녀가 없다면 대중 설득을 위한 거대한 사원은 무너질 것이다. 세련된 그녀의 얼굴과 몸매가 잡지와 텔레비전마다 나타나 손짓하면서 우리를 소비자 낙원이라는 지복직관으로 유혹한다.

'그 소녀'는 동정녀 마리아가 아니다. 사실 그녀는 일종의 반反성모 마리아다. 그녀는 동정녀 마리아와 전통적으로 연관되어온 가치들—청빈, 겸손, 희생—대부분을 뒤집어놓는다. 특히 〈누가복음〉 1장 46~55절의 마리아에 대한 성서적 묘사와는 놀랄 정도로 다르게, '그 소녀'는 배고픈 자들에게 '좋은 음식'을 주는 것과는 아무 관계가 없고 오히려 텔레비전 광고에 나와 하찮은 물건들을 끝없이 늘어놓으며 사라고 소리친다. '그 소녀'는 권세 있는 자를 찬양하고 부자를 칭송하지만 배고픈 자에게는 아무것도 주지 않고 절망만 더할 뿐이다. 따라서 '그 소녀'는 변변찮은 가치 체계를 떠받치고 그것에 사람의 관심을 쏠리게 한다. 사회적인 면과 심리적인 면 모두에서, '그 소녀'는 실제로 여신이건 아니건 간에 확실히 그런 식으로 행동한다.

'그 소녀'에 대한 숭배의 부흥에서 아마도 가장 아이러니한 요소는, 로마 가톨릭은 적어도 그것의 의미는 눈치 챘다는 어떤 증거를 준 반면에 개신교는 거의 완전히 알아차리지 못했다는 것이다. 예를 들면, 가톨릭 신도들에게 미의 행렬에 참가하는 것을 금지하는 곳들이 있는데 이런 결정은 결코 정숙함이라는 동기에서 나온 것이 아니다. 개신교도들이 전통적으로 여성 숭배를 가장 많이 반대해왔고, 오히려 가톨릭 신도들이 역사의 다양한 시점에서 여성 숭배를 한 가지 이상에서 흡수하였다는 점은 아이러니하다.

'그 소녀'가 여신으로서 여러 방식으로 **작용한다**는 가정이 옳다면, '그 소녀'에 대한 숭배에는 주의 깊은 개신교 신학의 비판이 필요하다. 사실은 하느님이 아닌데도 부분적이나마 신의 역할을 하는 것이 있다면 그것은 우상이다. 종교 개혁가들과 청교도의 후손들이 마리아 숭배를 비판한 것은 그들이 반反여성주의자였기 때문이 아니었다. 그들은 전능한 하느님에게만 속한 특질을 조금이라도 가로챈 것이면 무엇이든 — 남자든 여자든 짐승(또는 교의나 제도)이든 간에 — 반대했다. 막스 베버가 주장했듯이, 이스라엘 예언자들이 풍요의 여신에 대해 비난을 퍼부었을 때 그들은 풍요성을 반대한 것이 아니었다. 반대가 필요한 것은 성적 특성sexuality에 대해서가 아니라 의식에 대해서다. 다시 말하면, 미인에 대해서가 아니라 화려한 행렬에 대해서다.

따라서 개신교가 현재의 '그 소녀' 숭배를 반대한다면 그것은 '그 소녀'가 하나의 **우상**이라는 깨달음에 바탕을 두어야 한다. 그녀는 가치의 원천, 즉 개인적 정체성을 주는 자처럼 작용한다. 그러나 그녀가 전달하는 가치와 그녀가 주는 정체성은 둘 다 가짜다. 모든 우상이 그러하듯이 그녀는 결국 우리 자신의 손으로 만든 것이어서 우리를 구원할 수 없다. 그녀가 궁극적인 만족이라고 말하는 가치들 — 기계적인 위안, 성적인 성취, 부담이 없는 여가 생활 — 은 종착점이 없다. 그것들은 끝없는 상향 이동, 경쟁적인 소비, 그리고 불안한 냉소주의에 이를 뿐이다. 그녀는 우리를 구해내겠다고 약속하지만, 아아, 우리가 그녀의 성유를 이용해 우리의 숨결과 피부, 겨드랑이를 깨끗이 한 다음에도 그 무서운 사회적 불안은 여전히 있다. 그녀는 순종할수록 더욱더 고된 시련의 그물 속으로 우리를 끌고 가는 무자비한 여신이다. 확대되는 경제의 상품 여왕으로서, 그녀가 약속하는 만족은 언제나 우리의 손끝이 닿지 않은 곳에 있어야만 한다.

개신교는 가톨릭에서 발전한 성모 마리아 숭배에 대해서는 강박적으로 주의를 쏟아왔으면서, 왜 우리 사회에서 이 흡혈귀 같은 '그 소녀' 숭배의 불길한 발생은 알아채지 못했는가? 불행하게도 그것은 공식적인 종교 체계 밖에 있는 문화 현상의 종교적인 의미를 알아보지 못하는 신학 비판가들의 계속된 무능력에서 비롯한다. 그러나 이 새로운 숭배의 발생은 우리에게 종교 개혁가의 일이 결코 끝나지 않았다는 것을 상기시킨다. 인간의 마음은 실제로 — 루터가 말한 바와 같이 — 우상들을 만들기에 바쁜 공장이다. '그 소녀'는 동정녀 마리아보다 훨씬 더 깊이 파고들어 파괴적인 영향을 미치는 존재다. 그러므로 우리는 비판의 방향을 그녀와 또한 어디에든 존재하는 그녀의 제단으로 돌려야 한다.

일련의 거짓 가치들을 신성시하는 것 말고도, '그 소녀'가 해로운 것은 프로크루스테스의 획일성 침대에서 그녀의 희생자들을 불구로 만들기 때문이다. 이것이 그녀가 이용하는 공허한 '정체성'이다. 미스 아메리카의 화려한 행렬을 예로 들어보자. 청소년기를 갓 지난 백인 중산층이라는, 실제로는 불분명한 이 표본들이 우리가 추구하는 최선인가? 그것들은 대량생산 사회의 풍조를 반영하지 않는가? 대량생산 사회에서 진짜 개인주의는 그 명확하고 정밀하게 짜맞춘 효과에 어떻게든 손상을 입히니 말이다. 정교하게 통일된 몸매의 로케츠Rockettes 무용단(미국 NBC 방송 소속 무용단)이 그 자매들이나 되는 듯, 앞 무대에 일렬로 서 있는 이 꼼꼼하게 측정되고 예비 심사를 거친 '미인들'은, 확실히 무릎을 뻗어 걸음을 맞추는 얼굴 없는 수행원들이나 전체주의 사회의 서로 바꾸어도 되는 매스게임 요원들과 불길한 유사점을 갖고 있다. 간단히 말해서 **누가** 이것을 아름다움이라고 말하는가?

300

캐리커처는 미스 유니버스 선발대회에서 더 완벽해진다. 미스 로데시아는 금발이며, 미스 남아프리카공화국은 백인이다. 그리고 완전히 다른 전통의 여성미를 지닌 동양 소녀들이 허벅지를 드러내며 높은 힐을 신고 수영복 차림으로 나온다. 미스 유니버스는 미국 광고업자들이 떠들어대는 아름다움의 고정관념에 따라 보편적인 것이 된다.

진실은 '그 소녀'는 그녀가 약속하는 정체성을 줄 수 **없다**는 것이다. 그녀는 자신의 입문자들에게 굶기 다이어트와 반복되는 미장원 출입으로 스스로를 괴롭히도록 강요하지만, 그녀가 내거는 만족은 여전히 줄 수 없다. '그 소녀'는 젊지만, 그녀의 추종자들이 안방 화장대에서 보내는 시간을 더 늘려도 더는 젊어 보일 수 없을 때에는 어떻게 되는가? '그 소녀'는 행복하고 웃으며 사랑도 받는다. 아무리 영약을 먹고 주문을 외워도 그녀의 제자들이 여전히 거부감과 고독감의 인간적 고통을 느끼는 것은 어찌된 일인가? 아니면 일정한 통계적 수준에 못 미치거나 '인품'(또는 피부색)이 권위 있는 '이상'에 부합되지 않는 모든 소녀들은 어떻게 되는가?

결국 하느님만이 하느님이지 '그 소녀'는 아니다. 하느님이 가치의 중심이자 원천이다. 하느님은 선남선녀들을 문화의 신들deities의 지루한 획일성에서 해방시켜 그분께서 마련해두신 삶의 풍부한 다양성을 마음껏 즐기도록 해준다. 하느님이 주는 정체성은 사람들을 모든 사이비 정체성에서 해방시켜 그들 자신이 되게 한다. 그리고 얼굴이나 모습이 미리 결정된 어떤 추상적인 '이상'에 부합하는지와 상관없이 그들의 인간적인 운명을 완수하게 한다. 하느님의 선물인 성은 풍요의 여신 숭배와 상업적 이용 모두에서 해방될 때, 하느님이 의도한 그대로 철저하게 인간적인 것이 된다. 그리고 성은 미리 포장되거나 표준화되지 않은 채 우리가 남겨놓은 마지막 항목 가운데 하나이기 때문에, 무엇이든 탐하는 시벨레 여신의 제단에 그것을 너무 성급하게 바치지 말자.

플레이보이는 《플레이보이The Playboy》라는 월간지 이름이 알려주듯이, 미스 아메리카가 소녀들에게 해주는 것을 소년들에게 해준다. 미스 아메리카와는 달리 비난 속에서도 이 잡지가 누리는 엄청난 인기는 단지 벽에 핀으로 꽂아두는 미녀 사진 때문만은 아니다. 순전히 나체 사진의 경우라면 그 화보는 《두드 Dude》나 《에스카페이드 Escapade》 같은 자칭 경쟁자들과 어깨를 겨룰 수 없다. 《플레이보이》는 이동성이 크고 갈수록 부유해지는 젊은 독자층에게 인기가 있다. 대부분 18세에서 30세 사이인 이들은 여자의 가슴과 허벅지 사진보다는 잡화점의 흥미로운 읽을거리를 훨씬 더 많이 원한다. 그들은 남자가 된다는 것이 무엇을 뜻하는지에 대한 전체적인 이미지를 필요로 한다. 그리고 헤프너H. M. Hefner[《플레이보이》지 창간자] 씨의 《플레이보이》는 서슴지 않고 그들에게 말해준다.

왜 그러한 욕구가 생겨나는가? 데이비드 리스먼은 우리 사회에서 성격 형성의 책임이 가족에서 또래집단으로, 그리고 또래집단을 대변하는 대중매체로 이동했다고 주장했다.[4] 세상이 매우 급속도로 변하기 때문에 가정에서 완고하고 매우 내면화된 가치를 배운 사람은, 점점 빨라지는 변화 속도를 따라가지 못하며 또 그가 행동해야 할 다양한 상황을 다루지 못하게 된다. 이것은 '남의 기준에 민감한 사람'이 소비 가치 영역에 점차 눈을 돌리게 될 때 특히 그러하다.

혼란스러울 정도로 과다한 대중매체의 신호와 또래집단의 가치관들 안에서 《플레이보이》는 특별한 요구를 채워준다. 자유로운 시간도 있고 돈도 있지만 여전히 자신의 소비 기술을 확신하지 못하는 불안한 젊은이에게, 《플레이보이》는 그가 이제 막 접근한 이 금지된 신세계에 포괄적이고 권위 있는 안내서를 제공한다. 그 책은 그에게 어떤 사람이 될 것인가 뿐만 아니라 **어떻게 하면** 될 수 있는지도 말해준다. 심지어는 아직 못해보았다고 남몰래 속 태우는 이들에게 위안책도 제공한다.

남의 기준을 따르는 여가 소비자에게 표준적인 정체성 이미지와 그것을 획득하는 수단을 제공할 때, 《플레이보이》는 신중하게 짜 맞춘 광고 문안과 광고물에 의존한다. 비슷한 문제를 지닌 젊은 세대에게 인기가 있는 이 우스꽝스러운 잡지는, 놀랄 만큼 근육이 발달한 남자와 젖가슴이 유난히 큰 여자의 사진에 보디빌딩 기구와 발포 고무로 된 브래지어 광고를 능숙하게 군데군데 끼워 넣는다. 이렇게 해서 가슴이 빈약한 남녀 독자 모두에게 가짜 상표를 단 성숙성을 얻기 위한 목적과 수단 모두를 친절하게 제공한다. 《플레이보이》는 다음 세대를 위한 이 우스꽝스러운 전략을 계속할 따름이다. 10대건 20대건 모든 정체성 위기 안에는 보통 성적 정체성 문제가 있기 때문에, 《플레이보이》는 오늘날 세계에서 남자가 된다는 것, 특히 **남성**male이 된다는 것이 어떤 의미인지를 알고 싶어 안달하는 이들에게 이야기를 해준다.

《플레이보이》에서는 남자 이미지와 그것을 얻는 수단 두 가지가 주목할 만한 일관성을 보인다. 능숙한 소비자는 냉정하며 덤비지 않는다. 그는 스포츠카, 고급 술, 고성능 전축, 북클럽의 선택물을 가벼운 마음으로 서두르지 않고 침착하게 한번 맛을 본다. 그는 분명히 최신 소비품을 **가져야** 하고 또 **사용해야** 하지만 그것에 너무 매달려서는 안 된다. 스타일은 변하기 마련이어서 그는 항상 적응할 준비를 하지 않으면 안 된다. 그는 술을 잘못 섞어 마시고 있는 것은 아닌지, 한물간 재즈 집단을 좋아하고 있는 것은 아닌지, 또는 작년 스타일로 넥타이를 매고 있는 것은 아닌지 계속 불안을 느끼지만, 《플레이보이》는 교황의 회칙이 무색할 정도의 권위 있는 말투로 위안을 준다.

"망설이지 마세요. 이 자신감에 넘치는 조끼는 멋을 아는 사람이라면 누구나 가을철에 원하는 것입니다"라고 그에게 말한다. 자신의 남성적인 매력에 대해 의심하며 우물쭈물하는 태도는 "진짜 남자들은 이 거친 남성적인 담배를 좋아한다"(담배 광고)는 확고한 말로 사라져버린다. 그러면서도 "숙녀들이 당신에게 반할 것입니다. 그러나 아무리 괜찮다고 말해도 그들에게는 담배 연기를 뿜지 마세요. 이 시가는 신사들만을 위한 것이니까요"라고 말한다. 모피로 만든 어떤 야외용 재킷은 "동굴 시대 남자 이래로 가장 남성적인 옷"이라고 표현된다. 남성이 되는 것이 무엇인지, 또 어떻게 해야 그렇게 되는지 둘 다 남김없이 분명해진다.

남성이 되려면 여성들과 어떤 관계를 맺어야 하기 때문에, 《플레이보이》는 거리낌 없이 이 문제도 다루며 똑같은 공식을 일관되게 적용하여 그 문제를 해결한다. 성은 여가를 잘 아는 소비자가 자기만의 능숙함과 덤덤함으로 즐기는 여가 활동 항목 중 하나가 된다. 여자는 바람직한 — 실제로는 없어서는 안 되는 — '플레이보이의 액세서리'가 된다.

"플레이보이 조언자The Playboy Adviser"라는 제목의 문답란에는, 흡연 도구(해포석 담배 파이프에 익숙해지는 법)나 칵테일 준비(옐로 피버

304

를 섞는 법)에 관한 질문, 조끼와 멜빵을 함께 착용해도 되는지 하는 질문들과, 결혼을 해달라거나 관계를 지속하려는 어떤 다른 충동적 태도로 가벼움casualness이라는 기본 원칙을 복잡하게 만드는 여자를 어떻게 대해야 하는지 하는 질문이 번갈아 나온다. 신탁神託에 대한 무오류의 대답은 결코 변함이 없다. 곧 성은 어떤 일이 있어도 즐거운 오락 영역 안에 있어야 한다. 그녀로 하여금 '진지한 태도'로 나오지 않게 하라.

뭐니 뭐니 해도 이 잡지의 가장 유명한 특징은 달마다 나오는 **놀이** 친구playmate의 접힌 브로마이드다. 그녀는 기분 전환용 섹스의 더할 나위 없는 상징이다. 노는 시간이 끝나면 놀이 친구의 기능도 끝나기 때문에 그녀는 게임 규칙을 이해하지 않으면 안 된다. 《플레이보이》의 어느 만화에서 크루컷 머리를 한 젊은이가 머리가 헝클어지고 옷이 벗겨진 여자를 정열적으로 껴안으면서 이렇게 말한다. "하필 왜 이런 시간에 사랑이니 뭐니 할까?"

이 잡지에 실리는 소설 역시 똑같은 종류의 심각하게 단편화된 성을 전달한다. 편집인들이 최근에는 헤밍웨이나 베멜먼스L. Bemelmans의 기고문, 심지어는 체호프 소설을 번역한 것 등으로 《플레이보이》의 내용을 개선했지만, 그래도 많은 이야기들은 여전히 자꾸만 반복되고 결말이 뻔한 공식에 의존한다. 독신이거나 그렇지 않으면 결혼 생활에 별로 만족하지 못하는 성공한 젊은이가 ─ 독자들이 알아내는 데 어려움이 없는 유형의 인물 ─ 그에게서 섹스 말고는 어떤 요구도 하지 않는 멋지고 매력적인 여성을 만난다. 그녀는 눈빛은 차갑지만 피는 뜨거운 화보의 놀이 친구를 산문으로 복제한 존재일 뿐이다.

모든 미국 젊은이들의 판타지적 삶에 크게 기대어, 작가들은 판에 박은 여자 주인공들을 이용한다. 남자 주인공의 여교사, 비서, 옛 여자 친구, 그가 일하는 자동차 정비소로 우연히 차를 몰고 오는 여자 등이 그 예다. 언제나 행복의 주제는 곤란한 관계에 결코 얽히지 않는, 일시적이지만 만족스러운 성적 경험이다. 《플레이보이》의 독자가 현실 생활에서 아는 여자들과는 달리, 그 소설 속 여자 친구들은 자신들의 위치를 알고 있어 그 이상의 것을 요구하지 않는다. 그녀들은 영속적인 관계의 위험을 절대 제공하지 않는다. 좋은 액세서리가 그러하듯이 그녀들도 떼었다 붙였다 할 수 있으며 또 사용 후 버릴 수 있다.

많은 광고가 또 다른 방법으로 — 그들이 파는 물건에 여성적인 특성을 붙임으로써 — 성 액세서리적 동일시를 강화한다. 그래서 MG 자동차의 한 전면 광고는, 이 차는 길을 달릴 때 "가장 푹신하고 편안한 차"일 뿐만 아니라 차를 갖는 것은 "연애"하는 것이라고, 가장 중요하게는 "당신이 차를 운전합니다. 차는 당신을 운전하지 않습니다"라고 단언한다. 그 광고는 "그게 바로 데이트일까요?"라는 애매한 질문으로 끝난다.[5]

《플레이보이》는 자신의 메시지가 해방이라고 주장한다. 그것이 전하는 복음은 우리를 청교도적인 엄숙주의의 속박에서 해방시킨다. 《플레이보이》는 장엄하게 '솔직함'을 위한 성전을 벌이며, 그 잡지의 얼굴색 하나 붉히지 않는 '허심탄회함'을 격려하는 편지의 숫자를 공개한다. 그렇지만 《플레이보이》는 일부분에 지나지 않으며, 그것이 속한 현상 전체는 새로운 종류의 횡포라는 무시무시한 사실을 생생하게 보여준다.

기술과 증대된 번영에 힘입어 새로운 여가 세계로 해방된 이들은 이제 독재적인 취향 제조자들의 불안한 노예가 된다. 어떤 것이 멋지고 어떤 것이 서투른지 알려줄 최신 신호를 비굴하게 기다리면서, 그들은 '플레이보이 조언자'가 때때로 "이 멍청한 자야"라고 읊조리는 무서운 선고를 듣지 않을까 두려워 신경이 마비된다. 따라서 여가는 걱정에 가득 찬 경쟁 속에 사라지고 그 해방의 잠재력은 유행하는 것만을 소비해야 하는 자기 파괴적인 강박증으로 변한다. 《플레이보이》는 가장 높은 자의 말씀Word을 소비자 세계의 일부에 전하지만 그것은 속박의 말이지 자유의 말이 아니다.

《플레이보이》의 종합적인 인간론도 엄격한 검증을 견디지 못할 것이다. 정신분석학자들은 성적 욕망이 인간 존재 속에 얼마나 깊게 자리 잡고 있는지를 우리에게 끊임없이 상기시킨다. 그러나 그들이 상기시키지 않아도 어쨌든 우리는 그것을 곧 스스로 발견할 것이다. 스테레오 전축을 딱하고 끄는 것처럼 남자가 여자와의 관계를 끊어버리거나, 낙타털 재킷이나 되듯 특별한 목적을 위해 여자를 보관해두고 싶어도 실제로 그렇게 할 수 없다. 그리고 여자와 약간의 경험이라도 가져본 사람은 누구나 그럴 수 없다는 것을 안다. 아마도 이것이 《플레이보이》의 독자층이 30세 이후부터 매우 확연하게 떨어지는 이유일 것이다.

《플레이보이》를 실제로 살려주는 것은 여자와 관련해서 생겨나는 억압된 두려움의 존재다. 그러한 두려움은, 다른 점에서는 어른인 많은 미국인들에게 여러 가지 이유로 여전히 존재하기 때문이다. 그러므로 《플레이보이》판 성적 욕망은 진정한 성적 성숙이 이루어짐에 따라 점차 부적절해진다.

《플레이보이》가 말하는 남성 정체성의 위기에는 그 밑에 성에 대한 두려움이 깊게 깔려 있다. 그것은 한편으로는 마음이 끌리면서도 또 한편으로는 거북스러운 두려움이다. 《플레이보이》는 성적 욕망의 비중, 그 힘과 열정을 일괄 소비 품목으로 축소시킴으로써 이러한 이율배반을 해소하려고 한다. 따라서 《플레이보이》의 도해법에 따르면, 나체의 여인은 완전한 성적 접근 가능성을 상징하지만 관찰자에게 아무것도 요구하지 않는다. "당신이 운전하지 그것이 당신을 운전하지 않습니다." 황홀함과 분리될 수 없는 성에 대한 공포는 해소되고 만다. 그러나 성적인 것의 **신비스러운 떨림**mysterium tremendum을 축소시키려는 이 헛된 시도는, 인간이 되는 바에 관한 문제를 해결하지 못한다. 왜냐하면, 성적 욕망은 모든 인간관계의 기본적인 형태며 거기에 그 공포와 힘이 있기 때문이다.

카를 바르트는 인간 생활의 이 기본적인 관계 형태를 공동 인간 Mitmensch, co-humanity이라고 불렀다.[6] 이것은 완전한 인간, 즉 이 경우에는 한 남성이 된다는 것은, 다른 사람을 완전히 나와 내 목적에 노출시키는(나는 헌신하지 않으면서) 것이 아니라, 오히려 상호적인 자기 노출을 통해 다른 사람과 만날 위험을 감수한다는 뜻이다. 인간이 자신을 그렇게 드러내지 않겠다는 이야기는 멀리 에덴동산 이야기로까지 거슬러 올라가는데, 그것은 다른 사람과 **함께** 있겠다기보다는 다른 사람을 조종하겠다는 인간의 욕망을 표현한다. 그것은 기본적으로 자기 자신이 되는 것에 대한 두려움이며 '존재하려는 용기'의 결여다.

그러므로 《플레이보이》의 '음란성'에 초점을 맞추는 그 어떤 신학적 비판도 완전히 실패할 것이다. 《플레이보이》나 그보다 덜 팔리는 모방 잡지들은 결코 '섹스 잡지'가 아니다. 그것들은 기본적으로 반反성적antisexual이다. 그것들은 성적 욕망을 액세서리로 치부하고 안전거리에 놓음으로써 진정한 성적 욕망을 희석시키고 사라지게 한다.

이들 잡지가 가장 엄중한 신학적 비판을 받을 만한 이유는 그것들이 성에 반대되기 때문이다. 그 잡지들은 이단적인 인간론을 퍼뜨리는데 이는 성서적인 견해와는 근본적으로 다르다. 《플레이보이》의 남자에게 다른 사람들 — 특히 여자들 — 은 그를 **위해** 있다. 그들은 그의 여가 액세서리요, 노리개다. 그러나 성서에서는 인간은 오로지 다른 사람을 **위해** 있음으로써만 완전히 인간이 된다.

《플레이보이》에 대한 도덕주의 비판은 실패한다. 왜냐하면, 반도덕주의는 《플레이보이》가 정당화되는 얼마 안 되는 곳 가운데 하나이기 때문이다. 그러나 완전히 다른 사람을 **위해** 존재했기 때문에 진실로 인간이었던 한 분의 이름을 기독교인들이 갖고 있다면, 그리고 우리가 하느님이 누구인지, 인간 생활이 무엇을 위한 것인지를 아는 것도 그분을 통해서라면, 우리는 《플레이보이》를 통해, 인간이 완전한 인간이 되기를 한사코 거부하는 가장 교묘한 최신 에피소드를 보지 않으면 안 된다.

성숙한 성을 위한 자유를 인간이 누릴 수 있는 것은 그를 고정된 행동 방식으로 밀어 넣는 독재적인 권력에서 해방될 때뿐이다. 미스 아메리카와 《플레이보이》는 둘 다 그러한 권력을 예증한다. 그들이 인간의 성생활을 결정하는 한 인간은 예속 상태에 있다. 그들은 인간이 성숙해지지 못하게 막는다. 그들은 세속 사회에 늘 따라다니는 부족적 속박에 다시 빠질 항구적인 위험을 드러내는데, 이는 인간을 해방시키고 세속화시키는 복음의 말이 계속해서 상기하게 해주는 그런 위협이다.

마을 미덕의 잔재

마찬가지로 성적인 성숙에 위험한 것이 있는데 그것은 마을 문화의 유혹이다. 이 마을 시대는 우리가 적어도 대부분의 측면에서 매우 최근에 지나온 시대다. 성 윤리 영역에서, 이 시대는 청교도적이고 빅토리아적인 과거의 전통 성 관습을 통해 우리에게 말을 건다. 이 윤리의 선율이 오늘날까지 좀처럼 사라지지 않기 때문에 우리의 성 윤리는 모순과 혼란의 곤경에 빠져 있다. 이러한 긴장을 예증하기 위해 혼전 순결의 전통적인 이상을 살펴보자.

내가 이것을 선택한 것은 그것이 실제로 핵심 문제라는 믿음이 있어서가 아니다. 그러나 분명해 보이는 것은, 오늘날 많은 젊은 성인들에게 '동침했느냐 안 했느냐'가 큰 문제인 **것 같다**는 점이다. 그래서 나는 그들이 들이대는 이유들을 적극적으로 탐구할 가치가 있다고 믿는다. 그 문제의 세 측면은 특별히 주목할 필요가 있다. (1) 왜 혼전 순결에 대한 찬반 논란이 과거보다 오늘날 젊은 성인들에게 더 큰 문제로 나타나는가? (2) 우리가 보통 이 질문에 대답할 때 젊은이들이 왜 귀를 기울이지 않거나 별로 도움이 되지 못하는가? (3) 결국 우리는 그 문제에 대해 뭐라고 해야 하는가?

우선 현재 행해지고 **있는** 것이 앞으로 **해야 할** 것을 결정한다는 그 어떤 킨제이식 추론도 거부한다. 그러나 우리의 문화가 극적인 변화를 겪었다는 것은 솔직하게 인정하자. 우리의 청교도적인 생활양식은 거의 완전하게 사라졌지만 청교도적인 성 윤리는 적어도 명목

상으로는 남아 있다. 우리는 발목까지 늘어지는 드레스 대신에 비키니를 입는다. 사과 따 먹는 놀이 대신에 우리는 블랭킷 파티blanket parties〔또래집단에서 한 사람에게 벌을 준다고 담요를 뒤집어 씌워 장난 삼아 또는 실제로 때리는 행동〕를 즐긴다. 그러나 이 획기적인 변화를 겪은 사람들에게, 프리실라 알덴Priscilla Alden〔메이플라워 호를 타고 플리머스에 정착한 영국 청교 교단의 한 명. 1602~1680?〕에게 주입된 것과 똑같은, 철저한 혼전 순결이라는 규약을 비록 눈짓과 얼버무리는 말투이긴 하지만 아직도 여전히 가르친다.

우리는 이렇게 해서 미혼의 젊은 성인들에게 아주 불행한 조합의 정서 환경을 만들어 왔다. 그들에게는 ─ 옷 입는 스타일, 오락, 광고, 구애 풍습을 통해 ─ 아마도 여태껏 축적된 것 중에서 가장 교묘한 대형을 갖춘 에로틱한 자극제 군대가 끊임없이 공격을 퍼붓는다. 성에 대한 그들의 두려움과 환상을 동기 조사자들이 연구하고 있고, 그러면 대중매체의 강매 상인들이 무자비하게 이용한다. 엘리자베스 테일러의 거대한 젖가슴이 광고판을 장식하는가 하면, 목쉰 여자 가수들의 도발적인 목소리가 라디오에서 흘러나온다.

그런데도 우리는, 성으로 포화 상태가 된 사회에서, 고차원의 이중성과 절망을 유발하려고 사악하게 고안한 것처럼 보이는 일련의 행동 금기를 젊은이들에게 고스란히 전해준다.

왜 우리는 우리의 도덕적·심리적인 환경에 의도적으로 그처럼 기이한 불균형을 만들어놓았는가? 그것은 분명히 우리가 케이크를 갖고도 싶고 또 먹고도 싶어 하기 때문이다. 우리는 풍요로운 사회의 식탁에서 실컷 먹고 싶어 하는데, 이 풍요로운 사회가 계속 번영하려면 끊임없이 확대되는 시장이 필요하다고 한다. 그리고 성은 무엇이든 잘 팔리게 도와준다. 동시에 우리는 매사추세츠 만의 성 규율을 포함해 필그림스pilgrims[1620년 메이플라워 호로 미국에 건너가 플리머스 식민지를 개척한 102명의 영국 청교도단]와 신앙심에 대한 전 국민적인 기억을 소중히 간직하고 싶어 한다. 이 선천적인 모순이 젊은 미혼 성인의 이미 고통받는 심리 속에 자리한다.

마르크스주의자들이 말하는 바처럼 어떠한 사회든 그 사회의 본질적인 모순은 프롤레타리아트에게 집중되어 있다. 성적으로 착취하는 사회에서는 젊은이들의 하위문화가 심리적인 프롤레타리아트가 된다. 그것은 우리의 위선에 값을 치르게 한다. 결혼한 사람들은 모든 자극제에 노출되어 있으며 젊은이들에게는 사회적으로 용납할 만한 형태의 충족도 금지되어 있다. 그 거부는 나라의 법과 공식화된 문화적 금기 두 가지에 나타나 있다. 그러나 강제는 산발적인 데다가 그 신호들이 매우 혼란스럽고 모순적이기 때문에, 젊은이들은 그 모두가 하나의 거대한 위선이 아닌가 의심한다.

비트족이 성 관습과 대중매체의 신호 **두 가지 모두**를 거부하기 때문에 그들이 많은 젊은 성인들의 은밀한 영웅이 되는 것은 놀라운 일이 아니다.

설상가상으로 우리는 친절하게도 남녀 간의 데이트에 대해 전보다 더 많은 프라이버시와 방임성을 제공했다. 이것은 하버드 대학 기숙사 방을 훨씬 넘어선 곳에서도 일어난다. 나는 헨리 포드가 많은 사람들이 그의 발명품을 교통수단뿐만 아니라 키츠의 "요정의 동굴"을 위한 도시 사회의 대용품으로도 여긴다는 것을 깨닫기나 했는지 궁금하다.

또한 데이트(아울러 다양한 유형의 페팅)가 이제는 6학년 나이까지

내려가고 있다는 것도 기억하라. 따라서 젊은이들이 오랜 기간, 또 훨씬 더 강렬하게 서로의 성감대를 탐색하는 데 노출되어 있는데, 이 것이 미국식 구애 방식이기 때문이다. 그들이 받는 유일한 충고는 "너무 멀리 나가지는 마라"이고, 선을 긋는 것은 보통 여자 쪽이다.

13살 때 페팅을 시작한 소녀라면 결혼할 수 있는 나이에 이를 때까지 그녀는 끔찍할 만큼 많은 선을 그어왔을 것이다. 그녀에게 성교를 피하라는 종교적 의무가 특별히 각인되어 있다면, 그녀는 아마도 21살이 될 때까지 자신과 상대자가 신성불가침의 선을 넘지 않으면서 동시에 일종의 성적 쾌감을 얻을 수 있는 모든 방법을 터득했을 것이다.

이처럼 경계선을 긋는 행동이 그녀가 결혼 생활에 잘 적응하는 것을 방해하는 데 어떤 작용을 하는가 하는 것은 현재 심리학자들과 결혼 상담가들의 주의를 끄는 문제다. 성 행동을 전문적으로 연구하는 한 심리학자가 최근 언급한 바에 따르면, 만일 미국인들이 남녀의 성을 두고 부부나 연인 사이를 최대한 고조시키는 제도를 의도적으로 창안할 생각을 했다면, 오늘날처럼 성적으로 거추장스런 일련의 데이트 절차는 좀처럼 생겨나지 않았을 것이라고 한다. 이것은 과장하는 말일지도 모른다. 그러나 나는 문화적 금기 본래의 위선과 그것이 일으키는 행동 방식이 결혼 생활에 상당히 부정적인 영향을 미칠 것이라고 생각한다.

이에 덧붙여 나타나는 실상은, 페니실린과 먹는 피임약이 곧 혼전 성교의 마지막 장애물을 없앨 것이며, 전통적인 기준에 대한 최근의 불만의 목소리는 그 이유가 분명해진다는 점이다. 젊은 성인들 자신은 죄가 없다는 말이 아니다. 그들도 똑같은 가치를 영속화한다는 점에서는 공동 책임이 있다. 그러나 그들 또한 자신들이 일종의 문화적 가식의 희생자라고 생각한다. 그들이 본 것과 들은 것은 다른데, 사회가 언제 눈감아주고 또 언제 채찍질할지 결코 모른다. 자신들이 거대한 공모의 희생양이라는 의심은, 우리에게 이 문제를 분명히 대하라는 그들의 점점 커져가는 요구로 나타난다.

이제 우리는, 음란함과 정숙함이 빚어내는 이 정신분열적인 광란 중에도 왜 기독교의 복음이 적극적인 지침을 제공해 보이지 못하는가 하는 문제로 돌아갈 수 있다. 나는 이 문제에 대한 대답은 대부분의 젊은 성인들이 기독교의 성 윤리를 '복음적인 것'으로, 즉 **기쁜 소식**으로 인식하지 않는 데 있다고 생각한다. 그들은 복음을 기쁜 소식으로 듣고 있지 않으며, 따라서 복음에 전혀 귀를 기울이지 않고 다른 어떤 것에 귀를 기울인다.

독일 신학자 프리드리히 고가르텐은, 복음을 두 개의 가장 중대한 위험에서 보호해야 하는데 그 하나는 복음이 분해되어 하나의 신화가 되는 것이며, 또 하나는 복음이 율법의 종교로 경직되는 것이라고 말한다.[7] 어느 경우든 복음은 더는 복음이 되지 못한다. 복음이 성 영역을 건드리면서 무슨 일이 일어났는가를 검토해보면 그러한 두 가지 왜곡 모두가 시작되었다는 것이 분명하다.

복음은 대부분의 젊은 성인들의 성적인 당혹감에, 해방시키는 '예'라는 해답으로, 즉 개성과 공동체를 위해 그들을 자유롭게 하는 하느님의 기쁜 소식으로 다가서지 못한다. 복음은 오히려 기독교 세계의 문화적 잔재이자 혼란한 관습의 구색 갖추기로밖에는 보이지 않는다. 복음이 사람들 귀에 또다시 복음으로 들리려면 그 복음이 비신화화되고 비율법화되지 않으면 안 된다.

우선 먼저 복음과 혼동되어온 성에 관한 어리숙한 민간전승에서 복음을 비신화화하는 작업을 해야 한다. 나는 성적인 행위와 관련해서 복음을 어지럽게 하는 많은 신화적 동기 중 두 가지만을 언급할 것이다. 첫 번째는 낭만적인 사랑의 이상인데, 드니 드 루즈망Denis de Rougement은 그 기원을 이교異教에서 찾았으며, 게다가 그것은 거의 언제나 젊은 미국인의 성 관념과 뒤섞인다.[8] 두 번째는 성교를 성의 기준으로 삼으면서 그에 따라 순결과 처녀성의 내용을 정의하는 서구적인 강박관념이다. 테어도어 아도르노가 최근 지적한 바와 같이[9] 교제가 지금은 성교를 **뜻할** 정도로 그 동일시는 이제 매우 완전해졌다.

낭만적인 이상, 그리고 교제와 성교의 동일시는 둘 다 혼전 순결의 명령과 합체되어온 문화적 부착물이다. 그러한 결합은 복음의 해방시키는 힘을 매우 흐리게 했으며, 그것들 때문에 복음은 거의 들리지 않는 데다가 의도한 바와는 거의 정반대를 말하는 것으로 자주 인식된다.

낭만적인 사랑의 이상은 가장 명백한 신화적인 생성물이다. 그것은 이따금 특히 소녀들 사이에서는, 가령 어떤 남자 아이를 '사랑하면' 할수록 몇몇 형태의 통정通情은 점점 거부할 수 없는 것이 된다는 믿음을 일으킨다. 우리의 소녀 선데이Our Gal Sunday와 성 테레사의 이 기묘한 합성에는 여러 가지 덫이 놓여 있다. 모든 시대의 청소년들 사이에서 **사랑**은 막연한 감정적 고조에 지나지 않는 것을 뜻하게 되었다. 그것은 "그 차가운 손길이 나의 척추를 오르내리는…… 칙칙한 흑주술"이다.

사랑이 성의 유일하면서도 정직한 바탕이라는 믿음 때문에, 수많은 처녀들이 그 사랑의 상대방을 바꿔가며 자신들의 성적인 불안

정을 정당화하려고 갖은 애를 다 쓴다. 자연히 자신을 속일 기회가
거의 한없이 생기고, 그 결과는 종종 진실로 어떤 사람을 사랑할 가
능성에 대한 신랄한 냉소주의다.

더욱이 성과 낭만적인 사랑의 등식화는 불가피한 충돌 과정을
초래한다. 갈등이 일어나는 이유는, 비록 소녀들은 자신들이 '사랑한
다'고 믿는 소년하고만 '최후의 선을 넘는' 경향이 있지만, 사회학자
윈스톤 에르먼Winston Ehrmann의 《결혼 이전의 데이트 행동 Premartial
Dating Behavior》에서 볼 수 있듯이,[10] 많은 소년들은 '사랑'하거나 '존
중'하는 소녀들과는 성교까지는 하지 않으려고 하기 때문이다. 또 다
른 소녀와는 되도록이면 멀리 가려고 하지만 말이다. 이처럼 소녀들
은 소년들보다 훨씬 더 성을 낭만적인 사랑과 연관시키며, 이 뿌리
깊은 모순에서 생겨나는 감정의 상처가 때때로 결혼 생활에서도 이
어진다.

소녀들은 성 경험을 통해 '우리 둘보다 더 큰' 무엇에 이끌려야
한다고 느끼기 때문에, 그렇지 않았으면 일어나지 않을 임신에 대비
하지 못하는 경우가 가끔 있다. 아무래도 정신없이 사랑에 빠져들 준
비를 미리 하고서 소년과 만나 데이트를 하는 것은 낭만적인 것 같지
않다. 결국 많은 경우의 성교는 '계획된' 것이 아니며 점점 뜨겁게 껴
안고 애무하는 마지막에 어느 정도 자발적으로 일어난다. 원치 않
은 임신, 낙태, 엉망이 된 가족 관계 및 잃어버린 앞날이 불가피한
결과다.

하나의 해결책은 모든 이들에게 성교에 이를 수 있는 그 어떤 육
체적인 접촉도 피하라고 훈계하는 것이다. 그러나 성으로 가득한 문
화에 의해 악화된 긴장을 다루는, 사회적으로 승인된 유일한 방법이

다양한 유형의 페팅인 사회에서, 이러한 충고가 과연 온당하거나 배려하는 것일까? 페팅이 때때로 성교에 이르기는 하지만 언제나 그런 것은 아니다. 대부분은 그렇지 않다. 한편으로는 여전히 우리의 번영과 최음제적인 광고를 유지하면서 페팅을 없애려고 한다면, 설교한 다음 못 본 체 눈감는 바리새주의보다 훨씬 더 정직하지 못할 것이다.

또 하나의 대책은 단순히 성을 비낭만화하는 것이다. 이것은 어쨌든 성교를 할 작정인 (그리고 아무리 자신을 속여봐야 잘되지 않으며 언젠가는 할 것을 알고 있는) 젊은이들에게, 그들의 행동에 대해 전적인 책임을 지며 아울러 임신을 피하도록 조치를 취하라고 권하는 것이다.

이러한 해결책은 더 현실적이긴 하지만 첫 번째 것과 마찬가지로 받아들여질 가능성은 거의 없다. 그것은 낭만적인 사랑의 환상을 쫓아내도록 요구할 것이며, 아울러 젊은이들에게 그들이 실제로 하고 있는 것에 대해 한낮에 냉정하게 깊이 생각해보라고 제안하는 것일 수밖에 없다. 그러나 그것은 또한 우리 사회가 자신의 성 풍속에 밴 위선과 허튼소리에 직면하도록 요구할 텐데, 이것을 원하는 사람은 실제로 없다. 따라서 흑주술, 페팅, 그리고 임신은 아마도 계속될 것이다.

혼전 순결 교리와 마찬가지라고 생각된, 더욱 완고하고 기만적인 일부 풍습은 공개적으로 논의되는 경우가 좀처럼 없는데, 그것은 성교를 경험하지 않은 사람은 ─ 남자나 여자가 다른 무얼 했건 간에 ─ 여전히 처녀 총각이라는 기묘한 가정이다. 이 대중적인 속임수는 킨제이의 발견이 뜻하는 바를 부분적으로 설명해준다. 킨제이에 따르면 여성들 사이에서 혼전 성관계의 빈도 수는 단지 꾸준하게 늘어나는 데 그쳤지만 온갖 종류의 혼전 페팅은 폭발적으로 늘어났다고 한다.

킨제이의 조사 결과는 미국 대학생의 생활을 그저 한번 들여다
보는 일만 있어도 실증될 수 있을 것이다. 페팅을 전혀 하지 않는 학
생들의 수는 무시해도 될 정도다. 진한 성적 유희와 오르가슴에 이를
정도로 껴안고 애무하는 학생들의 수가 점차 늘어나고 있다. 한 교파
에서 세운 대학을 졸업한 당돌한 어느 여학생은, 최근 나에게 자기는
2년 동안 주말마다 껴안고 애무해서 오르가슴까지 경험했지만 결코
'갈 데까지 가지는' 않았다고 말했다. 그녀의 혼전 순결은 온전했다.

정말 그러한가? 처녀성 유지라는 의미에 대한 가장 기술적인 정
의상으로만 그렇다고 말하고 싶다. 사실 몇몇 작가들은, 실제로 그러
한 비성교적 오르가슴을 결혼하지 않은 사람들이 성적인 절정감을
얻는 '가장 안전한' 방법으로 옹호하기도 한다. 이러한 생각이 어떤
사람들에게는 불쾌하게 들리겠지만, 교회의 전통적인 가르침이 실제
로 이러한 견해에 상당한 지지를 보내는 방향으로 작용하고 있다는
점을 깨닫는 것은 대단히 중요하다.

혼전 순결의 이상은 일반적으로 다음을 뜻하는 것으로 이해된
다. 즉 껴안고 애무하는 것도 어느 정도는 문제가 되지만, 그래도 성
교를 피하는 한 처녀성이라는 깨지기 쉬운 보석은 그대로 남아 있다
는 것이다. 이러한 신화가 성교 없는 난잡함이라는 밀물에 수문을 여
는 데 도움을 주었다.

여기서 성 바울의 주장(〈고린도전서〉 6장 15~16절), 즉 매우 일시
적인 기분에서 행해진 간통, 예를 들면 창녀와의 간통이라 할지라도
그것은 불가피하게 우리를 예상했던 것보다 훨씬 더 깊은 관계 속에
말려들게 한다는 그의 주장을 주목한다면, 비신화화 과정을 이해하

는 데 도움이 될 수 있을 것이다. 우리는 "한 몸이 된다". 베일리D. S. Bailey는 이것을 "1세기 기준으로는 이례적이지만…… 심리학적 통찰"이라고 부른다.[11]

성 바울은 인간으로 우리는 육체를 **가지는** 동시에 육체**다**라는 확연한 사실을 보았다. 이것은 가브리엘 마르셀Gabriel Marcel이나 모리스 메를로퐁티 같은 현대 철학자들이 오랫동안 탐구해온 문제다. 바울은 성이, 예를 들면 배설과는 달리, 생리적인 행위일 뿐만 아니라 '몸의(신체의)' 행위이기도 하다고 보았다. 그것은 우리를 인격적인 정체성의 가장 깊은 차원과 관련시킨다.

그렇지만 바울의 통찰을 왜 성교에만, 또는 창녀와의 접촉에만 국한시켜야 하는가? 성교만 피한다고 해서 다른 사람과 '한 몸'이 되지 않는 것은 아니다. 난잡하게 껴안고 애무하는 모든 '처녀들'은 그것을 알아야 한다. '한 몸' 현상도 매춘굴에 한정될 수 없다.

성 바울은 어떤 성관계도, 그 말이 완전히 인간적인 의미에서 진실로 성적sexual인 것이라면, 단순히 육체에 머무르지 않는다는 것을 알았다. 이것이 바로 한 달만 동거하면서 성을 순전히 재미로 해보자는 것이 결국 실패하는 이유다. 바울은 실제로 휴 헤프너Hugh Hefner보다 성을 더 높게 평가했다. 그는 성에서 더 많이 기대했다. 성은 확실히 즐겁다. 그러나 그것을 **단지** 재밋거리로만 만드는 것은 핵심을 제거하여 약화시키는 것이다. 그렇게 되면 성은 결국 즐거움조차 없어지게 된다.

성이 비신화화되면, 복음적인 성 윤리는 인격적인 자아들의 공동체에서 함께 살자고 초대하는 것이 된다. 복음은 우리를 낭만적인 자기기만에 매달릴 필요에서 해방시키며, 아울러 우리의 난잡함을 기술적인 처녀성이라는 의상으로 치장하는 자기 정당화에서 해방시킨다. 예수 그리스도는 우리를 신화에서 역사로 인도함으로써, 우리 스스로를 인간으로서 발견하는 특권과 책임의 놀라운 실타래야말로 우리가 책임져야 할 무엇임을 알게 해준다. 그러나 우리는 어떻게 이 책임을 수행하는가?

여기서부터 상황은 더욱더 어려워진다. 복음이 어떤 율법의 형태로 타락하는 것을 막으려는 노력이 어떤 면에서는 도덕률 폐기론antinomianism, 즉 율법의 계율이 기독교인들에게는 구속력이 없다는 믿음으로 보일 것이다. 그러나 복음 윤리는 율법 윤리보다 더 많은 성숙과 훈련을 요구한다. 복음 윤리가 본질상 더 위험하다. 신약성서는 우리를 구원하는 것은 율법이 아니라 복음이라고 명확하게 주장하기 때문에 이 위험을 무릅쓰지 않으면 안 된다. 그렇다면 성 행동이 쟁점이 될 때 우리는 어떻게 하면 복음을 '비율법화'하기 시작할 수 있는가?

복음은 사람들에게 선포된다. 율법은 행위를 본다. 혼전 순결에 대한 전통 윤리론의 한 가지 약점은 모든 경우를 뭉뚱그려 말하며 개별적인 경우의 차이를 완전히 무시한다는 것이다. 하나의 계율로 환원되면 혼전 순결의 이상은, 예를 들어 약혼한 남녀의 성교와 남학생들의 사교 파티에서 여고생들을 거리낌 없이 희롱하는 것 사이에 어떠한 구별도 인정하지 않는다. 그 둘 다 율법 위반이며, 그러므로 처녀성과 비처녀성 사이의 중간 지역은 없다.

결국 법률적인technical 처녀와 나란히 그녀의 그림자 같은 존재, 즉 법률상 타락한 여인 — 성교에 한 번 동의했기 때문에 이제는 영원히 호색의 풀을 뜯어먹으며 살아야 한다고 느끼는 여자 — 이 나타난다. 그녀는 성의 스틱스Styx(그리스 신화에 나오는 지옥의 강)를 건너버렸으며 돌아올 길이 없다. 그녀는 이젠 어쨌든 결혼 첫날밤에 남편에게 순결을 내놓을 수 없으니, 어떤 일이든 벌어지지 말라는 법이 있는가?

자책이 일어나는 이유는 부분적으로는 그녀가 기쁜 소식을 듣지 못했기 때문이다. 그녀는 전통적인 가르침을 **율법**으로 인식해왔다. 복음 없는 율법은 자의적이며 추상적이다. 그것은 사례별로 구분하지 않는다. 그리고 그것은 위반자에게 도움이 될 말이 없다. 결국 이미 성교를 한 바 있는 젊은이들의 비율은 점점 늘어나는데 이런 젊은이들에게는 혼전 순결 명령은 아무 상관이 없다. 그리고 많은 사람들은 교회가 이 문제에 대해서 언제나 똑같은 태도를 한다고 보기 때문에, 그들은 교회에 가서 들을 말이 없다고 결론짓는다.

그러나 복음을 설교하는 것은 또한 율법을 설교하는 것 — 누군가 벗어난 그 잘못된 절대성들을 폭로하는 것 — 이기도 하다. 소극적으로 보면, 이것은 복음이 왜곡된 성 이미지를 분명히 밝혀 우리를 거기서 구해내는 것을 뜻한다. 적극적으로 보면, 성을 비인간화하는 모든 권세와 세력에 반대해 그 성을 완전히 인간적인 행위로서 보호하는 것을 수반한다. 오늘날 성을 상품화 기술, 자신을 과장하는 수단, 부모에게 반항하는 무기, 오락거리, 또래집단에 끼는 방법 **또는** — 독자들은 주의하라 — 어떤 종교적인 의미가 있는 헌신적인 행위 등으로 왜곡하는 안팎의 힘들은 모두 이에 속한다.

'율법의 굴레'에서 해방된다는 것은 이 비인간화하는 세력들에게서 해방된다는 것을 뜻한다. 그것은 또한 매우 많은 청소년들을 무엇이든 당장의 것 '안'으로 내모는, 하위 문화적 동조성을 향한 저 악마적인 압력들에서 해방됨을 뜻하기도 한다. 그리스도 안에서 성의 자유는 하나의 구체적인 사례를 들면 다음과 같은 것을 뜻한다. 즉 남녀공학에서 구애에 시달린 한 여학생이 그 끈질긴 남학생에게, 지치다 못해 단호해지는 느낌을 받지 않고도 "안 돼"라고 말할 수 있는 것을 의미한다.

하느님 말씀이 사람들을 문화적인 관습과 사회적 압력에서 해방시켜줄 때, 사람들이 성을 자유와 관심 속에서 자신과 동료들을 연결시키는 하느님의 즐거운 선물이라고 알게 될 때, 복음 윤리는 율법이 아니라 다시 한번 진정한 복음이 된다. 그러나 성에 걸신이 들린 오늘날의 사회에서 우리는 어떻게 이러한 복음을 젊은이들에게 들려줄 수 있는가?

이 문제에 대답하기 전에, 우리는 성적인 책임을 수행하기 아주 어려운 일련의 문화적인 조건들을 우리 자신이 만들어냈다는 것을 인정해야 한다. 미국 같은 풍요로운 사회에서 개인적인 절제를 권하는 것은 사업가들에게 이윤 동기를 삼가라고 촉구하는 것처럼 거의 쓸모없다.

범죄, 불법적인 행동, 마약중독 및 빈곤이 대체로 구조적인 문제라는 것을 매우 분명하게 아는 사람들조차도 여전히 혼전 성 경험 증가를 개인적인 도덕의 파탄으로 해석하는데 이는 이상한 일이다.

그러나 사태는 거의 끝나간다. 성과 지위에 대한 충동으로 이끌려가는 사회를 빅토리아 시대의 일련의 구애 관습으로 숨기려는 우리의 정열적인 노력이 심하게 무너지고 있다. 우리는 불행한 개인적 과오에 공격 화살을 겨누기보다는 '여성 신비주의'와 홍보 문화가 행하는 성의 냉소적인 오용에 겨누어야 한다.

이것은 성적 자극을 판매 전략으로 이용하는 것을 제한하는 문

322

제, 아니면 더 근본적으로, 살아남기 위해서라면 성의 끊임없는 왜곡에 필요해 보이는 경제 체제의 가치를 두고, 몇 가지 엄중한 질문을 제기할지 모른다. 성 충동의 상업적 착취 — 콜걸이 아니라 — 가 오늘날 우리의 가장 심각한 매춘 형태다.

우리가 사회가 아닌 개인에게, 특히 결혼하지 않은 젊은 성인에게 눈을 돌린다면, 우리는 혼전 순결 문제에 단순한 '예스' 또는 '노'의 대답을 주는 것을 피해야 한다. 물론 이것이 회피처럼 들릴지도 모른다. 그러나 어떤 간편한 대답은 문제를 지나치게 단순화하려는 값싼 노력, 즉 결혼 이전의 성이 지닌 모든 복잡한 사정을 한 가지 결정으로 축소하는 시도에 영합하는 것이다. 그리고 교인들은 복음이 관습과 명령으로 타락하도록 허용함으로써 이 치명적인 지나친 단순화에 기여해왔다.

나는 혼전 성에 대한 복음 윤리가 이 심각한 문제에 대한 맥 빠진 대답에 그치는 한, 그 문제는 지리멸렬해지고 왜곡될 수밖에 없다고 본다. 진정한 복음은 대답을 주는 대신에 나름대로의 질문을 제기한다(예수 자신이 흔히 그렇게 했던 것처럼 말이다). 복음은, 인간 존재의 고통과 기쁨을 공유하는 사람들의 성숙을 내가 어떻게 하면 가장 살찌울 수 있는가를 묻는다.

복음은 금기의 신화와 엄격한 목적 관념에서 사람들을 해방시킨다. 즉 공적이고 사적인 생활 방식 안에서 다른 사람들에게 책임감을 갖고서, 인간 상상력의 자원을 충분하면서도 자유롭게 쓸 수 있도록 하는 것이다. 복음이 주는 자유를 누리면서 우리는 언제든지 비판할 수 있고 바꿀 수 있으며, 따라서 결코 최종적인 것이 아닌 규범을 이용해 결정할 수 있다. 전통적인 기독교 성 규범들도 예외는 아니다.

그것들 역시 역사를 초월해 있지 않다. 그 규범들은 기독교인들이 사회 체계를 끊임없이 변화시키며 충실하게 살려고 하면서 생겨난 것들이다. 인간의 모든 법과 마찬가지로 그것들은 계속 수정할 필요가 있으며, 그렇게 되면 그것들은 하느님이 인간을 성숙시키는 데 방해가 되기보다는 오히려 도움이 될 것이다.

기독교인들은 하느님이 인간을 성숙과 책임으로 인도하는 역사 속에서 일하신다고 믿는다. 이 틀 안에서 우리의 결정이 기준이 되는 규범은, 성서 및 문화와의 계속적인 대화, 즉 결코 완성되지 않는 대화 속에서 만들어지고 또한 폐기된다. 기독교인들은 자신이 이러한 대화의 한 상대자요, 이러한 공동체의 구성원일 때에만 자유롭다는 것을 안다. 무엇보다도 이것은 성 행동에 대한 그의 결정이, 그가 때때로 관련짓고 싶은 사람보다 불가피하게 더 많은 사람들을 관련짓는다는 것을 뜻한다. 성은 결코 단순히 사적인 문제가 아니다.

혼전 성관계의 문제가 나타날 때마다 미리 갖춰진 대답을 거부하는 것은, 기독교 윤리라 할 지속적인 대화에 건강한 영향을 미칠 것이다. 그것은 논의의 축을 복잡한 인간 문제를 지나치게 단순화하는 무미건조한 고정관념에서 멀어지게 한다. 그것은 우리를 처녀성과 순결에 대한 막다른 논쟁에서 하차시키고 개인들에 대한 충실성에 대해 생각하도록 한다. 그것은 성적 바리새인들의 음란함을 폭로하며, 가장 순결한 플라토닉한 관계마저도 망가뜨리는 교묘한 착취를 까발린다.

당연히 결혼 이전이라는 말은 언젠가는 누군가와 결혼할 생각을 하는 사람들을 가리킨다. 그러므로 혼전의 성 행동은 결혼 생활에서 성적인 성공과 충실성의 기회들을 강화하는 데 도움이 되어야 한다.

324

그리고 우리는 혼전 성관계의 기피가 언제나 최선의 준비인가라는 현실 문제를 직시해야 한다.

이 문제에는, 점점 길어지는 약혼 기간 동안의 성적 친밀함의 적절한 정도에 대한 고려도 포함된다. 그것에 대해서 단호하게 대답할 수 없는 이유는 약혼자들마다 사정이 다르기 때문이다. 일반적인 관습에 따라 지도하기보다는 특정한 개인들에 따라서 지도해야 한다.

이러한 접근 방식은 틀림없이 보편적으로 적용할 수 있는 원리에 의존할 때보다 더 많은 방책과 상상력을 요구한다. 원리들은 유용하며 아마도 윤리적인 사고를 하는 데 없어서는 안 될 것이다. 그러나 너무 자주 '원리에 매달리는 것'은 개인들을 보기를 회피하는 또 하나의 방법이 될 수 있다. 그것은 복음에서 율법으로 퇴보함을 의미할 수 있다.

아마도 언젠가 우리 미국인들은 어린이의 행동을 멀리하고 성숙한 남녀가 될 것이다. 그렇게 되면 우리에게 어떠한 사람이 될 것인가를 말해주는 대중매체의 남신男神과 여신女神에게 의존할 필요가 없게 될 것이다. 아마도 언젠가 우리는 성에 대한 어리석은 강박증에서 벗어날 것이다. 순결과 처녀성에 대한 우리의 집착은 동전의 다른 면에 불과하기 때문이다. 그러나 그때까지 우리는 예수 그리스도를 통해서 신화와 율법에서 해방되었다는 것을 기뻐해야 한다. 우리는 자아들의 공동체 안에서 살아간다. 그곳에서 우리는 서로를 위해 살 수 있을 정도로 자유롭다. 그곳에서 우리는, 이익과 경건함을 한꺼번에 좇는다고 뛰어다니느라 개인들이 종종 무시되는 사회에서, 개인들의 성숙에 기여하는 생활 방식이면 무엇이든 발전시킬 수 있을 만큼 자유롭다.

주

1 이것은 다음에서 인용했다. Lucretius ii, 608f. in T. R. Glover, *The Conflict of Religions in the Early Roman Empire*(Boston: Beacon, 1960), p. 20. 이 책은 원래 Methuen & Co. Ltd.가 1909년 런던에서 출판했다.

2 Simone de Beauvoir, *The Second Sex*(New York: Knopf, 1933; London: Cape), p. 41.

3 Erik Erikson, *Identity and the Life Cycle*(New York: International University Press, 1959).

4 David Riesman, *The Lonely Crowd*(New Haven: Yale University Press, 1950; Harmondsworth, Middles sex: Penguin).

5 현대 대중매체에서 성과 기계 상징의 이 완전한 혼합은 이전에 마셜 맥클루언Marshal McCluhan의 *The Mechanical Bride*(New York: Vanguard, 1957. 지금은 절판되었음)에서 훌륭하게 탐구되었다.

6 Karl Barth, *Church Dogmatics*(Edinburgh: T&T Clark, 1957), II/2.

7 Friedrich Gogarten, *Der Mensch zwischen Gott und Welt*(Stuttgart: F. Vorwerk Verlag, 1956), p. 34.

8 Denis de Rougement, *Love in the Western World*(New York: Pantheon, 1956).

9 Theodor W. Adorno, *Neun Kritische Modelle*(Frankfurt: Suhrkamp Verlag, 1963), pp. 99ff.

10 Winston Ehrmann, *Premartial Dating Behavior*(New York: Holt, 1959).

11 D. S. Bailey, *Sexual Relations in Christian Thought*(New York: Harper & Row, 1959; London: Longmans, Green).

chapter 10

교회와 세속 대학

교회들은 더는 대학에 대해서 부모의 책임을 갖지 않는다는 사실에 결코 만족하지 못했다. 딸은 자라서 — 영원히 — 집을 나가버렸다. 기독교인들이 — 직접적으로는 성직자가 간섭하여, 간접적으로는 문화의 영향에 힘입어, 아니면 우회적으로는 침투를 통해서 — 어느 정도 대학의 기독교화를 낳을 수 있는 시대가 있었다. 그런 시절이 가버렸거나 아니면 빠르게 사라지고 있다. 대학은 문화와 영향을 주고받으며, 바로 그 문화와 마찬가지로 세속적인 기관, 즉 충돌하는 생각들, 엄청난 위험, 환상적인 가능성의 중심지가 되었다. 대학의 비기독교화는 아직 완전하지 않으며 대학이 어떤 정통성을 내세우는 세계관으로 빠질 가능성은 항상 있다. 그러나 비기독교화 과정은 모든 전선을 침식한다.

몇몇 기독교인들은 이 세속화 과정에 대해 전면적인 전쟁을 벌이는 것이 교회의 임무라고 생각한다. 이것은 잘못이다. 우리는 세속화가 하나의 해방이며 성서 신앙 자체에 뿌리를 박고 있다는 것을 보았다. 그것은 교회의 또는 그 밖의 프로그램으로 되돌릴 수 있는 과정이 아니다. 신들과 그들의 창백한 자녀들, 형이상학의 암호들과 상징들은 사라지고 있다. 세계는 점점 더 '단지 세계에 지나지 않는 것'이 되고 있다. 세계에서 신성하고 종교적인 성격이 제거되고 있다. 인간은 점점 더 '인간'이 되고 있으며, 역사의 '종교적인' 시기 ― 이제는 그 끝에 다다르는 단계 ― 동안에 그를 특징지었던 신화적인 의미와 숭배의 잔광殘光을 잃어간다. 인간은 이제 그의 세계에 책임을 져야 한다. 그는 더는 어떤 종교적인 힘에 그 책임을 떠넘겨버릴 수 없다.

모든 문화 제도와 마찬가지로 대학도 세속화 과정에 참여한다. 사실 몇 가지 점에서는 대학이 앞장을 서기도 한다. 처음부터 대학은 교회에는 일종의 문제아였다. 교회의 철학과 신학에 충실한 지도 엘리트를 양성하는 수단으로 대학을 이용하고자 했지만 교회는 별로 성공하지 못했다. 아랍인들은 대학에 계속 모습을 드러냈으며, 심지어는 그들 자신이 매우 좋은 대학들을 세우기도 했다. 그리고 기독교 학자들과 아랍인 학자들은, 삼위일체 대 유일신 알라 논쟁을 멈추고 동물을 해부하고 사물을 열거하거나 망원경으로 자세히 관찰하기 시작할 때는 놀랄 만큼 사이가 좋을 것만 같았다. 파리 대학에서 철학은 신학과 분리되기 시작했으며, 새로이 재발견된 아리스토텔레스의 영향 아래 토마스 아퀴나스는 영토를 나누어 (비록 밀접하게 관련되어 있지만) 신학 과목과 비신학 과목에 각자의 분야를 할당했다. 이 구분이 결정적이었다. 세속 철학자들이 독립할 수 있는 것은 단지 시간문제였다. 일반적으로 인정되듯이 그들은 이따금씩 이 일을 해내면서 신학에 일종의 립서비스를 계속했고, "파리는 미사를 드릴 만한 곳"

이라고 하면서도 학문적으로는 그에 대해 투덜거리기도 했다. 그렇게 그들은 책과 시험관으로 돌아갈 수 있었다. 옥스퍼드와 케임브리지에서조차도 20세기 초까지는 모든 학생들이 〈사도신경〉을 믿는다고 맹세해야 했다. 벤담이 케임브리지를 두고 "이 거리는 위증으로 포장되었다"고 말한 것은 놀라운 일이 아니다. 그러나 세속화 과정은 진행 중에 있었다.

미국에서는 신정神政과 관용의 기묘한 혼합이 대학들을 특징지었다. 신정 시대에 세워진 대학들은 아직도 신학부를 운영하고 있다(하버드 대학, 예일 대학). 신정 문화의 전성기에 신앙심을 배우고 돈을 번 대실업가가 세운 사립학교들도 그러하다(밴더빌트 대학, 시카고 대학, 드류 대학). 그러나 무상으로 토지를 불하받은 당시 서부 지방 대학들과 점점 도시화되는 교외에서 자라나 급성장한 대도시권 대학들은 더는 그 고풍스런 교양을 뽐내지 않으며, 많은 면에서 미국이 고등교육에 독특하게 기여한 사례인 소규모 교파 대학들 몇백 개도 여전히 사정은 다르다. 그들 중 일부는 오늘날까지 학부 교육의 질에서 타의 추종을 불허하는 명성을 유지하지만, '교회 전통'을 어떻게 해야 할지를 놓고서 매일 고군분투한다.[1] 교회 전통은 그 대학들이 보통 존재하는 목적과 점점 더 무관해 보인다.

모든 유형의 미국 고등교육 제도들은 똑같은 곤경을 겪는다. 그들은 모두 돈이 필요하다. 그리고 실제로 돈은 오늘날 교회에서는 별로 나오지 않는다. 왜냐하면, 교회는 신앙심이 잘 자라나는 식물에 물을 주기를 좋아하기 때문이다. 돈은 정부에서 나오는데 신앙심에 대한 정부의 태도는 매우 다른 것이다. 헌법적인 이유에서 미국은 다양한 신앙심을 되도록이면 거의 선호하지 않거나 최소한 비교파적인 것을 선호한다. 또 하나의 돈의 원천은 재단이다. 이들은 종교가 해야 할 역할에 대해 서로 의견이 다르지만 보통은 그들의 돈이 실험적 가치가 있거나 적어도 새로운 분야에 쓰이기를 바란다. 대학교들은 또한 선생들이 필요하다. 그들 대부분은 교파 대표자들의 입김에서 되도록이면 멀리 떨어져서 연구하기를 바란다. 학교도 학생들이 필요하다. 물론 학생들은 많이 있다. 그러나 대부분의 학교들은 최고의 학생들을 받기를 바라는데, 그들은 최고의 학생들이 보통 예배당 장식보다는 실험실과 도서관 시설에 더 많은 관심을 갖는다는 것을 안다.

우리는 엘리트 교육의 마지막을 보아왔다. 다음 20년 동안 살게 될 사회는, 고등학교 졸업장이 우리 아버지들에게 지녔던 만큼의 중요성을 대학 졸업장에 부여할 것이다. 인공두뇌학의 사회는 다만 고등교육을 받고 기술적으로 숙련된 사람들의 숫자가 더 많아야 한다고 요구할 것이다. 자격이 있는 모든 젊은이들이 대학에 갈 수 있게 만드는 것은 복지국가가 선심 쓰듯 하는 것이 아니다. 그것은 절박한 필요성이다. 훈련되지 않은 사람들이 자동화된 사회를 운영할 수 없다. 우리는 대학생의 비율이 증가함에 따라 더 높은 학위를 받는 학생들도 늘어날 것이며, 그렇게 되면 대학원 교육의 엄청난 증가도 보게 되리라는 사실을 받아들여야만 한다. 이러한 것들이 미래를 향해 달려가는 **현실의** 대학에 관한 엄연한 사실이다. 그러나 교회는 어떠한가?

대학이 언제나 교회에는 문제였다는 것을 우리는 이미 지적한 바 있다. 그러나 그 둘 사이의 간격은 전보다 더 커지고 더욱 건널 수 없게 되었다. 이는 바로 우리가 이제는 서양 문화에서 교회가 지배하는 시대의 끝에 서 있기 때문이다. 교회는 아직도 오랜 콘스탄티누스 시대 동안 쌓아 올린 축적물 덕에 살고 있다. 이백 년에 걸친 혁명들 때문에 정치적인 힘을 빼앗겼고, 계몽주의에 밀려 문화적 영향력을 잃어버렸으며, 마지막으로는 현대 도시인의 가벼운 현세 지향성으로 말미암아 심리적인 힘을 상실했기 때문에, 교회는 지체 없이 돌아가 맨 처음부터 다시 시작해야 할지 모른다. 그러나 이러는 사이에 교회는, 콘스탄티누스 시대 초기 동안 단단히 붙들린 형이상학의 짐에서 아직도 벗어나지 못한 신학과 함께 절뚝거린다. 그리고 그 시절에 획득한, 제국의 이데올로기의 공식 원천으로서 획득했던 자신의 중요성에 대한 자기중심적 관념도 마찬가지다.

그러나 이 모든 것이, 아니면 거의 모든 것이 사라져버렸다. 일부는 성서의 복음에, 일부는 후기 그리스 철학에, 또 일부는 이교의 세계관들에 바탕을 둔 서구 기독교 세계는 끝났다. 그것은 네오토미즘Neo-Thomism〔신토마스주의. 토마스 아퀴나스의 학설을 부활시켜 현대의 문제를 해명하려고 하는 가톨릭계의 철학운동〕신학자들과 문화적 회고주의자들의 기억 속에만 살아 있다. 17세기와 18세기에 탄생한 프로테스탄티즘과 부르주아 문화의 종합도 역시 끝났다. 우리는 지난 50년 동안 그것이 발작을 일으키며 죽어가는 것을 목격해왔다. 그렇지만 조직과 신학에서 그리고 세계와 관련을 맺는 방식에서, 오늘날의 제도권 교회들은 대부분 19세기 교회들보다 더 부자이고 더 번쩍거릴 뿐이다. 그들의 조직(거주지 교구)은 대략 1885년경의 (자동차, 통근열차, 산업 단지가 생기기 이전의) 사회학적 유형에 바탕을 둔다. 그들이 일요일 11시에 드리는 예배도 농업 사회에서 우유를 짜는 두 시간대 사이에 행해지도록 조절한 것이다. 설교는 여전히 청중의 반응이 문화적으로 금지된 공개 강론의 마지막 형태의 하나다. 섬너 슬리터Sumner Slichter

가 "전적인 산업화"라고 부른 것을 향해 급속도로 나아가는 기동적인 과학 사회에서 교회는 여전히 가부장적이고 농업적이며 과학 이전의 유물로 남아 있다.

한때 대표자 역할을 했던 교회가 이젠 그렇지 않음을 슬퍼한다는 것이 아니다. 오히려 그것을 즐기는 것 같다. 언제나 급속한 이행과 문화적 변형의 시대에는, '옛날의 것들'의 이미지를 (상상해낸 것이지만) 단순하고 안전하며 의지할 만한 것으로 비춰줄 기관이 절박하게 필요해진다. 따라서 오늘날 미국 교회는 미국인들에게 그들의 종교적 유산을 상기시키는 데 결코 싫증을 내지 않는다. 미국 교회는 낡아빠진 제의들을 소중히 여기며, 할 수만 있다면 선조의 의상들을 입어가면서 기념일을 빠짐없이 경축한다. 미국 교회는 자신을 '옛 예배당'으로 만들어주는 것들에 집착한다. 왜냐하면, 사람들은 교회에 어떤 미래의 지침 같은 것을 기대하지만 교회는 줄 것이 별로 없기 때문이다. 초대 교회는 **앞을** 보며 종말과 주님의 재림을 긴장과 열렬한 태도로 고대한 교회였다. 오늘날의 교회는 **뒤를** 보며 필그림 파더스나 느릅나무로 만든 최초 교회(1648년)의 설립을 회고한다.

교회의 시대착오적인 자세가 대학 공동체 상황보다 더 분명히 나타나는 곳은 없다. 교회는 미국의 대학 문제와 타협하기 위해 세 가지 시도를 했는데 그 세 가지 모두가 어느 정도 상습적인 것이었다. 첫 번째 것은 자신의 대학이나 종합대학 설립이었다. 이것은 물론 중세주의다. 중세의 종합이 깨져버린 후의 '기독교' 대학이나 종합대학이라는 생각 전체는 별 의미가 없다. **기독교**라는 말은, 관측소나 실험실을 가리키는 데 쓸 수 없는 것처럼 대학을 가리키는 데 쓸 수 있는 말도 아니다. 지금 미국 중서부 지역에 점점이 흩어진 이른바 기독교 대학들 중에서, 학교 요강에 기독교 대학이라는 어정쩡한 문구를 존속시키기 위해 매우 그럴듯한 신학적인 기초를 제시할 수 있는 곳은 하나도 없다. 어떤 대학을 기독교 대학이라고 부른다 해도 우수한 전통이나 홍보용으로, 또는 감상적 차원의 이유는 있을지언정, 신학적인 이유는 없다. 목사들이 세웠다거나 교수나 학생 중에 일정한 수의 기독교인들이 있다는 사실, 채플을 한다거나 (또는 하지 않거나) 학교 재정 일부를 어떤 교파가 지원한다는 사실 — 이러한 요인들 중 어느 것도, 성서가 그리스도의 추종자들에게만 적용하는 말로 그 제도에 이름을 붙일 근거가 되지 못한다. 미국에서 '기독교 대학'을 발전시킨다는 생각은 그것이 시작되기 전에 이미 파산했다.

나음으로 교회들은 대학 주변의 주거자 모임을 통해서 대학 생활에 관련된 사람들에게 특별한 목회 사업을 하려고 했다. 이것은 두 번째 시도였으며 훨씬 건강하고 기본적으로 건전한 충동을 나타낸다. 그러나 그것은 곧 부적당한 점들을 드러냈다. 대학인들은 '거주민들'과는 다른 관심과 열의를 갖는 것 같았다. 대학인들은 비록 일시적이긴 해도 어쩌다 같은 지역에 살게 된 사람들이 아니었다. 그들은 실제로 **또 다른** 공동체에 살고 있었다. 비록 그 지역과 지리적으로 겹치거나 인접한 공동체이긴 하지만 말이다. 교구제의 구조를 통해 대학 공동체와 관계를 맺는 것이 부적절하다는 것을 교회들이 조금씩 인정한 것은 매우 중요했다. 그것은 지금 20세기 사회를 결정하는 하나의 기본 원리에 대한 교회들의 첫 번째 자각을 보여주었다 — 그것은 공통 관심사를 바탕으로 하는 공동체에서 서로에 대한 **기능적인** 관계는 **지리적인** 공동체보다 더 중요해졌다는 것이다. 이것은 사실 우리가 도시화라고 일컫는 것의 기본적인 동기다. 도시인은 긴밀한 관련을 맺으면서도 비공간적으로 무리 지어 생활한다. 즉 일, 여가, 주거, 교육, 쇼핑 같은 것이다. 대학이 그러한 공동체였다는 교회의 인정은 획기적인 것이었다. 그러나 그 문제에 대한 교회의 응답은 아아, 슬프게도 틀렸다.

교회는 '학생들을 쫓아다니려고' 했다. 이것이 세 번째 단계였다. 교회는 대학 캠퍼스 안에 (탁구대를 차려놓고 목사 티가 덜 나는 목사를 배치한 '하우스'로 가장해서) 교파 교회를 세우려고 했다. 그러나 그것은 새옷을 입었으나 옛날과 똑같은 쇼였다. 같은 교파에 속하는 사람들은 이곳에 정기적으로 모여야 했으며, 관심 있는 친구들을 다른 교파가 세운 하우스나 인근 교회에서 빼돌리지 않는 한 자기들 하우스에 데려와야 한다. 어떤 경우에는 학생회관이 전통적인 교회 건물 옆에 자리 잡았다. 또 어떤 경우에는 학생들로 하여금 각 지역에서 명성이 잘 알려진 종교 배급업자들을 찾아다니도록 부추겼다. 디트로이트에서는 이것을 "브랜드 충성심brand loyalty"이라고 불렀다. 사회학적으로 보면 그 방식은 고향 마을에서 하던 것과 거의 동일했다. 여러 재단에서 보낸 교목들은 캠퍼스판 목사위원회를 만들었으며, 그 후에는 교회협회를 만들었다. 교회협회에서는 침례교와 감리교에 대한 끝없는 반복 농담을 다시 들을 수 있었고, 또 다양한 회원들을 양탄자가 깔린 응접실에 서로 초대해 특별한 관심사를 두고 연사들의 강연을 들을 수 있었다.

사업이 커짐에 따라서 다양한 재단들 간의 관계를 조정하고 일정을 정리하는 데 점점 더 많은 시간을 들이지 않으면 안 되었다. 고향에 있는 대부분의 교회와 마찬가지로, 재단의 종합 빌딩에서는 생생한 활동들과 소식으로 가득 찬 게시판의 모습을 볼 수 있었다. 그러나 그 활동들은 모두 대학 세계 **옆에** 있는 특별한 세계 안에서 일어났다. "집에서 멀리 떨어져 있는 집home away from home"(몇몇 캠퍼스에서는 그렇게 불리기도 했다)에 해당되는 것을 만듦으로써 그 운동을 대학에 가져간 목적 전체를 잃어버렸다. 그곳에서는 같은 교파에 속하는 학생들끼리 서로 일련의 관계를 확립할 수 있는 대신 대학 자체가 제공하는 관계를 저버려야 했다.

물론 많은 학생들에게는 재단 하우스에서의 친교가 일종의 보상 역할을 했다. 학교 신문사의 일원이 되지 못한 학생들은《웨슬리 재단 뉴스Wesley Foundation News》의 등사기 인쇄물을 찍어낼 수 있었다. 돈이 없거나 연줄이 없어서 남학생 사교 모임에 갈 수 없는 이들은 토요일 밤 침례교 홀에서 마련한 멋진 바비큐 파티에서 위안을 찾을 수 있었다. 그러나 대학 **안에서** 증언과 예배의 개념 전체는 종종 상실되었다. 그러는 동안에 녹초가 된 재단 간사들은 두 종류의 회의(하나는 정규 목사들의 회의, 또 하나는 교목들의 회의)에 참석하느라, 자기 일과 다른 재단들의 일을 조정하느라, 여러 시간 연달아서 상담하느라, 5만 달러를 들여 세운 건물의 지붕을 보수하느라, 장로교를 선호하는 학생들 중 왜 9퍼센트만이 그 프로그램에 참가했는지를 교파 고위직에 설명하느라 계속 바빴다.

우리는 아직도 이 누적되는 대실패의 세 번째 단계에 있다. 최근 들어 유일하게 고무적인 발전은, 교파적 분열을 그만두고 또한 학생 무리를 캠퍼스에서 빼내 재단의 회관에 쓸어 넣으려는 노력을 포기한 것이었다. 몇몇 캠퍼스에서 에큐메니컬 모임과 아울러 학생과 교수들의 단련된 모임이 출현한 일은 고무적이다. 규율과 급진적인 개방성을 결합시킨다는 소집단의 아이디어와 대학 자체에 충실하겠다는 아이디어는 희망의 신호다. 이러한 접근 방식의 요소들을 그들 나름대로 보존한 대학 캠퍼스의 두 기독교 학생 조직을 변호하기 위해 한 마디 하고 싶다. 그러는 동안에도 교황파와 황제파나 되는 양 교파들은 학생들에게 자신들의 말다툼을 진지하게 설득시키느라 애쓰고들 있지만 말이다. 두 조직은 매우 이질적이긴 하지만 IVCF(Intervasity Christian Fellowship)와 학생 YMCA-YWCA이다.

나는 많은 IVCF 사람들의 옹호할 수 없는 신학을 변호하지 않겠다. 그러나 이 주목할 만한 조직의 강점과 끈질김은, 몇몇 사람들이 가끔 생각하는 것처럼 단순히 어리석음이나 폐쇄적인 사고 탓으로 돌릴 수 없다. 많은 캠퍼스에서 IVCF는 때때로 학생 기독교 운동 프로그램이 완전히 성인 관리자의 도움 없이 진행되는 유일한 장소를 제공했다. 내가 학부생 시절을 보낸 캠퍼스(필라델피아 펜실베이니아 대학)에서 IVCF는 학생들이 이끄는 다수의 성경 연구반을 지원했는데, 그곳에서 벌인 토론은 성직자들이 조심스럽게 지도하는 것보다 흔히 더 열띠고 더욱 가치가 있었다. 그들은 강연회와 회의도 지원했는데 그 내용은 가끔 보완할 점이 많긴 했지만 그래도 사람들의 관심을 끌었다. 왜냐하면, 그것들은 분명히 학생들 자신이 꾸미고 진행한 것이지 모든 것을 아는 선배들이 떠맡겨놓은 것이 아니었기 때문이다. 더욱이 IVCF의 회합과 토론은 **눈에 잘 띄었다.** 재단 회관의 호화로운 시설이 없었기 때문에 그들은 종종 기숙사나 학생회관 라운지 등에서 만났다. 요컨대 IVCF는 평신도가 주도하고 눈에 잘 띄며 이리저리 옮겨 다니는 조직이었다. 별도의 시설을 세울 만한 돈이 없어서 다른 모든 사람들과 같은 세계에서 살 수밖에 없었다.

학생 YMCA-YWCA는 매우 다른 종류의 운동이다. 이 운동은 사방에서 비난을 받던 힘든 시기를 이제 막 헤쳐 나왔다. 올바른 신학도 없고 충분히 '종교적'이지도 않다는 비난을 받았으며, 유대인이나 터키인, 심지어는 이단자들까지 직책을 맡는다고 비난을 받았다. 뿐만 아니라 자신들의 행동을 위한 신학 원리를 습득하기도 전에 성급하게 정치 행동에 뛰어든다고 비난받았다. 위기 신학의 시대에 사회복음적인 척한다고 또는 학생들이 일을 망쳐버릴 때도 그냥 이끌어가도록 내버려둔다고 조롱받았다.

묘하게도 학생 Y(YMCA-YWCA)는 비방자들이 퍼붓던 비난과 항상 같지는 않았다. 간부들은 제멋대로 했고 내부 프로그램만 운영하거나 심지어는 교회만능주의ecclesiasticism〔교회의 의식, 관행, 법규 등을 고집하는 태도〕를 내세우는 등 죄가 있었다. 그러나 그 운동은 일반적으로 어느 정도 건전한 반反성직주의를 유지했다. 교회 재단들이 교회만의 독백 속에서 서로 재잘거리는 바로 그때 많은 캠퍼스의 Y에서는 무신론자들, 유대인들, 불가지론자들 및 동요하는 신자들이 함께 이야기하며 일했다. Y의 프로그램은 진실로 '세속적'이었다. 그것은 '종교 없는 인간'에게 하느님에 대해 말하려는 디트리히 본회퍼의 시도를 내다본 것이나 마찬가지였다. Y는 대학 자체를 진지하게 받아들이려는 노력을 했으며, 지난 10년간 급속하게 진행된 교회만능주의에 순순히 굴복하려고 하지 않았다.

그러나 위기는 아직 끝나지 않았다. Y가 정신병적인 신앙고백주의가 극심하던 시대를 잘 견디어냈다고 볼 수는 있지만 Y는 심각할 정도로 많은 희생을 치렀다. 만일 역사의 최종 장면이, 튼튼한 재정과 값비싼 간사진을 갖추고 최신식 신학 사조에 민감한 교파의 재단 하우스들이 캠퍼스에서 승리하고 Y들이 생존력을 잃는 것이라면, 그것은 대학에서 교회의 무능하고 비효과적인 경험 가운데 더욱 처참한 장면 가운데 하나였을 것이다.

이제까지 교회를 말하면서, 우리는 법적으로는 아니더라도 문화적으로는 당장 교회라고 부를 수 있는 조직들만을 언급하고 있었다. 그것은 우리의 조직화된 교파들을 뜻한다. 이들이 대학 캠퍼스에 침투해 회관을 짓는 데 몇백만 달러를 쓰고 엄청나게 많은 안내문을 뿌리며 또 많은 연사들과 부흥사들을 불러 강연을 시킨 '교회들'이다. 그러나 '교회'에 대한 우리의 첫 번째 질문은 완전히 단순하고 근본적인 것이지 않으면 안 된다. 즉 교회는 진실로 무엇**이며** 오늘날 어디서 찾아볼 수 있는가? 우리는 이 문제를 앞의 여러 장에서 다루었으며, 교회를 전위대와 악령 추방자로 기술했다. 그러나 이 특별한 문제에서는 성서적 교회관의 또 다른 중요한 특징을 상기하는 것이 중요하다. **오직 믿음만이 예수 그리스도의 교회를 분간할 수 있다.** 교회는 게시판이나 사회학적 조사에 힘입어 경험적으로 발견하고 위치를 알아낼 수 있는 실체가 아니다. 오로지 하느님만이 그의 성도들의 이름을 안다. 더욱이 교회를 뜻하는 그리스어 에클레시아ecclesia는 움직임이라는 뜻을 지닌 말이다. 그것은 선구자의 선포에 응답하면서 나아가는 도중에 있는 자들을 가리킨다. 교회는 카를 바르트, 루돌프 불트만, 게르하르트 에벨링 같은 다양한 신학자들이 "하나의 사건"이라고 부른 것이다. 그것은 **일어난다.** 그것은 인간의 역사에서 화해시키는 하느님의 일이 실현되고 인간의 말로 표현되는 곳에 생겨난다. 교회는 다가오는 시대의 시험적인 계획pilot project이다. 교회 안에서는 "더는 유대인이나 그리스인, 노예나 자유인이 없다 ……." 교회는 인종, 국가, 신념, 성, 나이, 사회적 지위 등의 구분을 넘어선 화해가 일어나고 사람들이 임시적이나마 새로운 시대에서 살아가는 말씀의 사건이다.

이것이 우리가 말하는 **교회**라고 한다면 이 장 전반부에 쓴 교회라는 말이 문젯거리가 될 수 있다는 것은 분명하다. 교회는 단순히 우리 사회에서 그 이름을 먼저 차지한 조직들과 동일시될 수 없기 때문이다. 그러한 동일시는 교회를 분간하려는 신앙의 필요성을 싼 값에 팔아버릴 것이다. 교회는 믿음의 대상이지 시각의 대상이 아니다. 이것은 교회란 "눈에 보이지 않는다"라고 말하는 것이 아니다. 그것은 오히려 우리가 어떤 것이 교회라고 말할 때마다, 우리는 성서적으로 우리의 신앙을 고백한다고 말하는 것이다. 우리는 전화번호부에서 찾아낼 수 있는 어느 누구 또는 어떤 것을 말하고 있지 **않다.** 교회는 건물, 예산, 관료 직원들을 이용하지만 교회는 그것들과 전적으로 동일시될 수 없다. 교회는 움직이는 사람들, 즉 '사건으로 가득 찬 운동'이다. 거기서는 장벽들이 무너지며 물려받은 명칭들과 고정관념의 구분을 넘어서서 근본적으로 새로운 공동체가 출현한다.

그러므로 이 교회라는 사건, 즉 이 활동 중인 화해가 교회라고 불리는 조직에만 제한되거나 아니면 그것에서 배제될 수 없다는 것은 분명하다. 하느님의 화해 활동은 그러한 조직들 가운데 진행될 수도 있고 아니면 진행되지 않을지도 모른다. 그럴 수도 있고 그렇지 않을 수도 있다. 그 사건은 그 조직들 안에서뿐만 아니라 바깥의 많은 곳에서도 일어나고 있을 가능성이 더 크다. 나는 교회 안에 있는 사람들의 진정한 일은, 하느님의 화해가 어디에서 나타나는지를 분간해서 이 행위와 자신들을 동일시하는 것이라고 믿는다. 대학에서 이것은 캠퍼스 구석에 그들을 가둬두는 격리된 회관을 벗어나 세속적인 대학 공동체 자체에 발을 내딛으라고 요구할지도 모른다. 이제 '움직이는 하느님의 백성'을 뜻하는 교회가 대학에서 해야 할 과제를 놓고 세 가지 제목 아래 개요를 제시할 수 있을 것이다. (1) 절제된 화해, (2) 솔직한 비판, (3) 창조적인 절연. 이것들은 각각 교회 역사의 사제적, 예언자적, 금욕적 전통에 대응한다. 하나하나씩 간략하게 살펴보자.

화해는 언제나 하느님 백성의 일차적인 소명이다. 그것은 성직자의 책임이자 죄의 감당이며 하느님의 은총의 표시다. "하느님은 그리스도 안에서 세계를 그 자신과 화해시키고 있었다. 그리고 우리는 화해의 목사들이다." 교회는 하느님이 이루고 있는 화해를 선포하고 구체화하는 하느님의 동반자다. 교회는 결코 화해의 창조자가 아니다. 교회는 그 **대리인**이다. 교회는 자신과는 독립적으로 진행되고 있지만 이와 동시에 교회에게 그 **존재 이유**raison d'être를 제공하는 그 무언가를 증명하고 선전한다. 교회는 하느님이 사람들 간의 적대감을 부숴버리고 서로 화해시키기 위해서 역사 속에서 해왔고 또 하고 있는 것을 세상에 알리는 것 말고는 다른 목적을 갖지 않는다.

대학 공동체의 특수한 분위기에서는 분리의 상처가 가장 고통스러운 만큼 이 화해는 가장 많이 필요하다. 이것은 캠퍼스마다 다르지만 일정한 기본적인 유사점들이 있다. 그 균열들은 다양한 학과들 사이에, 자연과학과 인문과학 사이에, 학생 클럽 회원과 소속이 없는 학생들 사이에, 교수와 행정가들 사이에, 대학 도시 주민들과 대학인들 사이에, 다양한 인종, 민족 또는 신조의 배경을 지닌 학생들 사이에 존재한다. 이 분리된 영역들 사이에서 화해의 대사가 되는 것은 하느님 백성의 특권이다. 기독교인들은 바로 긴장과 불일치, 의심,

편협과 무관심이 있는 곳에서 산다. 그들이 화해의 대리인이자 증거자로서 역할을 할 수 있을 때, 기독교인들은 그것을 성취한 자가 하느님이지 그들 자신이 아니라는 것을 이해한다.

그러나 이 한마디는 즉시 해야겠다. 즉 교회가 증언하는 하느님에 힘입어 성취되는 화해는 어떤 공통된 세계관의 수용에 바탕을 두지 않는다는 사실이다. 남자와 여자가 그대로 남자이고 여자인 것처럼, 그리스인이나 유대인도 그리스도 안에서 그대로 그리스인이고 유대인이다. 복음이 제시하는 세계관은 결코 다른 것들 중에서 하나를 선택하라고 하지 않는다. 그것은 자제를 수반하는 화해다. 그것은 사람들을 개종시켜서 그들을 화해하게 하지 않는다. 그것은 이데올로기, 신학 및 정치적인 이유의 근본적인 갈등**을 무릅쓰고** 인간 대 인간으로서 서로 함께 살도록 사람들을 자유롭게 한다.

창조적인 비판은 대학에 특별히 적합한 교회의 임무다. 그것은 예언자적인 책임이며, 대학에 있는 기독교인들은 예언자가 되는 동시에 지식인이 되어야 할 의무가 있다. '다르게 생각하는' 것은 언제나 지식인의 임무다. 이것은 그저 비뚤어진 특이 성향이 아니다. 그것은 한 사회의 절대적으로 본질적인 특성이다. 사회에 비판적인 것은 지식 사업의 기관으로서 대학이 지닌 임무다. 마찬가지로 대학과 교회 모두를 비판하는 것은 대학 안에 있는 하느님 백성의 임무다.

우리 대부분은 이제 대학 안의 교회는, 기독교적이지 않다거나 교회답지 않다고 해서가 아니라 대학답지 않기 때문에 대학을 비판해야 한다는 것에 동의한다. 즉 "우리는 대학에 대학다워지라고 도전한다!" 그러나 이러한 슬로건 뒤에는 진짜 위험이 숨어 있다. 기독교인들은 때때로 뉴먼Newman이나 모벌리Moberly 또는 내쉬Nash 같은 사람들이 생각한 대로의 대학이 되지 못했다고 대학을 책망했다. 대학에게 '대학다워지라고' 도전하는 것은, 마땅히 되어야 하는 바에 대한 **우리의** 모델을 흉내 내라고 촉구하는 것을 뜻하지는 않는다.

대학이 가장 소중히 여길 만한 통합적인 주제가 없이 '다원 대학multiversity', '카페테리아' 등이 되어버렸다는 성급한 말이 너무 많았다. 물론 현대의 대학 교육이, 흔히 개별 상품처럼 부분별로 또는 통째로 아니면 접시에 담아내듯이 학생들에게 제공되어온 처참한 상태를 변호하고 싶은 사람은 아무도 없다. 그러나 또한 우리가 다양한 부문별 지식을 아우를 수 있는 어떤 통합적인 세계관을 다시 갖게 될 가능성은 훨씬 적다. 세계관들의 급증과 그것들의 점차적인 상대화가 우리 시대의 특징이다. 그것이 우리가 말하는 세속화의 일부다. 기독교나 '서구 문명'도, 심지어는 '인문학'도, 한때 중세 대학이 모든 것을 포괄하는 비교적 통합된 세계상을 통해 제시한 바를 제공하리라고 기대할 수 없다. 우리의 대학 비판에서 이것은 무엇을 뜻하는가?[2]

그것은 우리의 비판이 비교 관점의 세계관 수준에 머물러서는 **안 된다**는 것을 뜻한다(이른바 대학 문제는 다행히도 이제는 해결의 때가 다 다른 것 같다). 우리는 통합된 대학이 더는 가능한 것이 아니라는 것을 인정하고 그에 대한 열망을 멈춰야 한다. 우리의 비판은, 오늘날 그 삶이 대학에 영향을 받는 (그리고 이 점에서 예외인 사람이 있겠는가?) 사람들의 인간적 운명과 관련된 통제할 수 있고 다룰 수 있는 문제들에 관여해야 한다. 기독교인들은 그런 사람들보다 나쁜 가르침에 더 많이 도전해야 한다(비록 그런 가르침을 납득할 만한 신학자들이 편다 하더라도 말이다). 기독교인들은 대학이 그 다양한 후원자들 ― 동창회, 기부금 제공자, 장래의 학생들과 교수, 정부, 일반 대중 — 에게 자신을 소개하면서 드러내는 문제들에 관심을 가져야 한다. 기독교인들은 일이 너무 쉽게 이루어지거나 대학 직원들이 홍보 활동에 너무 몰두하기 시작할 때 더 크게 고함을 질러야 한다. 취업 연결 정책, 주택 제공 정책, 신입생 모집 분야가 선택되는 방식에서는 특히 그러하다. 기독교인들은 특정한 인종이나 종교 집단이 무시되지 않고 있다는 것을 확인해야 한다. 교회가 세계관에 대해 정말 할 말이 있다면 교회는 대학이 새로운 세계관을 뒤적거리지 못하게 해야 한다. 왜냐하면 오늘날 대학이 표방하는 전체적인 세계관은 그 어느 것도 분열적이고 억압적일 것이기 때문이다.[3]

오늘날의 대학은 내부와 외부의 권력 관계가 모두 갖춰진 정치적 실재다. 짧은 시간이든 긴 시간이든 이러한 관계 안에서 사는 기독교인들은 그 관계들을 진지하게 받아들이고 비판적 지성을 발휘해야 한다. 그러나 그들은 책임감을 갖고 그렇게 해야 한다. 학생들의 냉담함보다 나쁜 것이야말로, 그 일을 더 잘 하는 데 필요한 시간과 독창력을 기울일 준비도 하지 않은 학생들의 불평과 항의다.

신학의 한 가지 기능은 신앙 공동체의 비판적 지지와 교정이다. 그런데 신학은 더는 성직자의 독점물이 아니다. 오늘날 그것은 교육을 받고 관심이 있는 사람이면 누구나 할 수 있는 종류의 비판적 사고를 포함한다. 대학 공동체 안에 사는 기독교인들은 그들이 좋든 싫든 교회에서 일종의 지적 엘리트다. 그들은 평신도 신학자들이다. 그들이 제도적인 교회에 대해서, 그리고 제도의 가장자리와 바깥에서 탄생하는 교회 생활의 덜 제도화된 모습들에 대해서 되도록이면 분명하고 지적인 표현으로 비판하지 않는다면 그들은 책임을 다하지 못하게 된다.

그러나 다시 한번 말하지만 이러한 비판이 뿌리가 없고 그저 초연한 것이라면 곤란하다. 비판하는 사람들은, 그 목표에 더욱 충실한 교회가 되게끔 기꺼이 건설적으로 체계를 세우는 데 참여할 때에만 말해야 한다. 교회는 그것이 '늘 혁신semper reformanda'할 때에만, 즉 하느님의 말씀에 따라서 지속적으로 수정되고 있으며 본래의 사명을 돌이켜 생각하고 있을 때에만 교회다.

기독교 학생 운동SCM과 조직된 교회의 관계가 창조적인 긴장 및 유용한 상호 비판의 관계였던 때가 있었다. 오늘날에는 더는 그렇지 않다. 때때로 학생들은 지도자들이 그들을 위해 요리해놓은 음식을 의문시하거나 심지어는 거부하기조차 해 우리를 놀라게 한다. 그러나 이런 일이 매우 자주 있는 것은 아니다. 오늘날 지성의 집에 있는 기독교인들에게는 책임감 있는 비판의 재탄생이 절실히 요구된다.

창조적인 절연은 현대판 금욕주의일지 모른다. 즉 덜 중요한 것은 거절하고 중요한 것에 정력을 집중하는 것이다. 방금, 비판은 언제나 외부에서가 아니라 책임감 있는 관계 안에서 발생해야 한다고 말했다. 그것은 **책임지는** 비판이 되어야 하지 닥치는 대로 하는 비난이 되어서는 안 된다. 그러나 내가 덧붙여 말하지 않으면 안 되는 것은, 몇 가지 사항에서는 유일하게 생산적인 관계가 절연임에 틀림없다는 것이다. 교회들의 허약한 제도 중심적 사고는 '내부에서' 완전히 바로잡을 수 있는 것이 아닐지도 모른다. 교파 조직들의 문제는 단순히 잘못 이용되는 화려한 제도적인 기구를 갖고 있다는 것이 아니다. 만일 그러하다면 교파 본부에서 작은 내부 반란을 일으켜 해결하면 될 것이다.

사정은 그렇지 않다. 문제는 훨씬 더 깊은 곳에 있다. 문제는 교회들의 구조 자체 안에 있지 그 지도부에 있지 않다. 가장 예언자적인 지도부조차도 크나큰 제도적인 결정 요소들의 무게를 안고 일하느라 종종 비틀거린다. 거대한 간부진, 천문학적인 예산, 교파별로 지어놓은 동굴 같은 기독교 시설들이 매우 많은 재능과 시간을 빼앗아가, 하느님의 백성은 자주 그들의 진정한 소명을 다하지 못한다. 따라서 교회들은 하느님이 세상에서 하고 있는 것을 제대로 보지 못하고 있다. 이는 (1) 순전히 기구의 규모와 복잡함 때문에 불가피해진 **안으로 자라난 고립** 때문이며, (2) 재원 의존과 관련된 제도적·사회적 **보수주의** 때문이다. 특히 이 의존은 또다시 우리 사회의 구조적인 요소들에 대한 끊임없는 건설적 비판을 대단히 어렵게 만든다. 우리는 앞에서 기독교인들의 임무는 하느님의 화해가 어디에서 생겨나는지를 분간해서 그것과 자신을 동일시하는 것이라고 언급한 바 있다. 이것은 사회 변화의 위치점을 찾아내 그것에 참여하는 것을 뜻한다. 그렇지만 교파적인 교회의 고립은 사회 변화에 대한 인식을 방해하며 또 그 보수주의는 사회 변화에 대한 참여를 방해한다. 그러면 이 두 가지 구조적인 장애물을 간단히 살펴보고 왜 일종의 금욕적인 절연만이 오늘날 실천 가능한지를 제시해보겠다. 첫째, 세상에서 교회의 고립이다.

지금 종교 서클들에서는 '세상과의 대화'에 대해 말하는 것이 엄청나게 유행이다. 거의 모든 교회 활동가들의 회의 행사에는 이제 — 평소에는 조심스럽게 소개되고 해석된 — 예술, 연극이나 정치 강연을 포함시켜야 한다. 그 의향은 칭찬할 만하다. 그렇지만 세상과의 대화가 보여주는 장면은 서투른 게 현실이다. 교회들이 세상을 교회들의 관점에서 또 교회들의 언어로 이해하고 대면하려는 상황이 벌어진다. 그렇지만 이는 그저 쉽고 간단한 비판에 해당한다. 사람들과 조직은, 자신들의 세계관과 일치하지 않는 것은 실제로 기본적인 변화를 요구하지 않을 만큼만 보는, 일종의 전승된 지혜를 갖고 있다. 교회들은 비판을 간단히 거세하는 무시무시한 능력을 갖고 있다. 즉 그 비판을 변형시킨 다음, 그것을 모든 조직에서 계속되는 지속적이지만 효과 없는 자기 매질self-flagellation로 통합시키는 것이다. 지난해에 한바탕 소란을 일으켰던 비판이 다음 해에 여성 서클들의 연구 주제가 되어 나타난다. 교회들의 소심함, 비효율성과 비대함에 대한 공격이 종종 교파 간부들의 토론에서 열띤 논쟁거리가 되곤 하지만, 그런 다음 간부들은 거의 똑같은 활동으로 되돌아간다. 이처럼 안전한 작은 가족회의에서 나오는 비판이란 재떨이를 방의 이 구석에서 저 구석으로 던지는 행위나 마찬가지다. 그런 회의들은 실제로는 아무 것도 변화시키지 않으면서 열기만 낼 뿐이다. 그런 회의들 덕분에 교회 직원들이 제정신인 상태를 유지할지도 모른다. 그렇지만 그 회의들은 교회 직원들이 갇혀 있는 구조를 변화시키는 데 어떤 것도 **전혀** 하지 못한다. 왜냐하면, 그것들은 실제로 일어나는 어떤 일의 거짓된 모습을 보여주기 때문이다.

교파별로 나뉜 기독교의 뒤얽힌 복잡성은, 의사소통을 조정하고 명확히 하며 아울러 결말을 짓는 데 너무 많은 시간을 들여야 한다는 것을 뜻한다. 교회 기관 안의 어떤 부서든 다른 몇몇 부서와 구조적인 관계를 갖는다. 이것이 세상과의 의사소통에 또 하나의 장애물을 제공한다. 충분한 시간이 없다. 교회 관리들의 회의에 참석해본 사람이라면, 다음 모임은 언제 할지를 놓고도 서로 얼마나 많은 조정 관계를 거쳐야 하는지를 보았을 것이며, 보통 2, 3년 후의 일을 계획할 때는 말할 것도 없다. 이처럼 교파별로 조직에 정신을 빼앗겨 있는 기독교가 대학에서 기독교인들의 사명을 다하는 데 어떻게 힘이 닿겠는가?

교회 조직들을 통제하는 싸움을 하려면 용감한 영혼들이 필요하다. 그러나 모든 사람이 지역, 주, 국가 및 국제 이사회와 위원회로 얽힌 정글에 뛰어들 필요는 없다. 일정한 금욕주의가 행해져야 하는 곳이 여기다. 나는 교회를 '새로운 방향으로 나가도록' 돕겠다는 순진한 의도를 지닌 평범한 학생이나 교수진이, 다른 방향을 밀어붙이는 그 거대한 세력을 일말이라도 통제한다고는 생각하지 않는다. 무엇보다도 종교판 관리자 혁명이 있다. 선한 의도를 지닌 학생이나 교수가 평신도로서 위원회나 이사회에 참석할지 모른다. 그러나 대부분의 일은 배후에서 상근 직원들에 의해 이루어진다.[4] 이것이 종교의 관료 조직에서 결정에 이르는 방식이며 또한 권력이 실제로 행사되는 방식이다. 선한 의도를 갖고 내부에서 일할 생각을 지닌 평신도 역시 곧 또 다른 딱한 경험을 하게 된다. 그는 자신의 제안 모두가 — 또는 대부분이 — 상당한 평가와 함께 환영받는 것을 보게 될 것이다. 그의 제안들은 실행될 것이다. 그러나 그것들은 (잊히지 않는다면) 교파의 구조가 **허용하는 범위 안에서** 실행될 것이며, 아울러 이제 이해한 바와 같은 조직을 위협하지 않는 만큼만 실현될 것이다. 그의 제안들은 조직 자체의 방향을 바꾸는 데 거의 기여하지 못한다. 평신도는 그의 목소리가 통하고 있다고, 그의 공헌이 전국에 퍼지고 있다고, 그의 아이디어가 의사록에 당당히 기록되었다고 칭찬을 받을지 모른다. 그러나 그는 결국 자신의 날카로운 일침을 그냥 흡수해버리는 이불솜의 거대한 늪을 힘들게 지나고 있으며, 변화는 괴로울 정도로 천천히 온다는 인상을 받게 될 것이다.

나는 지역 또는 전국 위원회의 회원이나 간부가 되는 것이 헌신적인 학생이나 교수의 시간을 언제나 최선으로 활용하는 것이라고는 생각하지 않는다. 인적 자원을 신중히 배치하려면, 사람들을 이런 식으로 캠퍼스 밖으로 내보낼 때 지역 상황에 해를 끼칠 수 있다는 것을 알아야 한다. 몇몇 사람들은 교회 구조 안에서 투쟁하고 그동안 대부분은 세속적인 구조에서 일어나는 일에 집중해야 한다.

미국 교회들의 **보수주의** 역시 구조적인 뿌리를 갖는다. 이것은 미국의 개신교 교회들 대부분이 만인제사장론을 유창하게 외치고, 평신도들의 활동을 위해 최신 에큐메니컬 문서들을 제시해왔지만, 그들이 실제로 어느 것도 실천하지 않는다는 사실과 관계가 있다. 그들은 비전문적인 목회자들을 훈련시키는 데 재원과 인원을 집중시키기보다는 전문적인 단체의 선교사들과 목사들을 충원하고 후원했다. 이를 위해 해마다 몇억 달러에 이르는 예산이 필요하다. 비행장의 지상 정비원 같은 역할을 할 사람이 필요하다. 기금을 모으는 사람, 행정가, 타이피스트 등이 그들인데, 이들이 선교사들 '뒤에 있다'. 이 보조 관리들은 저마다 '선교'의 현재 구조를 유지하는 데 뿌리 깊은 기득권을 갖는데, 이는 이해할 만하다. 하지만 이른바 '받는 나라들'은 거의 만장일치로 이러한 패턴이 오래전부터 유용성을 잃었다고 생각한다. 여기서 우리의 관심을 끄는 것은 '선교'의 신학적 왜곡이 아니다. 엄청난 돈에 대한 이러한 필요가 사회 변화에 적극적으로 관여해야 할 교회의 능력에 미치는 효과다.

미국 교회들이 미국의 경제 체제를 이루는 주식과 채권에 얼마나 많은 돈을 투자하는지는 말하기 어렵다. 현지 단위, 지방 단위, 전국 단위를 모두 포함한다면 그 액수는 분명히 전체 투자액 중에서 결코 적지 않은 비율을 차지할 것이다. 이것은 교회로 하여금 체제 자체에 직접 의존하게 할 뿐만 아니라 그 기금이 투자되어 있는 기업들의 번영에도 의존하게 한다. 교파들은 재정적인 속박 때문에, 경제체제 자체에 대한 비판이 불가능하지는 않더라도 어렵게 되는 처지에 놓인다. 나는 여기서 교회 자신들이 미국 경제의 구조 전체에서 완전히 벗어날 수 있다거나 벗어나야 한다고 주장하지는 않는다. 그것은 아마도 기독교인들이 계속해서 자신들을 거대한 전국적인 교파 사업체로 생각하는 한 불가능할 것이다. 그것은 미국 교회가, 적어도 중세 교회가 봉건제도에서 또는 혁명 이전의 동유럽 가톨릭 교회들이 사유재산 제도에서 누렸던 만큼의 기득권을, 미국의 경제와 사회의 현재 구조에서 누린다는 것을 뜻한다. 미국 교회는 심각한 사회 변화에 대해서 강력하게 반발할 기득권을 지닌다. 미국 교회는 '기성' 교회다. 근본적인 비판을 할 만큼 자유롭지 못하다. 왜냐하면, 미국 교회는 그 제도적인 생활을 위해서 경제에 의존하기 때문이다. 또한 대부분의 쟁점에서 경제 및 사회의 보수 세력들은 일반적으로 미국 교회를 자기편으로 여기기 때문이다.

물론 교회가 미국 경제의 성공에 의존하는 바에 관해 말해온 모든 것을 대학에 대해서도 똑같이 말할 수 있다. 그러나 한 가지 중요한 차이가 있다. 대학은 인간에게 있는 최고의 것, 그의 최고의 업적이며 그가 이제까지 얻어낸 것 중에서 가장 폭넓은 준거 공동체, 즉 학문의 공동체를 대변한다. 대학은 자신의 사회를, 학자들과 지식인들의 세계 공동체의 이름으로 또는 국제적인 학문적 우애를 대변해서 비판할 수 있다. 그렇지만 대학은 이들이 스스로를 판단하게 할 방법이 없다. 반면에 교회들은 다른 모든 이들과 교회를 판단하시는 분, 모든 문화와 모든 세속적인 권위의 원천 위에 계시는 분을 대변한다고 주장한다. 대학에 있는 기독교인이 대학을 비판할 때에는 문화의 성취물에서 나온 표현이 아닌, 하나의 공동체라는 기준점에서 비판해야 한다. 그러나 교회들은 문화의 기득권에 예속되지 않을 때에만, 즉 약함에서 나오는 강함, 그리고 힘이 없을 때에만 생겨나는 힘을 갖고서 말할 때에만 그런 공동체를 제공할 수 있다. 요컨대 교회들은 그들이 교회라면 십자가의 지배하에 있다. 대학은 지혜의 화신이다. 그렇지만 십자가는 지혜로운 자들에게는 어리석은 것이다.

보수적인 기득권에서 자유로울 필요성은 오늘날 교회들에는 특히 중대하다. 자신의 조직이 지닌 이데올로기와 경제적 기반 때문에 혁명적인 변화를 이해할 수도 긍정할 수도 없는 제도는, 현재의 사회 혁명에서 하느님의 일에 응답해야 할 절박한 임무에 첫발조차 내디딜 수 없다. 이데올로기보다는 테크놀로지가 내일의 혁명들 대부분의 원동력이 될 것이라는 증거도 있다. 이것이 대학을 좋든 싫든 사회 변화의 초점에 놓이게 한다. 따라서 캠퍼스에서 물러나 교파 교회의 배타적인 내부 세계로 후퇴하는 대학 기독교인은, 세상에서 하느님의 화해 행위와 관계를 끊으며, 아울러 그 행위가 일어나는 드라마에서 자신의 위치에 눈을 감아버리는 치명적인 위험에 빠진다. 오직 일종의 금욕적 절연만이, 즉 본회퍼가 "거룩한 세속성"이라고 부른 것만이 그를 본질적인 보수주의에서 해방시킬 수 있다. 이 보수주의는 교파 교회들로 하여금 궁전을 떠나 역사 속에서 하느님이 이루는 영원한 혁명에 발을 들여놓지 못하게 한다.

나는 대학에서 교회의 임무를 그 전통적인 사제적 기능, 예언자적 기능, 금욕적 기능과 관련시켜 논의했다. 나는 '신앙의 교회'를 교파적인 기독교와 구분하려고 했다. 그렇다고 해서 그 둘이 반드시 분리되어 있다고 주장하는 것은 아니며, 또 '눈에 보이지 않는 교회'라는 신비적인 개념에 빠져 있는 것도 아니다. 이 논의를 하면서 나는 신학과 교회론에서 종교 개혁 전통의 주된 흐름 안에 있으려고 했다. 파벌성, 자아도취, 보수주의를 지닌 교파적인 종교 집단들이 대학 공동체 안에 들어왔기 때문에, 그들은 대학 안에서 성장할 수 있는 기독교인의 생활양식을 만들어내는 데 실패했다. 더욱 나쁘게는, 대학에 있는 기독교인들을 빼내 갈라진 교회들의 거짓 세계에서 벌어지는 하찮은 음모에 끌어들이는 경향이 있었다. 교회의 거처를 정하는 것은 신앙의 행위며, 오늘날 대학에서 기독교인의 소명은 이 '진정한 교회'가 있는 곳을 알아내어 거기에 참여하는 것이다.

그러나 대학 안에 있는 교회 생활의 대안적인 모습은 어떠한 것인가? 아마도 사전에 이러한 모습들을 규정하는 것은 현명하지 않으며 필요하지도 않다. 기독교인들이 현재의 불구가 된 구조에서 '빠져나올' 용기를 충분히 갖고 있다면 하느님 자신이 새로운 것을 제공할 것이다. 이집트를 떠나기 전에 약속된 땅으로 가는 거리 지도를 가질 필요는 없다. 그럼에도 나는 하느님이 우리에게 사막을 뚫고 나갈 길에 대한 힌트를 몇 가지 주셨다고 생각한다.

예를 들면, 미래에 대한 교회의 증거가 세속적인 대학에 있지 어떤 중세적인 유형의 복귀에 있지 않을 것이라는 점은 분명하다. 현대 대학에서 기독교인들의 공동체가 주거지 모임으로 통합되지 않고 대부분 그와 분리되어 존재할 것이라는 점은 분명하다. 근본적으로 에큐메니컬하지 않은 어떤 활동도 대학 캠퍼스에서는, 또는 실제로 어느 곳에서도 설 자리가 없음이 분명하다. 내일의 대학의 기독교인들이 대학 자체에 대해서, 또 대학이 만들어가는 세계에 대해서 진지하고 개방된 태도로 살아가리라는 것은 분명하다. 또한 이러한 교회 생활이 모여드는 단계가 기능을 바탕으로 구성되는 소규모 훈련된 집단들 속에서 나타나리라는 것도 분명하다. 모든 것 중에서 가장 분명한 것은, 대학에 있는 교회의 미래 모습은 기독교인들이 대학 안에서, 또 대학을 위해서 책임감을 갖고 생활할 때, 또한 대학 생활을 약화시키고 분열화하는 데만 성공한 교파 교회들 안에 있지 않고 또 그들을 위해서도 있지 않을 때만 생겨날 것이라는 사실이다.

이 이상 말을 하는 것은 공론空論이나 명령이 될 것이다. 대학 안에서 교회의 역할은 어떤 것인가? 고객과 신입 회원을 찾는 교파들의 분열성은 설 자리가 없다. 어느 누구도 고마워하지 않고 그들을 칭찬하거나 주목하지 않을 때에도, 대학에 봉사하기로 마음먹은 종들의 화해 공동체인 교회라면 대학 공동체 안에 설 자리가 **있다**. 그 자리는 보는 눈을 갖고 있는 사람들에게는 명백할 것이다.

주

1 메리몬 커닝김Merrimon Cuninggim은 그의 책 *The Protestant Stake in
Higher Education*(Washington, D. C.: Council of Protestant Colleges
and Universities, 1961)에서 대학들이 종교 교파들에게 후원받는 것을
강력하게 변호하지만, 동시에 그는 "프로테스탄트 교육 신학 같은 것"은
없다고 주장한다(p. 50).

2 이와 관련된 엄청난 어려움에 대한 정직한 평가를 포함해, 어떤 공동 뼈대
를 만들고 관리하기 위한 시도들의 역사에 대해서는 다음을 보라. Russell
Thomas, *The Search for a Common Learning 1800-1960*(New
York: McGraw-Hill, 1962). 그 책에는 또한 몇몇 대학의 교양 과정과 인
문학 프로그램에 대한 훌륭한 조사도 실려 있다.

3 Clark Kerr, *The Uses of the University*(Cambridge, Mass.: Harvard
University Press, 1961). 커는 캘리포니아 대학 총장으로서 현대 대학의
숨 막힐 듯한 물리적 확장과 정치적 환경을 몸소 알고 있다.

4 권력이 실제로 종교 관료주의에서 행사되는 방식에 대한 뛰어난 조사에
관해서는 다음을 보라. Paul Harrison, *Power and Authority in the Free
Church Tradition*(Princeton, N. J.: Princeton University Press,
1959).

신과 세속적 인간

chapter 11

신에 대해 세속적인 방식으로 말하기

1944년 4월 30일 디트리히 본회퍼가 감옥 독방에서 친구에게 쓴 편지에서 한 말은, 줄곧 신학자들을 유혹하는 동시에 괴롭혀왔다. 그는 다음과 같이 썼다. "우리는 종교가 전혀 없는 시대를 향해 나아간다. ……우리는 어떻게 종교 없이 신에 대해 말하는가? ……어떻게 세속적인 방식으로 신에 대해 말하는가?"[1]

본회퍼의 질문이 우리를 괴롭히는 것은 놀라운 일이 아니다. 그것은 우리에게 논쟁의 여지가 없는 두 가지 사실을 상기시킨다. 첫번째 사실은 성서 신앙이, 예를 들면 불교와 달리, 신에 대해 **말하지** 않으면 안 된다는 것이다. 성서 신앙은 침묵이나 신비의 경구로 후퇴할 수 없다. 인간의 말이 가리킬 수 없는 신은 성서의 신이 아니다. 그러나 본회퍼의 질문은 또한 **신**이라는 말이 현대 세속인을 어리둥절하게 하거나 혼란스럽게 한다는 것을 상기시킨다. 세속인의 정신세계나 언어 사용 방법이 이러하므로 **신**이라는 말이 점점 더 그에게 미심쩍은 것이 되었을 정도이다. 이것은 우리를 곤경에 빠지게 한다.

즉 인간이 세속도시에서 신에 대해 말할 수 없다면, 우리가 세속화와 성서 신앙에 대해 말한 모든 것은 난센스이며 이 책의 논제 전체가 오류투성이다. 우리는 본회퍼의 이 고통스러운 질문을 다루어야 한다. 그렇지 않으면 우리가 지금까지 말한 모든 것은 받아들이기 어려워진다.

의미 있는 것은 본회퍼 자신이 그 질문에 대답하려고 하면서, 어디서 시작해야 할지에 대한 긴 실마리를 제공한다는 것이다. 그는 감옥에 갇히기 몇 년 전 제2계명에 대한 주석에서 다음과 같은 짤막한 글을 썼다.

> 우리에게 '신'은 생각할 수 있는 것 중에서 가장 높고 거룩하며 가장 위대한 것을 가리키는 보통 개념이 아니며, '신'은 하나의 이름이다. 신 자신이 말했지만 우리가 '신'이라고 말할 때와 이교도가 '신'이라고 말할 때, 그것은 완전히 다른 것이다. …… '신'은 하나의 이름이다. ……그 말은 결코 아무것도 뜻하지 않는다. '신'이라는 이름이 모든 것이다.[2]

여기서 본회퍼는 우리가 어떻게 나아가야 하는지에 대한 매우 귀중한 암시를 준다. 그는 성서 전통 안에서는 우리가 '세속적인 방식' 또는 어떤 다른 방식으로도 결코 '신에 대해' 말하지 않는다는 것을 상기시킨다. 우리가 성서적인 의미에서 신이라는 말을 쓸 때, 우리는 신에 대해 말하는 것이 아니라 '이름을 붙이는 것'이다. 그것은 완전히 다른 문제다. 이름을 붙이는 것은 우리의 역사에 관해 어떤 것을 가리키고 고백하며 그것의 위치를 정하는 것이다. 우리가 개인으로서, 또 하나의 종種으로서 가지는 기억과 의미의 축적을 이용할 때에만, 우리는 어떤 것에 이름을 붙일 수 있다. 이것이 이름 붙이는 행위를, 하느님이나 어떤 다른 이름을 붙일 때, 단순히 신학적인 문제나 언어학적 문제 이상이 되게 한다. 신학과 언어는 사회 문화적 환경 속에서 생겨난다. 그것들은 어떤 시대의 존재 양식에서 나타난다. 이것이 '신에 대하여 세속적인 방식으로 말하는' 문제를 부분적이나마 적어도 사회학적 문제로 만든다.[3]

그러나 세속적인 방식으로 신에 대해 말하는 것이 사회학적 문제인 것만은 아니다. 우리는 우리의 세계관이 정치화되는 시대, 즉 잠시 후에 보게 되듯이, 현실을 파악하는 특징적인 양식으로서 정치적인 것이 형이상학적인 것을 대신하는 시대에 살기 때문에, 오늘날 '이름을 붙인다'는 것은 부분적으로는 또한 정치적인 문제가 되기도 한다. 그것은 밀고 당기는 인간 갈등의 어느 곳에서, 출애굽과 부활을 통해 우리가 목격하는 해방 행위를 지속시키는 흐름들을 탐지할 수 있는가라는 문제가 된다. 신에 대해 세속적인 방식으로 말하는 것은 또한 정치적인 문제다.

그렇지만 사회학적이고 정치적인 고려가 결코 본회퍼가 제기한 문제의 깊이를 완전하게 규명하지는 못한다. 몇몇 현대 신학자들은 회피하려고 노력하지만 신이 존재하느냐 그렇지 않으냐는 대단히 중대한 문제**다**. 실존existence과 존재being라는 말을 놓고 온갖 수다를 떨고, 추상 언어에 관해 집단 내부에서 온갖 정교한 언쟁을 벌이지만, 모든 개념이 분명해진 다음에도 해소할 수 없는 문제가 남는다는 사실을 가릴 수 없다. 그것은 스페인 철학자 미구엘 우나무노Miguel Unamuno가 옳게도, 인간이 묻는 다른 모든 문제를 압도한다고 여겼던 문제다. 즉 인간은 우주에 홀로 존재하는가 그렇지 않은가?

따라서 본회퍼의 질문은 세 부분을 갖고 있다. 그것은 무엇보다도 먼저 **사회학적 문제**다. 우리가 문제라는 표현을 쓰는 이유는 그것이 상대적으로 큰 어려움 없는 수준에서 대답을 얻기 때문이다. 그것은 또한 **정치적인 쟁점**이기도 하다. 쟁점이란 조금 더 많은 것을 요구하는 도전이다. 그것은 우리에게 어떤 위험을 감수하고 어떤 선택을 하며 편을 들라고 요구한다. 그것은 우리에게, 헤브라이인들이 야훼에게 호소하고 제자들이 예수에게서 본 것과 같은 현실이 오늘날 어디서 나타나는지를 가리키도록 다그친다. 그러나 마지막으로 본회퍼는 우리에게 **신학적인 질문**이란 무엇인가를 제시한다. 그는 우리에게 성서의 신이 실제로 있는지, 아니면 인간이 자신을 두고 말하기 위해 만들어낸 상상력 풍부한 방법에 지나지 않는지 우리 스스로 대답하게 한다. 말로 아무리 설명해도 이 의견의 불일치를 제거할 수 없다. 궁극적으로 그것은 결코 명확한 사고의 문제가 아니라 개인적인 결정의 문제다. 루터가 옳았다. 즉 이 문제에 대해서 결정하는 것은 죽음과 마찬가지로 모든 사람이 스스로 겪지 않으면 안 되는 문제다.

사회학적 문제로서 신에 대해 말하는 것

세속도시에서 신에 대해 말하는 것이 부분적으로는 사회학적 문제라는 이유는, 신이라는 말을 포함해 모든 말이 특정한 사회 문화적 배경에서 나온다는 데 있다. 하늘에서 물려받은 언어는 결코 없었다. 말이 그 의미가 변해 불확실해질 때는 언제나 그러한 혼동 밑에 어떤 사회적인 혼란이나 문화적인 붕괴가 있다. 기본적으로 그러한 모호함에는 두 가지 유형이 있다. 하나는 역사적인 변천에 의해, 또 다른 하나는 사회적 분화에 의해 생겨난다.

역사적인 변천을 거친 모호함이란 똑같은 단어라도 그 단어가 쓰인 역사적 시대마다 다른 함의를 갖는다는 것을 뜻한다. 예를 들면, 'let'이라는 영어 단어는 셰익스피어 시대 이후 그 의미가 완전히 바뀌었다. 햄릿이 그의 아버지의 유령을 향해 뛰어들며 "나는 나를 'let'하는 저 사람을 죽이겠다"라고 말할 때, 이 말은 자기를 막으려고 하는 자는 누구든지 죽이겠다는 것을 뜻한다. 사회적 분화를 거친 모호함이란 복잡한 사회에서는 똑같은 단어라도 배경이 다르면 다른 것을 의미한다는 뜻이다. 똑같은 단어가 그 단어가 사용되는 목적에 따라 동일한 사람에게 다른 것을 의미할 수도 있다. 'operation'이라는 단어의 예를 보자. 이 단어는 외과 의사, 장군, 기업 임원에게는 각각 매우 다른 뜻을 갖는다. 종종 역사적 변천을 거친 모호함과 사회적 분화를 거친 모호함이 결합해 혼란에 혼란을 더하기도 한다. 따라서 한 사회 안에서 어떤 이전의 역사적 단계와 특별한 인연을 맺는 집단들은, 더 큰 단위의 문화에서는 은어처럼 들리는 어법을 갖는다. 은어에서 단어들은 그것들이 일반적인 문화에서는 갖지 못한 의미를 지니려고 한다. 단어 의미들의 부침은 사회적 갈등과 변화라는 조수를 타고 나타난다. 집단들 사이의 문화적 힘의 크기는, 가끔 주어진 한 단어에서 어떤 의미가 지배적으로 쓰이는가를 주목하면 그 강함과 약함에 따라 도표를 그릴 수 있다.

사회적 변화는 단어들의 의미를 바꾼다. 프랑스 사회학자 앙투안 메이예Antoine Meillet는 이전에 다음과 같이 썼다. "……의미 변화의 본질적인 원리는 한 언어가 말해지는 환경 속에 사회적 집단들이 존재한다는 것, 간단히 말해 사회적 구조라는 사실에서 찾을 수 있다."[4] 이 원칙을 명심하면서 'God'이라는 세 개의 철자로 된 영어 단어에 어떠한 일이 일어났으며, 또 그것이 왜 오늘날 사실상 쓸모없는 단어가 되었는가를 살펴보자.

언어역사학자들은 God이라는 말이 게르만계 언어군에서는 기독교 이전부터 그 기원을 갖는다고 지적한다. 기독교 시대의 몇 세기 동안에는 이 말이 그리스 철학의 테오스theos, 서양 형이상학의 데우스Deus, 그리고 헤브라이 성서의 야훼Yahweh를 포함한 여러 가지 용어를 번역하는 데 쓰였다. God이라는 말(그리고 고대 및 중세 영어에서 그보다 앞서 쓰였던 말들)의 이러한 이용이 가능했던 이유는, 다른 용어들이 대표하는 다양한 문화적 흐름들이 한 사회에서 어느 정도 통합되었기 때문인데, 그 사회에서는 어떤 결정적인 역사적 변화도 문화의 연속성을 저지하지 못했다. 사실 God이라는 말과 현대 언어에서 그것에 상당하는 말들은, 위의 세 가지 전통을 '기독교' 세계라 불리는 문화적 종합 속에 묶는 언어학적·개념적 요체 구실을 했다.

그러나 이것이 바로 문제다. 신학자들은 거의 눈치 채지 못하지만 이 사회 문화적인 종합이 무너지고 있다. 기독교 세계가 사라지고 있다. 우리는 지금 신God이라는 말의 다양한 쓰임이 한때는 편리하게 융합되었지만 이제는 분화되고 있다는 것을 알고 있다. 역사적 변화와 사회적 분화가 결합하여 그 말을 영어에서 가장 모호한 말로 만들었다. 신학자들은 말은 '공허한 것'이라고 말하기를 좋아한다. 그렇지만 말의 공허함은 훨씬 더 기본적인 무질서, 즉 말의 애매모호함의 증후에 지나지 않는다. 그렇지만 어느 누구도 신이라는 말을 더는 사용하지 않는다는 것은 진실이 아니다. 그 말은 언제나 쓰인다. 땀

흘리며 일하는 선원들에 의해서도, 정열적인 설교자들에 의해서도, 그리고 존재의 비실존성이나 말의 무의미성을 증명하려는 헌신적인 변론가들에 의해서도 말이다. 신이라는 말과 이에 해당하는 말들의 치명적인 모호함의 사회적 토대는 기독교 세계의 쇠퇴와 고도로 분화된 세속 문명의 출현이다.

현대 신학에서 신의 존재 문제를 다룬 중요한 책에서 헬무트 골비처는 신이라는 말이 갖는 당혹스러울 만큼의 모호함에 관해서 논한다. 그는 우리가 '그리스인들과 그들의 신들'에 대해 말할 때처럼 신이라는 말을 가끔 존재 범주를 가리키는 데 쓴다는 사실을 보여준다. 둘째, 우리는 그 말을 형이상학의 최고 존재에 사용한다. 셋째, 우리는 그 말을 성서의 증언을 통해 자신을 드러내는 한 분을 이름 짓는 데 쓴다.[5]

신이라는 말의 용법은 언제나 혼용되어왔지만, 처음 두 가지 용법은 우리가 부족과 마을로 일컬은 두 시대에 부분적으로 해당한다. 부족인은 God을 '신들' 가운데 하나로 경험했다. 이러한 부족 정신의 요소들을 통합하는 구약성서는 어떤 의미에서도 '일신교적'이지 않다. 야훼는 신들의 지배자다. 이와 마찬가지로 주술에서 형이상학을 거쳐 과학으로 대이행을 한 마을 생활의 시대에는, 사람들은 신 God을 신과 인간 모두를 포괄하는 하나의 통일된 구조의 일부로 인식했다. 도시 세속인에게는 부족과 마을의 용법이 거의 의미가 없으며 그에게는 세 번째 용법만이 남아 있는데, 이것이 까다로운 문제다. 왜냐하면, 다른 두 용법이 아직도 통용되면서 사정을 어지럽히기 때문이다. 이것은 부족과 마을 시대 사람들이 성서의 '진정한 신'을 만나지 못했다는 뜻이 아니다. 그렇지만 그 의미는, 그들이 그분을 만났을 때 이는 각자의 시대가 지닌 세계관과 의미-이미지 안에서였음을 뜻한다. 이런 이유에서, 도시 세속인이 그분을 만난다면, 성서의 신은 세속화 이전의 인간이 그분을 만나던 문화적인 인식 경로와 조심스럽게 구별되어야 한다.

골비처의 신이라는 말의 세 가지 용법은 역사적 시대에만 해당하는 것이 아니다. 그것들은 또한 현재 문화 안에서 아직도 부족이나 마을의 인식 유형과 인연을 맺고 있는 이질적인 집단들에도 해당된다. 부족적인 용법은 신성모독, 민간전승, 격언 속에 살아남아 있다. 그것은 또한 신성이 어떤 특정 집단의 수호자로 인식되는 곳에서는 어디에나 남아 있다. 형이상학적 신성은 고전적인 존재론의 흔적들이 아직도 버티고 있는 곳, 즉 세속화의 흐름을 일시적으로 피해온 지역에 남아 있다. 역설적으로 신은 또한 그 존재를 부인하느라 골몰하는 철학자들 사이에도 남아 있다. 그들은 적어도 그들이 부인하는 존재가 무엇인지는 아는 것 같다.

이 모든 것 중에서 신학자들과 설교자들은 어디에 해당하는가? 사회학적으로 말하면 그들은 역사적 변화와 사회적 분화 **둘 모두**의 희생자들을 대표한다. 대부분의 사람들은 그들을 문화적 골동품으로 인식하며, 아울러 나폴레옹 제2제정 시대의 가구에 품는 것과 똑같은 애정을 그들에게도 품을지 모르겠다. 특히 성직자들이 때때로 강렬한 색의 예복을 걸치고 점잖 빼며 걸을 때, 그들은 마치 어떤 잊힌 전쟁의 제복을 입은 퇴역 군인들처럼, 사람들에게 역사의 연속성이라는 좋은 느낌을 준다. 아니면 성직자들은 어떤 특별한 내집단in-group 전승의 관리자로 인식되며, 그런 사실만으로도, 다른 사람의 믿음이 아무리 기이하더라도 세심할 정도로 관용을 베풀라고 가르쳐온 문화에서는 보통 폭넓은 존경을 받는다. 그렇지만 과거의 의인화와 하위문화적인 에토스의 보존자라는 이중 역할, 즉 성직자들이 매우 열성적으로 행하는 이 역할은 그들이 신에 대해 말할 때 대가를 치른다. 그들이 기꺼이 해왔던 역할 때문에, 그들이 신이라는 말을 쓸 때 그 말은 어떤 일정한 방식으로 들린다. 그 말은 가끔은 복종의 뜻을 그리고 대개는 공손의 뜻을 지닌 채, (과거) 기독교 시대의 요체를 가리키는 말로 또는 (타당성 없는) 부족적인 하위문화들 중 하나인 토템으로 들린다. 성직자들이 사용하는 그 말이 인식되는 방식을 바꿔내는 유일한 길은, 사회가 그들에게 맡기는 골동품 수집가와 약장수 역할을 거부하는 것인데, 이것은 어렵다. 왜냐하면, 그것으로 그들이 보수를 받기 때문이다.

듣는 사람이 그 말에 부여하는 의미와 그 말을 하는 사람의 역할 사이의 이 밀접한 상관관계는, 키르케고르가 일찍이 사용한 비유로 설명할 수 있다. 순회공연을 하는 서커스단이 덴마크 어느 마을 외곽에 천막을 치고 얼마 안 되어 갑자기 불이 났다. 단장은 공연복을 이미 차려입은 단원을 보내어 불 끄는 일을 도와달라고 마을 사람들에게 호소했다. 불은 서커스단을 파괴할 뿐만 아니라 메마른 들판을 지나 마을에 미칠지도 모르기 때문이었다. 얼굴에 분장을 한 광대는 황급히 마을 광장으로 달려가 서커스단이 있는 곳에 가서 불 끄는 일을 도와달라고 모든 이에게 외쳤다. 마을 사람들은 자신들을 서커스단의 큰 천막에 가게끔 속이는 이 기발한 방법에 웃으면서 박수 갈채를 보냈다. 광대는 울면서 사정했다. 그는 자기가 연기를 하는 것이 아니며 마을이 정말로 불에 타버릴 위험에 놓였다고 주장했다. 그가 간청하면 할수록 마을 사람들은 더 크게 웃어댔다. 마침내 불은 들판을 지나 마을로 번졌다. 마을 사람들이 알아채기도 전에 그들의 집은 잿더미가 되었다.

　신에 대해 말하는 일에서 사회학적 문제라는 것은, 그렇게 하려는 사람들의 역할이 그들을 즉시 그들이 말하는 내용을 무시해도 상관없는 어떤 인식의 맥락에 놓이게 한다는 것이다. 물론 신학자들이 신이라는 말이나 그 밖의 종교 용어를 사용할 때 그 뜻하는 바를 이해할 수 있는 사람들도 여전히 있다. 여기엔 '종교적인' 사람들도 있고, 직업이나 가족 내력상 신학자들과 설교자들이 살아가는 의미 세계에 회원 카드는 아닐지라도, 방문자 통행권쯤은 가진 사람도 포함된다. 그러한 사람은 가끔 교회 평신도들 조직에서 찾아볼 수 있다. 인문학을 전공하는 학문적으로 훈련된 사람들도 자격이 있다. 하나의 집단으로서 이 모든 사람들은 기독교 세계의 문화적 잔재 일부를 보유한다. 그들이 현대 세계에 끼치는 공헌이 아무리 대단하다 해도, 그들 가운데 많은 사람들이 여전히 이전의 역사 시대에서 분명하게 넘겨받은 '양식'을 갖추고 있다. 그들은 분명히 서양 역사에서 형이상학적 담론이 어느 정도 통하던 시대에서 유래된 관습, 의례, 버릇 등을 소중히 여긴다. 그러나 이 인문주의적인 학풍의 하위문화는 사회 전체뿐만이 아니라 대학 세계 자체에서도 그 위치의 중요성이 상대적으로 줄어든다. 현재 논의의 목적에서 이 문제가 중요한 이유는 그것이 대학의 신학자의 삶의 자리Sitz im Leben를 이루기 때문이다. 이 문제는 그가 현실을 인식하는 맥락을 제공한다. 그리고 이것은 대학의 신학자들이 가끔 형이상학적 시대의 소멸이 제기하는 쟁점들을 보지 못하는 이유를 설명하는 데 큰 효과가 있다. 대학의 신학자들은 교회 사람들과 인문학자들 속에서 하루하루를 보내며 아울러 연구

경력, 개인 일정, 직업적인 의무들 때문에 새로이 출현하는 기술 및 정치의 시대와 격리되어 있다. 형이상학적 체계 없이 신에 대해 말하는 법을 배우는 일은 상대적으로 중요하지 않은 것처럼 보인다.

그러나 그것은 여전히 중요한 문제다. C. A. 판 푀르선은 다음과 같이 쓴다.

신이라는 말은 더는 형이상학적 실체로서 기능을 할 수 없다. 그 말은 이제 우리의 지식에서 틈을 메워주는 데 쓸 수 없다. ……기독교는 그것이 형이상학적 실체론적 사고의……영역 안에 머무르면 초자연적인 것이 될 위험이 있다. ……(그것은) 형이상학적인 도피가 될 뿐이다. ……성서의 메시지는 최고의 존재론과는 아주 다른 어떤 것이다.[6]

만일 판 푀르선이 옳다면 본회퍼의 질문에 대한 대답은, 광대 옷을 벗어버리고, '신에 대해 말하는 일'이 일어나는 사회적 맥락을 바꾸며, 말하는 그 사람이 무엇을 말하든 그것을 하찮게 만드는 문화적 역할들을 수행하기를 거부하는 것이다. 신에 대한 형이상학적 이야기가 역사적 변화와 사회적 분화에 의해 모호해졌다면, 그것은 기독교 세계와의 단절을 받아들이고 하위문화의 고립된 영토를 떠날 때까지는 폐기될 수 없을 것이다.

정치 쟁점으로서 신에 대해 말하는 것

그러나 성서의 신에 대해 말하길 원하는 사람들이 시대착오적인 양식을 버리고 종교적인 게토 구역에서 나온다면, 그들은 어떤 어법으로 기술도시인에게 신에 대해 말할 수 있겠는가? 신화가 부족의 적절한 은유였고 형이상학이 마을 시대에 어휘를 제공했다면 세속도시 시대의 독특한 어법은 무엇인가?

몇몇 신학자들은 그것이 '역사적인 언어'여야 한다고 말한다. 그래서 판 퍼르선은, 우리가 성서에 부여한 형이상학의 짐을 치운다 하더라도, 신이라는 말이 역사적인 용어로 그 자신의 의미를 채우도록 준비해야 한다고 생각한다. 고故 칼 마이캘슨Carl Michalson이 성서는 존재의 문제를 묻지 않으며(즉 형이상학적이지 않으며) 역사적 의미와 행위에 대해 묻는다고 말했을 때, 그는 같은 생각을 했던 것 같다. 그는 성서가 지니는 의미들은 역사적인 과정 자체 안에서 주어진다고 생각한다. 그 의미들은 "역사 안에 역사로서 주어지지, 역사라는 지평선에 존재로서 주어지는 것이 아니라고"[7] 그는 말한다.

판 퍼르선과 마이캘슨은 확실히 옳다. 그러나 신학이 형이상학적이기보다 역사적이어야 한다고 말함으로써, 그들은 우리가 사회 변화 신학을 논의하면서 다룬 것과 똑같은 오해의 소지를 만든다. 대부분의 사람들에게 **역사적**이라는 말은 과거와 관계가 있다. 소수의 전문가 집단에서만 그 말은 또한 역사적 현재도 포함한다. 그러므로 우리가 역사의 신학만이 아니라 사회 변화 신학을 탐구해야 한다고 주장한 것과 똑같은 이유에서, 우리는 또한 형이상학을 대신해야 할 어법은 역사적인 것이 아니라 정치적인 것이라고 믿는다. **정치적**이라는 용어가 너무 좁은 의미를 내포한다고 반론을 제기할지도 모른다. 그러나 우리는 그 의미의 범위가 우리 시대에서는 넓어지고 있다고 생각한다. J. M. B. 밀러J. M. B. Miller가 그의 《정치의 본성 The Nature of Politics》에서 지적하는 바처럼,[8] 정치란 갈등과 사회 분화에서 생겨난다. 정치는 완전히 통일된 세계관을 상실한 사회들이 자신들을 이해하는 방식을 나타낸다. 오늘날 정치는 그것이 아리스토텔레스에게 뜻한 것, 즉 폴리스를 폴리스답게 만들어가는 모든 활동을 의미하기 시작했다.

그렇지만 몇몇 신학자들은 정치적인 장르를 반대할 것이다. 왜냐하면, 그들은 기독교 세계의 죽음을 다루는 다른 방법들을 옹호하기 때문이다. 두 부류만 언급하겠다. 하나는 '형이상학 이전'으로 돌아가고 싶어 하는 사람들인데, 마르틴 하이데거와 하인리히 오트 Heinrich Ott가 대표적인 사람들이다. 그리고 또 하나는 정치 범주 대신에 실존주의 범주를 쓰자고 주장하는 사람들인데, 이 부류의 상징적인 인물이 루돌프 불트만이다.

하이데거는 철학자지 사회과학자가 아니다. 그런 만큼 그는 형이상학 쇠퇴의 근저에 있는 사회 문화적 붕괴에 대해 많이 말하지 않는다. 그는 형이상학 시대를 끝내는 데 있어 현대 과학기술의 역할을 어느 정도는 파악하지만 매우 부정적인 방식으로만 그렇게 할 뿐이다. 그렇지만 하이데거는, 지금 형이상학 시대가 죽었다고 쓰고 있는 그 어떤 철학자보다도 확실하게 알고 있으며, 게다가 심오할 정도로 '종교적인' 사상가인 그는 형이상학의 죽음이 겪는 진통을 커다란 개인적 고통을 갖고 바라본다. 하이데거는 그 죽음이 그가 하는 식의 사고의 종말을 표시한다는 것도 알고 있다.

그러나 여전히 하이데거는 가끔 놀라울 정도로 명확하게 그 문제들을 바라본다. 그는 철학적 신학과 형이상학에 관련된 신을 논하면서 이를 발음조차 하기 힘든 튜턴주의적인 'ontotheologics'로 총괄하여 다음과 같이 말한 적이 있다.

이러한 신에게는 인간은 기도도 드릴 수 없고 제사도 드릴 수 없다. ……경외하는 마음으로 무릎을 꿇을 수도 없고 노래나 춤을 출 수도 없다. 따라서 철학의 신을 포기해야 하는 신 없는 사고가……아마도 거룩한 신에게 더 가까울 것이다.[9]

동시대 신학자로서 하이데거를 칭송한 자들 중 한 사람인 하인리히 오트는, 그의 스승이 이제는 신에 대한 분명하게 비형이상학적인 언어가 발전하는 데 청신호를 주었다고 생각한다.[10]

그러나 이 점에서 하이데거와 그의 추종자들에 대한 우리의 동의는 갑자기 멈추며 우리는 반대 방향으로 간다. 하이데거와 오트 모두 '형이상학을 넘어서' 앞으로 밀고 나가기보다는, 오트가 뒷걸음질 Schritt zuruck이라고 부른 것을 옹호한다. 진정으로 **탈**脫형이상학적 postmetaphysical 신학을 향해 나아가는 대신에 그들이 원하는 것은 **전**前 형이상학적인premetaphysical 신학이다. 그들은 형이상학 뒤편에 있는 더욱 근본적인 장르의 사고라고 그들이 느끼는 것으로 돌아가기를 좋아한다.

그러나 그러한 행동 경로는 신학에게는 최종적인 파멸을 일으킬 수 있을 뿐이다. 고전적인 형이상학에 종착지가 왔다는 것을 본다는 점에서는 하이데거와 오트가 전적으로 옳다. 그러나 부족 문화의 특징인 일종의 원시 신화적인 사고로 돌아가는 데 탈출로가 있다고 믿는다는 점에서는 그들이 완전히 틀렸다. 필요한 것은 뒤로 향하는 걸음보다는 앞으로 나아가는 걸음, 즉 기술도시 사회가 직면하는 문제들에 대해서 신학적으로 생각하는 발걸음이다. 하이데거적인 사고가 옹호하는 자세는, 몇몇 사람들에게는 자연에 대한 경외감과 생의 원초적인 맥박에 대한 두려움을 되살아나게 할지도 모른다. 그것은 일종의 대체 종교가 될 수 있을 것이다. 그렇지만 이것은 자연의 탈주술화와 정치의 비신성화 이전의 정신 자세로 돌아가는 셈일 것이다. 그러한 태도로 역행하는 것은 〈창세기〉와 〈출애굽기〉의 하느님을 부정하게 될 것이다. 신학이 살아남아서 현대 세계에 어떤 의미를 부여해야 한다면, 그것은 형이상학적인 세계관에 매달려서도 안 되며 또 신화적인 방식 안에 주저앉아버려서도 안 된다. 그것은 도시 세속인의 살아 있는 어휘 안으로 밀고 들어가야 한다.

신에 대해 정치적인 방식으로 말하는 것에 대한 또 하나의 대안은 실존주의인데 그것 또한 잘못이다. 몇몇 지식인들에게 인기가 있지만 실존주의 신학은 도시 세속인의 세계로 가는 길이 아니다. 그것은 더 큰 실존주의 운동의 종교적 가지다. 에른스트 토피취Ernst Topitsch가 실존주의의 사회학에 대한 그의 논문에서 보여주었듯이, 이 운동은 그가 유럽의 교양 계층Bildungsschicht[11]이라고 부르는 사람들이 겪은 특별한 사회적 위기에서 생겨났다. 이들은 왕좌와 제단의 귀족주의 전통을 일찍이 포기하고 그것을 자신들만의 재산과 교육의 특권적인 결합으로 대체한 교육받은 중산층들이었다. 그들은 18, 19세기에 유럽을 휩쓸었다. 그들의 기념비적 유산은 아직도 관광객들을 즐겁게 해주는 오페라 하우스, 박물관 및 교육 시설 등에서 찾아볼 수 있다.

그러나 19세기 초에 나타난 또 다른 유형의 인간이 유럽 문화의 무대 중심을 향해 어깨를 들이밀기 시작했다. 그는 기술자이자 과학자였으며 사회계획자이자 정치혁명가였다. 그가 창조하는 세계에서는, 전통적인 의미의 '교양 있는 인격'이 자리 잡을 여지가 거의 없다는 것이 곧 분명해졌다. 교양 계층의 반응은 놀라운 일이 아니다. 그들은 전 세계가 파멸하고 있다고 단정했다. 자신의 특권의 상실과 조용하지만 효과적인 권력을 행사했던 안전하고 작은 세계의 소멸로 굴욕을 당한 나머지, 그들은 문화 전체의 유례 없는 쇠퇴가 시작되었다고 결론지었다. 그들은 **모든** 생활이 무의미하게 되었다고 확신했으며 따라서 그들은 미적·정신적·종교적 초연함으로 후퇴했다. 실존주의가 탄생한 것은 이 문화적인 세계고世界苦, Weltschmerz의 무거운 분위기에서였다.

실존주의는 서양의 형이상학적 전통이 막바지에 이르렀을 때 나타났는데, 이때 서양 형이상학 전통의 사회적 기반은 혁명과 과학기술에 의해 해체되었다. 실존주의는 노쇠한 어머니에게서 태어난 한 문화적 시대의 마지막 자식인 셈이다. 이것이 실존주의 작가들이 왜 그토록 목가적이고 반도시적인가 하는 이유다. 그들은 소멸될 운명에 있는 한 시대를 대표한다. 결국 그들의 사고는 반反과학기술적이고 개인주의적이며 낭만적이고 아울러 도시와 과학에 대해 깊은 회의를 나타내는 경향이 있다.

세계는 이미 실존주의의 정념pathos과 나르시시즘을 넘어섰기 때문에, 루돌프 불트만처럼 성서의 메시지를 새롭게 하려는 신학적인 노력들은 목표에 훨씬 미치지 못한다. 그러한 노력들이 실패하는 이유는, 그것들이 너무 급진적이기 때문이 아니라 결코 충분히 급진적이지 않기 때문이다. 그러한 노력들은 20세기의 딜레마에 19세기식 해답을 준다. 불트만은, 세기의 전환기에 있는 부르주아 교양 계층의 허물어지는 거실보다는 오늘날의 도시 세속 세계에 신이 존재할 수 있다는 것을 결코 믿지 않는 듯하다. 그는 오늘날의 인간에 미치지 못한다. 왜냐하면, 그는 성서를 신화적인 언어에서 오늘날의 탈형이상학적인 어휘로 번역하기보다는 어제의 형이상학으로 번역하기 때문이다.

불트만은 당연히 실존주의 범주들이 형이상학적이라는 사실을 부인하겠지만 사실 그것들은 형이상학적이다. 실존주의 사상의 근원에 있는 주요 인물들은 여전히 세속화 이전 교양 계층의 공기를 들이마신다. 그들은 전통적인 형이상학 문제에 대해 두툼한 책을 쓴다. 몇 개의 좋은 희곡을 쓴 사르트르를 제외하면 그들은 주로 학술 동료 집단에게 말하는 스타일을 채택한다. 그들의 사상은 이따금 지독할 정도로 반反형이상학적인 얼굴을 하지만, 결국은 형이상학으로 꾸며 놓은 일종의 도깨비집 거울임이 판명된다. 모든 것이 괴상하게 뒤집어져 있지만 그럼에도 모두 곧 알아볼 수 있다. 따라서 무無가 존재를 대신하며 본질과 실존이 자리를 바꾸고 인간이 신을 대신한다. 그 결과는 현대인의 사고 세계와는 전혀 만나지 못하는 일종의 반反유신론이요 반反형이상학이다. 실존주의에는 미성숙한 것이 있다. 고전적인 유신론과 마찬가지로 실존주의는 실재에 대한 어떤 궁극적인 설명을 갈구한다. 이러한 의미에서 실존주의는 도시 세속인의 출발점보다는 전통적인 유신론에 더 가깝다. 왜냐하면, 도시 세속인은 일체를 포괄하며 가장 중요한 의미를 찾고자 하는 이러한 충동을 느끼지 않기 때문이다.

신학자들은 실존주의 철학자들이 실제로 현대인을 대변했다고 믿을 만큼 어리석었기 때문에, 먼저 사람들을 일종의 설교를 위한 준비 단계로서 실존의 현기증 속에 빠뜨려야 하는 곤란한 처지에 놓이게 되었다. 이것은 언제나 어려운 일이었으며 실용적인 미국에서는 특히 그러했다. 왜냐하면, 미국에서는 실존주의적인 불안이 결코 실제로 뿌리를 내리지 못했기 때문이다. 이제는 유럽에서도 그렇게 하기가 점차 힘들어지고 있다. 유럽에서도 젊은 세대는 이제 더는 상실감을 세계관에 투사하여 해소하지 않기 때문이다.

성서의 주장들을 현대적인 어투로 바꾸어 말해야 하는 신학의 과제는 '뒷걸음' 주장자들과 실존주의 신학자들 모두에게서 방해를 받는다. 그들 모두 형이상학적인 언어가 세속인의 마음을 움직이지 못한다고 본다는 점에서는 문제를 올바르게 진단하고 있다. 그러나 한 집단은 신화로, 또 다른 집단은 형이상학적인 반형이상학으로 되돌아갔다. 전자는 부족의 모닥불로 돌아가고 후자는 마을 문화를 떠나려고 하지만 관계를 끊지 못한다. 그 둘 모두 비참하게도 판 퓌르선이 말하는 '형이상학적 전제 없이 성서를 읽는 것'에는 실패한다.

그렇지만 판 퓌르선이 요구하는 발걸음이 대학의 신학자들 집단에서 생겨날 것 같지는 않다. 그 이유는 우리가 전에 말한 바처럼 대학의 신학자들은 일종의 하위문화를 구성하기 때문인데, 그 문화에는 기독교 세계의 잔재들이 남아 있고 따라서 신에 대한 형이상학적인, 심지어는 신화적인 언어가 어떤 의미를 온존시킨다. 이러한 조건이 지속되는 한 이들 신학자는 '앞을 향하는 걸음'을 걸어야 할 필요를 아마도 깨닫지 못할 것이다. 오로지 신학을 하는 사회적 맥락이 바뀔 때, 즉 기독교 세계의 희미한 메아리만이 머뭇거리는 더욱 큰 세계에서 자신들이 대화할 수밖에 없다는 것을 알게 될 때에만, 그들은 다르게 생각하기 시작할 것이다.

그러나 우리의 문제는 여전히 남는다. '형이상학 이전의' 언어도, 실존주의 언어도 도시 세속인의 마음을 움직이지 못한다면, 왜 우리는 정치신학은 그것을 해낼 것이라고 믿는가?

그 이유는 세속 사회에서는 정치가 한때 형이상학이 했던 것을 하기 때문이다. 정치는 인간의 생활과 사고에 통일성과 의미를 가져다준다. 오늘날의 세계에서 우리는 다양한 학문적·과학적 전문 분야들을 특정한 인간 문제에 집중시킴으로써 통합한다. 지적인 공동 작업이 숙련된 정신 노동자의 고독한 노고를 대신하지는 않지만, 그렇다고 해서 진리가 오늘날 형이상학적인 체계 안에서 통일되는 것은 아니다. 오히려 진리는 각기 다른 전문 분야들을 구체적인 정치적 혼란과 관련지음으로써 기능적으로 통일된다.[12]

깁슨 윈터는, 뒤로 향하는 걸음 대신에 앞으로 향하는 걸음을 걸어야 한다면 우리에게 필요한 신학적 사고방식은 다음과 같다고 기술했다. 그는 그것을 "신학적 반성theological reflection"이라고 부른다.[13] 그것은 현대 사건들의 의미를 역사에 비추어서 의식하는 것이다. 그것은 과거를 재형성하고 미래를 구성하는 것 모두에 대해서 책임을 지는 방법이다. 반성은 사회가 직면하는 문제들을 교회가 과거의 결정적인 사건들 ─ 출애굽과 부활 ─ 에 비추어 곰곰이 음미하는 행위다. 즉 신앙인은 그 사건들을 통해 하느님의 의도를 파악했던 것이다. 따라서 교회는 하느님이 오늘날 하고 있는 일을 알기 위해서 그분이 과거에 던져준 암시를 찾는다.

그렇지만 그러한 반성의 초점, 즉 그러한 반성이 집중해야 하는 문제들은 세속적인 대도시의 생사가 걸린 문제 외에 다른 것이 아니다. 그것은 우리를 삼키고 있는 새로 출현한 기술적 현실과 어떻게 정치적으로 타협할 것인가에 대한 반성이어야 한다. 이것들은 **정치적인 쟁점**이다. 그리고 형이상학적인 신학을 대신해야 하는 신학의 방식은 **정치적인** 방식이다. 따라서 본회퍼의 질문에 대한 하나의 대답은, 우리가 신에 대하여 세속적인 방식으로 말하는 방법이 정치적으로 말하는 것이라는 사실이다.

그런데 우리는 **정치**라는 말을 너무 느슨하게 사용하는 것은 아닌가? 폴 레만Paul Lehmann이 상기시키는 바와 같이 그 말 자체에 고전적인 의미를 준 것은 아리스토텔레스였다. 아리스토텔레스에게 정치는 '폴리스에 대한 학문', 즉 인간을 위한 선善뿐만 아니라 도시국가 전체를 위한 선을 확보하기 위해 다른 모든 학문들을 이용하는 활동이었다. 왜냐하면, 도시국가 전체를 위한 선이 어떤 한 사람의 선보다 더 높기 때문이다.[14] 레만은 신이 세상에서 하는 것이 정치라고 시사하는데, 이때의 정치란 삶을 인간적이 되게 하고 또 그렇게 유지하는 것을 뜻한다. 정치는 또한 신에 대한 응답에서 인간이 하는 역할도 나타낸다. 그것은 "활동이자 활동에 대한 반성으로서, 세계 안에서 인간의 삶을 인간적이 되게끔 만들고 유지하는 것을 목표로 삼아 그것을 분석한다."[15] 오늘날의 신학은 교회가 이러한 정치가인 신이 무엇을 하고 있는지를 알아내어 그와 함께 일해나가는 행동 속의 반성이어야 한다. 세속도시 시대에는 정치가 형이상학을 대신해 신학의 언어가 된다.

우리가 이웃에게 책임 있고 성숙한 행위자가 될 기회를 줄 때, 즉 신이 오늘날 그에게 기대하는 완전히 탈마을적이고 탈부족적인 인간이 될 기회를 줄 때면, 언제나 우리는 신에 대해 정치적으로 말하는 것이다. 한 인간이 존재하고 유지되도록 해주는 인간 상호관계의 망을 이웃으로 하여금 의식적으로 실현하도록 우리가 행동할 때면, 언제나 이웃에게 신에 대해 말하는 것이다. 우리의 말이 이웃에게 어떤 미성숙한 맹목성과 편견을 버리게 하고, 인간의 정의와 문화적인 비전의 실현 수단을 만들어내기 위해 더 크고 자유로운 역할을 받아들이게 할 때에는, 우리는 언제나 이웃에게 신에 대해 말하는 것이다. 우리는 이웃을 종교적이 되게끔 함으로써가 아니라, 반대로 그에게 완전히 성인이 되어 어린이의 행동을 그만두게 함으로써 이웃에게 신에 대해 말한다.

스위스 신학자 게르하르트 에벨링은 **정치적**이라는 용어를 쓰지 않지만, '비종교적인 것'에 대해 말할 때에는 그와 비슷한 의미로 쓴다. 그는 신에 대한 세속적인 말은 언제나 구체적이고 명확하며 능동적이거나 생산적이어야 한다고 주장한다. 그것은 일반론으로 이루어져서는 안 되고, 사람들을 만났을 때 **그들**이 뭔가 말을 들었다는 확실한 느낌을 주어야 한다. 신은 인간과 세계가 진짜로 무엇인지 보여주는 사건을 통해서만 참되게 말한다. 간단히 말해서 "……신에 대한 세속적인 말은 세계에 대한 신적인 말이다."[16]

신약성서의 저자들은 독자들에게 무엇을 **말해야** 할지 걱정하지 말라고 충고했다. 그들은 만일 독자들이 충실하다면, 즉 스스로 해야 할 일을 한다면 때가 왔을 때 올바른 말이 제공될 것이라고 몇 번이고 확신했다. 세속적인 방식으로 신에 대해 말하는 것은, 무엇보다 회복시키고 화해시키는 신의 활동이 일어나는 곳에 우리 자신이 자리 잡을 것을 요구한다. 그곳에서는 인간들 사이의 적절한 관계가 나타난다. 이것은 복음 전도, 즉 신에 대해 말하는 것이 정치적인 것이라는 것을 뜻하며, 그러므로 필립 모리Phillippe Maury가 "정치는 복음 전도의 언어다"[17]라고 한 말은 옳다. 우리는 이런저런 상황에서 무엇을 말해야 하는지, 어떤 행위와 말이 인간에게 신의 말을 알려줄지를

미리 알 수 없다. 충실함과 사랑이 말의 선물보다 앞선다. 신이 인간이 있기를 바라는 곳에서 그분이 바라는 바를 하는 인간에게는 적절한 말이 주어질 것이다. 기독교 윤리와 마찬가지로 기독교 복음 전도는 전적으로 맥락을 통해 이루어져야 한다.

신에 대해 말하는 것이 정치적이어야 한다는 말은, 그것이 단지 '일반적으로'가 아니라 특정한 점에서 사람들을 끌어들여야 한다는 뜻이다. 그것은 그들 자신의 삶 — 그들의 자녀, 직업, 희망이나 실망 — 에 대한 말이어야 한다. 그것은 우리의 개인적인 고통이 생겨나는 당혹스런 위기에 대한 말 — 핵 세상에서 평화를 세우는 말, 배고픔이 만연한 시대에 정의에 기여하는 말, 차별로 질식된 사회에서 자유의 날을 빨리 오게 하는 말 — 이어야 한다. 만일 그 말이 이러한 현실에 놓인 사람의 구체적인 관련성을 담고 나오는 말이 아니라면, 그것은 결코 신의 말이 아니라 공허한 허튼소리다.

우리는 인간에 대해 말함으로써, 즉 성서의 시각에서 드러나는 인간에 대해 말함으로써 세속적인 인간에게 신에 대해 말한다. 신에 대한 세속적인 말은 우리가 게토 구역과 관습을 떠날 때에만, 즉 신이 인간들에게 서로 관심과 책임을 갖도록 회복시켜주는 정치 활동에 참여할 때에만 나타난다. 우리는 인간을 신의 동반자, 즉 인간의 역사에 의미와 질서를 부여하는 임무를 지닌 협력자로 인정할 때, 세속적인 방식으로 신에 대해 말하게 된다.

따라서 신에 대해 세속적인 방식으로 말하는 것은 정치적인 문제다. 그것은 신이 어디서 일하는지를 우리가 분간하고 동참하는 것을 수반한다. 피켓 행렬에 서는 것도 한 가지 말하는 방법이다. 그렇게 함으로써 한 기독교인으로서 신에 대해 말한다. 그는 신이라는 말이 평범한 것이 되어버린 사회를 변화시킴으로써, '신 이야기'가 흔한 일로 일어나는 문맥을 벗어남으로써, 그리고 신의 이름을 통상적으로 읊조리는 판에 박힌 역할을 버림으로써 **신**이라는 말을 바꾸는데 도움을 준다.

신학적인 질문으로서 신에 대해 말하는 것

모든 예비 작업이 끝나고 땅이 정비되었어도 본회퍼가 제기하는 질문은 여전히 **신학적인** 질문이다. 현재의 신학 분위기에서는 이것을 기억하는 것이 특히 중요하다. 왜냐하면, 신을 부족의 의상으로 단상하거나 실존주의 연극에 참가시키느라 바쁘게 노력하지 않는 신학자들이라 해도, 그들은 신이 사람들의 생활 방식에서 차이를 만들어낸다는 사실을 열심히 깎아내리고 있을지도 모르기 때문이다. 이렇게 할 수 있는 기회는 신학의 새로운 상황에서 발생한다. 성서의 신앙과 무신론 사이에는 언제나 중요한 유사점들이 있었다. 이러한 무신론은 예를 들면 악마와 정령에 대한 믿음과는 사뭇 다르다. 그러나 오늘날에는 이 유사점이 꽤 신기한 이단을 낳았다. 그것은 기독교 신학 용어로 표현된 일종의 무신론이다. 이 기묘한 현상은, 신의 숨어있음hiddenness에 대한 성서 교리가 적어도 하나의 수준에서는, 현대의 무신론, 아니 그보다는 '비신론非神論, nontheism'과 매우 잘 어울린다는 사실 때문에 가능해진다. 이 둘은 매우 조심하지 않으면 혼동하기 쉽다. 따라서 성서 신학의 숨은 신deus absconditus이 비신론의 신은 결코 없다no-god-at-all는 내용으로 오해될 수도 있다. 신은 사뮈엘 베케트의 희곡에 나오는 고도Godot와는 아주 다르지만, 고도와 마찬가지로 그는 인간들이 지정하는 시간과 장소에 나타나지 않는 비슷한 습관을 갖고 있다. 그 둘이 종종 뒤섞여왔기 때문에 우리가 여기서 그 둘을 구분하는 것은 중요하다.

칼 마이캘슨은 신이 숨어 있다는 성서의 교리를 다음과 같은 말로 기술한다.

> ……숨어 있는 것이 신의 삶의 방식이다. 그는 자신의 직권으로 ex officio 숨어 있다. 숨어 있는 것은 신으로서 그의 성격에 본질적인 것이다. ……신이 숨어 있다는 교리는……포기하라는 권고나 인간의 유한성에 대한 양보가 아니라 자비로운 일을 행하는 신 자신에 대한 적극적인 묘사다. **그것은 인간이 잘못된 곳에서 신을 찾지 못하게 하는 동시에** 또한 현실에서 신이 하는 역할을 **적어도 근본적인 진지함을 갖고서** 존중하게 한다.[18]

이러한 성서적인 신의 숨어 있음은 신에 대한 교리의 바로 그 중심에 있다. 파스칼은 그 교리의 의도에 매우 당당하게 호응하면서 "신이 숨어 있다고 주장하지 않는 종교는 모두 진정한 종교가 아니다"[19]라고 말했다. 그것은 신은 그가 선택하는 장소와 방법으로 자신을 드러내지 인간이 바라는 대로 하지 않는다는 것을 뜻한다. 그리고 그는 인간**과는** 다른 동시에, 무조건적으로 인간을 **위해** 있으며, 또 인간에 **의해** 결코 강제되거나 조종될 수 없는 존재로 자신을 드러낸다. 신God을 인간이 달래고 속죄의 보상을 바치는 부족의 신들과 구별하고, 아울러 인간이 세련된 사상 체계 속에 거창하게 끼워 넣는 형이상학적인 신과도 구별하는 것은, 그의 전적인 숨어 있음

hiddenness이다. 존재론의 체계에서 신을 우두머리로 이용하는 것은, 그를 감언이설로 꾀어내 밭에 물을 대주도록 하는 것과 큰 차이가 없다. 성서의 숨은 신은 그 어떤 방식으로도 이용되지 않을 것이다.

그러면 나사렛 예수는 신의 이러한 숨어 있음에서 어떤 역할을 하는가? 만일 예수가 신의 현현顯現, 즉 관습적인 종교적 의미에서 말하는 '신의 출현'이라면 예수 안에서 신의 숨어 있음은 취소될 것이다. 그러나 이것은 그러한 경우가 아니다. 신은 예수 안에서 '나타나지' 않는다. 신은 인간 역사의 마구간에서 자신을 감춘다. 신은 우리가 방금 언급한 의미에서 자신을 감추며, 그분은 종교들이 그들의 신들에게서 바라거나 기대하는 존재와 같지 않다는 것을 보여준다. 예수 안에서도 신은 숨어 있음을 멈추지 않는다. 오히려 신은 인간이 이용할 수 없는 '타자他者'로서 인간과 만난다. 신은 '나타나지' 않지만 인간에게 그 자신은 숨어 있음 안에서, 인간 역사 안에서 활동한다는 것을 보여준다.

인간의 종교적 강박이 신화적인 형태를 지녔건 형이상학적인 형태를 지녔건 간에, 예수로는 결코 만족하지 못했다는 것은 놀라운 일이 아니다. 예수 안에서 신은 부족적인 기대를 충족시키거나 철학적인 곤경을 해결해주는 것을 거부한다. 본회퍼가 말하는 바와 같이, 예수 안에서 신은, 인간에게 신 없이도 잘 살아가고 성숙해지며 유아적인 의존심에서 벗어나 완전한 인간이 되라고 가르친다. 따라서 예수 안에서 신의 활동은, 어떤 최종적인 체계를 세우는 데 실마리를 얻고 싶어 하는 사람들에게는 얼마 안 되는 찌꺼기를 제공할 뿐이다. 신은 이런 식으로는 이용되지 않을 것이다. 신은 인간의 사춘기를 영속시키지 않을 것이고 오히려 인간에게 책임감을 갖고 세계를 떠맡으라고 주장한다.

그러나 신 앞에서 책임을 수행하라는 부름은, 신학자들이 이따금 말만으로 동시대의 비신론자들을 설득하느라, 오늘날 신의 실재를 두고 사람들 사이에 생겨나는 차이가 말의 차이에 불과하다고 역설하는 것 또한 허용하지 않는다. 차이점들이 없는 게 아니다. 중립적인 관찰자에게는 자신을 감추는 신, 즉 인간의 호각 소리에 큰 소리로 대답하기를 거부하는 신이나 결코 신이 없는 것이나 차이가 없어 보일지 모른다. 그런데 세상에는 온갖 차이가 존재한다. 대화하는 인간이 역사를 추진하는 의미를 만들어내며 역사에 대해서 자유롭게 책임을 진다면, 여전히 대단히 중요한 한 가지 문제가 남는다. 즉 이 책임은 인간 자신이 생각해낸 것인가 아니면 인간에게 **주어진** 것인가?

물론 성서의 대답은 그 책임은 인간에게 주어진 것이라고 한다. 성서에서는, 신화적·형이상학적인 도금이 벗겨진 뒤에는, 신은 단순히 인간에 관해 말하는 또 다른 방법이 아니다. 신은 인간이 아니며, 그리고 인간은 그가 **응답할**respond 때에만 진실로 '책임질 수response-able' 있다. 사람은 누군가 **앞에서** 어떤 것**에 대해** 책임을 져야 한다. 인간이 자유롭고 책임 있는 존재가 되기 위해서는 — 이것이 **인간이** 된다는 것을 뜻하기 때문에 — 인간이 아닌 것에 대답해야 한다. 로날드 그레고 스미스Ronald Gregor Smith 교수는 이를 요약해, 신학은 신학이기 위해서 인간들 '자신과는 다른' 것과 관련을 맺어야 한다고 말한다. 신학은,

인간들이 자신만의 장치의 일부로서, 또는 자신만의 기술을 위한 재

료로서 결코 소유하지 않으며 또 소유할 수 없는 것, 그러나 그들을 넘어선 곳에서 언제든지 그들에게 오는 것에 관심을 둔다.[20]

훅스Fuchs, 에벨링Ebeling, 브라운Braun 같은 현대 신학자들은 신은 다른 대상들 가운데 하나와 혼동되어서는 안 된다고 올바르게 생각했는데, 이들은 신학에 매우 귀중한 공헌을 했다. 그들은 인간과의 관계를 포함하지 않은 신과의 관계는 있을 수 없다고 강조한 점에서는 옳다. 그러나 신이 인간의 지식이나 호기심의 대상이 아니라면, 신은 인간 또는 인간의 상호관계가 지닌 어떤 특질과 동일시되어서는 안 되며, 아울러 신은 그저 인간들 사이의 관계에 대해 말하는 혼란스런 방식이 아니라는 것도 사실이다.

물론 카프카가 그랬던 것처럼, '거기에는 결코 아무도 없다'고 생각하는 사람들에 반대해서 신의 실재와 숨어 있음을 주장하는 사람들이 자신들의 주장을 밀어붙일 수 있는 상급 법정은 없다. 그렇지만 그 차이는 실재한다. 비신론자들이 더 잘 알지 못해서지 실제로 그들은 기독교인이며 문제는 단지 어의語義나 개념상의 것이라고 주장하는 것은, 무의미하고도 거만한 짓이다. 비신론자들은 진지하게 받아들일 가치가 있으며 어린애들 취급을 해서는 안 된다. 사실 우리가 비신론자들을 그들이 생각하는 바대로 진지하게 받아들일 때에만 진정한 대화가 시작될 수 있다. 그리고 그들은 우리에게 줄 것이 많이 있다. 숨은 신이라는 경험과 신은 결코 없다는 경험은 매우 비슷하기 때문에, 그리고 우리는 불협화음을 내며 기분이 들떠 있는 시대에 사는 사람들의 불안을 공유하기 때문에, 우리에게는 비신론자들이 필요하다. 그러나 우리에게 필요한 것은 지금 모습 그대로의 그들이지 우리가 바라는 모습의 그들이 아니다.

성서 신앙인들과 진지한 비신론자들 간의 차이는 우리가 동일한 현실을 직면하고 있지 않다는 것이 아니다. 차이는 우리가 그 현실에 다른 **이름**을 붙이고 또 이름을 다르게 붙이면서 그에 대한 응답을 크게 달리 한다는 것이다. 폴 M. 반 뷰런Paul M. van Buren은 복음의 세속적인 의미를 다룬 그의 사려 깊은 책에서,[21] 전통 종교의 언어를 사용할 때 오늘날 우리가 겪는 주된 어려움은 나쁜 종교가 아니라 나쁜 언어라고 주장한다. 그러고 나서 뷰런은 신앙 언어의 논리 구조에 대한 논의를 계속 진행하는데, 그가 '초월적'이라고 부르는 것을 가리키는 어떤 말과 관련해서 현대인은 어려움을 갖는다고 말한다. 나는 이 점에서는 반 뷰런이 틀렸다고 생각한다. 문제는 나쁜 언어가 아니다. 언어는 단지 현실을 반영할 뿐이다. 언어는 유연하며 융통성이 있다. 언어는 바뀔 수 있다. 그의 책의 제목이 암시하는 것처럼 반 뷰런이 진실로 복음의 '세속적인 의미'를 시사하려 했다면 마땅히 그가 보아야 했던 문제는 나쁜 종교**다**.

그러나 나는 또한 반 뷰런이 현대 세속인은 초월적인 것을 경험하지 않는다고 주장한다면 그 주장도 잘못되었다고 믿는다. 초월적이라는 것은 그레고 스미스가 말하듯이 "인간이 결코 소유할 수 없는" 것, 즉 인간 자신이 갖춘 것의 일부가 아니라 자신을 넘어선 곳에서 오는 것을 뜻한다. 도시 세속인이 그의 부족 및 마을 선조들이 경험했던 것과는 근본적으로 다른 **방식**으로 초월적인 것을 경험한다는 것은 의심할 나위가 없다. 본회퍼가 전에 말했듯이 도시 세속인은 초월적인 것을 "바로 가장 가까이 있는 그대에게서" 찾을 수 있을지 모르며 또 그것을 만난다. 인간을 인간이 되게 하는 것은 '초월적인 것'에 대한 경험이다. 아모스 와일더는 기독교 미학 논문집에서 "예술과 신학적 의미"에 대해 쓰면서 다음과 같이 말한다.

만일 우리가 오늘날 어떤 초월적인 것을 가질 수 있다면, 기독교적인 것이라 할지라도 그것은 세속적인 것 안에, 세속적인 것을 통해 있지 않으면 안 된다. ……우리가 은총을 찾을 수 있다면 그것은 세계 속에서 찾을 수 있는 것이지 머리 위에서 찾을 수 있는 것이 아니다. 18세기까지 사람들의 영혼에 정신적인 고향을 제공한 머리 위의 현실이라는 고상한 창공은 무너졌다.[22]

와일더가 이 "단층 세계"에서 초월적인 것이 아직도 현존한다고 믿는 것은 옳다. "머리 위의" 세계가 지나갔기 때문에, 예술가들과 시인들은 "사회적·종교적 예법의 울타리를 넘어서 생활을 직접"[23] 다루는 데서 그 어느 때보다 우리에게 더 중요해질 것이다.

그러나 초월적인 신은 세속도시의 어떠한 곳에서 우리와 만날 것인가? 우리가 신에게 붙이는 이름이 무엇이건 간에 우리는 결국 그에게 응답할 터인데, 그는 우리를 어디서 찾을 것인가? 그것이 단지 예술가들을 통해서만인가?

우리는 이미 신은 오늘날 사회 변화의 사건들 속에서, 신학자들이 종종 **역사**라고 부른 것, 우리가 **정치**라고 부르는 것 속에서 온다고 시사했다. 그렇지만 사회 변화의 사건들이 전복이나 혁명을 뜻할 필요는 없다. 일상생활의 사건들 또한 사회 변화의 사건들이다. 사회의 가장 작은 단위는 둘이며 두 사람의 관계는 결코 항상 똑같지는 않다. 신은 또한 거기에서도 우리를 만난다. 신은 미국의 자유혁명에서만이 아니라 단골손님, 고객, 환자, 함께 일하는 사람 안에서도 우리와 만난다.

그러나 어떻게? 신은 자유롭고 숨어 있다. 그는 우리가 장소와 시간을 정할 때 나타나리라고 기대할 수 없다. 이것은 신이 가까이 있지도, 또 **그런 만큼** 멀리 있지도 않지만 그러나 우리가 인지할 수 없는 상황에서 나타날 수 있다는 것을 뜻한다. 그리고 신은 인간을 해방시키기 위해서 항상 나타난다. 이것은 신이 우리가 만나고 싶으면 늘 거기에 있다는 뜻이 아니다. 신은 오로지 자유에 어떤 의미를 부여하는 제한된 틀을 제공함으로써 우리를 자유롭게 한다. 인간의 자유는 그보다 앞선 신의 자유에 의존한다. 그리고 만일 인간의 자유가 기능을 발휘하는, 현재가 되어가는 미래future-becoming-present로 들어오는 신이 없다면 인간은 자기 과거의 포로가 될 것이다.

따라서 우리는 마음대로 대처할 수 없는 것에 직면하는 삶의 장소에서, 즉 앞으로 나아가는 것이 막힌 동시에 앞으로 나아가도록 요구받는 역경에서 신을 만난다. 신은 우리 자신을 확장하는 것과는 전혀 다른 경험의 측면에서 초월자가 되어 우리와 만난다. 그는 완전히 타자가 되어 우리와 만난다.

우리는 이름 붙이는 것이 기억하는 것이며 희망하는 것이라고 말한 바 있다. 그것은 사회적 행위여서 사회구조의 변화에 영향을 받는다. 신에게 이름을 붙이면서, 신에게 인간의 경험과 관련지어 명칭을 부여하면서, 모든 문화는 사회생활의 어떤 측면에서 이끌어낸 상징들을 사용한다. 상징들의 다른 원천은 없다. 모든 문화는 정치 생활을 이용하여 그를 "왕"이라고 부른다. 또는 가족 관계를 이용하여 그를 "아버지"라고 부른다. 또는 직업 명칭을 사용하여 "목자"라고 부른다. 따라서 가족이나 정치의 구조를 변화시키는 것은 반드시 신의 여러 가지 상징화를 초래한다. 산업사회에서 신을 "목자"라고 부르기를 고집하는 것은 경건하게 보일지는 모르지만 실제로는 불신앙의 절정을 나타낸다. 그것이 시사하는 바는, 만일 인간들이 신에게 사용하는 이름들을 변경하면 신은 어떻게든 존재에서 빠져나간다는 점이다.

부족사회에서는 신은 악령들과 지위가 낮은 신들을 지배하는 자로서 체험되었다. 부족사회는 친족 간의 유대에 기초를 두기 때문에 신과 인간의 관계는 흔히 가족이라는 것으로 상징되었다. 권위는 주로 수평적이었고 부족인의 개인성은 중요성이 낮았기 때문에, 신성과의 어떤 신비적이고 종종 색다른 결합은 이 시대의 특징적인 관계였다. 인도 문화와 같은 친족 문화에서 성장한 고등 종교에서조차 그것은 여전히 남아 있다. 이스라엘 종교에서는 이러한 **몰입주의적인** absorptionist 유형의 신비주의는 설 자리가 없었다. 가족 이미지들이 사용되긴 했지만 그것도 구약성서에서 상당히 제한적으로만 이용되었을 뿐이다. 원시적인 친족 유대와 단절이 행해진 마을 문화에서는 신성의 상징화가 정치적인 것이 되는 경향이 있었다. 신은 추장, 지배자, 왕이 되었다. 신과 맺는 가장 흔한 관계는 신하와 군주, 종과 주인의 관계였다.

기술도시 문화에서는 수평적인 친족 관계와 수직적인 권위 형태 모두가 사라진다. 그것들을 대신하는 것이 작업 팀work team이다. 연구 프로젝트를 두고 함께 일하는 물리학자들의 팀이나 토지 조사자들의 팀은, 언뜻 보기에는 그물을 고치는 부족인들 집단이 맺었던 것과 똑같은 관계를 맺고 지내는 것처럼 보일 수 있다. 그러나 그 유사성은 착각이다. 부족 환경에서는 작업 집단의 유형이 가족적 결합을 따르며 친족 관계의 관습에 묶여 있다. 앞에서 보았듯이 현대의 작업 팀은 우선 무엇보다도 과제 지향적이다. 사람들이 팀에서 맺는 관계에서 엄청난 개인적인 만족을 얻는다는 것은 의심할 나위가 없다. 그렇지만 이것은 부산물로서 생긴다. 그것은 팀의 목적이 아니다. 일에서의 팀 관계는 가족 관계와는 다른 성격을 띠는 경향이 있다. 가장 중요한 것은 사람들이 일을 하는 동안에는 팀에 깊이 몰입할지 모르지만, 그들은 팀에서 하지 않는 다른 역할이나 관계도 갖는다는 것이다.

부족 관계는 나와 그대 **이전**pre-I-Thou의 유형이다. 부족인의 불충분한 개인화는 신을 완전히 '타자'로 경험하는 것을 막는다. 부족인은 신을 수평적인 방식으로 찾는다. 뿐만 아니라 그는 언제나 신의 일부이기도 하며 신 또한 그의 일부이기도 하다. 인간이 신에 **참여한다. 수직적인** 권위가 특징인 사회, 즉 마을 문화와 개인주의 시대에는 인간이 신을 고전적인 나와 그대의 만남 속에서 경험하는 경향이 있다. 신이 내 **위에서** 권위를 갖는 다른 자로 간주된다. 그 관계는 **대결** 관계다. 우리는 앞에서 인간끼리의 새로운 유형의 관계가 도시 사회에서 나타나는 것 같다고 시사한 바 있는데, 그것은 나와 그대처럼 인간적인 관계지만 질적으로는 다른 것이다. 그것은 바로 위에서 기술한 작업 팀에서 가끔 나타나는 것으로, 우리가 가족이나 친한 친구와 경험하는 나와 그대에 덧붙여서 맺는 관계다. 그러나 그것은 나와 그것I-It의 관계보다 더 의미 있으며 또한 매우 다르다. 그것은 참여나 대결보다는 **나란히 있음**alongsideness의 관계다.

앞서 우리는 이 특별하게 도시적인 현상을 나와 너I-You 관계로 부르자고 제안했다. 그것은 우리가 조사 프로젝트를 함께 수행하거나 집에 페인트 칠을 같이 하는 팀 동료와 맺는 보답 관계를 매우 잘 나타낸다. 그것은 일이 상호관계의 핵심을 차지하는 두 사람이 함께 행하는 일에서 생겨난다. 이것은 새로이 전개되는 인간관계의 양식이다. 그것은 진정으로 인간적이며 이전 문화들에서는 거의 전례가 없는 것이다. 그러나 이 새로 나타나는 나와 너의 관계가 우리의 목적에 중요한 이유는, 그것이 우리의 신의 상징화에 어떤 방식으로든 영향을 미칠 수밖에 없기 때문이다. 신과 맺는 나와 그대의 관계와 또 이미 아주 드물게 된 신비적인 경험 말고도, 현대인은 신을 '너 you'로서 만날 수 있을지도 모른다.

이것은 지나친 억지인가? 구약성서의 계약 개념에 대한 최근의 논의들이 시사하는 바는, 야훼는 인간이라는 동료가 아무리 서투르게 일을 해낸다 하더라도, 인간과 나란히 한 팀을 이루어 일하기 위해서 기꺼이 자신을 낮추었다는 것이다. 이것이 사실이건 아니건 간에, 나사렛 예수 안에서 신은 계약을 이행하지 못한 인간을 기꺼이 편들었으며, 비대칭 관계에서 하위 협력자가 되려고 했음을 보여주었다고 확실히 말할 수 있다. 신을 개념화하는 문제에서 팀워크나 협력의 개념들을 더 많이 탐구할 필요가 있다고 제안하는 것은 신의 품위를 떨어뜨리는 것이 아니다. '높이 계시는' 그분은 예수의 삶을 통해, 집단을 이루어 일하며 동료들의 발을 씻고 십자가를 질 누군가를 필요로 하는 위치로 자신을 기꺼이 낮추겠다고 제안한다. 언뜻 보기에는 불경스러워 보이는 것이, 우리의 상상보다 신의 자기 겸허라는 진실의 핵심에 더 가까울지도 모른다.

신과 인간 사이의 나와 너I-You 협력 관계 개념은 우리가 앞에서 논의한 〈갈라디아서〉 4장 말씀이 강력하게 암시한다. 이 구절에서 인간은 아들이자 상속자로 간주된다. 강조점은 아이와는 대립되는 **아들**에, 그리고 책임을 지닌 **상속자**에 있다. 이것은 아버지와 어린 아이의 관계를 특징짓는 엄격하게 수직적인 관계를 버리고 성장한 인간과 아버지 사이에 통용되는 성인 협력 관계를 취한다는 것을 암시한다.

아마도 세속도시에서 신은 인간에게 그분 자신을 무엇보다도 '너you'로 만나라고 부를 것이다. 이것은 대단히 폭넓은 의미를 함축한다. 그것은 인간이 신 그 자체에 홀려서는 안 된다는 것을 시사한다. 일하는 동료와의 관계처럼 인간과 신의 관계는 그들이 함께 하는 일에서 나온다. 청춘기 애인들이 하듯이 서로를 깊이 파고들기 위해 세상의 참견을 차단하기보다, 신과 인간은 공동의 일을 하는 데서 함께 기쁨을 찾는다. 물론 이런 유형의 관계는 신을 '찾거나 체험하느라' 강박적인 관심에 이끌리는 사람을 만족시키지 못할 것이다. 그러한 사람들은 신이 드문드문 행하게 마련인 그분 자신의 계시에 언제나 만족하지 못한다. 그것은 깊이 파고들도록 자극하는 그러한 종류의 계시가 아니다. 신은 인간이 신 자신에게 관심을 갖지 말고 동료 인간에게 관심을 갖기를 원한다.

오늘날에는 마치 성배holy grails를 찾듯이, 계속적인 열망을 끝없이 찾아 헤매는 일종의 종교성이 널리 퍼져 있다. 서머싯 몸의 《면도날 The Razor's Edge》에서 찬사를 얻은 이 정신은 오늘날 많은 사람들에게, 특히 '종교에 관심이 있다'고 자처하는 이들에게 강력한 매력을 갖는다. 그러나 그것은 성서의 특질과는 정반대다.

물론 성서에도 약간의 종교적인 탐색이 있다. 〈시편〉의 작자는 그의 마음이 마치 물을 애타게 찾는 사슴처럼 신을 갈구한다고 말했을지 모르나, 그러나 신의 대답은 결코 불확실하지 않았다. 즉 야훼는 종교적 열망보다는 거센 물결처럼 흘러내리는 정의에 더 많은 관심을 갖고 있었다. 바울은 그가 아테네에서 우연히 만난 미지未知의 신을 좇는 종교 탐색가들을 참을 수 없었다. 그는 "이 미지의 신을 너희에게 알게 하리라"라고 말했다. 나사렛 예수 안에서 종교적 탐색은 끝이 나고 인간은 자유롭게 그의 이웃을 섬기고 사랑하게 된다.

그러면 우리는 금식 기도나 예배 의식에 관심을 두지 않고 자비 행위를 요구하는 신에게 어떤 이름을 붙일 것인가? 확실하게 말하기는 너무 이르지만, 니체의 "신은 죽었다"라는 묵시록적인 판단을 어느 정도 확증한다면, God이라는 우리의 영어 단어는 죽는 것이 합당할지도 모른다. 우리는 예수의 생애와 우리의 현재 역사 모두에서 해방자요 숨어 있는 자로서 만나는 그분을 어떤 이름으로 부를 것인가?

아마도 우리는 이름을 찾느라 걱정해서는 안 될 것이다. 더듬거리는 장황한 말, 공허하고 모호한 말 등 우리의 현재의 변덕은 언제나 그래왔듯이 경험 속에서 사라질 것이다. "'신'이라는 말의 이야기란, 그것에는 주어진 의미가 없고 역사에서 의미를 얻는다는 것이다"[24]라고 판 푀르선은 말한다. 이름을 짓는 것은, 이스라엘이 자신들을 이집트에서 구해낸 하느님과 현실을 연관 지음으로써 점점 더 많은 현실을 역사 속에 끌어들이는 과정이었다. 처음에는 역사의 기원이, 그 다음에는 역사의 완성이, 신이 세상에서 마주치게 될 때마다 그 이름을 얻는 이 '방사radiation' 과정 속에 포함되었다. 신은 세속적인 사건들 안에서, 또 이를 통해 그 자신을 우리에게 드러낸다. 우리가 그 일부분인 역사, 즉 신이 인간을 해방시키는 역사 속으로 사건들이 끌려 들어가는 그 순간과 우리가 마주칠 때, 신이라는 말의 의미가 바뀌거나 새로운 이름이 나타날 것이다. 판 퓌르선은 다음과 같이 말한다.

……인간이 신의 실재와 접촉하는 것, 신이 역사에서 의미를 획득하는 것은 기능적인 방법을 통해서다. ……교회로서 우리는 한 이름의 오랜 메시지를 전하는 우리의 행동을 통해 세계에 응답해야 한다. ……그 이름은 역사 속에서, 특히 우리 시대의 기능적인 역사 속에서 새로운 의미를 얻는다.[25]

우리는 단순히 하나의 새로운 이름을 상상하여 만들어낼 수 없다. 그렇다고 우리가 옛 이름을 제멋대로 내버릴 수도 없다. 신은 역사적 세력들 간의 충돌을 통해서, 그리고 신의 현존을 알아내어 그의 부름에 응답하려는 사람들의 신앙심 깊은 노력을 통해서, 자신의 이름을 역사 속에 드러낸다. 새로운 이름은 신이 준비할 때 올 것이다. 그 다른 자the Other를 개념화하는 새로운 방법은 우리 이전의 지나간 역사와 앞에 놓인 사건들 간의 긴장 속에서 나타날 것이다. 그것이 나타나는 때는 도시 문명의 문제들을 과거의 재경험, 현재에 대한 숙고, 미래를 위한 책임에 끌어들일 때일 것이다. 그것이 역사**다**.

이것은 우리가 '신'에 대하여 말하기를 당분간 멈추는 것, 즉 새 이름이 나타날 때까지 어느 정도 말에 대한 중지 기간을 가져야 한다는 뜻일지도 모른다. 어쩌면 새로 나타날 이름이 세 글자로 된 단어 **신**God이 아닐지도 모르지만 그렇다고 해서 우리를 낙담시키지는 않을 것이다. 이름을 짓는 것은 특정한 사회 문화적 환경에 깊이 뿌리

박은 인간 활동이기 때문에 거룩한 언어 그 자체는 없다. 그리고 **신**God이라는 말도 신성한 것은 아니다. 모든 언어는 역사적인 것이다. 그것들은 태어나고 죽는다. 추측하건대 신은 영어와 다른 모든 현재의 언어들이 완전히 잊힌 다음에도 영원히 살아 계실 것이다. 신과 특정한 언어의 어휘 사이에 어떤 필수적인 연관이 있다고 믿는 것은 말의 마술에 지나지 않는다.

만일 우리가 세속도시에서 해야 하는 이름 짓기가, 예수 안에서 자신을 드러내는 한 분을 신화의 신들이나 철학의 신과 혼동하지 않도록 신God이라는 말을 포기하라고 요구한다면, 그것은 성서 신앙의 역사에서 처음 있는 일은 아닐 것이다. 이스라엘 민족이 신을 부를 때 여러 단계를 거쳤다는 것은 상식이며 아직도 몇 단계를 더 거칠지도 모른다. 여러 시대에 그들은 엘 엘리온El Elyon, 엘로힘Elohim, 엘 샤다이El Shaddai, 그리고 물론 야훼Yahweh라는 용어를 사용했다. 그들은 이러한 명칭들을 이웃 민족들에게 자유롭게 빌려왔으며, 또 오늘날 우리가 보기에도 놀랄 만큼 자유롭게 그 명칭들을 버렸다. 특히 헤브라이 문화에서 이름이 막대한 힘을 갖고 있다는 관점에서 보면 이는 더욱 놀라운 일이다. 역사적인 상황이 허락할 때 이처럼 새로운 이름들로 과감히 바꿔 불렀다는 주목할 만한 증거는, 이른바 P 문서〔기원전 600년~500년 사이에 기록된 문서〕의 일부인 〈출애굽기〉 6장 2~3절에서 발견된다.

> 그리고 하느님Elohim이 모세에게 말씀하시길 "나는 여호와Yahweh라 내가 아브라함과 이삭과 야곱에게 전능의 하느님El Shaddai으로 나타났으나 나의 이름을 여호와Yahweh라고는 그들에게 알리지 아니했다."

신의 이름이나 아이들의 이름을 지으면서 이스라엘이 겪은 갈등과 발전 과정을 따라가면, 그 이웃 민족들과 맺은 문화적·정치적 관계를 도표화해서 이스라엘의 역사 전체를 쓸 수 있을 것이다. 신은 사회 변화의 거친 경험들을 통해 인간에게 자신의 이름을 드러낸다.

바빌론의 유배기 이후 유대인들은 그들의 명명법을 또다시 바꾸었다. 야훼라는 이름이 일상생활에서 사용되기에는 너무나 거룩한 것으로 여겨졌기 때문에, 그 이름의 가치 저하를 우려한 나머지 그들은 아직도 유대인 회당에서 쓰는 아도나이Adonai라는 말을 사용하기 시작했다.

아마도 우리는 한동안 신에 대한 이름 없이 지내야만 할 것이다. 이것은 위험한 것으로 보일지도 모르지만 성서적인 전례가 있다. 모세도 그가 이집트로 내려가 이스라엘 백성을 해방시키라는 말을 들었을 때 분명히 불안함을 느꼈다. 모세는 불타는 가시덤불 속에서 그에게 말하는 분의 이름을 간절히 알고 싶어 했다. 그러나 그에게 주어진 대답은 별로 위안이 되지 못했다. 그의 요구는 간단하게 거절당했다. 그는 결국 이름을 받지 못하고 오히려 다음과 같은 수수께끼 같은 말을 들었다. 즉 만일 포로들이 누가 그를 보냈는지 궁금해하면, 간단하게 "나는 내가 하고자 하는 바를 하겠노라"(《출애굽기》 3장 13~14절) 하고 말한 자가 그를 보냈다고 말하라는 것이었다. 한때 이 구절은 존재론적으로 해석되었다. 신은 그 자신을 '존재 그 자체'로 드러내고 있었다는 것이다. 그러나 오늘날 대부분의 헤브라이 학자들은 그 어떤 형이상학적인 서술도 함축되어 있지 않다는 데 의견이 일치한다. 가시덤불 속의 음성은 간결하면서도 얼버무리는 듯한 대답을 준다. 번하드 앤더슨Bernhard Anderson이 말하는 바와 같이,

모세는 신성의 신비에 대한 정보(이름)를 요구했지만 그 정보는 주어지지 않았다. 그 대신에 신은 자신의 요구를 알려주었으며……그리고 모세에게 그가 일으키는 일을 통해 신이 누구인지를 알게 될 것이라고 확신시켰다. 달리 말하면 "신이 누구인가?"라는 질문은 앞으로 일어날 사건들에 의해 대답될 것이다.[26]

출애굽은 유대인들에게 이전 경험에서 나온 명칭들을 대체할 새로운 신의 이름이 필요했을 정도로 대단히 강력한 전환점이 되었다. 오늘날 기독교 세계의 시대에서 새로운 도시 세속성 시대로 이행하는 사건도 그에 못지않은 동요를 일으킬 것이다. 낡은 명칭들에 완고하게 집착하거나 아니면 불안스레 새로운 명칭들을 종합하기보다는, 아마도 우리는 모세처럼 단순하게 포로들을 해방시키는 일에 착수하면서 미래의 사건들이 새로운 이름을 가져다주리라는 신념을 가져야 할 것이다.

주

1 Dietrich Bonhoeffer, *Prisoner for God*(New York: Macmillan, 1959),
   p. 123.

2 Dietrich Bonhoeffer, *Gesammelte Schriften*, IV, p. 606. 저자의 번역.

3 영향력은 대단하지만 잘 알려지지 않은 한 사상가가 이름 짓는 것에 대해 훌
   륭한 논의를 한 바 있는데 이에 대해서는 다음을 보라. Eugene Rosenstock-
   Heussey, *Die Sprache des Menschengeschlechts*(Heidelberg: Verlag
   Lambert Schneider, 1963).

4 다음에서 인용. Talcott Parsons, et al. (eds.), *Theories of Personality*
   (New York: The Free Press, 1961), p. 1018.

5 Helmut Gollwitzer, *Die Existenz Gottes im Bekenntnis des Glaubens*
   (Munich: C. Kaiser Verlag, 1963), p. 11, n. 2. 영역판은 London:
   SCM Press, 1965.

6 C. A. van Peurson, "Man and Reality, the History of Human
   Thought," *Student World*, No. I(1963), pp. 19, 20.

7 Carl Michalson, "Theology as Ontology and as History," in James
   Robinson and John Cobb, Jr. (eds.), *The Late Heidegger and
   Theology*(New York: Harper & Row, 1963), p. 147.

8 J. M. B. Miller, *The Nature of Politics*(New York: Encyclopaedia
   Britannica Publications, 1964).

9 James Robinson, 앞의 책, p. 37에서 인용.

10 위와 같음.

11 Ernst Topitsch, "Zur Soziologie des Existenzialismus. Kosmos-
   Existenz-Gesellschaft," *Sozialphilosophie zwischen Ideologie und
   Wissenschaft*(Neuwied: Hermann Luchterhand Verlag, 1961), p. 87.

12 중대한 주제에 대한 창조적인 공동 연구의 특히 두드러진 예는 다음과 같
   다. Roger Fisher (ed.), *International Conflict and Behavorial Science:
   The Craigville Papers*(New York: Basic Books, 1964).

13 Gibson Winter, *The New Creation as Metropolis*(New York: Macmillan, 1963), p. 71.

14 폴 레만Paul Lehmann이 인용한 *Ethics in a Christian Context*(New York: Harper & Row, 1963; London: SCM Press), p. 167.

15 같은 책, p. 85.

16 Gerhard Ebeling, *Word and Faith*(Philadelphia: Fortress Press, 1963; London: SCM Press), p. 360.

17 Phillippe Maury, *Evangelism and Politics*(Garden City, N. Y.: Doubleday, 1959; London: Lutterworth), p. 28.

18 Carl Michalson, "The Real Presence of the Hidden God," in Paul Ramsey (ed.), *Faith and Ethics*(New York: Harper & Row, 1957), p. 259. 강조는 저자가 덧붙임.

19 마이캘슨의 인용, 같은 책, p. 245.

20 Ronald Gregor Smith, "A Theological Perspective on the Secular," *The Christian Scholar*, XLIII(March 1960), p. 15.

21 Paul M. van Buren, *The Secular Meaning of the Gospel*(New York: Macmillan, 1963; London: SCM Press), p. 68.

22 Amos N. Wilder, "Art and Theological Meaning," in N. A. Scott (ed.), *The New Orpheus: Essays toward a Christian Poetic*(New York: Sheed and Ward, 1964), p. 407.

23 같은 책, p. 408.

24 C. A. van Peursen, 앞의 책, p. 21.

25 위와 같음.

26 Bernhard W. Anderson, *Understanding the Old Testament*(Englewood Cliffs, N. J.: Prentice-Hall, 1956), p. 34.

참고 문헌

Abel, Lionel. *Metatheatre*. New York: Hill & Wang, 1963. 146 pp.

Albrecht, Paul. *The Churches and Rapid Social Change*. Garden City, N.Y.: Doubleday & Company, Inc., 1961.

Altizer, Thomas J. J. *Mircea Eliade and the Dialectic of the Sacred*. Philadelphia: The Westminster Press, 1963. 219 pp.

Anderson, Bernhard W. *Understanding the Old Testament*. Englewood Cliffs, N.J.: Prentice-Hall, Inc., 1956. 551 pp.

_____. *The Beginning of History*. London: Lutterworth Press. New York and Nashville: Abingdon Press, 1963. 96 pp.

Anderson, Nels. *The Urban Community: A World Perspective*. New York: Holt, Rinehart and Winston, Inc., 1959. 500 pp.

Auer, Alfons. "Gestaltwandel des Christlichen Weltverständnisses," *Gott in Welt, Festgabe für Karl Rahner*, Vol. I, pp. 333~365.

Baillie, D. M. *God Was in Christ*. New York: Charles Scribner's Sons, 1955. London: Faber & Faber.

Balthaser, Hans Urs von. *A Theory of History*. New York and London: Sheed and Ward, 1963. 149 pp.

Banfield, Edward C., and Wilson, James Q. *City Politics*. Cambridge, Mass.: Harvard University Press, 1963.

Barth Karl. *The Humanity of God*. Richmond, Va.: John Knox Press, 1960. 96 pp. London: Collins.

_____. *Church Dogmatics*. Edinburgh: T & T Clark, 1956~1963.

Bendix, Reinhart. *Max Weber: An Intellectual Portrait*. Garden City,

N.Y.: Doubleday & Company, Inc., 1960. 480 pp.

Berger, Peter L. *The Noise of Solemn Assemblies*. Garden City, N.Y.: Doubleday & Company, Inc., 1961. 189 pp.

Bonhoeffer, Dietrich. *Ethics*. New York: The Macmillan Company, 1955. 340 pp. London: SCM Press.

———. *Letters and Papers from Prison*. New York: The Macmillan Company, 1962. 254 pp. London: SCM Press, 1953.

Brown, Norman O. *Life against Death*. New York: Random House, 1959. 366 pp.

Buber, Martin. *I and Thou*. New York: Charles Scribner's Sons, 1958. 137 pp. Edinburgh: T & T Clark.

Bultmann, Rudolf. *Theology of the New Testament*. Vol. I. New York: Charles Scribner's Sons, 1951. 366 pp. London: SCM Press.

———. *Theology of the New Testament, Volume II*. New York: Charles Scribner's Sons, 1955. 278 pp. London: SCM Press.

———. *The Presence of Eternity: History and Eschatology*. New York: Harper & Row, 1957. 171 pp. Edinburgh: Edinburgh University Press, 1957.

Burke, Kenneth. *The Rhetoric of Religion: Studies in Logology*. Boston: Beacon Press, 1961. 316 pp.

Campbell, Joseph. *The Masks of God: Primitive Mythology*. New York: The Viking Press, 1959. 504 pp.

Carpenter, Edmund, and McLuhan, Marshall, eds. *Explorations in Communication*. Boston: Beacon Press, 1960. 210 pp.

Collingwood, R. G. *The Idea of History*. Oxford: Clarendon Press, 1946. 339 pp.

Collins, James. *God in Modern Philosophy*. London: Routledge & Kegan Paul, 1960. 476 pp.

Dollard, John. *Caste and Class in a Southern Town*. Garden City, N. Y.: Doubleday & Company, Inc., 1957.

Ebeling, Gerhard von. *Theologie und Verkündigung*. Tübingen: J. C. B. Mohr-Paul Siebeck, 1962. 146 pp.

———. *Word and Faith.* Philadelphia: Fortress Press, 1963. 433 pp. London: SCM Press.

Eliade, Mircea. *Cosmos and History.* New York: Harper & Row, 1954. 176 pp.

Fetscher, Iring, ed. *Marxismusstudien.* Tübingen: J.C.B. Mohr-Paul Siebeck, 1962. 258 pp.

Fortune, Editors of. *The Exploding Metropolis.* Garden City, N.Y.: Doubleday & Company, Inc., 1958. 177 pp.

Freud, Sigmund. *Civilization and Its Discontents.* New York: Cape and Smith, 1930. London: Hogarth.

———. *Moses and Monotheism.* New York: Vintage Books, Inc., 1955. London: Hogarth.

Fustel de Coulanges, Numa Denis. *The Ancient City.* Garden City, N.Y.: Doubleday & Company, Inc., 1956. London: Mayflower Books.

Gans, Herbert J. *The Urban Villagers.* New York: The Free Press, 1962. 367 pp.

Gogarten, Friedrich. *Verhängnis und Hoffnung der Neuzeit.* Stuttgart: Friedrich Vorwerk Verlag, 1953. 229 pp.

———. *Der Mensch Zwischen Gott und Welt.* Stuttgart: Friedrich Vorwerk Verlag, 1956. 445 pp.

Gollwitzer, Helmut. *Forderungen der Freiheit.* Munich: Chr. Kaiser Verlag, 1962. 389 pp.

———. *Die Existenz Gottes im Bekenntnis des Glaubens.* Munich: Chr. Kaiser Verlag, 1963. 200 pp. English translation, London: SCM Press and Westminster Press.

Hall, Cameron. *On-the-Job Ethics.* New York: National Council of Churches, 1963. 148 pp.

Harrington, Michael. *The Other America.* Baltimore, Md.: Penguin Books, 1962. 203 pp.

Harrison, Paul. *Power and Authority in the Free Church Tradition.* Princeton, N.J.: Princeton University Press, 1959.

Harrison, Selig S. *India: The Most Dangerous Decades.* Princeton, N.J.:

Princeton University Press, 1960. 350 pp.

Hatt, Paul K., and Reiss, Albert J., Jr., eds. *Cities and Society.* New York: The Free Press, 1957. 852 pp.

Jenkins, Daniel. *Beyond Religion.* Philadelphia: The Westminster Press, 1962. 126 pp. London: SCM Press.

Jones, W. Paul. *The Recovery of Life's Meaning.* New York: Association Press, 1963. 254 pp.

Kenrick, Bruce. *Come Out the Wilderness.* New York: Harper & Row, 1962. 220 pp. London: Collins.

Kierkegaard, Søren. *The Present Age.* New York: Harper & Row, 1962. 108 pp.

Kimball, Solon T., and McClellan, James E., Jr. *Education and the New America.* New York: Random House, 1962. 393 pp.

Kluckhohn, Clyde, and Murray, Henry A., eds. *Personality in Nature, Society and Culture.* New York: Alfred A. Knopf, 1959. 701 pp.

Kwant, Remy C. *The Phenomenological Philosophy of Merleau-Ponty.* Pittsburgh, Pa.: Duquesne University Press, 1963. 257 pp.

Langton, Edward. *Essentials of Demonology.* London: The Epworth Press, 1949. 231 pp.

Lee, Robert, ed. *Cities and Churches.* Philadelphia: The Westminster Press, 1962. 366 pp.

Lehmann, Paul L. *Ethics in a Christian Context.* New York: Harper & Row, 1963. 384 pp. London: SCM Press.

Lewis, Arthur O., Jr. *Of Men and Machines.* New York: E. P. Dutton & Co., Inc., 1963. 349 pp.

Littell, Franklin. *From State Church to Pluralism.* Garden City, N. Y.: Doubleday & Company, Inc., 1962.

Löwith, Karl. *Meaning in History.* Chicago: University of Chicago Press, 1949.

Lynch, Kevin. *The Image of the City.* Cambridge, Mass.: Harvard University Press and the M.I.T. Press, 1960. 194 pp.

McKelvey, Blake. *The Urbanization of America.* New Brunswick, N. J.:

Rutgers University Press, 1963. 370 pp.

Malinowski, Bronislaw. *Magic, Science and Religion and Other Essays*. Garden City, N.Y.: Doubleday & Company, Inc., 1954. 274 pp.

Marcel, Gabriel. *The Mystery of Being*. Chicago: Henry Regnery Company, 1960. 270 pp.

Margull, Hans J. *Hope in Action*. Philadelphia: Muhlenberg Press, 1962. 298 pp.

Marty, Martin E., ed. *The Place of Bonhoeffer*. New York: Association Press, 1962. 224 pp. London: SCM Press.

_____. *Second Chance for American Protestants*. New York: Harper & Row, 1963. 175 pp.

Marx, Karl. *The Economic and Philosophic Manuscripts of 1844*. New York: International Publishers, 1964. 255 pp.

Mazlish, Bruce. *Psychoanalysis and History*. Englewood Cliffs, N. J.: Prentice-Hall, Inc., 1963. 183 pp.

Mehl, Roger. *The Condition of the Christian Philosopher*. London: James Clarke, 1963. 211 pp.

Merleau-Ponty, Maurice. *Eloge de la Philosophie*. Paris: Gallimard, 1948.

_____. *Sens et non-sens*. Paris: Nagel, 1948.

_____. *Phenomenology of Perception*. New York: The Humanities Press, 1962. 466 pp.

Michonneau, Abbé. *Revolution in a City Parish*. Westminster: Newman Press, 1963.

Mumford, Lewis. *The City in History*. New York: Harcourt, Brace & World, Inc., 1961. 657 pp. London: Secker and Warburg.

Munby, D. L. *The Idea of a Secular Society*. New York: Oxford University Press, 1963. 91 pp.

Niebuhr, H. Richard. *Radical Monotheism and Western Culture*. New York: Harper & Row, 1943. 144 pp. London: Faber & Faber.

_____. *The Meaning of Revelation*. New York: The Macmillan Company, 1960. 196 pp.

_____. *The Responsible Self*. New York: Harper & Row, 1963. 183 pp.

Oppen, Dietrich von. *Das Personale Zeitalter.* Stuttgart: Verlagsgemeinschaft Burchkhardthaus und Kreuz-Verlag GMBH, 1960. 239 pp.

Pannenberg, Wolfhart. *Offenbarung als Geschichte.* Göttingen: Vandenhoeck & Ruprecht, 1961. 130 pp.

_____. *Was Ist der Mensch?* Göttingen: Vanderhoeck & Ruprecht, 1962. 111 pp.

Parsons, Talcott, Shils, Edward, Naegele, Kaspar D., and Pitts, Jesse R., eds. *Theories of Society.* New York: The Free Press, 1961. 1479 pp.

Pearl, Arthur, and Riessman, Frank. *New Careers for the Poor.* New York: The Free Press, 1965.

Perrin, Norman. *The Kingdom of God in the Teachings of Jesus Christ.* Philadelphia: The Westminster Press, 1963. London: SCM Press.

Rad, Gerhard von. *Genesis: A Commentary.* Philadelphia: The Westminster Press, 1961. 434 pp. London: SCM Press.

Radcliffe-Brown, A. F. *Structure and Function in Primitive Society.* New York: The Free Press, 1952. London: Cohen & West.

Radin, Paul, ed. *Primitive Religion.* New York: Dover Publications, Inc., 1957. 322 pp.

Ramsey, Paul. *Faith and Ethics.* New York: Harper & Row, 1957, 306 pp.

Ratschow, C. H. "Säkularismus," *Religion in Geschichte and Gegenwart,* 3rd ed., pp. 1288~1296.

Redfield, Robert. *The Primitive World and Its Transformations.* Ithaca, N. Y.: Great Seal Books, 1953. 185 pp.

Ristow, Helmut, and Burgert, Helmuth. *Evangelium und mündige Welt.* Berlin: Evangelische Verlagsanstalt, 1962. 192 pp.

Robinson, James M. *The Problem of History in Mark.* Naperville, Ill.: Alec R. Allenson, Inc., 1957. 95 pp. London: SCM Press.

_____, *New Frontiers in Theology.* Vol. II. New York: Harper & Row, 1964. 243 pp.

_____, and Cobb, John B., Jr., eds. *New Frontiers in Theology.* New York: Harper & Row, 1963. 212 pp.

Schmidt, Hans. *Verheissung und Schrecken der Freiheit.* Stuttgart: Kreuz-

Verlag, 1964.

Schutz, Paul. *Charisma Hoffnung: Von der Zukunft der Welt*. Hamburg: Furche-Verlag, 1962. 122 pp.

Scott, Nathan A., Jr., ed. *The New Orpheus: Essays toward a Christian Poetic*. New York: Sheed and Ward, 1964. 431 pp.

Seznac, Jean. *The Survival of the Pagan Gods*. New York: Harper & Row, 1953. 376 pp.

Smith, Ronald Gregor. *The New Man*. New York: Harper & Row, 1956. 120 pp. London: SCM Press.

Storck, Hans. *Kirche im Neuland der Industrie*. Berlin: Kaethe Vogt Verlag, 1959. 189 pp.

Stover, Carl F. *The Technological Order*. Detroit: Wayne State University Press, 1963. 280 pp.

Symanowski, Horst. *The Christian Witness in an Industrial Society*. Philadelphia: The Westminster Press, 1964. 160 pp.

Tawney, R. H. *Religion and the Rise of Capitalism*. New York : Harcourt, Brace and World, Inc., 1926. 280 pp.

Theobold, Robert. *Free Men and Free Markets*. New York: C. N. Potter, 1963.

Thomas, M. M., and McCaughey, J. D. *The Christian in the World Struggle*. Geneva: World Student Christian Federation, 1952. 165 pp.

Tillich, Paul. *Systematic Theology*. Vol I. Chicago: The University of Chicago Press, 1951. 300 pp. London: Nisbet & Co.

_____. *The Courage to Be*. New Haven: Yale University Press, 1952. 197 pp. London: Fontana Books.

Topitsch, Ernst. *Sozialphilosophie zwishcen Ideologie und Wissenschaft*. Neuwied: Hermann Luchterhand Verlag, 1961. 302 pp.

Vahanian, Gabriel. *The Death of God*. New York: George Braziller, 1961. 253 pp.

_____. Wait Without Idols. New York: George Braziller, 1964. 256 pp.

Van Buren, Paul M. *The Secular Meaning of the Gospel*. New York: The Macmillan Company, 1963. 205 pp. London: SCM Press.

404

de Vries, Egbert. *Man in Rapid Social Change*. Garden City, N. Y.: Doubleday & Company, Inc., 1961. London: SCM Press.

Voegelin, Eric. *Order and History*. Vol. I: "Israel and Revelation." Baton Rouge, La.: Louisiana State University Press, 1956. 533 pp.

Vidich, Arthur J., and Bensman, Joseph. *Small Town in Mass Society*. Garden City, N.Y.: Anchor Books, 1958.

Warner, Sam B., Jr. *Streetcar Suburbs*. Cambridge, Mass.: Harvard University Press and The M.I.T. Press, 1962. 208 pp.

Warner, W. Lloyd. *A Black Civilization*. New York: Harper & Row, 1958.

Webber, George. *The Congregation in Mission*. New York and Nashville: Abingdon Press, 1964. 208 pp.

Weber, Hans-Ruedi. *The Militant Ministry*. Philadelphia: Fortress Press, 1963. 108 pp.

Weber, Max. *The Sociology of Religion*. Boston: Beacon Press, 1922. 304 pp.

_____. *Ancient Judaism*. New York: The Free Press, 1952. London: Allen & Unwin.

_____. *The City*. New York: Collier Books, 1958. 256 pp. London: Heinemann.

_____. *The Protestant Ethic and the Spirit of Capitalism*. New York: Charles Scribner's Sons, 1958. 292 pp. London: Allen & Unwin.

Wendland, Heinz-Dietrich. *Die Kirche in Der Modernen Gesellschaft*. Hamburg: Im Furche-Verlag, 1956. 285 pp.

White, Hugh C., Jr., ed. *Christians in a Technological Era*. New York: Seabury Press, 1964. 143 pp.

White, Morton and Lucia. *The Intellectual Versus the City*. Cambridge, Mass.: Harvard University Press and The M.I.T. Press, 1962. 270 pp.

Wild, John. *Human Freedom and Social Order*. Durham, N.C.: Duke University Press, 1959. 287 pp.

Wilder, Amos Niven. *Eschatology and Ethics in the Teaching of Jesus*. New York: Harper & Row, 1950. 223 pp. London: SCM Press.

_____. *Modern Poetry and the Christian Tradition*. New York: Charles Scribner's Sons, 1952. 257 pp.

Williams, Colin W. *Where in the World?* New York: National Council of
Churches, 1963. 116 pp.

Williams, George H., and Mergal, Angel M., eds. *Spiritual and Anabaptist
Writers.* Philadelphia: The Westminster Press, 1957. 421 pp.

Wilmore, Gayraud S. *The Secular Relevance of the Church.* Philadelphia:
The Westminster Press, 1962. 89 pp.

Winter, Gibson. *The New Creation as Metropolis.* New York: The
Macmillan Company, 1963. 152 pp.

저널, 팸플릿, 정기 간행물

The Christian Scholar, XLIII/ I, March 1960; Ronald Gregor Smith, "A
Theological Perspective of the Secular," p. 11

Daedalus, Journal of the American Academy of Arts and Sciences, Winter
1961; entire issue on "The Future Metropolis."

Student World, No. 1(Geneva: World Student Christian Federation),
1963; entire issue on "Secularization."

Trutz Rendtorff, "Säkularisierung als Theologisches Problem," Neue
Zeitschrift für Systematische Theologie(1962), pp. 318~339.

역자후기

    하비 콕스는 1929년 미국 펜실베니아 주에서 태어나 펜실베니아 대학과 예일 대학 신학부를 거쳐 하버드 대학에서 철학박사 학위를 받았다. 1962년에는 1년 동안 독일에서 동베를린과 서베를린에 있는 기독교인들 간의 연락 책임을 맡아 일했다. 귀국 후에는 기독교 학생운동과 민권운동에 적극 참여했으며, 안도바 뉴튼 신학교에서 잠시 교편을 잡은 뒤 하버드대학교 신학대학으로 자리를 옮겼다. 최근 2009년 9월에 은퇴한 하비 콕스는 당분간 시간강사의 신분으로 강의는 계속할 것이라고 한다.

    그는 지금까지 《세속도시》(1965) 말고도 《신의 혁명과 인간의 책임 God's Revolution and Man's Responsibility》(1966), 《바보제 The Feast of Fools》(1966), 《영혼의 유혹 The Seduction of the Spirit》(1973), 《세속도시에서 종교 Religion in the Secular City》(1985), 《하늘에서 내린 불 Fire from Heaven》(1994), 《예수, 하버드에 오다 When Jesus Came to Harvard》(2004), 《종교의 미래 The Future of Faith》(2009) 등 많은 책을 썼다. 그 중에서도 《세속도시》는 하비 콕스에게 국제적인 명성을 가져다준 베스트셀러였다. 콕스가 이 책을 출판하려 했을 때 처음 부탁받은 출판사는 거절했으며, 맥밀란 출판사에서도 초판 발행부수의 절반(5,000

부)을 전국기독교학생연맹NSCF이 사준다는 조건으로 책을 낼 수 있었다고 한다. 아무튼 오늘날 《세속도시》는 전 세계적으로 100만 부 이상이 팔렸으며, 14개 언어로 번역되었다.

《세속도시》는 그 부제가 말해주듯이 세속화와 도시화를 신학적 입장에서 논의한 책이다. 콕스에 따르면 세속화란 종교적 형이상학적 속박에서 인간이 해방되는 과정이며, 아울러 인간의 관심이 저 세상에서 이 세상으로 즉 내세에서 현세로 그리고 지금(이 현재의 시대)으로 향하는 것을 말한다. 세속화는 또 다른 한편으로 도시화를 부추기는데, 도시화란 과학기술의 발전으로 대표되는 도시 문명의 발전을 뜻한다. 기독교 일각에서는 세속화와 도시화에 거부감을 나타내고 있지만 콕스는 그것들을 "성서 신앙의 진정한 귀결", 성서 신앙의 역사화에서 나온 산물이라고 보면서 오히려 환영한다. 세속화와 도시화는 반反종교적인 운동이 아니라 인간의 성숙 과정이자 신의 선물이라는 것이다. 세속화와 도시화는 인간화 작업을 위한 신의 역사적 개입을 의미한다. 그러므로 교회는 과거의 종교 가치를 보호하는 수동적인 제도에 머물러서는 안 되며, 이 세계 안에서 신이 하는 일에 적극 동참해야 한다. 즉 사회 변화의 선두에 서야 한다는 것이다. 《세속도시》의 이러한 논지는 교회의 사회 참여를 주장하는 "사회 변화의 신학Theology of Social Change"을 제창하게 하며, 더 나아가서는 남미의 해방신학의 발전에 큰 밑거름을 주게 된다.

1999년 독일의 마르부르크대학 프로테스탄트 신학부는 《세속도시》를 20세기의 "가장 결정적인most decisive" 두 권의 개신교 신학서 중의 하나로 선정했으며(또 다른 하나는 카를 바르트의 《로마서 강해》이다), 또 2005년 2월에는 책의 출간 40주년을 기념하는 심포지움이 개최되었다. 따라서 《세속도시》가 출간 당시의 신선한 충격을 넘어서 어느덧 고전의 대열에 올라섰음을 알 수 있다. 이런 것을 보면 이 《세속도시》가 갖는 의의가 어느 정도 인지를 짐작할 수 있다. 기독교인 여부를 떠나서 현대사회에서 종교의 의미와 역할에 대해 관심을 갖고 이 책을 읽어본 사람이라면 누구나 그 의의에 공감할 것이다.

이상률

찾아보기

옮긴이 **이상률**

고려대학교 문과대학 사회학과와 같은 대학원을 졸업하고, 프랑스 니스대학교에서
수학했다. 현재는 번역가로 활동 중이다. 주요 번역서로는 클로드 프레데릭 바스티아
의《국가는 거대한 허구다》, 가브리엘 타르드의《모방의 법칙》,《여론과 군중》, 표트르
크로포트킨의《빵의 쟁취》, 막스 베버의《관료제》,《사회학의 기초개념》,《직업으로서
의 학문》,《직업으로서의 정치》,《도교와 유교》, 베르너 좀바르트의《전쟁과 자본주의》,
《사치와 자본주의》, 칼 뢰비트의《베버와 마르크스》, 데이비드 리스먼의《고독한 군
중》, 세르주 모스코비치의《군중의 시대》, 그랜트 매크래켄의《문화와 소비》등이 있다.

세속도시 현대 문명과 세속화에 대한 신학적 전망

1판 1쇄 발행 2010년 8월 25일
2판 1쇄 발행 2020년 1월 1일
2판 2쇄 발행 2024년 6월 1일

지은이 하비 콕스 | 옮긴이 이상률
펴낸곳 (주)문예출판사 | 펴낸이 전준배
출판등록 1966. 12. 2. 제 1-134호
주소 04001 서울시 마포구 월드컵북로 21
전화 393-5681 | 팩스 393-5685
홈페이지 www.moonye.com | 블로그 blog.naver.com/imoonye
페이스북 www.facebook.com/moonyepublishing | 이메일 info@moonye.com

ISBN 978-89-310-2106-6 03300

◦ 잘못 만든 책은 구입하신 서점에서 바꿔드립니다.